消費税「増税」の政治過程

岩﨑健久【著】

Tax Politics

中央経済社

は じ め に

　本書は，現在わが国において政治的にも，財政学的にも重要な意義を持つ消費税を取り上げる。一般に税は国家と社会が対立するイシューの代表的なものである。わが国における消費税は，その導入を巡っても政府と社会が大きく対立したため消費税導入までに長い年月を要し，また導入後の税率引き上げを巡ってもこれに反対する世論が多く存在し，税率引き上げを目指す場合，政府は非常に大きなエネルギーを費やさざるを得ない状況にある。

　2012年8月に民主党の野田佳彦内閣の下，消費税の税率を14年4月1日より8％へ，15年10月1日より10％へ引き上げる法律が成立したが，ここに至るまでに民主党内は分裂し，野党であった自民党や公明党に協力を求めた結果，野田首相は衆院を解散せざるを得ない状況に追い込まれ，12年12月16日総選挙が実施された。同選挙にて民主党は大幅に議席を減少させ，自民党に政権が移行した。

　竹下登内閣における1989年4月から税率3％にて消費税が導入されるまでの政治過程，村山富市及び橋本龍太郎内閣における1997年4月から税率を5％に引き上げた政治過程，そして，野田内閣における社会保障・税一体改革関連法による14年4月の税率8％への引き上げ及び15年10月の税率10％への引き上げを決定した政治過程については，前作の拙著『消費税の政治力学』（中央経済社）にて分析，検討したので参照されたい。

　本書は，この『消費税の政治力学』に引き続き，安倍晋三内閣において予定通り14年4月から8％へ引き上げられた政治過程，その後，野田内閣にて成立した15年10月の消費税率10％への引き上げが17年4月に延期された政治過程，さらに10％の引き上げを19年10月まで再延期された政治過程について分析，検討する。具体的には，安倍内閣が発足した12年12月から再延期を表明し第24回参院選が実施された直後の16年8月までの期間を分析対象とする。

　この政治過程を分析するにあたり，読売新聞，朝日新聞，毎日新聞をサーベイし，事実報道，社説，世論調査等を綿密に分析，検討をし，可能な限り事実

関係を正確に把握するよう努め，さらに政治家，利益集団，マス・メディア等に対しインタビューを実施し，その内容を補足するよう試みた。

18年10月15日，安倍首相は18年度第1次補正予算案を決定するために開催された臨時閣議にて，「消費税率は法律で定められた通り，2019年10月1日に現行の8％から10％に引き上げる予定だ。全世代型社会保障制度へと転換し，財政健全化も進めていく。経済に影響を及ぼさないよう対応する」と表明し，社会保障改革と，その財源を確保するために19年10月に消費増税に踏み切る旨を説明した。しかし，菅義偉官房長官は臨時会議後の記者会見で，「リーマン・ショックのようなものがない限り，引き上げる」と述べ，世界的な経済危機が起きればさらに延期もありうるとの認識を示した[1]。

また19年4月18日，自民党の萩生田光一幹事長代行はインターネットの番組で，「6月の数字をよく見て，『この先危ないぞ』と見えてきたら，崖に向かってみんなを連れて行くわけにはいかない。違う展開はあると思う」と述べ，19年10月に予定されている消費税率10％への引き上げについて，日本銀行が7月に発表する6月の企業短期経済観測調査が示す景況感次第で延期もありうるとの考えを示した。これに対し菅官房長官はこの日銀短観を判断材料とすることについて「（政府が）今まで言ってきたのと全く違う」と否定した[2]。

このように消費税率の10％への引き上げ予定日が近づく中，3回目の延期論も出てきた。

その後，菅官房長官も，19年度予算に消費税率の引き上げを前提にした全世代型社会保障の構築のための諸政策が盛り込まれており，19年10月の予定通りの引き上げを幾度か記者会見等にて示したが，6月21日，「経済財政運営と改革の基本方針2019（骨太の方針）」が閣議決定され，その中で消費税率の10％への引き上げについて「2019年10月には，全世代型社会保障の構築に向け，少子化対策や社会保障に対する安定的な財源を確保するため，また，社会保障の充実と財政健全化にも資するよう，消費税率の8％から10％への引上げを予定している」とし，駆け込み・反動減の平準化，軽減税率制度の実施等消費税率引き上げへの対応が記載された[3]。

1　『読売新聞』，2018年10月16日参照。
2　『読売新聞』，2019年4月19日参照。

本書では，消費増税に関わる情報収集に時間を要することや紙幅の都合で，16年9月以降の消費増税を巡る政治過程の分析，検討は別の機会に譲る。

　さて，安倍内閣における消費税引き上げを巡る政治過程は，これまでは政府与党が消費税の導入，税率の引き上げを行おうとしてこれに反対する与野党の政治家，利益集団等が存在するというものであったが，5％から8％への引き上げはほとんどの与野党が賛成し，決定されたものの，8％から10％への引き上げについては，自民党税制調査会，財務省が強く予定通りの引き上げを求めたのに対し，政府与党，特に官邸主導で引き上げが延期されたというもので，これまでの消費税の政治過程とは様相を異にするものであったといえる。

　最初に付加価値税（一般消費税（仮称））導入を試みた大平首相，消費税導入を決定した竹下首相，消費税率の3％から5％への引き上げを実施した橋本首相，5％からの引き上げを検討した菅直人首相，そして，5％から8％，10％への引き上げを決定した野田首相は，いずれも大蔵大臣あるいは財務大臣を経験していた。しかし，安倍首相は財務大臣を経験していない。

　財政再建を優先させるか，景気回復を優先させるかとの政治方針は時の政権の特徴が大きく表れる1つでもある。

　また，本書では消費税率の引き上げを巡る政治過程を明らかにする際，引き上げそのものの政治過程とセットで出てくる軽減税率を巡る政治過程にも着目したい。本書で明らかになるが，軽減税率制度導入は与党の公明党が強く主張したもので，自公の選挙協力とも絡み自公連立政権を支える重要な政策の1つでもあったといえる。軽減税率はその対象品目の選定及びその線引きが難しく，財源との関係で税収の減少に直結しており，対象品目の範囲とそれに伴う税収減等に政治が介入する可能性が高い分野と考えられる。

　そして，安倍首相は消費税率の引き上げの延期を国政選挙と絡め，具体的には1回目の延期，15年10月から17年4月への10％引き上げの延期の際は，第47回総選挙にてこの延期について問い，2回目の延期，17年4月から19年10月への10％引き上げの再延期の際は，第24回参院通常選挙の前にこの延期を表明した。なお，予定通り14年4月の8％への引き上げ決定は，第23回参院通常選挙

3　内閣府，「経済財政運営と改革の基本方針2019について」，2019年6月21日（https://www5.cao.go.jp/keizai-shimon/kaigi/cabinet/2019/2019_basicpolicies_ja.pdf）参照。

の実施後になされた。よって，消費税率引き上げとこれらの国政選挙の関係について言及したい。

このような目的を明らかにするため，以下のように展開する。

第1章においては，安倍内閣において実際に引き上げを実施するか否かを決定するもとになった，野田内閣における社会保障・税一体改革関連法による5％から8％，10％への引き上げの政治過程の概略を述べる。

第2章においては，安倍内閣における5％から8％への消費税率引き上げの政治過程を分析，検討する。具体的には，軽減税率導入と税率引き上げを巡る政治過程に分けて，政府・与党，野党，利益集団の動向，読売，朝日，毎日3紙の社説，世論調査を取り上げ，第23回参院通常選挙が実施されるまでの，内閣支持率，政党支持率等，同選挙の公約，結果をみてみる。

第3章においては，同内閣における8％から10％への消費税率引き上げ延期（1回目）の政治過程を分析，検討する。具体的には，第2章と同様，軽減税率導入と税率引き上げを巡る政治過程に分けて，政府・与党，野党，利益集団の動向，読売，朝日，毎日3紙の社説，世論調査を取り上げ，第47回総選挙が実施されるまでの，内閣支持率，政党支持率等，同選挙の公約，結果をみてみる。

第4章においては，同内閣における8％から10％への消費税率引き上げ延期（2回目）の政治過程を分析，検討する。具体的には，第2章，第3章と同様，軽減税率導入と税率引き上げを巡る政治過程に分けて，政府・与党，野党，利益集団の動向，読売，朝日，毎日3紙の社説，世論調査を取り上げ，第24回参院通常選挙が実施されるまでの，内閣支持率，政党支持率等，同選挙の公約，結果をみてみる。

第5章においては，結論及び含意として第1章から第4章までの分析を踏まえ，5％から8％への税率引き上げ，8％から10％への引き上げ延期（1回目），8％から10％への引き上げ延期（2回目）を決定した，同内閣における消費税率引き上げを巡る政治過程の特徴を明らかにしてみたい。

最後に，様々なお立場もあり，かつご多忙にもかかわらず，インタビュー等に快く応じていただいた各氏に対し，この場を借りて心より御礼申し上げる次第である。

また，本書の出版にあたり，中央経済社の取締役専務・小坂井和重氏，長田烈氏には，細部に至るまでいろいろとご指導いただき，心より御礼申し上げる次第である。

2019年6月

岩﨑健久

目　　次

はじめに

第1章
社会保障・税一体改革関連法成立・第2次安倍内閣誕生 ———————— *1*

❶ 社会保障・税一体改革関連法成立の経緯／*1*

❷ 利益集団，マス・メディア，世論の動向／*3*

第2章
5％から8％への税率引き上げ ———————————————— *9*

❶ 政府・与党，野党，利益集団の動向／*9*
- (1) 8％引き上げ時の軽減税率導入見送り／*9*
- (2) 5％から8％への税率引き上げ決定／*18*

❷ 社　　説／*36*
- (1) 軽減税率／*36*
- (2) 税率引き上げ／*41*

❸ 世論調査／*48*
- (1) 軽減税率／*48*
- (2) 税率引き上げ／*50*

❹ 選挙（第23回参院通常選挙）／*61*
- (1) 内閣支持率，政党支持率，投票予定政党，争点等／*61*
- (2) 選挙公約，選挙結果／*67*

第3章

8％から10％への税率引き上げ延期（1回目）—— 77

1 政府・与党，野党，利益集団の動向／77

(1) 10％引き上げ時の軽減税率導入決定／77

(2) 8％から10％への税率引き上げ延期決定／95

2 社　　説／130

(1) 軽減税率／130

(2) 税率引き上げ延期／139

3 世論調査／148

(1) 軽減税率／148

(2) 税率引き上げ延期／151

4 選挙（第47回総選挙）／161

(1) 内閣支持率，政党支持率，投票予定政党，争点等／161

(2) 選挙公約，選挙結果／168

第4章

8％から10％への税率引き上げ延期（2回目）—— 177

1 政府・与党，野党，利益集団の動向／177

(1) 10％引き上げと同時の軽減税率制度導入及びその内容の決定／177

(2) 10％への税率引き上げ再延期決定／239

2 社　　説／283

(1) 軽減税率／283

(2) 税率引き上げ延期／294

3 世論調査／309

(1) 軽減税率／309

(2) 税率引き上げ延期／315

4 選挙（第24回参院通常選挙）／328

  (1) 内閣支持率，政党支持率，投票予定政党，争点等／328

  (2) 選挙公約，選挙結果／338

第**5**章
結論及び含意 —————————————————— *349*

1 政府・与党の動向／349

2 野党の動向／352

3 利益集団の動向／353

4 社説，世論調査の各紙の動向／355

5 選挙の影響／360

6 ま と め／362

参考文献／372

索　　引／374

≪図・表目次≫

(第2章)

表2-1　3党協議メンバー（8%への引き上げ時）

表2-2　自公軽減税率合意の全文

表2-3　8%引き上げ時の軽減税率導入見送りの経緯

表2-4　消費税率引き上げに対する各党の主張

表2-5　集中点検会合における消費税率引き上げを巡る主な意見

表2-6　5%から8%への税率引き上げまでの経緯

表2-7　第23回参院選挙獲得議席，比例代表区得票数等

(第3章)

表3-1　軽減税率に関する意見聴取

表3-2　10%引き上げと同時の軽減税率導入を目指す合意までの経緯

表3-3　8%から10%への税率引き上げ延期（1回目）までの経緯

表3-4　第47回総選挙獲得議席，比例代表得票数等

(第4章)

表4-1　財務省案（還付案）のポイント

表4-2　与党税制調査会インナーのメンバー

表4-3　飲食料品に軽減税率を適用したときの年間軽減額

表4-4　10%引き上げと同時の軽減税率導入決定までの経緯

表4-5　8%から10%への税率引き上げ延期（2回目）までの経緯

表4-6　第24回参院選挙獲得議席，比例代表区得票数等

(第5章)

図5-1　第2次，第3次安倍内閣における消費税「増税」の政治過程

第 **1** 章

社会保障・税一体改革関連法成立・第2次安倍内閣誕生

 社会保障・税一体改革関連法成立の経緯

　2009年8月，第45回総選挙が実施され，民主党が大勝し，自公政権に代わって民主・国民新党による鳩山由紀夫内閣が誕生した。鳩山内閣を引き継いだ菅直人内閣において，消費税の税率を5％からさらに引き上げていく議論が具体化した。菅首相は，09年の総選挙における民主党のマニフェストに言及がなかった消費税率の引き上げを表明したが，これが不評で10年7月に実施された第22回参院選にて民主党は敗北した。その後，社会保障と税の一体改革を検討し，素案を決定するものの，菅内閣は退陣し，11年9月，野田佳彦内閣が誕生した。野田首相は首相就任前まで財務相を務めており，消費税率の引き上げに強い意欲を見せ，本格的に社会保障を絡めた消費税率の引き上げに取り組むことになった。主要な閣僚及び民主党内人事をみてみると，官房長官に藤村修，財務相に安住淳，幹事長に輿石東，政調会長に前原誠司，国会対策委員長に平野博文，後に城島光であった[1]。

　12年1月24日，第180回通常国会が召集され，消費税国会の開幕であった。野田首相は首相就任後，初の施政方針演説を行い，衆参ねじれ現象が続く中，与党だけでは消費税率の引き上げは成し遂げられないのが現状であったため，「今こそ『大きな政治』を，『決断する政治』をともに成し遂げよう」と訴え，消費税率引き上げを柱とする社会保障・税一体改革への協力を野党に呼びかけた[2]。

1　『毎日新聞』，2012年6月21日，『日本経済新聞』，2012年11月25日。
2　『読売新聞』，2012年1月25日。

2月17日，自民党や公明党の協力が得られないまま，野田内閣は，消費税を2014年4月に8％，2015年10月に10％へ引き上げることを含む社会保障・税一体改革大綱を閣議決定した[3]。

3月30日，民主党内に小沢一郎衆院議員を中心とした消費税率引き上げに強く反対するグループを抱えるなか，政府は政府・民主三役会議で社会保障・税一体改革関連法案を閣議決定した[4]。

衆院にて社会保障・税一体改革関連法案の審議が開始されたが，依然として民主党内に消費税率引き上げに反対する小沢衆院議員を中心とするグループの説得ができず，自民党の協力も得られず，膠着状態が続いた。

しかし，谷垣禎一自民党総裁の協力を取り付け，6月15日，民主，自民，公明の3党は，消費税率引き上げを柱とする社会保障・税一体改革関連法案を，この国会で成立させることで合意した[5]。いわゆる民自公の「3党合意」である。

26日，自民党，公明党の賛成も得て，社会保障・税一体改革関連法案が衆院にて採決され，可決，参院に送付された。しかし，小沢衆院議員らはこの採決で反対票を投じ，7月2日，民主党に対し離党届を提出し，新党「国民の生活が第一」を結成，民主党は分裂した[6]。

その後，参院にて社会保障・税一体改革関連法案の採決が近づくにつれ，自民党内では同法案を参院で否決すべきだとの意見が浮上し，谷垣総裁は「一体改革と解散と，二兎を追っていたが，それは甘かった」と周辺に語り，一体改革関連法案成立にこだわらず衆院解散を優先させる考えを示した[7]。

このような緊迫した国会状況の中，8月8日，野田首相は社会保障・税一体改革関連法案の取扱いや衆院解散時期を巡り，谷垣総裁，山口那津男代表と会

---

3 『朝日新聞』（夕刊），2012年2月17日，『毎日新聞』，2012年2月18日。

4 『読売新聞』，2012年3月31日。

5 『読売新聞』，2012年6月16日。この「3党合意」は，社会保障の充実，安定と財政健全化を同時に達成させることを目的に，当時の与党民主党と野党自民党，公明党が消費税率の8％，10％への引き上げに合意したものであった。その詳細は，岩﨑健久『消費税の政治力学』，中央経済社，2013年，234-237頁を参照されたい。

6 『毎日新聞』，2012年6月27日，『読売新聞』，2012年7月3日。

7 『読売新聞』，2012年7月24日。

談し，衆院解散の時期について「法案が成立した暁には，近いうちに国民に信を問う」との認識を示した。これを踏まえ３党首は，一体改革関連法案を早期成立させることで合意し，自民党は内閣不信任決議案と問責決議案の提出を見送った[8]。

10日，参院本会議にて，社会保障・税一体改革関連法（消費税率を５％から14年４月に８％，15年10月に10％へ引き上げる）は民主，自民，公明３党等の賛成多数で可決，成立した[9]。

その後，９月26日，谷垣総裁に代わり安倍晋三元首相が自民党総裁に選出され，野田首相の「近いうち解散」発言を受けて，与野党は解散の時期をめぐり駆け引きを繰り広げた。

11月14日，野田首相と安倍新総裁の初の党首討論が行われ，野田首相は非常に異例なことであったが，衆院における小選挙区の１票の格差是正と定数削減の実現を条件に，16日の衆院解散を明言し，16日野田首相が明言した通り，衆院は解散された[10]。

12月16日，第46回総選挙が実施され，同日開票が行われた。民主党は壊滅的な敗北をし57議席しか獲得できず，一方自民党は大幅に議席を伸ばし294議席を獲得した。民主党は政権を失い，自民党は政権を奪還し，12月26日安倍首相の下，自民党と公明党の連立政権が誕生した[11]。

2　利益集団，マス・メディア，世論の動向

ここで，社会保障・税一体改革関連法成立に対する利益集団，マス・メディア，世論の動向についてみる。

①　利益集団
財界，労働組合の動向についてみる。

8　『読売新聞』，2012年８月９日。
9　『読売新聞』，2012年８月11日。
10　『読売新聞』，2012年11月25日。
11　『朝日新聞』，2012年12月17日。

まず財界3団体は一体改革関連法の成立を受け，揃って「歓迎」の意向を表明した。経済団体連合会（以下，経団連と略す）の米倉弘昌会長は成立を「高く評価する」とし，「国益を重視した3党首はじめ関係者の努力の結果」だと賞賛した。ちなみに，経団連と民主党政権の関係は政権交代当時はあまり良好なものとはいえなかったが，特に野田内閣になってからは両者の関係は，この社会保障と税一体改革を推進する立場からもかなり緊密なものになったとみることができる。経済同友会（以下，同友会と略す）の長谷川閑史代表幹事は一体改革法成立を評価しつつ「これはあくまでも一体改革の始まり」とも強調し，「持続可能な社会保障制度の確立に向けた議論」に速やかに移るよう求めた。日本商工会議所（以下，日商と略す）の岡村正会頭は消費増税に理解を示す一方で「景気や経済，中小企業経営に大きな影響を与える」との懸念も表明し，デフレ対策や価格転嫁対策に万全を期すよう求めた[12]。

　次に労働団体の日本労働組合総連合会（以下，連合と略す）の動向についてみてみる。連合の南雲弘行事務局長は以下の談話を表明した。「社会保障・税一体改革関連法案が，8月10日，参議院本会議において賛成多数により可決・成立した。6月26日の衆院通過以降，政局優先の動きがあったことは遺憾ではあるが，法案の成立により国民の将来の安心につながる改革の第一歩が刻まれたことを評価する。（中略）税制については，社会保障の安定財源を確保するため，消費税率が段階的に引き上げられることとなる。中小事業者等の円滑な価格転嫁に向けた環境整備，当面の低所得者対策の具体化等を早急に進めるとともに，所得再分配機能の強化に向けた2013年度税制改正における所得税や資産課税の見直し等について，引き続き与野党で建設的な議論を行い，結論を得る必要がある」とし，消費増税に対して社会保障の充実及び所得税や資産課税の富裕層への強化等を前提に評価した[13]。

　このように，財界も労働組合も概ねこの社会保障・税一体改革関連法を評価したものとみることができる。

12　『毎日新聞』，2012年8月11日，財界関係者とのインタビュー。
13　日本労働組合総連合会「社会保障・税一体改革関連法案の成立にあたっての談話」，2012年8月10日。

② マス・メディア

　読売，朝日，毎日各紙の社説についてみる。

　この一体改革関連法成立を受けて読売新聞は，「一体改革法成立　財政健全化へ歴史的な一歩だ」と題し，さらに「首相の『国益優先』を支持する」，「消費増税に共同の責任」，「党首会談合意を大事に」，「格差是正が解散の前提」との見出しをつけ，まず「借金体質の国家財政を健全化するという長年の懸案の解決に向けて，歴史的な一歩である。消費税率引き上げを柱とする社会保障・税一体改革関連法が参院本会議で，民主，自民，公明３党等の賛成多数で可決，成立した。審議に200時間以上をかけ，圧倒的多数の賛成で成立させた。高く評価したい。先送りを続けてきた政治に転機をもたらすことを期待する」と述べ，この一体改革関連法成立を高く評価した[14]。

　朝日新聞は，「一体改革成立　『新しい政治』の一歩に」と題し，「難産の末に一体改革関連法が成立した。国会が消費増税を決めたのは実に18年ぶりだ。民主，自民の２大政党が与野党の枠を超え難題処理にこぎ着けたことをまずは評価したい。一方で，政策より政争に走る政治の弱点もあらわになった。衆院解散の時期を巡る駆け引きのなかで，一時は関連法の成立が危ぶまれた。そうなれば国際社会や市場の信頼を損ね，国民に多大なリスクをもたらすところだった。（中略）一体改革関連法の成立を，そんな新しい政治文化をつくる一歩ととらえたい」と述べた[15]。

　毎日新聞は，「増税法成立　『決める政治』を続けよう」と題し，「まずは２つの意味で，政治史上画期的なことだと評価したい。第一に，その中身が国民に負担を求める純粋増税法だからである。過去の増税は，消費税３％の導入時（1989年），消費税率５％への引き上げ時（97年）いずれも減税とセットで行われた。経済全体のパイが伸び悩み，従来のバラマキではない負の配分能力が政治に求められる時代，その第一歩を刻んだ，と言える。第二に，その不人気政策を与野党で合意したという政治方式の新しさである。（中略）もちろん全てを是とするわけではない。何よりも国民の理解を得る努力がまだ不足している。７

14　『読売新聞』，2012年８月11日。

15　『朝日新聞』，2012年８月11日。

月末の毎日新聞世論調査では61％が依然として『今国会での消費増税法案成立
を望まない』と答えている。何のために増税するのか。社会保障がどう変わる
のか。増税分が社会保障以外に充てられるような解釈はとても容認できない。
（中略）民自公３党首が『近いうちに解散』で合意したことから与野党には今秋
にも衆院解散，総選挙が行われるのではないかとの見方が広がっている。（中略）
民主党は今秋の解散も辞さないとの覚悟を固めるべきだ」と述べた[16]。

　以上，野田内閣における社会保障・税一体改革法成立に対する社説をみてき
たが，読売，朝日，毎日の各紙は，社会保障費の増大に対処するため消費税率
の引き上げを含む社会保障・税一体改革法が成立したことを高く評価した。一
体改革法成立へ大きく動いた民自公の３党合意以降の政治的流れを，読売は「決
められる政治」へ，朝日は「決められない政治」から脱する，毎日は「決める
政治」へと表現し，民主党と自民党が協力し国民に負担を求める政策を成立さ
せたことに３紙とも高い評価を与えた。

③　世　　論

　社会保障・税一体改革関連法成立後の８月における読売，朝日，毎日の世論
調査についてみる。

　読売新聞についてみる。内閣支持率は，「支持する」27％，「支持しない」64％
であった。政党支持率は，民主12％，自民18％，公明２％，共産２％，支持政
党なし55％であった。比例代表における投票予定政党は，民主11％，自民21％，
公明２％，共産３％であった。「年金等社会保障制度の財源として，消費税率を
2014年４月に８％に引き上げ，2015年10月に10％まで引き上げる社会保障と税
の一体改革関連法が成立したことを，評価しますか，評価しませんか」と質問
し，その結果は，「評価する」43％，「評価しない」49％であった。「消費税率の
引き上げに伴い，生活必需品等の税率を低くする軽減税率を，導入すべきだと
思いますか，そうは思いませんか」と質問し，その結果は，「導入すべきだ」
73％，「そうは思わない」18％であった[17]。

16　『毎日新聞』，2012年８月11日。

17　『読売新聞』，2012年８月13日（調査日：８月11日〜12日）。

朝日新聞についてみる。内閣支持率は,「支持する」22%,「支持しない」58%であった。政党支持率は,民主13%,自民13%,公明3%,共産1%,支持政党なし57%であった。比例代表における投票予定政党は,民主13%,自民23%,公明3%,共産2%であった。「社会保障の財源に充てるために,消費税を2014年4月に8%に,2015年10月に10%に引き上げる法案に賛成ですか。反対ですか」と質問し,その結果は,賛成42%,反対48%であった。「消費税の引き上げで税収が増えたら公共事業を増やすという考えに賛成ですか。反対ですか」と質問し,その結果は,賛成28%,反対56%であった[18]。

毎日新聞についてみる内閣支持率は,「支持する」27%,「支持しない」52%であった。政党支持率は,民主10%,自民16%,公明3%,共産2%,支持政党なし54%であった。比例代表における投票予定政党は,民主14%,自民21%,公明4%,共産4%であった。「社会保障の財源に充てるため,消費税率を2年後の2014年4月に8%,3年後の2015年10月に10%に引き上げる法律が成立しました。消費増税法の成立を評価しますか,しませんか」と質問し,その結果は,「評価する」44%,「評価しない」53%であった[19]。

これら3紙の世論調査結果をみると,内閣支持率及び民主党への支持率は低迷し,次期総選挙の比例代表における投票予定政党については自民党が民主党を上回った。

読売及び毎日は,社会保障・税一体改革法が成立したことへの評価を質問し,評価するが40%台前半,評価しないがほぼ50%であったことを示した。朝日は,消費税率引き上げ法の賛否を質問した後,さらに消費増税分を公共事業に充てる考えの賛否も質問し,その結果は,反対が賛成を大きく上回った。なお,読売は軽減税率の導入の賛否を質問した。

---

18 『朝日新聞』,2012年8月6日(調査日:8月4日~5日)。
19 『毎日新聞』,2012年8月13日(調査日:8月11日~12日)。

第2章

5％から8％への税率引き上げ

 政府・与党，野党，利益集団の動向

(1) 8％引き上げ時の軽減税率導入見送り

① 第2次安倍内閣発足

　2012年12月26日，第2次安倍内閣が発足した。その消費税問題に関係する主要な閣僚及び与党内の人事についてみてみる。副総理兼財務相に麻生太郎，官房長官に菅義偉，内閣府特命担当大臣（経済財政政策担当）に甘利明，自民党幹事長に石破茂，総務会長に野田聖子，政策調査会長（以下，政調会長と略す）に高市早苗，国会対策委員長に鴨下一郎，税調会長に野田毅，公明党代表に山口那津男，副代表に北側一雄，幹事長に井上義久，税調会長に斉藤鉄夫，国会対策委員長に漆原良夫というものであった。なお，自民党の国会対策委員長は13年10月11日に佐藤勉氏へ交代した。

　また，財務省の布陣は，事務次官が真砂靖氏（12年8月17日～13年6月28日），木下康司氏（13年6月28日～14年7月4日），主税局長が田中一穂氏（12年8月17日～14年7月4日）であった。

　2013年1月，安倍内閣の下，税制改正論議がスタートした。消費税問題では，特に8％への引き上げ時に軽減税率を導入するか否かを巡って議論が展開された。

　軽減税率に積極的な公明党の太田昭宏前代表は，6日のNHK番組で軽減税率について，「8％段階では時間がない」としながらも，コメや味噌等一部の食料品や新聞に対象品目を限定してでも実施すべきだとの考えを示した。同党は

税率8％段階での軽減税率導入を13年度税制改正の最優先課題としていた。一方自民党内には、「10％以降の検討課題」との声が多く、両党間協議での焦点になっていた。太田前代表の発言には、一部の生活必需品に対象を絞ることで、慎重意見が多い自民党に理解を求める狙いがあるとみられた[1]。

また、7日に開催された公明党税制調査会（以下、公明税調と略す）の総会で、斉藤税調会長は、「軽減税率について今回の税制改正大綱で明確な方向性を出さないといけない」と語り、税率8％段階からの軽減税率導入にこだわる姿勢を示した。生活者重視を訴える公明党では、13年7月の参院選や東京都議選等も絡み、党内では「支持基盤の有権者に浸透している8％からの軽減税率導入は簡単には譲れない」との声が強まっていた[2]。

同日、自民党税制調査会（以下、自民税調と略す）は13年最初の総会を開催した。13年度の税制改正論議を本格化させ、1月下旬までに大綱をまとめる方針であった。総会で税調の新しい布陣が決まり、引き続き会長は野田毅、顧問に高村正彦副総裁と町村信孝元官房長官、小委員長に額賀福志郎元財務相ら派閥領袖をそろえ、重厚な布陣になったといえる。麻生太郎財務相も出席し、政府税制調査会（以下、政府税調）を開催しないことを明言しながら、「党税調が一番肝心。専門的な知識だけではなく、地域に密着しながら声をすくい上げ、将来の安定を考えていくのが我が党の税調のあり方」と強調した。13年度の税制改正は参院選を意識せざるを得ず、高いハードルもあり、その1つは連立を組む公明党との調整であった。山口那津男代表は、同日夜、安倍晋三首相も出席した都内の会合で、第46回総選挙で公約した消費増税の際の軽減税率の導入について言及し、「8％段階から軽減税率を導入すべしと訴えてきたのは我が党。実現に努力したい」と自民党に導入への理解を求めた。ここでは、低所得者対策としてコメ、味噌、醤油等生活必需品の項目を限定して最終的に実施する案が浮上していた。しかし自民党の石破茂幹事長は7日の記者会見で「軽減税率は所得の高い方々にも導入される。効果がどのくらいあるのか」と慎重姿勢を示した。自民税調幹部は「周到な準備がなければ社会が混乱する。来年4月から

---

1 『毎日新聞』、2013年1月7日。
2 『毎日新聞』、2013年1月8日。

の軽減税率の導入は無理」と言い切った[3]。

　ここで，自民税調の事実上の意思決定機関だったインナーと呼ばれる非公式幹部会のメンバーについてみてみる。13年度税制改正の議論は自民税調が主導し，政府税調を中心に議論した民主党政権の手法は党主導に戻ったが，インナーは政権復帰による転出者が相次いでいた。前述したように，自民税調は麻生財務相も長年の「党の聖域」は尊重すると表明したように，自民党の野党時代とはうって変わり，党税調復活を印象付ける形となった。しかし，インナーは人材難が深刻化していた。政権復帰前は社会保障と税の一体改革を進めた野田会長を伊吹文明元財務相や町村元官房長官，額賀元財務相ら，派閥領袖クラスが脇で固める7人態勢だったが，伊吹元財務相が衆院議長，石原伸晃元国土交通相が環境相，林芳正元内閣府特命担当相（経済財政政策担当）が農林水産相にそれぞれ転出，宮沢洋一元副内閣相は続投し，高村副総裁が加わったが5人に減少した。かつての党税調は小泉純一郎元首相ですら，山中貞則元税調最高顧問を訪ねて要望するほどの実力組織だった。当時を知る党幹部が「伊吹さんが抜けたのが大きいし，町村さんも病気療養中だ」と語るように，派閥領袖クラスの鶴の一声で党内の異論を封じる影響力の低下も懸念する見方もあった。業界団体や族議員の利害が絡まる税制を円滑にまとめる手腕は今後の党税調の影響力に直結していた。一方で長老政治に批判的な党中堅からは「これまでは長老の影響力が強すぎた。若い人たちで議論すればいい」と歓迎する声も出ていた[4]。

② 軽減税率を巡る議論スタート，財政諮問会議復活

　9日，自民，公明両党は安倍内閣発足後初の与党税制協議会を開催し，13年度税制改正に向けた協議をスタートさせ，24日までに税制改正大綱をまとめる方向性を確認した。同協議会では，公明党が消費増税の軽減税率について8％への引き上げ時から適用するよう求めたが，自民党は慎重姿勢を崩さなかった。公明党の斉藤税調会長は会議の冒頭で，軽減税率について消費税8％の段階か

3　『朝日新聞』，2013年1月8日。

4　『毎日新聞』，2013年1月8日，マスコミ関係者とのインタビュー。

ら導入できるよう検討してほしいと要望した。これに対し，自民党は 8 ％段階での導入には依然慎重で，インナーの一人である宮沢税調幹事は会談後記者団に「導入の時期や技術的な課題に対して相談しないといけない」と述べるにとどめた[5]。

同日，経済財政諮問会議が開催されたが，同会議は，自民，公明両党が政権復帰の象徴と位置付けるものの 1 つであった。同会議は，自公政権の時代，経済全般の運営の基本方針，財政運営の基本，予算編成の基本方針等，重要事項について審議する会議の 1 つで，いわゆる「骨太の方針」を決定し，消費税増税の決定とも密接に絡んでくることになる。金融政策を担う日銀総裁が毎回参加する予定で，安倍首相は早速日銀に「大胆な金融緩和」を催促した。

安倍内閣は経済再生に向けて積極財政を優先する構えで，経済成長と財政再建を両立する道筋をどう描くかも注目された。「10 年以上デフレが続き，相当なことをしないとマインドが変えられない。日銀総裁とこの場で議論することは極めて重要だ」と，白川方明総裁を前に安倍首相は語り，同会議の議論の方向を固める鮮明な意思がにじんでいた。首相就任以降，白川総裁と公式な対面は初めてで，閣僚からも金融緩和を求める意見が続き，同会議が「日銀の独立性を脅かす場にならないか」という関係者の警戒感はますます強まっていた。

安倍首相は冒頭，12 年の総選挙で物価目標 2 ％を公約して大勝した経緯を持ち出し，麻生財務相らに日銀との政策協定を持ち出すよう指示した。茂木敏充経済産業相，菅官房長官らも，首相と足並みをそろえ 3 年半ぶりの同会議は日銀への追加緩和要求のオンパレードになった。

これに対し白川総裁は，「賃金が上がり経済全体がバランスよく改善する中で，物価が上がるのが人々が望む姿。日銀が財政のファイナンスをしているとの懸念を持たれないよう，財政健全化の取り組みも重要だ」とくぎを刺したが，閣僚から財政規律を求める声は少なかった。

一方，マクロ政策の司令塔となる同会議には，財政の悪化に歯止めをかけ，健全化への道筋を示す役割が求められ，民間議員から「緊急経済対策は財政規律への疑念を呼ぶ」，「財政出動と健全化の両立が必要」との意見も出たが，安

---

5 『朝日新聞』（夕刊），2013 年 1 月 9 日。

倍内閣はまずは経済を再生し，税収を増やして財政を強くする道筋を描いていた。首相が同会議に指令を出し，それと連携するのが日本経済再生本部（メンバー全閣僚）で，同本部は成長戦略立案の司令塔で，同本部の下に設置されている産業競争力会議に成長戦略の具体策を議論するよう指示がなされた[6]。

③　公明：軽減税率導入を主張，自民：慎重

11日，自民，公明両党は与党税制協議会を開催し，軽減税率を導入することで一致したが，14年4月に予定している8％への引き上げ段階からの導入については折り合わず，適用対象とする品目も含めて，引き続き協議することになった。自民党の野田会長は，10％への引き上げ段階での導入は不可避としたが，8％段階での導入では，インボイス方式の導入が難しいことや事務負担が増える流通業者の反対論もあり，難色を示した[7]。

さらに，公明党は消費税を8％に引き上げる段階からの軽減税率導入に関して，穀類，麺類，生鮮食料品，水に限定して軽減税率を適用し，帳簿で処理する方式を自民党に提案した。これは，軽減税率導入に必要とされるインボイスを簡素化し，早期に軽減税率を実現する狙いだが，自民党は難色を示した[8]。

14日，自民，公明両党の税調幹部は軽減税率導入について協議した。公明党はふたたび14年4月の8％段階からの導入を主張したが，自民党は依然反対し結論を持ち越した。公明党は「8％段階から導入し，軽減税率を適用する範囲は5％にすることを決める方が政治決断として大事ではないか」と主張したが，自民党は「流通業界や中小企業が乗り越えなければならない技術的課題がある」と反対姿勢を崩さなかった。野田会長は「税収も落ち込む。10％で必ずやると言うことまで明言はできない。引き続き協議し共通の着地点をめざす」と語った[9]。

15日，日本新聞協会は新聞，書籍，雑誌には消費税の軽減税率を適用するよう求める声明，「知識には軽減税率の適用を」を公表した。同声明では，民主主

6　『毎日新聞』，2013年1月10日。
7　『毎日新聞』，2013年1月12日。
8　『朝日新聞』，2013年1月13日。
9　『朝日新聞』，2013年1月15日。

義の発展や国民生活の向上に寄与している新聞や書籍への課税強化は国際競争力を衰退させかねず，欧州では民主主義を支える公共財として課税しないという共通認識があることを指摘し，消費税の8％への引き上げの際に軽減税率を制度化し適用を求めたものであるといえる[10]。

16日，自民，民主，公明3党は12年6月に消費増税で合意し，同年12月の総選挙後初めて，社会保障と税の一体改革を巡る論議が再開された。3党の協議メンバーは以下の**表2-1**のとおりである。24日にまとめる税制改正大綱に向けた調整に入ったが，軽減税率については公明党は積極的であるが自民党は慎重で，民主党も「軽減税率なんてすぐにやれるわけない」と，給付付き税額控除による対応を求めた。公明党幹部は「自民党が3党協議をどうしても始めたいと言うからやるだけで，軽減税率はあくまで自公でやる」と，民主党が自民党

表2-1	3党協議メンバー（8％への引き上げ時）
税　　　制	
自民党	野田毅税調会長 宮沢洋一政調会長代理
公明党	斉藤鉄夫税調会長 西田実仁参院議員
民主党	松本剛明税調会長 古本伸一郎税調事務局長
社　会　保　障	
自民党	野田毅税調会長 鴨下一郎国対委員長 宮沢洋一政調会長代理 福岡資麿参院議員
公明党	石井啓一政調会長 渡邉孝男政調副会長 古谷範子政調副会長
民主党	長妻昭一体改革調査会長 山井和則次の内閣厚生労働担当相 梅村聡前厚労政務官

（出典）『毎日新聞』，2013年1月17日

---

10 『毎日新聞』，2013年1月16日。

側につくことを警戒した[11]。

17日，自民党の高市政調会長は BS11番組で，消費増税に伴う軽減税率導入について「結論を出す時期はいまではない」と述べ，24日にまとめる13年度与党税制改正大綱では結論を先送りすべきだとし，導入は10%以降の段階としたい考えを示した[12]。

④　軽減税率導入見送り，10%時導入目指す

19日，安倍首相と公明党の山口代表は会談し，消費増税時に軽減税率を導入することについて，8%引き上げ段階からの導入を見送る方針を固めた。低所得者対策は一人あたり約1万円を配る「簡素な給付」で対応する方向となった。前述したように，公明党は8%段階から軽減税率を導入するよう求めてきたが，導入に必要なインボイスの整備や事業者への周知期間が足りず，自民党の姿勢が堅いことから断念し，「10%段階で導入することを大綱で明記してほしい」と求めた[13]。

23日，自民，公明両党は与党税制協議会を開催し，19日の安倍首相と山口代表の会談を受けて，軽減税率について消費税率を10%へ引き上げる15年10月の導入を目指すことを13年度税制改正大綱に盛り込むことで合意した。その合意内容を，**表2－2**に示す[14]。

24日，自民，公明両党は13年度与党税制改正大綱を決めた。同大綱では，金融政策，財政政策，成長政策という「三本の矢」が必要である旨が強調され，企業が研究開発や投資をしやすくするような減税策が並べられ，アベノミクスの姿勢を鮮明にしたものであった。13年度税制改正では，減税と増税を差し引きすると，2,400億円の減税になり，企業向けでは13年度から2年間設備投資を

---

11 『朝日新聞』，2013年1月17日。

12 『毎日新聞』，2013年1月18日。

13 『朝日新聞』，2013年1月20日。

14 『毎日新聞』，2013年1月24日，与党議員とのインタビュー，自由民主党・公明党「平成25年度税制改正大綱」，2013年1月24日，https://www.jimin.jp/policy/policy_topics/pdf/pdf085_1.pdf。

なお，同税制改正大綱でも軽減税率に関し「自公軽減税率合意」と同じ文言で記載がなされている。

表2-2　自公軽減税率合意の全文

一、消費税率の10％引き上げ時に軽減税率制度を導入することを目指す
一、その他与党税制協議会で速やかに下記事項について協議を開始し今年12月予定の2014年度与党税制改正決定時までに関係者の理解を得た上で結論を得るものとする
一、与党税制協議会に軽減税率制度調査委員会を設置し適宜検討状況を与党税制協議会に中間報告する
一、協議すべき課題（抄）
・対象，品目
・軽減する消費税率
・財源の確保
・インボイス制度等区分経理のための制度の整備
・中小事業者等の事務負担増加，免税事業者が課税選択を余儀なくされる問題への理解
・その他軽減税率導入にあたって必要な事項

（出典）『毎日新聞』，2013年1月24日

　前年度より10％超増やした企業には，設備購入額の3％を法人税から差し引くことができ，13年度から3年間社員の給料等を現在よりも5％以上増やした企業には増やした額の10％を法人税から差し引くことができる内容となった。

　また，富裕層の負担を増やすため，15年1月から相続税と所得税を増税することとなった。

　軽減税率の導入については，公明党の斉藤税調会長は，同日の党中央幹事会で「10％引き上げ時にと時期を明示した」と説明したが，同大綱の書きぶりは「導入を目指す」で，判断を先送りした形となったといえる。軽減税率導入は，消費増税に抵抗が強い創価学会を説得する条件であったとみることもでき，難色を示す自民党と激論になり，自民党側は一時「大綱は自公が別々に作ればいい」と態度を硬化，斉藤会長が「両党が心を合わせて」と3回も繰り返したのは激しい対立の裏返しであったといえる。消費税率を8％に上げてから10％段階で軽減税率を導入しても対象品目の税率を5％に戻すのは難しく，創価学会幹部の一人は「残念な結果だ」と語った[15]。

　20日，自民，公明両党は軽減税率を導入する場合の課題を検討する与党税制協議会に設置された軽減税率制度調査委員会の初会合を開催し，参院選後の8

15　『朝日新聞』，2013年1月25日。

月に中間報告をまとめることが決まった。14年度税制改正論議に合わせ，導入時期や軽減幅，対象品目選びについて年内に結論を出すことでも一致した。初会合では，委員長に野田会長，委員長代理に斉藤会長を選出した。導入に慎重な自民党と，積極的な公明党という構図は変わっておらず，今後はこの中間報告でどこまで踏み込むかが焦点となる。また，同会合では，月2回程度のペースで開催し，業界から意見聴取を行うこと等が確認された。軽減税率制度調査委員会において軽減税率の制度設計等具体的な議論が今後続くこととなった[16]。

　野田会長は「軽減税率は避けて通れない問題。最初からできないかもしれないなんて言っては，公明党が困っちゃうし」と様子をうかがうように言うと，隣の斉藤会長は「責任ある与党が導入を目指すということなので言葉通りだ」と語気を強めた。公明党幹部は8％の段階で導入を見送ったことに反発が出ており，「10％からの導入は譲れない」と意気込んでいる。一方自民党は，8％段階での導入を実務的に間に合わないと拒否し，10％段階での導入にも否定的な意見が強いのが現状であった。税収が減るうえに制度設計も難しいためで，同党幹部は「プロであればあるほど軽減税率は難しいと思っている。自民党の方がプロが多い」と冷ややかな反応であった。また，自民党には「社会保障充実の目的が果たせなくなる」との意見もあった。さらに公明党内には「軽減税率を8％ではなく5％に」との意見があるが一度上げた税率を再び引き下げることに自民党は否定的である。軽減税率の適用対象でも，公明党の石井啓一政調会長は20日の記者会見で，「食料品，書籍，新聞等を対象にしては」と提案したが，自民党内には対象品目が広がれば税収が減りかねないとの慎重論が多かった。前述したように，インボイスに対しては経済界が事務負担が増えるとして反対し，公明党は対象を一部の食料品等に限れば現行の帳簿方式で対応できるとしているが，自民党内ではインボイスが軽減税率の前提との声が多いのが現状であった[17]。

　ここで，8％への引き上げ時に軽減税率の導入を見送ると決定するまでの経緯を**表2-3**にまとめるので参照されたい。

16　与党議員とのインタビュー。
17　『朝日新聞』，2013年2月21日，『毎日新聞』，2013年2月21日。

| 表 2 − 3 | 8 ％引き上げ時の軽減税率導入見送りの経緯 |

年　月　日	内　　　容
2012年12月26日	第 2 次安倍内閣発足
2013年 1 月 9 日	第 2 次安倍内閣発足後初の与党税制協議会開催　公明党： 8 ％への引き上げ時から軽減税率導入を主張　自民党：軽減税率導入に慎重
1 月11日	与党税制協議会開催　野田自民税調会長： 8 ％段階での軽減税率導入に難色　公明党： 8 ％引き上げ時の軽減税率導入を主張，穀類，麺類，生鮮食料品，水に軽減税率を適用
1 月14日	自公両党の税調準備協議　公明党：14年 4 月の 8 ％段階からの導入を再び主張　自民党：導入に反対　10％で必ずやるとの明言はできない（野田会長）
1 月16日	自民，民主，公明 3 党：社会保障と税の一体改革を巡る議論再開　民主党：軽減税率ではなく給付付き税額控除導入を主張
1 月19日	安倍首相と山口公明代表が会談　 8 ％引き上げ段階からの導入を見送る方針を固める　低所得者対策は 8 ％段階では「簡素な給付」で対応
1 月20日	自民，公明両党：軽減税率制度調査委員会の初会合を開催　委員長：野田会長　委員長代理：斉藤会長　公明党：10％からの導入は譲れない　自民党：10％段階での導入にも否定的
1 月23日	与党税制協議会開催　軽減税率について消費税率を10％へ引き上げる15年10月の導入を目指すことを13年度税制改正大綱に盛り込むことで合意
1 月24日	自公両党：13年度税制改正大綱決定

⑵　5 ％から 8 ％への税率引き上げ決定

①　8 ％への引き上げを巡る議論スタート

　8 ％時の軽減税率導入の見送りを受け，今後の消費税を巡る議論の焦点は，14年 4 月の 8 ％への引き上げを行うかどうかに移った。

　3 月20日，日本銀行総裁は，白川氏から黒田東彦氏に交代した。白川前総裁は，前述したように，財政健全化を重視する人物で，経済成長を優先させデフレ脱却を目指す安倍首相にとって，この交代は大きな決断であったといえる。

　安倍首相は，経済再生策として「三本の矢」を掲げ，一本目の矢である金融政策の実現を考慮し，「白川方明総裁の下で大胆な展開を図るのは難しい」と考え，首相の金融緩和論を支持していた黒田氏を選任したとみられる[18]。

---

18 『読売新聞』，2013年12月29日参照。

27日，安倍首相は参院財政金融委員会で14年4月に，消費税率を8％に引き上げるかどうかを13年10月頃に最終判断するとの見通しを示した。同年4～6月期の国内総生産の結果に加え，「足下の経済状況も含めて注意深く判断する」という考えであった。安倍首相は「10月」と明言したわけではなく，政府や自民税調の幹部らは「9月末までに増税の最終判断が必要」とした[19]。

4月22日，菅官房長官は財政諮問会議にて，プライマリーバランスの赤字の半減時期を15年度とする政府の財政健全化目標について見直しを提起した。政府はプライマリーバランスの赤字を名目国内総生産比で10年度から15年度にかけて半減させ，20年度に黒字に転換させる財政健全化目標を掲げていた。しかし，これに対し菅官房長官は，「15年度のプライマリーバランスの半減までは2年だ。6月の『骨太の方針』作成の時にもう一度きちんと考えるという理解でいいのか」と発言，「15年度は差し迫っている。もう一度精査する必要があるのではないか」との認識を示し，目標達成にこだわるべきではないとの考え方を示した。これに対し麻生財務相と甘利明経済財政相は，26日の閣議後会見で目標を堅持する考えを強調した[20]。

5月31日，麻生財務相は，自民党の石破幹事長が30日に，景気の動向次第で14年4月の消費増税を見送る可能性に言及したことについて，「今この段階で伸ばすというような感じは私にはない」と述べ，慎重に判断する考えを示した。さらに麻生財務相は，「3党合意に基づいて増税するという前提で10月までに方向をきちんとさせたい」と強調した[21]。

6月6日，政府は経済財政諮問会議にて，「骨太の方針」の素案を提示し，国の借金残高の水準を21年度から安定的に引き下げること等を柱とした。これまでの財政健全化目標を堅持し，歳出のうち社会保障，公共事業，地方財政の3分野について「聖域とはせず，見直しに取り組む」と明記した。素案は日本経済について「約20年間低い経済成長に甘んじてきた」と振り返り，「骨太の方針」を「再生の10年の実現に向けた基本戦略」と位置付けた[22]。

---

19 『朝日新聞』，2013年3月28日。
20 『毎日新聞』（夕刊），2013年4月26日，『朝日新聞』，2013年4月26日。
21 『毎日新聞』（夕刊），2013年5月31日。
22 『毎日新聞』，2013年6月7日。

23日，参院選の前哨戦として東京都議会選挙の投開票が行われた。自民党は擁立した59人全員が当選し，4年ぶりに都議会第1党を奪還した。公明党も全員当選を果たし，両党合わせ過半数（64議席）を上回った。一方，民主党は惨敗し，第4党に転落した。共産党は倍増した。

獲得議席は，自民59，公明23，共産17，民主15等であった。ちなみに前回当選者数は，自民38，公明23，共産8，民主54等であった[23]。

② 政府税調復活

24日，税制の在り方を議論する政府税調は，民主党が政権を取る前の自民，公明両党の政権の下の有識者のみで構成する組織として4年ぶりに始動した。これにより，「税調二元体制」に回帰することになった。

政府税調に対し，安倍首相は「強い日本，強い経済，豊かで安全・安心な生活を実現することを目的に，中長期的視点から検討を行うこと」を求め，「民需主導の持続的成長と財政健全化を両立する必要があり，あるべき税制について審議していただきたい」と述べた。

初会合では会長に中里実東大教授が選出され，委員には政策研究大学院大学教授の大田弘子元経済財政担当相，増田寛也元総務相，吉川洋東大教授らが就任した。

中里政府税調会長は記者会見で「公平，公正な課税の実現に向けて，国際的な課税問題を含め審議したい」と応じた。

民主党は09年に政権を取った後に政府税調と党税調を一体化し，民主党政権下での政府税調は政府，与党幹部がメンバーを占める構成に改め，その理由として，税制改正について政府が責任を持つことを挙げていた。

しかし，国会議員中心の構成では消費税増税等を巡る党内対立が影響し，議論が停滞したとの見方もあり，自民，公明両党は，①国会議員で構成する与党税調が税制改正の詳細を決める，②中立的な有識者で作る政府税調が中期の課題を検討するという体制に戻したのであった[24]。

---

23 『読売新聞』，2013年6月24日。
24 『読売新聞』，2013年6月25日，『毎日新聞』，2013年6月25日。

③　第23回参院選　自民圧勝，民主党惨敗

参院選が近づくにつれ，各党が政権公約を公表し始めた。各党の消費税等に関連する政権公約の詳細は，第4節にて述べるので，参照されたい。

20日，自民党は参院選公約を発表した。政権半年の実績を強調しながら，経済政策を前面に出す内容であった。安倍首相の強い意向で，企業の設備投資を促すため「法人税の大胆な引き下げを実行する」との文言が加わり，消費税については，「全額社会保障に使う」とする一方，14年4月に予定されている税率引き上げには触れていなかった[25]。

25日，民主党も参院選公約を発表したが，安倍内閣の経済政策について，物価上昇や国債金利の乱高下等「強い副作用がある」と批判した[26]。

また27日，公明党は参院選公約に盛り込む「当面する重要政治課題」を発表した。消費増税への対応は，「8％引き上げ段階で，簡素な給付措置」，「10％段階で，食料品等への軽減税率導入を目指す」とした[27]。

7月3日，第23回参院選の公示を翌日に控えた東京・内幸町の日本記者クラブで与野党9党党首による討論会が行われた。

安倍首相は，「上がっていく物価との関係で，消費が落ち込んだり投資が鈍れば，税収も伸びず，社会保障費の伸びにも対応できない。大切なのは，経済が腰折れしてしまっては元も子もないということ。デフレから脱却する最大のチャンスを逃したくない。ただ，多くの借金を抱えており，国の信任ということとも考えながら決断していきたい」，「消費増税は改正消費税法ですでに約束していることだ。4～6月期の実質国内総生産成長率の結果が出てから判断したい」と語った。

これに対し民主党の海江田万里代表は，「確かに安倍首相の経済政策は，国民の期待感を膨らませることには成功した。しかし，その副作用で物価が上がっている。4月に大きく上がり，それこそ電気代，ガス代等が上がることによって，食品等も上がっている。こうした生活破壊の恐れのある安倍政権の政策に対し，私どもは国民の生活をしっかり守る。国民の暮らしを守ることをテーマ

25　『朝日新聞』，2013年6月21日。
26　『読売新聞』，2013年6月26日。
27　『読売新聞』（夕刊），2013年6月27日。

に上げていくつもりだ」と語った。

日本維新の会の橋下徹共同代表は、「景気がよくなったと増税すれば、物価が上昇する。消費増税を財政再建の視点だけで考えるのはマクロ経済的におかしい」と消費増税についての考え方を示した[28]。

各党の消費税率引き上げに対する主張は、以下の**表2-4**のようにまとめられる。概ね、賛成派は、自民、公明、民主、日本維新の会、反対派は、みんな、共産、生活、社民であった[29]。

このように、各党が14年4月の消費税率引き上げに対する考え方を示す中で、安倍首相の経済政策ブレーンで、消費増税の決定についても少なからず影響を与えるとみられる浜田宏一内閣官房参与が、様々な場面で意見を述べることになった。

11日、浜田内閣官房参与は名古屋市内で講演し、14年4月に予定されている

表2-4 消費税率引き上げに対する各党の主張

賛　成　派	
自民	複数税率制度の導入を目指す。増税分の商品価格への適正な転化対策の推進等中小・小規模事業者へ配慮
公明	低所得者対策として10%段階で食料品等への軽減税率導入を目指す。事業者に過大な事務負担が生じないよう配慮
民主	所得に応じて減税や現金を支給する「給付付き税額控除」や住宅購入時の負担軽減措置等を講じる
維新	消費税の地方税化税率は11%。財政調整のための地方共有税を創設（現行のスケジュールでの引き上げには否定的）
反　対　派	
みんな	凍結。消費税は地方に完全委譲し、地方の基幹・安定財源に
共産	中止。富裕層や大企業に有利で不公平な税制を改革
生活	凍結。社会的公正と経済的自由が両立する税を検討
社民	撤回。飲食料品の税額を払い戻す制度や複数税率導入を検討

（出典）『読売新聞』、2013年7月11日

---

28 『読売新聞』、2013年7月4日。
29 『読売新聞』、2013年7月11日。

消費税率の引き上げについて,「本当に景気がよくなったら上げることができるが, 現実的にみて心配だというときには延期する考え方もある」と述べた。また,「(景気回復が軌道に乗る前の消費増税は)税収は上がってこない。財政再建に役立たない」と強調した。増税を実施する経済指標の目安として「有効求人倍率で1倍を超える勢いが見え, (完全)失業率も3％台に下がるところ」を挙げた。なお, 5月の有効求人倍率(季節調整値)は0.90倍, 完全失業率は4.1%であった。さらに,「急激に上げたときよりも摩擦が少ない」として,「はじめの年は2％, それから1％ずつなだらかに上げていく」との選択肢も示し,「(中長期的に)法人税を下げて, 消費税を上げていく方向に持っていかないといけない」と語った[30]。

　また19日, 長野県軽井沢町で開催された経団連夏期フォーラムでの講演後, 記者団に対し, 消費税率の引き上げについて, 個人消費への影響を考慮し, 慎重に判断すべきとの考えを示した。「(消費増税には)私は慎重だ」と述べ, 増税で景気が落ち込む可能性を指摘した。一方で,「長期でみたときに, 日本の財政の状態がこれで良いとは誰も思わない。だから, どこかで増税しなければならない」とも述べ, 将来的な消費税の引き上げは不可避との見方も示した[31]。

　21日, 第23回参院通常選挙が実施され, 投開票が行われた。自民党は改選定数1の1人区で29勝2敗と圧勝し, 単独で改選定数121の過半数を超えた。非改選議席を合わせると, 自民, 公明両党は参院の過半数である122議席を確保し, 参院で与党が少数の「ねじれ国会」は解消された。民主党は東京で初めて議席を得られず, 獲得議席が結党以来, 最小となる惨敗を喫した。23日, 民主党の細野豪志幹事長は, 党本部で記者団に参院選敗北の責任を取るとして選挙総括を終える8月末に幹事長を辞任することを明らかにした。日本維新の会も伸び悩んだ。共産党は改選議席を上回った[32]。

　なお, 同参院選結果の詳細は, 第4節にて述べるので, 参照されたい。

30　『読売新聞』, 2013年7月12日。

31　『読売新聞』, 2013年7月20日。

32　『読売新聞』, 2013年7月22日, 『読売新聞』, 2013年7月24日。

④　8％への引き上げに対し官邸：慎重

22日，安倍首相は参院選後の記者会見で，消費税率の引き上げについて，経済指標を見極めて，経済成長と財政再建の双方を実現する観点から慎重に判断する考えを強調した。

菅官房長官も同日の記者会見で，「財政健全化のために消費税率の引き上げも必要だが，経済のダメージが大きくなる恐れがある。結果的に，経済の腰を折ってはいけない」と強調した。

これに対し，財政再建を重視する財務省は，①8月に増税を前提にした中期財政計画を決定，②8月12日発表の4～6月期国内総生産成長率等の経済指標を基に，経済財政諮問会議で景気の検証，③10月の臨時国会前に増税実施を閣議決定というスケジュールを描いていた。

消費税率引き上げを巡って，首相官邸と財務省の関係は緊張が続く場面も多くあり，例えば安倍首相が周囲に「景気がよくなれば税収は上がる，財務省は景気ではなく，税収を増やすことしか頭にない」ともらしていたとの報道もあった[33]。

安倍首相は「賃金が2％上がっても，消費税が3％上がれば吸収されて意味がない」と語り，増税の先送りか，上げ幅の圧縮を模索していた。これに対し増税を実現したい財務省の木下事務次官らは，21日の参院選直前，財政再建の道筋を示した中期財政計画の原案に消費増税を潜り込ませ，首相に説明したが，首相の不信を強めただけだったとの見方もあり，8月8日にまとめた同計画では，消費増税について「経済状況等を総合的に勘案して判断を行う」との表現にとどめたという経緯があった[34]。

麻生財務相は，「経済状況として明らかによい数字が上がっている。来年4月を目指して上げる方向でやりたい」と強調しているが，前述したように，菅官房長官も経済情勢を見極める観点から，安倍首相の増税判断時期をぎりぎりまで先延ばししたい考えで，経済成長と財政再建の両立をどう図るのか，消費税問題は安倍首相，麻生財務相，菅官房長官の安倍内閣を支える三者の関係に影

33　『読売新聞』，2013年7月23日。
34　『読売新聞』，2013年12月29日参照。

響を与えるものとなっていくとみられる[35]。

　また23日，麻生財務相は，「法律を決めたときと今とを比べて悪くなった経済指標は１つもない。予定通りやらせていただきたい」と主張した[36]。

　一方政府は，財政再建の当面の具体策を示す「中期財政計画」について，８月に予定通り策定するものの最終決定とはせず，閣議決定は見送る方針を固めた。これは，14年４月から消費税率を８％に引き上げるかどうかについて10月に判断するのを前に，安倍首相が消費増税を前提とした中期財政計画では「判断が縛られかねない」との認識に至ったためで，菅官房長官は25日の記者会見で，中期財政計画を８月に策定する考えを示したうえで，「消費税引き上げを決め打ちするようなものにはしない，消費税の判断はあくまでも秋に行う」と強調した。

　これは，財務省が「消費増税を予定通り行う流れを作るため」（幹部），14年４月からの消費税率引き上げを前提にした中期財政計画を８月の時点で閣議決定しようと考え，水面下で首相官邸に働きかけたが，安倍首相や菅官房長官は策定そのものの先送りを求めたものであるといえる[37]。

　８月５日，国際通貨基金（IMF）は，日本経済の分析や政策提言をまとめた年次審査報告書を公表し，アベノミクスが成功するためには，より具体的な成長戦略と信頼できる中期の財政再建策が不可欠と強調した。消費税の税率を14年４月に８％，15年10月に10％に引き上げる計画について，「政府が財政問題に対処する能力があるという信頼感を維持するためには，計画通り進めることが重要」と指摘した。さらに政府の債務を引き下げていくため，15年以降も財政再建策を継続し，消費税率は15％まで引き上げる必要があるとの見解を示した。

　同日政府税調は，２回目の総会を開催した。８％への消費税率引き上げを巡って，出席した約30人の委員の大半が，「予定通り実施することが重要だ」（翁百合委員）と指摘した。一方で，中長期的な税制の課題である法人税の実効税率の引き下げについては，委員の間で賛否が分かれた。

35　『読売新聞』，2013年７月23日。
36　『読売新聞』，2013年７月24日。
37　『読売新聞』，2013年７月26日。

同日民主党は，社会保障制度の抜本改革を巡る自民，公明両党との３党実務者協議から離脱することを決めた。その理由は，最低保障年金の導入等の主張が政府，与党の改革案に盛り込まれる見通しが立たなくなったことであった。一方，税に関する３党実務者協議は継続する意向で，消費税率を引き上げる３党合意は維持されることになった[38]。

⑤ 集中点検会合開始　安倍首相，８％への引き上げを10月に判断

８日，安倍首相は，閣僚懇談会にて，消費税率の引き上げを10月に判断するのを前に，景気への影響等について有識者から意見を聞くよう甘利経済財政相らに正式に指示した[39]。

安倍首相の経済政策ブレーンの一人である本田悦朗内閣官房参与は，18日のNHKの番組で，「デフレから今，脱却しつつあるその瞬間に，消費税を増税するのはいかにもタイミングが悪い。１年間待ってほしい」と語った。また，１年に１％ずつ税率を引き上げ，５年かけて10％とする案も提案した。さらに，本田氏は「３党合意の時にはアベノミクスの『ア』の字もなかった。もう一度日本にとって一番よい政策を検討すべきだ」とも語った[40]。

消費税を巡る政府の「今後の経済財政動向等についての集中点検会合」（以下，集中点検会合と略す）が26日から開催されたが，31日，６日間の日程で行われた有識者計60人からの意見聴取を終えた。法律通り，14年４月から消費税率を５％から８％に引き上げるべきだと主張する声が多かった一方，首相の経済ブレーンの浜田，本田両氏が，デフレ脱却に水を差すとして慎重論を唱える等賛否は分かれた[41]。

具体的には，７割を超える43人が14年４月から消費税率を８％に引き上げることに賛成，反対や慎重な意見が14人で，先延ばし，毎年１％ずつ，15年に一気に10％にという提案が出た。３人は首相に任せる等賛否を明らかにしなかった。

38　『読売新聞』，2013年８月６日。
39　『読売新聞』（夕刊），2013年８月８日。
40　『読売新聞』，2013年８月19日。
41　『読売新聞』，2013年９月１日。

増税賛成の意見では，代わりに景気対策を求めたり，社会保障の充実を訴えたりする意見が目立った。一方，増税反対の意見では，景気回復を優先したり，暮らしへの打撃を心配する声が聞かれた。

業界団体を代表する人たちの大半も増税に賛成しつつ，業界を冷え込ませないよう要望が相次いだ。増税に慎重な経済専門家からは，アベノミクスで上向いてきた景気を腰折れさせたくないという考えから，増税の時期や幅を変更する提案が出た。また，暮らしの負担増を心配し，消費増税そのものに反対する人もいた[42]。

以下，**表2-5**に消費税率8％への引き上げについての有識者の主な意見を示す。

表2-5 集中点検会合における消費税率引き上げを巡る主な意見

（肩書は新聞掲載時のものを使用）

山根香織主婦連合会会長	明確な反対論を展開
岩田一政日本経済研究センター理事長	5年間かけて1％ずつ上げる
浜田宏一内閣官房参与	増税時期をそれぞれ1年ずつ先送りするか，引き上げ幅を毎年1％ずつにすべき。予定通り増税した場合，アベノミクスの景気回復，デフレ脱却を阻害する可能性がなしとはいえない
宍戸駿太郎筑波大学名誉教授	引き上げの延期を主張
片岡豪士三菱UFJリサーチ＆コンサルティング主任研究員	引き上げの延期を主張
白川浩道クレディ・スイス証券チーフエコノミスト	毎年1％ずつ5年間にわたって引き上げた方がデフレ脱却の可能性が高まる

---

42 『朝日新聞』，2013年9月1日。

　　労働組合としては，日本労働組合総連合会が，10月1日に安倍内閣にて8％への引き上げが閣議決定された際，その翌日2日，「消費税率の引上げについての閣議決定に対する談話」を南雲弘行事務局長名で出した。その内容は，概ね消費税率の8％の引き上げに賛成するものの，「全世代支援型」社会保障制度への転換及び制度の充実・安定化に向けた道筋が明確に示されていないことは遺憾であるというものであった。

　　（https://www.jtuc-rengo.or.jp/news/article_detail.php?id=624，連合幹部とのインタビュー）

熊谷亮丸大和証券チーフエコノミスト	景気下支え策を講じたうえで，予定通り増税すべきだ
伊藤隆敏東京大学教授	予定通りの増税を求める
武田洋子三菱総合研究所チーフエコノミスト	予定通りの増税を求める
中空麻奈 BNP パリバ証券投資調査本部長	予定通りの増税を求める
萬歳章農協中央会会長	（予定通りの増税に）反対しないが，万全の対策をとってほしい。食料品や農作物には軽減税率を導入してほしい
岸宏漁協連合会会長	漁業は厳しい状況。食料品や水産物には軽減税率を
坂井信也日本民営鉄道協会会長	地方鉄道は（増税分の運賃への）転嫁が難しい。支援措置に配慮を
谷正明全国地方銀行協会会長	（増税の）時期を逃せば，国際的な信用が落ちる。予定通り上げるべきだ
立谷秀清福島県相馬市長	被災地といえども消費税増税に反対する立場をとることはできない
青柳剛群馬県建設業協会会長	みんな予定通り動いてきたから（増税を）粛々とやってもらいたい
阿部眞一岩村田本町商店街振興組合理事長	2015年10月に一気に10%に上げてもらいたい。（税率が）8％，10%になる2段階で売上がぐんと下がるので
西田陽一おんせん県観光誘致協議会会長	増税には反対しないが，地方の景気はまだよくなっている実感はない。景気対策をお願いしたい
古川康佐賀県知事	税率が上がると（県の）収入が上がる。借金でまかなっている社会保障関係費を充実できる。需要喚起策も提案した
清家篤慶應義塾塾長	消費税が計画通り引き上げられ，社会保障制度改革のための財源が確保されることが大切だ スケジュールに従って消費税が引き上げられることが，将来世代の負担を軽減する意味でも必要だ 消費税の財源を使って社会保障を充実すること自体が景気対策につながる
岡崎誠也国民健康保険中央会会長	社会保障の財源は限度に近づいているので消費税率引き上げはやむを得ない。ただ，低所得者への対策をきめ細やかにやっていく必要がある
白石孝二郎日本新聞協会会長（読売新聞グループ本社社長）	消費税率を予定通り引き上げるべきかどうか，また引き上げの時期については協会としての統一した見解はない 読売新聞としては，来年4月の消費税率の8％への引き上げは見送り，15年10月に10%に上げるべきだと考える。税率を上げる際は，軽減税率の導入が不可欠だ

	ここで消費増税に踏み切れば，個人消費は冷え込み，景気は腰折れしかねない
吉川洋東京大学教授	日本経済の成長プロセスはかなり底堅い
稲野和利日本証券業協会会長	株安，長期金利の上昇という市場の混乱を招く自体もありうる
豊田章男日本自動車工業会会長	消費増税には賛成だが，自動車の国内生産を維持できるよう自動車取得税や自動車重量税は廃止を
鶴田欣也全国中小企業団体中央会会長	中小企業まで行き届くような景気対策をしてもらいたい
岡村正日本商工会議所会頭	社会保障が今の財政では回らず10％上限の増税はやむを得ない。ただ複数税率の導入には断固反対とし，企業向けの設備投資減税等を求めた
岡本圀衛経済同友会副代表幹事	財政再建の国際公約を破ると国債や株が暴落する。若者の将来のために我々が痛みを負うべきだ
清水信次日本チェーンストア協会会長	増税するかどうかは総理が決め，国民はそれに協力すべきだ。増税するなら低所得者の負担軽減策が必要だ
石澤義文全国商工会連合会会長	増税分を中小は価格転嫁できない。免税や価格課税を広げる対策が必要だ
工藤啓 NPO 育てあげネット理事長	生活への打撃で非正規雇用の若者らが前に進む力が失われる。マクロ的に正しくても賛成できない
横倉義武日本医師会会長	社会保障財源として使うべきだ。税率を１％ずつ上げると診療報酬支払い等で手間がかかる
奥山千鶴子 NPO 法人子育て広場全国連絡会理事長	消費増税は子育て世代にとって本当に厳しいが，ここで上げなければ子育て支援を充実させられない
馬袋秀男全国介護事業者協会理事長	増税して介護制度を維持しないと介護で働く人材も来ない
林文子横浜市長	増税はやむを得ないが，来年４月と言い切ることはできない。国が慎重に判断することだ

（出典）　『読売新聞』，2013年 8 月27日，『読売新聞』，2013年 8 月28日，『朝日新聞』，2013年 8 月28日，『朝日新聞』，2013年 8 月29日，『読売新聞』，2013年 8 月30日，『読売新聞』，2013年 8 月31日，『朝日新聞』，2013年 8 月30日，『朝日新聞』，2013年 8 月31日，『読売新聞』，2013年 9 月 1 日。

　９月２日，自民党も党本部で全国幹事長会議を開催し，14年４月に予定される消費税率の８％への引き上げを巡り，意見を聴取した。安倍首相は，「社会保障費に対応するには消費税率を引き上げていく必要があるが，経済成長がなければ財政健全化もできない。経済成長と財政再建を達成することが私たちの使命。最終的に私が決断していきたい」と挨拶した。

ここでは，賛否両論の意見があり，反対意見では例えば，北海道連の柿木克弘幹事長が，「来春に増税されればアベノミクス効果の恩恵を受けられない。観光や公共事業で景気が回復しつつあるが，雇用や設備投資に結びついていかない」と発言したほか，増税時期を慎重に判断するよう求める意見が出された[43]。

3日，安倍首相は，首相官邸で麻生財務相，甘利経済財政相と会談し，14年4月に消費税率を5％から8％に引き上げるかについて，10月1日に日本銀行が発表する9月の企業短期経済観測調査をみたうえで，10月上旬に最終判断する考えを表明した。これは，安倍首相が具体的な引き上げ判断の時期について初めて言及したものであった。

甘利経済財政相によると，安倍首相は会談の中で「最後の経済指標として日銀短観を確認したい」と述べ，経済指標では9月9日に発表される4～6月期の国内総生産改定値等が消費税を予定通り引き上げるかについて判断する重要な指標となるが，安倍首相はより幅広い経済指標で判断する考えを示した。

同日，安倍首相は，麻生，甘利両氏から8月26～31日に消費税について有識者60人から意見を聞いた集中点検会合の結果について報告を受けた[44]。

5日，日銀の黒田総裁は，消費増税を実施しそのため景気が悪化する恐れがある場合には，追加の金融緩和に踏み切る方針を正式に表明した。同日開催した金融政策決定会合後の会見で，「増税で景気に大きな影響が出るリスクが顕在化すれば，金融政策では当然適切な対応をとる」と述べ，消費増税の先送りには反対し，予定通りの実施を強く促した。国債の発行に歯止めがかからなくなり，国債が売られて金利が急騰するのを心配しているためで，そうなった場合には「金融政策で対応するのは極めて困難だ」と述べた。黒田総裁はこれまで，増税したとしても「経済の前向きな循環は維持される」との見解を示し，同日の会見でも「景気が腰折れするとは思っていない」と繰り返した[45]。

9日，自民税調は小委員会を開催し，14年4月に予定される消費税率の8％への引き上げに関する党所属議員の意見を聴取した。発言した17人から税率引き上げ自体に反対する意見は出なかったが，景気対策の徹底や軽減税率の早期

---

43 『読売新聞』，2013年9月3日。
44 『読売新聞』，2013年9月4日。
45 『朝日新聞』，2013年9月6日。

導入を求める声が相次いだ。

　高市政調会長は同委員会終了後,「党の意見は首相の判断を縛るものではない」と強調する一方,消費税増税は認められたとの認識を示し,「これから成長戦略の議論に没頭できる」と述べた。同委員会では複数の議員から,「経済が回復基調というが,中小企業はまだまだだ。しっかりてこ入れしてほしい」,「景気の落ち込みがないようにしてほしい」等と景気腰折れを懸念する声が出た。消費税率を引き上げるときに軽減税率を実施してほしいとの要望もあった[46]。

⑥　4～6月期国内総生産2次速報値発表　安倍首相8％への引き上げ決断へ

　同日,内閣府は,4～6月期の国内総生産の2次速報値が,物価変動の影響等を除く実質成長率が年率換算で前の1～3月期より+3.8％になったと発表し,大幅に上方修正された。これは,企業の設備投資が上向いたり,景気対策で公共事業が増えたりしたため,名目2.9％,実質2.6％だった1次速報値から大幅に上方修正されたためであった。消費増税の前提として,消費税法附則の景気条項に「名目3％,実質2％の成長」と規定されていたが,2次速報値はいずれも上回った。これらのことから,安倍首相は,経済指標上は増税の環境が整ったと判断した[47]。

　この国内総生産改定値について公明党の山口代表も,「思ったよりもいい数字が出た。デフレ脱却への着実な歩みを示すと同時に,消費税の判断にも好ましい影響を与えると思っている」と述べた[48]。

　前述したように,自民税調における意見聴取で,消費増税に備え景気対策の徹底を求める声もあり,安倍首相は10日の閣僚懇談会で,成長戦略の強化や消費増税に備え,総合的な経済対策を9月内にまとめるよう指示した。

　安倍首相は同懇談会で,「成長の果実を全国津々浦々に届けるため,経済運営に万全を期していく必要がある」,さらに,「消費税率引き上げにより,景気を腰折れさせることがあってはならない」と強調した[49]。

46　『読売新聞』,2013年9月10日。
47　『朝日新聞』,2013年9月10日。
48　『読売新聞』,2013年9月10日。

⑦　5兆円の経済対策を指示

　同日，安倍首相は首相官邸にて麻生財務相，甘利経財相，菅官房長官と会談した。ここで，安倍首相は，消費税は1％の税率引き上げで2.7兆円の税収増と見込まれるため，3％の引き上げで約8兆円の負担を国民に求めた場合，回復基調にある景気が失速しかねないと懸念し，このため約2％分を経済対策で国民に事実上還元することで，景気への影響を1％引き上げと同程度に抑える考えを伝え，経済対策の策定を急ぐよう指示した。

　この，消費税率を現行の5％から8％に3％上げ，このうち2％分は経済対策を講じることによって，実質的な増税は1％にとどまるという考えは，国際公約の財政再建につなげる一方，浜田，本田両内閣官房参与[50]の主張も汲んだものであったとみられる。

　首相の判断を後押ししたのは，菅官房長官であったとみられ，菅官房長官は11日の講演で，浜田，本田両氏について，「二人はアベノミクスを作ってくれた方だ。二人の政策を取り入れ，今，ありとあらゆる経済指標が良くなり始めている。数百兆円の国富を生み出すことができたことも事実だ」と語った。自民党の石破幹事長も12日，静岡市で記者団に「5兆円規模とはかなり思い切ったものだ。消費税を3％上げるのに日本経済が十分耐えられるかどうか計算し，その中の1つが5兆円だ」と語った。

　「首相は自民税調や財務相の悲願である消費増税の重要性に配慮した。次は，首相の考え通り，与党が経済対策を丸呑みする番だ」との見方もある[51]。

　そもそも菅官房長官は，「消費増税で経済が落ち込めばアベノミクス自体が失敗だといわれる。財務省の言いなりになってはダメだ」と語り，消費増税には消極的だったとみられる。菅官房長官には苦い教訓があり，消費税を5％へ引

49　『読売新聞』，2013年9月11日。

50　浜田，本田両内閣官房参与は，大胆な金融緩和を通じてデフレ脱却と経済成長を目指す「リフレ派」であり，安倍政権のアベノミクスの理論的支柱となっている。浜田氏は01年に就任した内閣府経済社会総合研究所の所長時代，当時官房副長官であった安倍首相と知り合い，経済政策を助言するようになった。現在はエール大学名誉教授。本田氏は財務省出身で，在ソ連大使館勤務時代に安倍首相の父である安倍晋太郎外相秘書官で，その際首相と出会った。（『読売新聞』，2013年9月13日。）

51　『読売新聞』，2013年9月13日。

き上げた橋本内閣当時の官房長官であった梶山静六氏を師と仰ぎ，５％引き上げ後の景気後退を招いたとの見方もあり，菅氏は財務省への警戒感があったといえる[52]。

　同日，国内総生産改定値や，20年夏季五輪・パラリンピックの東京開催が決まり，経済効果が見込まれることも受け，安倍首相は，消費税率を14年４月に８％に予定通り引き上げる意向を固めた。増税が上向いてきた景気の腰折れにつながることを防ぐため，３％の増税分のうち，約２％分に相当する５兆円規模の経済対策を合わせて実施する予定で，経済対策は，13年度補正予算案と14年度予算案の一体的な編成や，減税を柱とする税制改正で対応するとした[53]。

　財務省は，「増税を見送れば，財政再建に後ろ向きととられ，国債価格の下落等で信用低下を招く」と，安倍首相に予定通りの増税実施を進言してきた。自民党内でも，自民税調を中心に増税を容認する声が広まっており，首相は「方針転換は困難」と判断した。ただ，首相は，３％の引き上げを「あまりにも大幅すぎる」とみて，２％相当の経済対策を実施する案を考え出したとみられる[54]。

　同日安倍首相は，自民党の野田税調会長と会談し14年４月に消費税率を８％に引き上げた場合に備えた対策を検討するよう指示した。野田会長は，成長戦略や消費増税対策に力を注ぐ首相に足並みをそろえた形となった。野田会長や額賀元財務相らインナーは消費税率引き上げを実現したい立場であり，首相の増税判断を下支えする側に回らざるを得なかったといえる[55]。

⑧　８％への引き上げ決定　復興特別法人税１年前倒し廃止検討

　20日，安倍首相は14年４月に消費税率を８％に予定通り引き上げることを最終的に決断した。増税した場合に備えた経済対策として調整を続けていた法人税率引き下げへの道筋がつき，５兆円超の経済対策でデフレ脱却ができると判断したとみられた。首相はデフレ脱却に向け企業収益の改善を後押しするため

52　『毎日新聞』，2013年９月13日。
53　『読売新聞』，2013年９月12日。
54　『読売新聞』，2013年９月12日。
55　『朝日新聞』，2013年９月12日。

18日，麻生財務相に「大胆な投資減税を含めた法人減税の具体策を検討してほしい」と指示していた。首相は特に消費税率10％引き上げが近づく15年度以降企業の所得にかかる法人税の実効税率引き下げが担保されるかどうかにこだわった。財務省内には財政再建が遠のくとの反発が根強かったが，麻生財務相は20日，首相の強い意向を受け，首相と再び会談し，復興のための法人税率の上乗せを1年間前倒しで来春に打ち切ること，15年度以降に実効税率を主要国並みの水準に引き下げることを検討するという経済対策に盛り込むことを受け入れることになった[56]。

　このような流れを受けて30日，自民，公明両党は与党税制協議会を開催し，経済対策の税制部分となる与党税制改正大綱案をまとめた。復興特別法人税については，「経済成長を賃金上昇につなげることを前提に，1年前倒しでの廃止について検討する」との文言で決着し，13年度末の廃止検討を明記した。そのうえで，被災地の理解を十分得ること等を条件に，「12月中に結論を得る」とし，廃止への異論が強い公明党に配慮した。廃止した場合の代替財源は，13年度の法人税収が見通しより増える分等を充てることとした。大綱案には，16年度末まで行う設備投資減税や給与総額を増やした企業への法人税減税の拡充（17年度末まで延長）等も盛り込んだ[57]。

　10月1日，政府は消費税率を14年4月に8％に予定通り引き上げる方針を閣議決定した。安倍首相は閣議終了後，首相官邸で記者会見し，社会保障の財源を確保し，財政再建を図るため，引き上げを決断したことを正式に表明した。増税に伴う経済への影響を最小限にするため，12月上旬に5兆円規模の新たな経済対策を策定することとした。さらに首相は，「経済の再生，財政健全化の2つを同時に達成するほかに，私たちに道はない。経済政策パッケージはそのためのベスト・シナリオだ」と述べた。

　しかし，同日，安倍首相は経済財政諮問会議で，消費税増税とデフレ脱却を両立させることの難しさを強調した。「15年以上続いてきたデフレからの脱却は，そう簡単なことではないという認識を，しっかりと私たちは持つ必要があ

---

56 『朝日新聞』，2013年9月21日。
57 『読売新聞』，2013年10月1日。

る」，「経済再生だけを優先すれば，社会保障の安定と財政再建に疑問符がつく。増税だけを優先すれば，景気腰折れのリスクが高い」と語った[58]。

ここで，5％から8％への税率引き上げ決定までの経緯を**表2-6**にまとめるので参照されたい。

表2-6 5％から8％への税率引き上げまでの経緯

年　月　日	内　　　容
	＜8％時の軽減税率導入の見送りを受け，14年4月の8％への引き上げを行うか否かの議論に移る＞
2013年3月20日	日本銀行総裁：白川氏から黒田氏へ交代
3月27日	安倍首相：参院財政金融委員会にて14年4月に8％に引き上げるか否かを10月頃に最終判断する見通しを示す
4月22日	菅官房長官：財政諮問会議にてプライマリーバランスの赤字の半減時期を15年度とする政府の財政健全化目標の見直しを提起
5月31日	麻生財務相：「3党合意に基づいて増税するという前提で10月までに方向をきちんとさせたい」と強調
6月23日	東京都議会選挙実施　自民党：4年ぶりに都議会第1党を奪還　民主党：惨敗
6月24日	政府税制調査会始動
7月3日	第23回参院選公示を控え日本記者クラブにて党首討論会実施　安倍首相：「消費増税は改正消費税法ですでに約束していることだ。4～6月期の実質国内総生産成長率の結果が出てから判断したい」
7月11日	浜田内閣官房参与：「本当に景気がよくなったら上げることができるが，現実的にみて心配だというときには延期する考え方もある」
7月19日	浜田内閣官房参与：消費税率の引き上げについて，個人消費への影響を考慮し，慎重に判断すべきとの考えを示す
7月21日	第23回参院通常選挙実施　自民，公明両党で過半数を確保，「ねじれ国会」解消
7月22日	安倍首相：消費税率の引き上げについて，慎重に判断する考えを強調　菅官房長官：「財政健全化のために消費税率の引き上げも必要だが，経済のダメージが大きくなる恐れがある。結果的に，経済の腰を折ってはいけない」と強調
7月23日	麻生財務相：「法律を決めたときと今とを比べて悪くなった経済指標は一つもない。予定通りやらせていただきたい」と主張
7月25日	菅官房長官：中期財政計画を8月に策定する考えを示したうえで，「消費税引き上げを決め打ちするようなものにはしない，消費税の判断はあくまでも秋に行う」と強調

---

58 『読売新聞』，2013年10月2日。

8月5日	政府税調総会を開催　委員の大半が予定通りの実施を主張
8月8日	安倍首相：消費税率の引き上げを10月に判断するのを前に，景気への影響等について有識者から意見を聞くよう甘利経済財政相に正式に指示
8月18日	本田内閣官房参与：「デフレから今，脱却しつつあるその瞬間に，消費税を増税するのはいかにもタイミングが悪い。1年間待ってほしい」
8月31日	消費税を巡る政府の集中点検会合が6日間の日程で行われ終了。14年4月から8％に引き上げるべきだと主張する声が多い
9月2日	自民党全国幹事長会議を開催。　8％への引き上げを巡り意見聴取
9月3日	安倍首相，麻生財務相，甘利経済財政相が会談。　10月1日に日銀が発表する9月の日銀短観をみたうえで，10月上旬に最終判断する考えを表明
9月5日	黒田日銀総裁：追加の金融緩和に踏み切る方針を正式に表明
9月9日	自民税調：8％への引き上げに関する党所属議員の意見聴取　反対する意見は出なかったが，景気対策の徹底などの声が相次ぐ 4～6月期の国内総生産の2次速報値が発表　実質成長率が年率換算で1～3月期より3.8％上昇（2次速報値は「名目3％，実質2％の成長」を達成）
9月10日	安倍首相：成長戦略の強化や消費増税に備え，総合的な経済対策を9月内にまとめるよう指示
9月11日	国内総生産改定値や20年夏季五輪・パラリンピックの東京開催決定により安倍首相は14年4月に8％へ引き上げる意向を固める
9月20日	安倍首相：14年4月に消費税率を8％に引き上げることを最終決断，5兆円超の経済対策でデフレ脱却ができると判断
10月1日	安倍首相：閣議で14年4月に消費税率を8％に引き上げる方針を決定

2　社　　説

(1)　軽減税率

　第1節にて詳細をみたように，公明党は，消費税率8％への引き上げ時に軽減税率の導入を主張したが，自民，公明両党の協議により，自民党の意向を踏まえ，8％引き上げ段階からの導入を見送り，10％へ引き上げる15年10月の導入を目指すことで合意がなされた。公明党が8％段階からの導入を主張した理由の1つに，10％段階で軽減税率を導入すると軽減税率は8％となり，軽減税率を5％とすることが難しくなるという背景があったものとみられた。

　では，ここで，読売，朝日，毎日の8％段階からの軽減税率導入の是非に関

第2章　5％から8％への税率引き上げ　37

する社説をみてみる。

①　読　　　売

読売新聞は，13年1月，自民，公明の与党税制協議会にて8％段階からの軽減税率導入についての議論が始まると，1月9日，「自公で軽減税率を実現せよ　税制改正論議」と題し，「優先すべき課題は，14年4月の5％から8％への消費税率引き上げをにらんだ環境整備である。…税制改正では，生活必需品などの消費税率を低く抑える軽減税率の導入を明確に打ち出す必要がある」と，8％段階からの軽減税率の導入を強く主張した[59]。

8％段階からの軽減税率の導入が見送られた後も，9月26日，「軽減税率　消費税8％時に導入を目指せ」と題し，「消費増税する際に，国民の負担感を和らげるには，生活必需品の税率を低く抑える軽減税率の導入が欠かせない。政府・与党は，8％への増税と同時期の導入を目指し，具体的な作業に入るべきである…政府・与党は，8％段階ではなく，10％に引き上げる際に軽減税率の導入を目指すとしてきた。しかし，3％も一気に増税されると，家計への影響は大きい。8％への引き上げ時から軽減税率を導入し，現在の5％に維持することが肝要だろう。軽減税率の対象は，コメ，みそなど生活に欠かせない食料品や，民主主義と活字文化を支える新聞などに絞り込むべきである」と，重ねて8％段階からの軽減税率の導入を強く主張し，対象品目は，食料品と新聞を挙げていた[60]。

10月1日，安倍首相は14年4月の消費税率8％への引き上げを正式表明したが，その翌日の2日，「消費税率8％へ　景気と財政へ首相の重い決断　来春から必需品に軽減税率を」と題し，「『軽減税率』の方が低所得層など広範な消費者に持続的な恩恵が及ぶはずだ。自民，公明両党は消費税率を10％にする際に軽減税率の導入を目指すというが，来春の8％への引き上げ時に導入し，家計の負担を和らげるべきだろう」と，再び8％段階からの軽減税率導入を主張し，低所得者対策として政府が決定した「簡素な給付措置」では力不足で，軽減税

59　『読売新聞』，2013年1月9日。
60　『読売新聞』，2013年9月26日。

率の導入が欠かせないとした[61]。

② 朝　　日

　朝日新聞の社説では，総じて軽減税率導入に対して消極的な論調がみられた。
8％段階からの軽減税率の導入が議論された13年1月，そして14年4月の8％
への引き上げが正式表明された後も，8％段階からの軽減税率導入に関する言
及はほとんど見られなかった。

③ 毎　　日

　毎日新聞は，13年1月，8％段階からの軽減税率導入についての議論が始ま
ると，1月17日，「軽減税率8％段階の導入目指せ」と題して，「公明党の言う
ように，適用対象を絞ったうえで8％段階から軽減税率を導入すべきである。
消費増税への低所得者層の不安と懸念は根強い。軽減税率の設計と導入を先送
りすべきではない。社会保障の財源として重要性が高まる一方の消費税だ。こ
の際は初めからきちんとした低所得層対策を組み込んでいくべきである。8％
はまだ税率が1ケタだから10％段階から軽減税率を導入すればよい。そういう
議論も自民党内にはある。だが8％と10％では2％しか違わない。10％論の根
拠は希薄だ」と，8％段階からの軽減税率の導入を強く主張し，低所得者対策
を消費税率が2ケタとなる10％段階からではなく，8％段階からきちんとした
低所得者対策を求めた[62]。

　1月23日，軽減税率について消費税率を10％に引き上げる15年10月の導入を
目指すことを合意された後，25日，「軽減税率　導入に向け詰め急げ」と題し，
「自民，公明の両党は，消費税の軽減税率について14年4月に8％へ引き上げる
段階で導入を見送ることで合意した。残念な決定である。軽減税率は低所得者
対策として最もわかりやすいやり方だ。できるだけ早期に導入し，消費増税に
対する国民の理解を深めるべきなのである。……10％段階での導入は当然であ
り，精力的に中身を詰めてほしい。その際軽減税率は国民が軽減を実感できる

---

61 『読売新聞』，2013年10月2日。
62 『毎日新聞』，2013年1月17日。

ように8％でなく5％とすべきである。……軽減税率を設ければその分税収が
減ることになる，しかし消費増税には何らかの低所得者対策が必要であり，ど
れも財源がいる。……『消費税は安定的な社会保障財源として有用であり，い
ずれ20％ぐらいまで引き上げざるを得ない』といわれている。将来を展望すれ
ばわかりやすい軽減税率をできるだけ入れておくべきなのである」と，8％段
階からの軽減税率導入を重ねて主張し，将来を展望すれば20％程度まで引き上
げざるを得ず，このことを考慮すれば初めから軽減税率の制度を導入すべきで
あると主張した。また，公明党も主張していたように，10％段階での導入でも
軽減税率は5％とすべきであるとした[63]。

　8月31日，消費税を巡る政府の「集中点検会合」における有識者からの意見
聴取を終えると，9月1日，「軽減税率　欧州型の制度設計急げ」と題し，「私
たちは8％に増税する段階で軽減税率を導入すべきだと主張してきたが，自公
両党の協議で見送られ，2015年10月に10％に増税される段階で導入を目指すこ
とになった。……日本も将来2ケタの税率になることを見込めば，軽減税率の
導入はぜひとも必要だ。いま，来年4月の増税の是非にばかり焦点があたって
いるが，10％段階での軽減税率導入もできるだけ早く，具体的な議論を進めな
ければ，制度設計が間に合わなくなる。点検会合では，全国農業協同組合中央
会や全国漁業協同組合連合会の代表が，農産物や水産物への軽減税率の適用を
要望した。増税に反対する主婦連合会は，仮に増税するなら増税の影響を強く
受ける低所得者への対策として軽減税率が必要だと主張した。……欧州で付加
価値税の税率の引き上げがあまり抵抗なくできるのは，生活必需品に軽減税率
が導入されているからだ。日本も将来，増え続けることが確実な社会保障費に
対応する財源として消費税が期待されている。先を見据えれば，軽減税率の導
入に向けた作業を本格化させることが急務だ」と，8％段階から軽減税率を導
入すべきであったと主張し，点検会合での有識者の意見を引用しながら，将来
のさらなる税率引き上げに備えて，低所得者対策としての軽減税率制度の整備
を重ねて要求した[64]。

63　『毎日新聞』，2013年1月25日。
64　『毎日新聞』，2013年9月1日。

10月1日，安倍首相の14年4月の消費税率8％への引き上げ表明後の2日，「消費税8％へ　増税の原点を忘れるな　軽減税率の導入急げ」と題し，「第2に弱者への配慮はさらに手厚くすべきだ。逆進性の強い消費税の増税は経済的に苦しい人にしわ寄せが及ぶ。所得が低い層への効果的な対策に知恵を絞らなくてはならない。そのためにも食品など生活必需品の税率を低く抑える軽減税率の導入を急がなくてはいけない。すぐに制度設計に取り組むべきだ」，さらに11日，「軽減税率の導入　議論加速し年内決定を」と題し，「来年4月に消費税を8％に引き上げることが本決まりとなった。だが，忘れてならないのは生活必需品への軽減税率の導入だ。……安倍晋三首相は，『消費税を10％に上げるかどこかの段階で判断する。それまでに軽減税率をどうするかという議論をして，決めていきたい』と述べた。しかし，それでは遅すぎる。経理制度の整備や事務負担が増える事業者の理解にも時間がかかるからだ。自公合意通り年内に軽減税率導入を決めるべきだ。……欧州では消費税にあたる付加価値税は20％台が多く，大半が軽減税率を適用している。日本も，社会保障と国民負担の将来を見据え，軽減税率を長期的な枠組みにも耐えうる制度として位置づけることが大切だ。欧州各国のほとんどが，食料品などに加え，新聞，書籍類の税率をゼロや数％に抑えている。……8％への消費増税が決まった直後に実施した毎日新聞の世論調査では，軽減税率の導入に67％が賛成し，反対の23％を大きく上回った。国民にも軽減税率導入が必要という認識が高まっている。消費増税には国民の理解が欠かせない。軽減税率の具体案作りを加速させるべきだ」と，繰り返し軽減税率制度の早急な整備を求め，国民の多くが軽減税率導入に賛成しているという世論調査結果も示しながら，消費増税には軽減税率導入が欠かせないと主張した[65]。

④　ま と め

　読売と毎日は，低所得者対策として8％段階からの生活必需品に対する軽減税率導入を強く主張したといえる。読売は8％段階の軽減税率導入の見送りが正式に表明された後も，8％段階の導入を求め，政府が決定した簡素な給付措

65　『毎日新聞』，2013年10月2日，『毎日新聞』，2013年10月11日。

置では低所得者対策として力不足であると主張した。毎日は，読売と同様，8％段階からの軽減税率導入を強く主張したが，その理由として，将来の20％程度までの引き上げを踏まえ，社会保障費としての財源である消費税の増税には国民の理解が欠かせず，そのためにも8％段階からの軽減税率制度の整備を強く要求していたといえる。

一方朝日は，軽減税率導入には消極的で，社説等においてもほとんど言及がなく，読売，毎日とは論調がかなり異なっていたといえる。

⑵　税率引き上げ

第1節にて詳細をみたように，8％段階の軽減税率導入が見送られ，14年4月に予定通り5％から8％へ引き上げるか否かの議論になり，「集中点検会合」による有識者からの意見聴取も実施し，最終的に13年10月1日，安倍首相は閣議にて予定通りの引き上げを決定した。7月には第23回参院選が行われたが，自民，公明，民主，維新等が予定通りの引き上げに賛成，みんな，共産，生活，社民等が反対した。結果は自民，公明両党が過半数を占め，「ねじれ国会」が解消された。

では，ここで，読売，朝日，毎日の5％から8％への引き上げの是非に関する社説をみてみる。

①　読　　売

読売新聞は，財政再建と景気回復の両立を求め，例えば，13年6月3日，「財政再建目標　達成と景気回復の両立を図れ」と題し，「日本経済を再生し，安定した成長軌道に乗せるには，財政健全化が不可欠だ。政府は財政再建と景気回復の両立を図らねばならない。……経済再生を確実にするカギは，成長戦略にある。それには，規制改革で新たな市場を開拓するとともに，民間の技術革新を促進する政策が欠かせない。景気回復を着実に実現しながら，消費税率の引き上げを目指していくことが政治の課題だ」，6月15日，「骨太方針　『再生の10年』への険しい道　成長と財政再建の両立目指せ」と題し，「『強い日本』の実現には，成長戦略と財政再建を両輪に経済を再生することが欠かせない。先進国最悪の財政赤字を抱える日本にとって険しい道だが，肝心なのは実行力であ

る。安倍政権の経済政策『アベノミクス』の真価が問われる。……骨太方針が『持続的成長と財政健全化の双方の実現に取り組む』と強調し，財政規律を重視する姿勢を明確にしたのは妥当だ。ただ，財政再建の具体的な道筋を描いておらず，踏み込みの甘さは否めない。……消費税率の引き上げも，『経済状況を総合的に勘案して，判断を行う』としただけだった。……財政再建のためにも，景気を着実に回復させる必要がある」と，財政再建の重要性を強調し，そのために景気回復のための成長戦略が必要であり，安倍政権に対して「アベノミクス」の真価が問われると主張した[66]。

参院選後，7月22日，「参院選自公圧勝　数に奢らず着実に政策実現を　日本経済再生への期待に応えよ」と題し，「参院選で自民，公明両党が，非改選と合わせて過半数の議席を制した。国会の衆参ねじれが解消された意義は大きい。……安倍首相は，大勢判明後，『決める政治，安定的な政治で，経済政策を前に進めていけという大きな声をいただいた』と語った。ねじれは，政治の停滞と混乱を引き起こし，首相が毎年交代する異常事態の要因だった。首相の言うように，多くの有権者が政治の安定を望んだと言えよう。最大の争点となった安倍政権の経済政策『アベノミクス』は，ひとまず国民のお墨付きを得た。だが，まだ所得や雇用にまで顕著な効果は及んでいない。デフレ脱却も不透明だ」と，国会の衆参ねじれ現象が解消されたことを評価し，アベノミクスはひとまず国民のお墨付きを得たとした[67]。

しかし，8月12日，消費税率引き上げの判断材料として注目されていた4～6月期の実質国内総生産が3四半期連続のプラスで年率換算で成長率が2.6％であったものの，1～3月期の3.8%から減速したことを受けて，翌13日，「2.6%成長　消費増税に耐えられる体力か」と題し，「プラス成長を維持したものの，勢いに陰りが見えるのは気がかりだ。……消費増税によって景気が腰折れし，デフレ脱却のチャンスを逃しては元も子もない。……4～6月期の成長率は，消費税率を5％から8％に上げるかどうか判断するのに重要な指標だ。……景気を最優先し，今度こそデフレ脱却を果たさねばならない。……1997年4月に

66　『読売新聞』，2013年6月3日，『読売新聞』，2013年6月15日。
67　『読売新聞』，2013年7月22日。

消費税率を 3 ％から 5 ％に上げた際は特別減税の打ち切りなど家計の負担増が重なった。アジア通貨危機と深刻な金融不安もつながり，景気が急減速した。長期デフレの発端となったことを忘れてはならない」と，97年 4 月の 3 ％から 5 ％に上げた後の長期的な景気低迷の事実を挙げながら，消費増税による景気の腰折れを懸念し，消費税率引き上げの判断を慎重に行うよう求めているとみることもできる[68]。

　そして 8 月31日，「消費税率　『来春の 8 ％』は見送るべきだ　デフレからの脱却を最優先に」と題し，「日本経済の最重要課題は，デフレからの脱却である。消費税率引き上げで，ようやく上向いてきた景気を腰折れさせてしまえば元も子もない。政府は，2014年 4 月に予定される消費税率の 8 ％への引き上げは見送るべきだ。景気の本格回復を実現したうえで，15年10月に 5 ％から10％へ引き上げることが現実的な選択と言えよう。……安倍首相が今秋の決断へ，『最終的に私の責任で決めると，会合の結果報告を受け，様々な経済指標を踏まえて適切に判断したい』と述べているのは妥当だ」と，従来の財政健全化の重要性の見地を維持するものの，デフレからの脱却を最優先課題とし，14年 4 月の 8 ％への引き上げを見送るべきだと言明した[69]。

　第 1 項で取り上げた，軽減税率導入を強く主張した10月 2 日の社説で，「景気回復と財政再建をどう両立させるか。日本再生を掲げる安倍政権の真価が問われよう。安倍首相が，来年 4 月に消費税率を 5 ％から 8 ％に予定通り引き上げると表明した。……デフレからの脱却を最優先し，来春の増税を先送りすべきであるが，首相が自らの責任で重い決断をした以上，これを受け止めるしかあるまい。消費増税で景気を腰折れさせては本末転倒だ。政府は経済運営に万全を期さねばならない」と，前述したように，14年 4 月の消費増税を先送りすべきであると主張し，首相が消費税率引き上げという重い決断をした以上景気を腰折れさせないよう万全な経済対策を打ち出すべきであると主張した[70]。

68　『読売新聞』，2013年 8 月13日。
69　『読売新聞』，2013年 8 月31日。
70　『読売新聞』，2013年10月 2 日。

② 朝　　日

　朝日新聞は，財政再建の必要性を主張しており，例えば，13年6月8日，「財政再建　どこが『骨太』なのか」と題し，「財政再建への決意が何も感じられない代物である。基礎的な財政収支の赤字をGDP比で15年度までに10年度の半分にし，20年度までに黒字化する。この目標を改めて明記はした。ところがその道筋を示す中期財政計画は7月の参院選後に先送りしてしまった」とした[71]。

　参院選後，7月22日，「両院制した自公政権　民意とのねじれ恐れよ」と題し，「『1強体制』の本格到来を思わせる，安倍自民党の勝ちっぷりである。……小泉首相による05年の『郵政解散』以降，衆院選で大勝した政権党が，その次の参院選で過半数を割る逆転劇が繰り返されてきた。その始まりとなったのが，安倍氏が首相として初めて臨んだ07年参院選での自民党の歴史的大敗だった。この6年の『負の連鎖』を，今回，安倍政権がみずから断ちきることができたのは，その経済政策『アベノミクス』が，一定の信任を得たからに他ならない。……ただし，この期待は諸刃の剣であることを，首相は忘れてはならない……。衆参のねじれがなくなっても，民意と政権がねじれては元も子もあるまい。誤りなき舵取りを望みたい」と，アベノミクスが一定の信任を得たことは認めつつも，衆参のねじれ現象が解消されたことを機に，民意と政権がねじれては元も子もないとし，安倍自民党へ警鐘を鳴らしたといえる[72]。

　また，8月3日，「消費増税　先送りの危うさに目を」と題し，「『社会保障と税の一体改革』の柱であり，法律も成立している2段階の消費増税について，安倍首相が慎重な姿勢を見せている。……デフレ脱却と本格的な経済成長への入り口にこぎつけたのに，増税で台無しにならないか。しかし，同時に財政規律への目配りを忘れてはならない。……民間調査会社の多くは年換算率で3％台の成長を予測しており，『増税の環境は整いつつある』との見方が強い。リーマン・ショックのような世界経済の激変に見舞われない限り，予定通り増税を実施する前提で，残された課題に力を注ぐべきだ」と，デフレ脱却は重要であることを認めつつ，民間調査会社の予測を基に，8％への増税に耐えうる環境

71　『朝日新聞』，2013年6月8日。
72　『朝日新聞』，2013年7月22日。

が整いつつあるとの見方を示し，財政規律の視点と，社会保障政策の実現を求め，予定通りの増税を主張した[73]。

8月12日，4〜6月期の実質国内総生産の伸び率が公表された際，翌13日，「景気と消費税　やるべきことを着実に」と題し，「今年4〜6月期の国内総生産の伸び率は，物価の影響を除いた実質で年率2.6%となった。先進国のなかでは高い成長率だ。……4〜6月期の経済成長率は，来春から予定される消費増税を政府が最終決断する際の有力な指標だ。増税の見極めに慎重な安倍首相は，今回の成長率について『順調に景気は上がってきている』としつつも，なお，状況を注視する構えを崩さない。忘れてはならないのは，財政再建への姿勢が揺らいだ際に予想される悪影響である。日本銀行の黒田総裁は，『脱デフレと消費増税は両立する』と強調し，予定通りの増税を促した」と，4〜6月期の実質国内総生産の伸び率2.6%を先進国のなかでは高い成長率であるとし，黒田総裁の発言も引用しつつ，財政再建への姿勢が揺らいだ際の悪影響を主張し，予定通りの増税を促したといえる[74]。

そして，9月11日，「消費増税　法律通り実施すべきだ」と題し，「消費税の税率を法律通り，今の5%を来年4月から8%に，15年10月に10%へ引き上げるかどうか。『デフレ脱却の機会をつぶしかねない』という反対論も根強かったが，最新の経済指標は環境が整ったことを示している。安倍首相は，ぶれずに予定通りの実施を決断すべきだ。……増税を先送りした場合のリスクは大きい。消費増税には，現役世代に偏った社会保障の負担を広く分かち合い，子育て世代への支援を強める狙いもある。社会保障の安定，世代間の公平に向けた重要な一歩だ」と，消費増税の負担は軽くはないとしつつも，消費増税の環境が整ったとし，増税を先送りした場合のリスクは大きいと強調し，社会保障実現のためにも，予定通りの増税実施を主張した[75]。

73　『朝日新聞』，2013年8月3日。
74　『朝日新聞』，2013年8月13日。
75　『朝日新聞』，2013年9月11日。

③　毎　　日

　毎日新聞は，7月の参院選の際，7月1日，「2013参院選　問われるもの　社会保障　争点にならない不実さ」と題し，「これだけ有権者の関心が高いのに，社会保障の論争がかみ合わないのはなぜか。少子高齢化とは支える側が減り，支えられる側が増えることだ。年金や医療などの制度を持続させるには，負担を増やすか給付を減らすかしかない。誰もが避けたがる話題である。だから論争がかみ合わない。これまでもずっとそうだった。……5％の消費増税でもまだ足りないとは言われているが，少なくとも『魔法のつえ』も『打ち出の小づち』もないという現実を民自公3党が認めたのが，税と社会保障の一体改革の重要な意味だ。……高齢者医療の自己負担増，年金の支給減や支給開始年齢の引き上げなど，高齢者の痛みを伴う改革は3党の合意には見られない」と，選挙公約に，社会保障と税の一体改革の考え方を踏まえ，消費増税とともに，高齢者の痛みを伴う社会保障改革などを掲げる政党は見られないことを批判した[76]。

　参院選後，7月22日，「衆参ねじれ解消　熱なき圧勝におごるな」と題し，「政治の安定，そして着実な改革を求める民意の表れであろう。……経済を重視した政権運営への評価とともに，野党が批判票の受け皿たりえない状況が自民の圧勝を生んだ。この結集を有権者から白紙委任を得たと錯覚し，数におごるようではただちに国民の信頼を失う。改革実行にこそ衆参両院の与党多数を生かしてほしい。……進む超高齢化，深刻な財政難の中で，遠くない将来，人口減少社会は確実に到来する。税と社会保障の改革を軌道に乗せ，国民の痛みと負担を伴う改革であっても逃げずに責任ある制度を構築すべき時だ」と，経済を重視した政権運営への一定の評価が出た一方，野党の状況が深刻であることを指摘し，与党に数におごることなく，消費増税の予定通りの実施と，痛みを伴う社会保障改革の断行を求めたといえる[77]。

　10月1日，安倍首相が予定通りの8％への増税を閣議決定した際，その翌2日，「消費税8％へ　増税の原点を忘れるな」と題し，「私たちは，増大する社

76　『毎日新聞』，2013年7月1日。
77　『毎日新聞』，2013年7月22日。

会保障費と危機的な財政を踏まえ，消費増税は避けて通れない道だと主張してきた。現在の経済状況を考慮しても，先送りする事情は見当たらない。昨年の自民，公明，民主各党による『税と社会保障の一体改革に関する合意』と，その後の関連法成立に沿った首相の判断は妥当と言える。増税によって，社会保障の持続可能性は高まり，財政を健全化していく第一歩となる。その結果，国民，とりわけ若い世代が抱く将来への不安が和らぎ，不透明感が解消されていくことも期待される」と，増税を先送りする事情は見当たらず，安倍首相の予定通りの増税を評価し，社会保障と税の一体改革の実現を強く求めたものといえる[78]。

④　ま と め

　14年4月からの8％への消費増税について，社説は読売と，朝日，毎日は論調が異なっていたといえる。

　読売は，財政再建と景気回復の両立を求めてはいるものの，8月12日に公表された4～6月期の実質国内総生産が年率換算でその成長率が2.6％であったことを重視し，デフレからの脱却を最優先に，8％への増税に耐えうる経済状況ではなく，増税による景気の腰折れを懸念し，14年4月からの増税を先送りすべきと主張した。

　一方朝日と毎日は，増税を先送りする経済状況にはないとし，社会保障と税の一体改革の実現に向けて，財政再建の重要性を主張，予定通りの消費増税を求めたといえる。また，増税を先送りした場合のリスクを主張した。社会保障については，朝日と毎日で若干の違いがみられ，朝日は，社会保障政策の実現のため，消費増税の必要性を主張したのに対し，毎日は，消費増税を求めるとともに，痛みを伴う社会保障改革の実施を求めたものといえる。

　参院選の結果を受けた安倍政権に対する姿勢も，3紙とも安倍政権の経済政策「アベノミクス」に対しては一定の評価を与えつつも，読売と，朝日，毎日は異なっていたといえる。

　読売は，ねじれは政治の停滞を招いてきたとし，このねじれが解消された意

78　『毎日新聞』，2013年10月2日。

義は大きいと主張し，確実なデフレ脱却等，安倍内閣のもと，様々な政策を断行するよう求め，好意的であったとみることができる。

一方朝日と毎日は，参院選の自民党の大勝について，政権与党はおごることなく社会保障と税の一体改革をはじめとし，謙虚に政権運営をすることを求めていたといえる。特に朝日は，「民意と政権のねじれ」という表現を使い，与党大勝による強気の政権運営に警鐘を鳴らしたとみられる。朝日と毎日は，安倍政権に対し，警戒感がみられたともいえる。

世論調査

(1) 軽減税率

第1節にて詳細をみたように，13年1月，自民，公明両党の協議により，8％引き上げ段階からの導入が見送られ，10％へ引き上げる15年10月の導入を目指すことで合意がなされた。その後，14年4月に予定通り5％から8％へ引き上げるか否かの議論になり，13年10月1日，安倍首相は予定通りの引き上げを決定した。

そこで，読売，朝日，毎日の13年1月から10月までの軽減税率導入に関する世論調査についてみてみる。

① 読　売

読売新聞は，軽減税率導入に積極的で，たびたび軽減税率導入の是非を世論調査にて尋ねた。その質問文は，「消費税率の引き上げに伴い，生活必需品などの税率を低くする軽減税率を，導入すべきだと思いますか，思いませんか。」で，回答の選択肢は「導入すべきだ」，「そうは思わない」，「答えない」であった。

主な軽減税率についての結果をみると，「導入すべきだ」が13年1月，8月，9月，10月においてそれぞれ76％，73％，74％，70％と7割以上が軽減税率を導入すべきと考えている結果となった[79]。

② 朝　　日

　朝日新聞は，軽減税率導入には否定的で，軽減税率に関する世論調査はあまりみられなかったが，13年１月にて，「消費税を引き上げるときに，食料品など生活必需品の税率を低くおさえる軽減税率を導入することに賛成ですか。反対ですか。」と質問し，回答の選択肢は「賛成」，「反対」であった。その結果は，「賛成」が79％，「反対」が14％であった[80]。

③ 毎　　日

　毎日新聞は，軽減税率導入に積極的で，たびたび軽減税率導入の是非を世論調査にて尋ねた。その質問文は，「消費税を引き上げる際，生活必需品などに軽減税率を導入すべきだという意見がありますが，あなたは賛成ですか，反対ですか。」で，回答の選択肢は「賛成」，「反対」であった。

　主な軽減税率についての結果をみると，「賛成」が13年７月，８月，10月においてそれぞれ68％，69％，67％と７割近くが軽減税率を導入すべきと考えている結果となった。なお，毎日新聞は男女別の割合も示しており，13年７月，８月，10月にて男女別の「賛成」の割合をみると，男性ではそれぞれ68％，69％，71％，女性では68％，70％，64％であった[81]。

④ ま と め

　軽減税率導入の是非に関する結果は，３紙ともに導入すべきとの考えがほぼ60％後半〜70％台と多数を占めていた。第２節にてみたように，社説において軽減税率導入に積極的な読売と毎日は，軽減税率に関する世論調査がしばしば実施されていたが，社説があまり積極的ではなかった朝日は，軽減税率に関する世論調査は少なかったといえる。

79　『読売新聞』，2013年１月14日（調査日：１月11日〜13日），『読売新聞』，2013年８月11日（調査日：８月８日〜10日），『読売新聞』，2013年９月16日（調査日：９月13日〜15日），『読売新聞』，2013年10月７日（調査日：10月４日〜６日）。

80　『朝日新聞』，2013年１月21日（調査日：１月19日〜20日）。

81　『毎日新聞』，2013年７月29日（調査日：７月27日〜28日），『毎日新聞』，2013年８月27日（調査日：８月25日〜26日），『毎日新聞』，2013年10月３日（調査日：10月１日〜２日）。

⑵　税率引き上げ

　第1節にて詳細をみたように，13年7月，第23回参議院通常選挙が実施され，自民，公明両党は非改選議席を合わせ過半数である122議席を確保し，「ねじれ国会」が解消された。安倍首相は同選挙後に，5％から8％への消費税率の引き上げについて，経済指標を見極めて，経済成長と財政再建の双方を実現する観点から慎重に判断する考えを強調した。

　これを受けて，8月下旬に有識者から消費税率引き上げの是非に関する意見を聴取する集中点検会合が開催された。ここでは賛否両論の意見があった。

　9月9日に発表された4～6月期の国内総生産改訂値等を判断材料として名目3％，実質2％の成長率が達成されたとして10月1日，安倍首相は消費税率を14年4月に8％に予定通り引き上げる方針を決定した。

　そこで，読売，朝日，毎日の13年1月から14年4月までに実施された消費税率の8％への引き上げの賛否を巡る世論調査について，安倍内閣の経済政策の評価や景気回復の実感の有無等に関する世論調査も参考にしながらみてみる。

①　読　　　売

　読売新聞は，安倍内閣の経済政策や景気回復の実感の有無について，以下のように質問した。

　「安倍内閣の経済政策を，評価しますか，評価しませんか。」と質問し，回答の選択肢は「評価する」，「評価しない」，「答えない」であった。また，「安倍内閣のもとで，景気の回復を，実感していますか，実感していませんか。」と質問し，回答の選択肢は「実感している」，「実感していない」，「答えない」であった[82]。

　主な上記の結果をみると，経済政策について「評価します」が13年8月，9月，10月においてそれぞれ57％，59％，58％と，6割程度が安倍内閣の経済政

82　質問文については，「安倍内閣の経済政策を，評価しますか。」，「安倍内閣のもとで，景気の回復を，実感していますか。」とそれぞれ「評価しませんか」，「実感していませんか」との文言を入れない場合も2013年7月の世論調査までは見られた。

策を評価しているという結果となった。

　一方，景気回復の実感の有無については「実感していない」が13年8月，9月，10月においてそれぞれ80%，77%，79%と，8割程度が景気回復を実感していない結果となった[83]。

　この結果は，安倍内閣の経済政策，アベノミクスについては一定程度評価するものの，景気回復を実感していないとする民意が8割程度あったということを示すものであるといえる。

　さらに上記の質問に加えて，8月の世論調査では消費税率引き上げの是非についての質問があり，その質問文は，「消費税率は，来年4月に8%，再来年10月に10%への引き上げが予定されています。来年4月に消費税率を8%に引き上げることについて，次の3つの中から，あなたの考えに最も近いものを，1つだけ選んでください。」で，回答の選択肢は「予定通り来年4月に8%に引き上げるべきだ」，「引き上げは必要だが，時期や引き上げ幅は柔軟に考えるべきだ」，「消費税率は今の5%から引き上げるべきではない」，「その他」，「答えない」であった。その結果は，「予定通り来年4月に8%に引き上げるべきだ」が17%，「引き上げは必要だが，時期や引き上げ幅は柔軟に考えるべきだ」が56%，「消費税率は今の5%から引き上げるべきではない」が25%であった。これは，「引き上げは必要だが，時期や引き上げ幅は柔軟に考えるべきだ」の選択肢を入れることによって，将来の引き上げは必要だが，景気回復等の状況を見てその時期や上げ幅を検討すべきとの民意をくみ上げ，その民意が3つの選択肢の中で最も多く，過半数に達していたことを示したものといえる[84]。

　9月の世論調査では，「消費税率は，来年4月に8%，再来年10月への引き上げが予定されています。予定通り，来年4月に8%に引き上げられた場合，どのような経済対策が必要だと思いますか。次の6つの中から，最も重要だと思うものを，1つだけ選んでください」と質問し，回答の選択肢は「低所得者への現金の給付」，「固定資産税の減税」，「法人税の減税」，「企業の設備投

83　『読売新聞』，2013年8月11日(調査日：8月8日〜10日)，『読売新聞』，2013年9月16日(調査日：9月13日〜15日)，『読売新聞』，2013年10月7日（調査日：10月4日〜6日)。

84　『読売新聞』，2013年8月11日（調査日：8月8日〜10日)。

資への減税」,「公共事業の拡大」,「経済対策は必要ない」,「その他」,「答えない」であった。その結果は,それぞれ22%,26%,8%,12%,13%,6%,2%,11%であった。

さらに,「消費税率が予定通り,来年4月に8%に引き上げられた場合,あなたの家計の支出を,今よりも減らそうと思いますか,そうは思いませんか。」と質問し,回答の選択肢は「減らそうと思う」,「そうは思わない」,「答えない」であった。その結果は,それぞれ56%,40%,5%であった[85]。

10月の世論調査では,1日の安倍首相の14年4月に予定通り8%へ引き上げる方針決定の表明を受けて,「安倍首相は,消費税率を予定通り,来年4月に8%に引き上げることを決めました。これを,評価しますか,評価しませんか。」と質問し,回答の選択肢は「評価する」,「評価しない」,「答えない」であった。その結果は,「評価する」が53%,「評価しない」が41%と,「評価する」が「評価しない」を上回った。

さらに,9月に引き続き,「消費税率が引き上げられる来年4月以降,あなたの家計の支出を,今よりも減らそうと思いますか,思いませんか。」と質問し,回答の選択肢は「減らそうと思う」,「そうは思わない」,「答えない」であった。その結果は,それぞれ54%,38%,8%であり,9月の調査とほぼ同様の結果であった。

また,安倍内閣は法人税の負担を減らすことにより,賃上げにつなげようとする政策や,復興特別法人税の廃止を1年前倒しにする等の法人に対する減税策を実施したが,これに対する世論調査も実施した。具体的には10月に,「安倍首相は,消費税率の引き上げに伴い,企業の法人税の負担を減らすなどの経済対策を実施し,賃上げにつなげるとしています。こうした取り組みが,賃上げにつながると思いますか,そうは思いませんか。」と質問し,回答の選択肢は「つながると思う」,「そうは思わない」,「答えない」であった。その結果は,それぞれ22%,67%,12%であり,賃上げにはつながらないと思う民意が7割近くあるという結果であった。

次に,「安倍首相は東日本大震災の復興財源にあてている復興特別法人税を,

---

85 『読売新聞』,2013年9月16日(調査日:9月13日～15日)。

予定より1年早く，来年の3月末で廃止することを検討しています。1年早く廃止することに，賛成ですか，反対ですか。」と質問し，回答の選択肢は「賛成」，「反対」，「答えない」であった。その結果は，それぞれ24％，66％，10％で，復興特別法人税の廃止の1年前倒しについては反対する民意が賛成を大きく上回る結果となった[86]。

11月には，「政府が，来年4月から消費税率を8％に引き上げるのを前に，日本経済団体連合会（経団連）に賃上げを要請したことを，評価しますか，評価しませんか。」と質問し，回答の選択肢は「評価する」，「評価しない」，「答えない」であった。その結果は，「評価する」が62％，「評価しない」が21％で，また，「政府の経団連への要請が，実際の賃上げにつながると思いますか，そうは思いませんか。」と質問し，回答の選択肢は「つながると思う」，「そうは思わない」，「答えない」であった。その結果は，「つながると思う」が25％，「そうは思わない」が59％であった。この結果は，政府が経団連に賃上げを要請したことについては評価するものの，その要請が実際の賃上げにはつながらないと考える民意が依然として6割近くあることを示した[87]。

14年4月に消費税率が8％に引き上げられたが，4月に「年金など社会保障制度の財源として，消費税率が今月から8％に引き上げられたことを，評価しますか，評価しませんか。」と質問し，回答の選択肢は「評価する」，「評価しない」，「答えない」であった。その結果は，「評価する」が46％，「評価しない」が47％で，「評価する」と「評価しない」が拮抗した結果となった[88]。

②　朝　　日

朝日新聞は，安倍首相の経済政策について，以下のように質問した。13年1月，3月に，「安倍首相の経済政策に，期待できると思いますか。期待できないと思いますか。」と質問し，回答の選択肢は「期待できる」，「期待できない」であった。その結果は，1月はそれぞれ49％，32％，3月はそれぞれ63％，21％

86　『読売新聞』，2013年10月7日（調査日：10月4日〜6日）。

87　『読売新聞』，2013年11月12日（調査日：11月8日〜10日）。

88　「YOMIURI ONLINE」（https://www.yomiuri.co.jp），2014年4月15日（調査日：4月11日〜13日）。

であった。4月，6月には，「安倍首相の経済政策で，日本経済が成長すること
を期待できると思いますか。できないと思いますか。」と「日本経済が成長する
ことを」との文言を加え質問し，回答の選択肢は「期待できる」，「期待できな
い」であった。その結果は，4月はそれぞれ55%，26%，6月はそれぞれ51%，
33%であった[89]。

　また，5月，6月，7月に，「安倍首相の経済政策を評価しますか。評価しま
せんか。」と質問し，回答の選択肢は「評価する」，「評価しない」であった。そ
の結果は，5月はそれぞれ63%，19%，6月はそれぞれ50%，31%，7月はそ
れぞれ50%，30%であった[90]。

　以上の結果をみると，安倍首相の経済政策に対する評価は概ね評価するが
50%程度，評価しないが30%程度といえる。

　景気回復に関する質問としては，6月に「安倍政権になってから，あなたに
は景気が回復したという実感がありますか。ありませんか。」と質問し，回答の
選択肢は「ある」，「ない」であった。その結果は，それぞれ18%，78%であり，
読売と同様景気回復の実感がない民意が圧倒的であった[91]。

　8月に「安倍首相の経済政策で，景気が上昇することが期待できると思いま
すか。そうは思いませんか。」と経済政策に対する質問を景気上昇への期待度に
関連させて質問すると，回答の選択肢は「期待できる」，「期待できない」であっ
たが，その結果は，それぞれ44%，43%と拮抗した[92]。

　安倍首相の経済政策に賃金や雇用と結びつける質問では，2月，4月，5月，
6月，7月，8月に，「安倍首相の経済政策が，賃金や雇用が増えることに結び
つくと思いますか。そうは思いませんか。」と質問し，回答の選択肢は「結びつ
くと思う」，「そうは思わない」であった。その結果は，2月はそれぞれ35%，
41%，4月はそれぞれ45%，37%，5月はそれぞれ44%，36%，6月は32%，

89　『朝日新聞』，2013年1月21日（調査日：1月19日～20日），『朝日新聞』，2013年3月18日（調
　　査日：3月16日～17日），『朝日新聞』，2013年4月16日（調査日：4月13日～14日），2013年
　　6月11日（調査日：6月8日～9日）。
90　『朝日新聞』，2013年5月20日（調査日：5月18日～19日），『朝日新聞』，2013年7月1日（調
　　査日：6月29日～30日），『朝日新聞』，2013年7月8日（調査日：7月6日～7日）。
91　『朝日新聞』，2013年6月11日（調査日：6月8日～9日）。
92　『朝日新聞』，2013年8月26日（調査日：8月22日～23日）。

41%，7月は33%，48%，8月は35%，47%であった。

　以上の結果をみると，安倍首相の経済政策が賃金や雇用が増えることに結びつくか否かに関する民意は変動がみられ，4月，5月は結びつく民意が多くみられ，6月，7月，8月は結びつかないという民意が5割近くあり，結びつく民意の3割程度を上回っていた。

　朝日新聞は，消費税率引き上げについて，14年4月の8%への引き上げと15年10月の10%への引き上げの賛否をセットで質問した。具体的には，1月，6月，7月，8月に，「消費税を来年4月に8%に，再来年10月に10%に引き上げることに，賛成ですか。反対ですか。」と質問し，回答の選択肢は「賛成」，「反対」であった。その結果は，1月はそれぞれ38%，53%，6月はそれぞれ37%，51%，7月はそれぞれ30%，58%，8月は43%，49%であった。この結果をみると，2段階の引き上げに対し反対が賛成を上回る傾向があったといえる[93]。

　また，8月の世論調査では，消費税率の引き上げについて1%ずつ引き上げるという段階論が浮上すると，更なる質問を行った。具体的には，「消費税を来年8%，再来年10%に引き上げるのではなく，毎年1%ずつ引き上げて10%にする，という考えがあります。こうした引き上げ方はよいと思いますか。よくないと思いますか。」と質問し，回答の選択肢は「よい」，「よくない」であった。その結果は，それぞれ34%，51%と，否定的な民意が過半数あることを示した。

　「消費税を引き上げることで，景気に悪い影響が出る不安をどの程度感じますか。」と質問し，回答の選択肢は「大いに感じる」，「ある程度感じる」，「あまり感じない」，「まったく感じない」であった。その結果は，それぞれ18%，59%，19%，2%と，「大いに感じる」と「ある程度感じる」で8割近くが景気に悪い影響が出る不安を感じていることを示した。

　「消費税を引き上げないことで，社会保障に悪い影響が出る不安をどの程度感じますか。」と質問し，回答の選択肢は「大いに感じる」，「ある程度感じる」，

93　『朝日新聞』，2013年1月21日（調査日：1月19日～20日），『朝日新聞』，2013年7月1日（調査日：6月29日～30日），『朝日新聞』，2013年7月24日（調査日：7月22日～23日），『朝日新聞』，2013年8月26日（調査日：8月22日～23日）。

「あまり感じない」、「まったく感じない」であった。その結果は、それぞれ24%、49%、19%、3％と、「大いに感じる」と「ある程度感じる」で7割強が消費税を引き上げないと社会保障に悪い影響が出る不安を感じていることを示した[94]。

　このように、消費税率を引き上げることによる景気への影響と、消費税率を引き上げないことによる社会保障への影響の双方を質問し、消費税率引き上げについての民意をより具体的に示そうとしたといえる。結果は、景気への影響も感じる民意が多く、社会保障への影響も多く出ており、消費税率の引き上げについてその賛否を決めかねている民意が示されたものといえる。

　14年3月の世論調査では、「消費税が4月に8％に上がったら、お宅の家計への負担はどの程度重くなると思いますか。」と質問し、回答の選択肢は「かなり重くなる」、「ある程度重くなる」、「あまり重くならない」、「まったく重くならない」であった。その結果は、それぞれ18%、61%、18%、2％と、「かなり重くなる」と「ある程度重くなる」で8割近くが、家計への負担が重くなると感じていることを示した[95]。

③ 毎 日

　毎日新聞は、安倍首相の経済政策と景気回復への期待を結びつけて、以下のように質問した。具体的には、13年3月から8月の世論調査にて、「安倍晋三首相の経済政策によって、景気回復が期待できると思いますか、思いませんか。」と質問し、回答の選択肢は「期待できる」、「期待できない」であった。主な上記の結果をみると、「期待できる」が13年4月、7月15日、8月、10月においてそれぞれ60%、50%、53%、42%で、「期待できない」がそれぞれ35%、41%、40%、47%であった。なお、男女別でみると、男性の「期待できる」がそれぞれ65%、59%、57%、52%、女性の「期待できる」がそれぞれ55%、43%、50%、36%であった。男性の「期待できない」がそれぞれ30%、36%、37%、42%、女性の「期待できない」がそれぞれ40%、46%、42%、50%であった。

94　『朝日新聞』、2013年8月26日（調査日：8月22日～23日）。
95　『朝日新聞』、2014年3月18日（調査日：3月15日～16日）。

この結果をみると，安倍首相の経済政策による景気回復への期待は13年の４月までは６割程度あったが，徐々に減少し10月には「期待できない」が「期待できる」を上回った。男女別にみると，男性の方が経済政策による景気回復への期待度が高い傾向がみられる一方，女性はそれほど期待しておらず，10月の結果をみると男性の「期待できる」が52％であるのに対し女性は36％で，女性の「期待できない」は50％となっていた[96]。

　第23回参院通常選挙が近づいてくると，消費税率の引き上げの是非について質問した。具体的には，「消費税を予定通り2014年４月に８％に引き上げるべきだと思いますか。」と質問し，回答の選択肢は「予定通り８％に引き上げるべきだ」，「引き上げるべきだが，時期は先送りすべきだ」，「現在の５％を維持すべきだ」であった。７月に２回世論調査を実施し，その結果は参院選前では，「引き上げるべきだ」が21％，「先送りすべきだ」が36％，「５％を維持すべきだ」が37％であった。男女別にみると，男性ではそれぞれ28％，34％，32％，女性ではそれぞれ15％，36％，41％であった。参院選後では，「引き上げるべきだ」が26％，「先送りすべきだ」が36％，「５％を維持すべきだ」が35％であった。男女別にみると，男性ではそれぞれ34％，32％，32％，女性ではそれぞれ19％，39％，37％であった。この結果をみると，「引き上げるべきだ」が20％台，「先送りすべきだ」が30％台，「５％を維持すべきだ」が30％台となり，男女別にみると，女性の方が引き上げるべきだと考える民意は少なく，引き上げに対して否定的な民意が多いといえる[97]。

　また，８月では，同じ質問に対し，回答の選択肢は「予定通り８％に引き上げるべきだ」，「引き上げるべきだが，時期は先送りすべきだ」，「段階的に引き上げるべきだ」，「現在の５％を維持すべきだ」とし，１％ずつ引き上げる段階論が浮上したことを受けて，「段階的に引き上げるべきだ」という選択肢を追加した。その結果は，それぞれ21％，18％，33％，25％であった。男女別にみる

---

96 『毎日新聞』，2013年４月22日（調査日：４月20日～21日），『毎日新聞』，2013年７月15日（調査日：７月13日～14日），『毎日新聞』，2013年８月27日（調査日：８月25日～26日），『毎日新聞』，2013年10月３日（調査日：10月１日～２日）。

97 『毎日新聞』，2013年７月15日（調査日：７月13日～14日），『毎日新聞』，2013年７月29日（調査日：７月27日～28日）。

と，男性ではそれぞれ28％，20％，28％，21％で，女性では14％，16％，36％，28％であった。この結果をみると，1％ずつ引き上げる段階論について全体では33％，男女別では男性が28％，女性が36％と，段階論を支持する民意が多く出ていた[98]。

　10月には，安倍内閣が予定通り14年4月からの8％への引き上げを決定すると，「政府は消費税を予定通り来年4月から8％に引き上げることを決めました。賛成ですか，反対ですか。」と質問し，回答の選択肢は「賛成」と「反対」であった。その結果は，「賛成」が46％，「反対」が45％であった。男女別にみると，男性は「賛成」が55％，「反対」が41％，女性は「賛成」が40％，「反対」が49％となった。ここでも女性の方が反対の民意が多く出ているが，全体的には，政府の引き上げ決定を受ける前までは予定通りの引き上げに対し賛成する民意は20％台であったが，政府が決定すると拮抗した結果となったといえる[99]。

　また，10月の調査では，社会保障との関連についての質問もした。具体的には，「政府は消費税増税分を社会保障のために使うと説明しています。あなたは増税が社会保障制度の安定に役立つと思いますか，思いませんか。」と質問し，回答の選択肢は「思う」，「思わない」であった。その結果は，「思う」が38％，「思わない」が54％で，男女別にみると，男性は「思う」が45％，「思わない」が50％，女性は「思う」が33％，「思わない」が57％であった。「思わない」が「思う」を1％以上上回り，女性はその傾向がさらに強く表れ，消費税の増税分が社会保障に使われることに懐疑的な民意が多数あったといえる。

　14年2月から4月にかけて，消費税率の引き上げと家計の支出を関連させる質問がなされた。具体的には，「今年4月から消費税率が現在の5％から8％に引き上げられます。消費税が上がったらあなたは家計の支出を抑えようと思いますか，思いませんか。」と質問し，回答の選択肢は「思う」，「思わない」であった。その結果は2月では「思う」が65％，「思わない」が31％，男女別でみると男性がそれぞれ59，38，女性がそれぞれ70，26であった。3月では「思う」が67％，「思わない」が31％，男女別でみると男性がそれぞれ60％，38％，

98　『毎日新聞』，2013年8月27日（調査日：8月25日～26日）。

99　『毎日新聞』，2013年10月3日（調査日：10月1日～2日）。

女性がそれぞれ73%, 26%であった。消費税率の引き上げに伴い, 家計の支出を抑えようと思う民意が6割以上あり, 男女別にみると女性の方がより多くその傾向がみられた。

　4月に消費税率が8%に引き上げられると, 以下のような質問がなされた。「消費税率が8%に引き上げられました。どの程度負担を感じますか。」と質問し, 回答の選択肢は「非常に感じる」,「かなり感じる」,「あまり感じない」,「感じない」であった。その結果は, それぞれ25%, 35%, 33%, 5%で, 男女別にみると, 男性ではそれぞれ20%, 34%, 37%, 7%, 女性がそれぞれ29%, 36%, 31%, 3%であった。消費税率引き上げに伴う負担を感じる民意が6割程度あり, その傾向は女性の方がより多く見られた。

　また, 「消費増税後にあなたは家計の支出を抑えましたか」と質問し, 回答の選択肢は「抑えた」,「抑えなかった」であった。その結果は, 「抑えた」が44%,「抑えなかった」が54%で, 男女別にみると, 男性ではそれぞれ35%, 63%で, 女性ではそれぞれ52%, 45%であった。消費税率が8%に引き上げられ, 実際家計の支出を抑えたと回答した人は44%と抑えなかった54%を下回り, 前述した8%に引き上げられる前の家計の支出を抑えようと思うか否かの質問では「思う」が60%後半であった。なお, 女性はその傾向が男性ほど出ていなかったが, それでも70%程度引き上げ前は支出を抑えると考えていたが, 実際は50%程度であった。

④　ま と め

　安倍内閣の経済政策と景気回復の実感について3紙ともに質問をしていた。読売と朝日は安倍内閣の経済政策と景気回復の実感について別々に質問した。読売, 朝日ともに経済政策に対しての評価は概ね評価するというのが過半数であったが, 景気回復の実感については8割程度景気回復を実感していないという結果であった。毎日は経済政策と景気回復への期待をセットにして質問をし, 安倍内閣が誕生したころは期待できるが6割程度あったものの, その割合は徐々に減少した。

　14年4月の8%への引き上げの是非については, 読売は回答の選択肢として「引き上げは必要だが, 時期や引き上げ幅は柔軟に考えるべきだ」を挙げ, 将来

の引き上げは必要だが，景気回復等の状況を見てその時期や上げ幅を検討すべきとの民意をくみ上げていたものといえる。

朝日は，14年4月の8％への引き上げと15年10月の10％への引き上げの賛否をセットで質問し，反対が賛成を上回る民意を示したといえる。

毎日は読売と同様，14年4月の8％への引き上げの是非のみを質問し，回答の選択肢として「引き上げるべきだが，時期は先送りすべきだ」を挙げた。「先送りすべきだ」が30％台あったが，読売は「時期や引き上げ幅は柔軟に考えるべきだ」との選択肢を設け，この民意が過半数あったことを示し，両者に相違がみられた。

また，朝日と毎日は13年8月に浮上した1％ずつの段階的引き上げ論をとりあげ，消費税率の引き上げの是非に絡めて質問した。ただ，質問文には相違がみられ，朝日が段階論について単独でその是非を質問したのに対し，毎日は14年4月の消費税率8％への引き上げに是非に関する選択肢として段階論を取り上げた。その結果は朝日が段階論を支持しない民意が過半数あることを示したのに対し，毎日は消費税率引き上げの是非に対する選択肢として段階論が最も多く3割程度あることを示した。

13年10月に安倍首相が予定通り14年4月の8％への引き上げを表明した後，以下のように読売と毎日が質問した。読売は，14年4月に8％へ引き上げられた際に，「年金など社会保障制度の財源として，消費税率が8％に引き上げられたことを，評価しますか，評価しませんか。」と質問し，「評価する」と「評価しない」が拮抗した結果を示した。毎日は，13年10月に安倍首相が8％への引き上げを表明した際に，この政府の決定の賛否を質問し，賛成と反対が拮抗した結果を示した。両紙の結果をみると，8％への引き上げ表明前の調査では予定通りの引き上げを支持する民意が20％程度であったのに対し，引き上げの表明あるいは引き上げが実施されると，これを評価する民意が40％台あり，引き上げが決定する前と後で民意が変化する傾向があったといえる。

消費税率の引き上げと社会保障との関係についてみてみると，読売は前述したように，14年4月の8％への引き上げの際に，社会保障制度の財源として消費税率が8％に引き上げられたことに対する評価を質問した。朝日は安倍首相の8％への引き上げ表明前の8月に，景気への影響と社会保障への影響の双方

をとりあげ，消費税率を引き上げることで景気に悪い影響が出る不安をどの程度感じるかと，消費税率を引き上げないことで社会保障に悪い影響が出る不安をどの程度感じるかの質問をした。毎日は安倍首相の８％への引き上げ表明の際の10月に，消費増税が社会保障制度の安定に役立つかどうかを質問した。

この結果は，読売は評価するが40％台，朝日は景気への悪い影響が出る不安を８割近くが感じている一方，引き上げないことで社会保障に悪い影響が出る不安を７割強感じているとし，毎日は消費増税が社会保障制度の安定に役立つと思わない民意が６割程度であった。３紙ともに社会保障に関連した質問をしていたが，その質問内容に相違がみられた。

また，３紙ともに消費税率の引き上げに伴い家計への負担についての質問をしていたが，いずれも消費税率が引き上げられると家計への負担が重くなる，あるいは家計の支出を抑えるとの民意が過半数あった。

4　選挙（第23回参院通常選挙）

(1)　内閣支持率，政党支持率，投票予定政党，争点等

本項では，第23回参院通常選挙に向けて，13年１月から７月にかけて実施された読売，朝日，毎日による世論調査を基に，内閣支持率，政党支持率，投票政党，争点等についてみてみる。

①　読　　売

内閣支持率についてみてみる。13年２月，４月，６月，７月における内閣支持率は，それぞれ「支持する」が71％，74％，67％，64％，「支持しない」が18％，17％，24％，27％であった[100]。

政党支持率についてみてみる。13年２月，４月，６月，７月における政党支

100　『読売新聞』，2013年２月10日（調査日：２月８日〜10日），『読売新聞』，2013年４月16日（調査日：４月12日〜14日），『読売新聞』，2013年６月11日（調査日：６月８日〜10日），『読売新聞』，2013年７月24日（調査日：７月22日〜23日）。

持率は以下のようであった。自民党はそれぞれ42％，48％，41％，43％，民主党はそれぞれ6％，6％，4％，8％，日本維新の会はそれぞれ5％，3％，2％，5％，公明党はそれぞれ2％，2％，3％，6％，みんなの党はそれぞれ3％，1％，1％，4％，共産党はそれぞれ2％，1％，2％，4％，支持政党なしはそれぞれ39％，36％，44％，27％であった[101]。

投票予定政党（比例区）についてみてみる。13年2月，4月，6月，7月における投票予定政党は以下のようであった。自民党はそれぞれ42％，48％，44％，37％，民主党はそれぞれ7％，7％，7％，10％，日本維新の会はそれぞれ13％，11％，5％，8％，公明党はそれぞれ4％，4％，5％，10％，みんなの党はそれぞれ5％，4％，4％，7％，共産党はそれぞれ2％，2％，3％，7％，「決めていない」，「投票に行かなかった」はそれぞれ21％，20％，27％，14％であった[102]。

読売新聞は，ねじれ国会の是非についての質問をした。13年2月，4月に，「参議院選挙で，自民党と公明党が過半数の議席を獲得すると，いわゆる『ねじれ国会』が解消します。自民党と公明党が参議院で過半数の議席を獲得する方がよいと思いますか，そうは思いませんか。」と質問し，回答の選択肢は「獲得する方がよい」，「そうは思わない」，「答えない」であった。その結果は，2月はそれぞれ52％，38％，10％，4月はそれぞれ57％，33％，10％であった[103]。

また，6月に，「自民党と公明党が参院で過半数の議席を獲得する方がよいと思いますか。」と質問し，回答の選択肢は「獲得する方がよい」，「そうは思わない」，「答えない」であった。その結果はそれぞれ，46％，16％，14％であった[104]。

101　『読売新聞』，2013年2月10日（調査日：2月8日～10日），『読売新聞』，2013年4月16日（調査日：4月12日～14日），『読売新聞』，2013年6月11日（調査日：6月8日～10日），『読売新聞』，2013年7月24日（調査日：7月22日～23日）。

102　『読売新聞』，2013年2月10日（調査日：2月8日～10日），『読売新聞』，2013年4月16日（調査日：4月12日～14日），『読売新聞』，2013年6月11日（調査日：6月8日～10日），『読売新聞』，2013年7月24日（調査日：7月22日～23日）。
　　　7月の調査では実際の投票政党について質問した。

103　『読売新聞』，2013年2月10日（調査日：2月8日～10日），『読売新聞』，2013年4月16日（調査日：4月12日～14日）。

104　『読売新聞』，2013年6月11日（調査日：6月8日～10日）。

7月に,「今回の選挙の結果,自民党と公明党の与党が,参院で過半数の議席を獲得し,いわゆる『ねじれ国会』が解消したことは,良かったと思いますか。」と質問し,回答の選択肢は「良かった」,「良くなかった」,「答えない」であった。その結果はそれぞれ,61%,25%,14%であった[105]。

争点についてみてみる。13年6月に「今回の参院選で,投票する候補者や政党を決めるとき,とくに重視したい政策や争点があれば,いくつでも選んでください。」と質問し,回答の選択肢は「景気や雇用」,「社会保障」,「消費税などの税制改革」等であった。その結果はそれぞれ86%,83%,61%であった[106]。

これらの結果をみると,内閣支持率は徐々に減少する傾向がみられるものの6割台から7割台であった。政党支持率については,自民党が4割程度,民主党は10%弱であった。13年7月21日に実施された第23回参院選における投票政党についてみると,自民党が40%程度,民主党が10%弱であった。

読売は自民党と公明党で過半数の議席を獲得し,ねじれ国会の解消の是非について質問し,選挙前は50%程度ねじれ解消を期待する民意があり,選挙後はねじれが解消したことに肯定的な民意が6割程度あったことを示した。

争点については,安倍首相による消費税率の5%から8%への引き上げ判断は,参院選後に行われたが,参院選の投票に際し,複数回答を求めていたが,消費税などの税制改革を重視したい政策や争点と考える民意が6割程度あったことを示した。

② 朝　　日

内閣支持率についてみてみる。13年2月,4月,6月,7月における内閣支持率は,それぞれ「支持する」が62%,60%,59%,54%,「支持しない」が17%,19%,20%,20%であった[107]。

政党支持率についてみてみる。13年2月,4月,6月,7月における政党支

---

105 『読売新聞』,2013年7月24日（調査日：7月22日〜23日）。
106 『読売新聞』,2013年7月1日（調査日：6月29日〜30日）。
107 『朝日新聞』,2013年2月18日（調査日：2月16日〜17日），『朝日新聞』,2013年4月16日（調査日：4月13日〜14日），『朝日新聞』,2013年6月11日（調査日：6月8日〜9日），『朝日新聞』,2013年7月24日（調査日：7月22日〜23日）。

持率は以下のようであった。自民党はそれぞれ37%，41%，41%，39%，民主党はそれぞれ8%，4%，4%，7%，日本維新の会はそれぞれ3%，2%，2%，3%，公明党はそれぞれ3%，3%，4%，4%，みんなの党はそれぞれ2%，2%，1%，4%，共産党はそれぞれ1%，2%，2%，4%，支持政党なしはそれぞれ37%，39%，36%，31%であった[108]。

　投票予定政党（比例区）についてみてみる。13年2月，4月，6月，7月における投票予定政党は以下のようであった。自民党はそれぞれ42%，46%，45%，31%，民主党はそれぞれ9%，6%，7%，10%，日本維新の会はそれぞれ15%，10%，5%，6%，公明党はそれぞれ4%，4%，5%，7%，みんなの党はそれぞれ6%，6%，6%，6%，共産党はそれぞれ3%，3%，4%，8%，「答えない，分からない」，「投票していない」はそれぞれ17%，22%，23%，21%であった[109]。

　朝日新聞は，ねじれ国会の是非についての質問をした。13年2月，4月，6月に，「この夏の参院選の結果，参議院全体で自民党と公明党の議席が過半数を占めた方がよいと思いますか。占めない方がよいと思いますか。」と質問し，回答の選択肢は「占めた方がよい」，「占めない方がよい」であった。その結果は，2月はそれぞれ46%，34%，4月はそれぞれ51%，30%，6月はそれぞれ51%，34%であった[110]。

　また，7月に，「参院選の結果，衆院と参院でともに，自民党と公明党を合わせた与党が過半数を占め，『ねじれ』がなくなりました。この結果はよかったと思いますか。よくなかったと思いますか。」と質問し，回答の選択肢は「よかった」，「よくなかった」であった。その結果はそれぞれ53%，24%であった[111]。

---

108 『朝日新聞』，2013年2月18日（調査日：2月16日〜17日），『朝日新聞』，2013年4月16日（調査日：4月13日〜14日），『朝日新聞』，2013年6月11日（調査日：6月8日〜9日），『朝日新聞』，2013年7月24日（調査日：7月22日〜23日）。

109 『朝日新聞』，2013年2月18日（調査日：2月16日〜17日），『朝日新聞』，2013年4月16日（調査日：4月13日〜14日），『朝日新聞』，2013年6月11日（調査日：6月8日〜9日），『朝日新聞』，2013年7月24日（調査日：7月22日〜23日）。
　7月の調査では実際の投票政党について質問した。

110 『朝日新聞』，2013年2月18日（調査日：2月16日〜17日），『朝日新聞』，2013年4月16日（調査日：4月13日〜14日），『朝日新聞』，2013年6月11日（調査日：6月8日〜9日）。

111 『朝日新聞』，2013年7月24日（調査日：7月22日〜23日）。

争点についてみてみる。13年7月に「今度の参院選で，もっと議論を深めてほしい政策は何ですか。（選択肢から二つ選ぶ）」と質問し，回答の選択肢は「景気・雇用」，「社会保障」，「消費税」等であった。その結果はそれぞれ50％，39％，29％であった[112]。

これらの結果をみると，内閣支持率は徐々に減少する傾向がみられるものの5割台から6割台であった。政党支持率については，自民党が4割程度，民主党は10％弱であった。第23回参院選における投票政党についてみると，自民党が40％程度，民主党が10％弱であった。

朝日も自民党と公明党で過半数の議席を獲得し，ねじれ国会の解消の是非について質問し，選挙前も選挙後も50％程度ねじれ解消に肯定的な民意があったことを示した。

争点については，参院選の投票に際し，上位2つを求めていたが，消費税を議論を深めてほしい政策と考える民意が3割程度あったことを示した。

③　毎　　日

内閣支持率についてみてみる。13年2月，4月，6月，7月における内閣支持率は，それぞれ「支持する」が63％，66％，60％，55％，「支持しない」が19％，17％，21％，25％，「関心がない」が18％，17％，18％，18％であった[113]。

政党支持率についてみてみる。13年2月，4月，6月，7月における政党支持率は以下のようであった。自民党はそれぞれ32％，39％，40％，35％，民主党はそれぞれ5％，5％，6％，5％，日本維新の会はそれぞれ11％，7％，3％，7％，公明党はそれぞれ4％，3％，4％，5％，みんなの党はそれぞれ6％，4％，5％，4％，共産党はそれぞれ3％，2％，3％，5％，支持政党はないはそれぞれ33％，32％，31％，32％であった[114]。

投票予定政党（比例区）についてみてみる。13年2月，4月，6月における投

112　『朝日新聞』，2013年7月8日（調査日：7月6日～7日）。

113　『毎日新聞』，2013年2月4日（調査日：2月2日～3日），『毎日新聞』，2013年4月22日（調査日：4月20日～21日），『毎日新聞』，2013年7月1日（調査日：6月29日～30日），『毎日新聞』，2013年7月29日（調査日：7月27日～28日）。

票予定政党は以下のようであった。自民党はそれぞれ33％，44％，45％，民主党はそれぞれ7％，7％，8％，日本維新の会はそれぞれ15％，11％，5％，公明党はそれぞれ4％，3％，6％，みんなの党はそれぞれ9％，6％，7％，共産党はそれぞれ4％，3％，4％であった[115]。

　毎日新聞も，ねじれ国会の是非についての質問をした。13年6月，7月に，「自民党と公明党の与党が，参院で過半数の議席を獲得した方がいいと思いますか，思いませんか。」と質問し，回答の選択肢は「思う」，「思わない」であった。その結果は，6月はそれぞれ57％，37％，7月はそれぞれ52％，39％であった[116]。

　争点についてみてみる。13年7月に「あなたが参院選で最も重視する争点は何ですか。」と質問し，回答の選択肢は「景気対策」，「消費増税・財政再建」，「年金・医療・介護・子育て」等であった。その結果はそれぞれ26％，6％，29％であった[117]。

　これらの結果を見ると，内閣支持率は徐々に減少する傾向がみられるものの，5割台から6割台であった。なお，毎日は「関心がない」の選択肢を設けており，その割合は2割程度であった。政党支持率については自民党が4割弱，民主党は5％程度であった。第23回参院選における投票政党についてみると，自民党が40％程度，民主党が7～8％であった。

　毎日も自民党と公明党で過半数の議席を獲得し，ねじれ国会の解消の是非について質問し，50％程度ねじれ解消に肯定的な民意があったことを示した。

　争点については，参院選の投票に際し，消費増税・財政再建を最も重視する

114　『毎日新聞』，2013年2月4日（調査日：2月2日～3日），『毎日新聞』，2013年4月22日（調査日：4月20日～21日），『毎日新聞』，2013年7月1日（調査日：6月29日～30日），『毎日新聞』，2013年7月29日（調査日：7月27日～28日）。

　　なお，毎日新聞の調査では，投票予定政党あるいは実際の投票政党を質問する際，「決めていない」・「投票に行かなかった」あるいは「答えない，分からない」・「投票していない」という選択肢はなく，「その他」であったが，「その他」に関する結果は省略した。

115　『毎日新聞』，2013年2月4日（調査日：2月2日～3日），『毎日新聞』，2013年4月22日（調査日：4月20日～21日），『毎日新聞』，2013年7月1日（調査日：6月29日～30日）。

116　『毎日新聞』，2013年7月1日（調査日：6月29日～30日），『毎日新聞』，2013年7月15日（調査日：7月13日～14日）。

117　『毎日新聞』，2013年7月15日（調査日：7月13日～14日）。

争点と考える民意が3割程度あったことを示した。

④　ま と め

内閣支持率については，読売が朝日，毎日に比べて10％程度支持率が高い結果となったが，概ね減少傾向にあるものの，支持するが支持しないを大きく上回った。

政党支持率については，3紙ともに自民党が40％程度，民主党が5～10％程度であった。

投票予定政党についても，3紙ともに自民党が40％程度，民主党が10％弱であった。

ねじれ国会の是非についても，3紙ともにねじれ国会の解消に肯定的な民意が示された。

争点については，安倍首相による消費税率の5～8％への引き上げ表明はこの参院選前にはなされなかったこともあり，選挙の際に重視する，あるいはじっくり議論するテーマとして消費税そのものを挙げる民意は複数回答の場合6割程度あるものの，景気や社会保障を挙げる民意と比較すると，優先順位は高いものではなかったといえる。

⑵　選挙公約，選挙結果

本項では，第23回参院通常選挙の際の選挙公約，その選挙結果についてみてみる。

①　選挙公約

A．自 民 党

自民党は，「参議院選挙公約2013」を公表し，キャッチフレーズは「日本を，取り戻す。」，「実感を，その手に。」であった。具体的には，まず安倍自民党総裁の「昨年の12月，私たちは『日本を取り戻す』戦いに臨みました。……政権発足から半年，大胆で次元の違う経済政策『三本の矢』によって，日本を覆っていた暗く重い空気は一変しました。……デフレから脱却し，経済を成長させ，家計が潤うためには，『この道しかない』そう確信しています。……『ねじれ』

を解消してこそ『政治の安定』が実現できます。」とのメッセージを掲載した。

次に，様々な政策について政権公約を掲載した。特に，経済政策をアピールし，「さあ，経済を取り戻そう。」とのキャッチフレーズの下に，「日本経済の新しい姿」を提示し，「今後10年間の平均で，名目GDP成長率３％程度，実質GDP成長率２％程度の成長実現を目指します」とした。

社会保障については，「持続的な社会保障制度の確立」のタイトルにて，「『自助』，『自立』を第一に，『共助』，『公助』を組み合わせ，税や社会保険料を負担する国民の立場に立って，持続可能な社会保障制度を構築します。」とした。これに関連して，消費税率の14年４月の５％から８％への引き上げについての言及はなかった。

消費税率の引き上げについては言及がなかったが，財政再建については「財政健全化への着実な歩み」とのタイトルにて「経済再生が財政健全化を促し，財政健全化の進展が経済再生の一段の進展に寄与する姿を目指し，財政健全化に取り組みます。国・地方のプライマリーバランスについては，赤字の対GDP比を2015年度までに2010年度比で半減させ，2020年度までに黒字化し，その後も債務残高の対GDP比の安定的な引き下げを目指します。」とした[118]。

B. 民主党

民主党は，「Manifesto 生活者起点　民主党」を公表し，キャッチフレーズは「暮らしを守る力になる。」であった。具体的には，まず海江田民主党代表の「民主党は再生の第一歩を地域を歩くことから始めました。……生活者，働く者の立場，私たちはこの原点に立ち返ります。めざすのは，この日本，今の時代にふさわしい『共生社会』。すべての人に居場所と出番がある，強くてしなやかな共に生きる社会です。雇用をつくり，所得を増やし，暮らしを安定させる。社会を支える中間層を，厚く，豊かにして，日本の経済を蘇らせます。」とのメッセージを掲載した。民主党は，マニフェストと銘打って様々な選挙公約を掲げた。

---

118 『参議院選挙公約2013 自民党』（https://jimin.jp-east-2.os.cloud.nifty.com/pdf/sen_san23/2013sanin2013-07-04.pdf）参照。

「民主党重点政策」として，税財政改革のところは，「2015年度プライマリーバランス赤字半減，2020年度黒字化の目標に向けて，『歳出改革』『成長戦略』『歳入改革』の3本柱で取り組んでいくことを内容とする『財政健全化責任法』を制定し，財政健全化を進めます。……所得再分配の観点から，『所得控除から（給付付き）税額控除・手当へ』の流れを進めます。働き方に中立な税制の実現に取り組みます。」とした。

また，社会保障と税の一体改革については，「子どもから高齢者にわたる，持続可能な社会保障制度を構築します。消費税引上げによる増収分は，すべて社会保障の財源に充てます。また，以前の自公政権のように一律に社会保障費をカットしません。」とした。これに関連して自民党と同様，消費税率の14年4月の5％から8％への引き上げについての言及はなかった[119]。

C．日本維新の会

日本維新の会は，参院選公約を公表し，キャッチフレーズは「今こそ，維新を。」であった。副題として「日本を賢く強くする　〜したたかな日本〜　維新の挑戦。逃げずに真正面から」を掲げ，道州制導入等「統治機構改革」を前面に掲げ，改革姿勢をアピールした。なお，日本維新の会は石原慎太郎・橋下徹共同代表制を敷いていた。

経済・財政については，「経済・財政を賢く強くする」との理念を掲げ，「徹底した競争政策を実施。公共工事拡大路線とは異なる経済成長（名目成長率3％以上，物価上昇率2％）を目指す。財政金融一体のマクロ経済政策を実施する。政府と日銀の役割分担・責任の所在を再構築＝日銀法の改正。財政健全化を図る＝プライマリーバランスの赤字ゼロの目標設定。」とした。

消費税に関する公約は掲載されず，社会保障のところで，「社会保障を賢く強くする」との理念を掲げ，「現状分析→消費税で社会保障を賄うのは不可能」とした。社会保障の財源については，「社会保障制度として受益と負担をバランスさせる」とし，受益と負担の明確化，高齢者向けの給付の適正化，所得課税，

---

119 『Manifesto 生活者起点 民主党』（https://www.dpj.or.jp/global/downloads/manifesto 2013.pdf）参照。

社会保険料収入の不足がある場合，広く薄い年金目的特別相続税の創設を提案した[120]。

Ｄ．公明党

公明党は，「Manifesto2013 i 参院選重点政策」を公表し，キャッチフレーズは「安定は，希望です。」であった。具体的には，「いま日本に必要なことは，政治を安定させること。つまり，この夏の参院選でねじれを解消することです。そうすれば，スピード感を持って日本が抱える課題を解決することができます。……参院選の重点政策では，公明党が存在する安定政権で，希望ある日本の未来をつくることを訴えてまいります。」とのメッセージを掲載した。なお，公明党の代表は山口那津男氏である。

経済政策については，「実感できる経済回復。その成果を地域に中小企業者に生活者に」のタイトルにて，エネルギー・環境分野，健康・医療分野，農林水産分野等分野ごとの成長戦略を提案した。

社会保障については，「さらにきめ細かな社会保障の充実と教育の改革」のタイトルにて，「社会保障と税の一体改革関連法が昨年成立しました。これにより当面の年金改革（年金受給資格年数の25年から10年への短縮，被用者年金の一元化等）と，子ども・子育て支援は成果を得ました。公明党は，包容力のある『共助社会』をめざし，引き続き，年金・医療・介護・子育て支援等の充実に取り組みます。」とした。

なお，消費税率引き上げや財政健全化については明確な言及は見当たらなかった[121]。

Ｅ．共産党

共産党は，「参議院選挙政策2013」を公表し，キャッチフレーズは「安倍政権

---

120 『骨太2013-2016 日本を賢く強くする〜したたかな日本〜日本維新の会』，『朝日新聞DIGITAL×ANN 2013参院選』（http://www.asahi.com/senkyo/senkyo2013/news/TKY201307040358.html）参照。

121 『Manifesto 2013 i 参院選重点政策』（https://www.komei.or.jp/campaign/sanin2013/manifest2013/）参照。

の暴走にたちむかい『国民が主人公』の新しい政治を。」であった。具体的には、「日本の針路と国民の暮らしを大きく左右する大切な参議院選挙が間近にせまりました。安倍政権は、国会での多数を背景に、あらゆる分野で危険な暴走を始めています。『バブルと投機』のアベノミクス、消費税増税と社会保障切り捨て、雇用のルール破棄、原発の再稼働と輸出、TPP（環太平洋連携協定）推進、沖縄などでの米軍基地強化、憲法の改悪、そして、過去の侵略戦争を肯定・美化する政治姿勢など、どの問題も、参議院選挙の大争点です。……『自共対決』こそ、参院選挙の真の対決軸です。」とのメッセージを掲載した。なお、共産党の委員長は志位和夫氏である。

経済政策については、「アベノミクスの暴走を許さず、消費増税を中止し、国民の所得を増やす本格的な景気回復の道を」のタイトルにて、「政府が『投機とバブル』をあおる異常な経済政策の危うさがあらわれています。……いま、求められているのは国民の所得を増やす本格的な景気回復の道です。」とした。

アベノミクスの批判に絡めて、消費税については、「消費増税を中止し、財源は『別の道』で確保します。……税制のあり方を、所得や資産に応じて負担するという『応能負担の原則』に立って改正します。富裕層の所得の多くを占める株式の譲渡所得などの税率が低いために、『所得が1億円を超える層は逆に税金の負担が軽くなっている』という逆転現象が起きています。法人税の実質負担率は、中小企業が26%なのに、大企業は18%に過ぎません。研究開発減税、連結納税制度など、大企業に特別に有利な減税制度があるためです。この不公平な税制の改革こそ、最優先の課題です。賃上げをはじめ、国民の所得を増やす政策で『デフレ不況』を打開し、日本経済を健全な成長の軌道にのせれば、税収も増加します。この経済改革を税制改革と相乗的にすすめていきます。」とした[122]。

② 選挙結果

13年7月21日に実施された第23回参院選の選挙結果についてみてみる。まず、

---

122 『参議院選挙政策2013 日本共産党』（http://www.jcp.or.jp/web_download/2013-saninsen-seisaku.pdf）参照。

投票率についてみてみると，選挙区では52.61%，比例代表区では52.61%であった。前回の第22回参院選では選挙区の投票率は57.92%で，5.31%下回り，95年，92年に次いで過去3番目に低い投票率であった[123]。

次に，獲得議席についてみてみる。詳細を**表2-7**に示すので参照されたい[124]。

改選された主要政党の獲得議席についてみてみる。与党である自民党は65議席（選挙区47，比例代表区18），公明党は11議席（選挙区4，比例代表区7）であった。非改選と合わせると自民党は115議席，公明党は20議席と，合計135議席となり，衆参ねじれ現象は解消された。一方野党は，民主党が17議席（選挙区10，比例代表区7）と公示前の議席を大きく減少させ，非改選と合わせて59議席となった。日本維新の会は8議席（選挙区2，比例代表区6）を獲得し，非改選と

表2-7 第23回参院選挙獲得議席，比例代表区得票数等

	獲得議席			比例区得票数	非改選	改選＋非改選	公示前議席
	選挙区	比例代表区	合計				
自民党	47	18	65	18,460,404	50	115	84
民主党	10	7	17	7,134,215	42	59	86
公明党	4	7	11	7,568,080	9	20	19
みんなの党	4	4	8	4,755,160	10	18	13
共産党	3	5	8	5,154,055	3	11	6
日本維新の会	2	6	8	6,355,299	1	9	3
社民党	0	1	1	1,255,231	2	3	4
生活の党	0	0	0		2	2	8
改革	－	－	0		1	1	2
みどりの党	0	0	0		0	0	4
諸派	1	－	1		0	1	2
無所属	2	－	2		1	3	6
	73	48	121		121	242	237

---

123 『読売新聞』（夕刊），2013年7月22日参照。
124 「総務省 選挙・政治資金」（http://www.soumu.go.jp/senkyo/senkyo_s/data/sangiin23/index.html）参照。

合わせると9議席となり，躍進した。共産党は8議席（選挙区3，比例代表区5）を獲得し，非改選と合わせると11議席と躍進した。

　比例区得票数についてみると，前回の第22回参議院選挙では自民党が14,071,671，民主党は18,450,139であり，自民党は18,460,464と400万票余り増加する一方，民主党は7,134,215と大きく減少した。

　また，参院選の結果に大きく影響を与える一人区では，31選挙区ある中で自民党は29勝2敗で，過去2番目に高い勝率で圧勝した。民主党は全敗した[125]。

　ここで，読売，朝日，毎日各紙の当参院選結果に対する政治部長のコメントについて簡単にみてみる。

　読売は，「懸案に挑む『黄金の3年』」のタイトルにて，「安倍自民党にとって，昨年12月の衆院選に続く大勝である。……ねじれによる政治の停滞はもうゴメンだ。そんな有権者の思いが，自民党圧勝の原動力となったのは間違いあるまい。……次の参院選も，衆院議員の任期満了も3年先だ。国政選挙はしばらくない。首相に求められるのは，この"黄金の3年間"を使って経済を立て直すことだ。秋には消費増税について判断を迫られるが，増税で景気を冷やしてアベノミクスを腰折れさせては元も子もない。経済成長と財政健全化の二兎をどう追うか，首相の判断が注目される。……"黄金の3年間"内外の諸懸念に果断に取り組む，これこそが有権者の負託に応える唯一の道である。」とコメントした。

　朝日は，「自己修正の力を」とのタイトルにて，「私たちがこの朝，目撃することになったのは，戦後政治史にもまれな一極集中の権力である。野党は対峙すべき2大政党の一角の将来像さえ描けず，自民党にも牽制できる確固たる反主流派の姿はない。だからこそ，安倍晋三首相には，この数の力を正しく使い，優先順位を過たず課題を処理する技術が必要となろう。……数の力をたのんで政権党が緊張感を失えば，消費増税の先送りや野放図な積極予算を願う空気が広がりかねない。……それを制御し，少数意見に耳を傾ける度量を示すことで，この四半世紀の政治不信の歴史を変えていくことができるかどうか。私たち朝日新聞もその成否に目を凝らしたい。」とコメントした。

125　『読売新聞』（夕刊），2013年7月22日参照。

毎日は，「白紙委任ではない」とのタイトルにて，「自民党の『不戦勝』のような選挙だった。民主党は2大政党の座から転げ落ちた。野党は劣勢なのに，ばらばらに望むばかりで，自民党以外に勝つ政党がなかった。安倍晋三首相は，参院が少数与党である『ねじれ』を『親の敵』と語っていた。本懐を遂げた。だが，政権運営が順調に進むと思うのは早計だ。不戦勝に似た選挙戦だったため，重要課題に踏み込まない安全運転が許され，アベノミクス以外の課題について国民の理解が進んだとは言えないからだ。……国民は政策を白紙委任したわけではないことを，首相は肝に銘じるべきだ。」とコメントした[126]。

③　ま と め

　選挙公約についてみてみると，共産党は消費税増税の中止を公約に掲げていたが，自民党，民主党，公明党，日本維新の会は消費税増税に関する直接的な公約は掲げていなかったといえる。安倍首相もこの参院選終了後の10月1日に予定通りの引き上げの判断を示したが，参院選前に明確に予定通りの消費税の引き上げを公約に掲げることはしていなかったといえる。

　経済政策については，自民党が「日本を，取り戻す」とのキャッチフレーズでアベノミクスを進めることを公約し，民主党は「暮らしを守る力になる」とのキャッチフレーズで社会を支える中間層を，厚く，豊かにすることにより，日本経済をよみがえらせることを公約した。

　社会保障については，自民党が自助と自立を第一にとする理念を中心にしながら，共助，公助を組み合わせるとした一方，民主党は「共生社会」を打ち出し，持続可能な社会保障制度の構築を公約した。

　第23回参院選の選挙結果は与党の圧勝に終わり，89年参院選にて消費税の存続か廃止かが大きな争点となり，自民党が大敗し衆参ねじれの現象が始まったが，この選挙においてようやく衆参ねじれ現象が解消された。一方民主党は，12年12月の第46回総選挙にて政権を自民党に譲ったが，この選挙においても大きく議席を減少させ，2大政党の座から退いた。

126　『読売新聞』，2013年7月22日，『朝日新聞』，2013年7月22日，『毎日新聞』，2013年7月22日。

この選挙結果に対する読売，朝日，毎日各紙のコメントには相違がみられた。読売はねじれが解消されたことを前向きに評価し，しばらくは国政選挙がないことを踏まえ「黄金の3年」と称し，内外の諸懸念に果断に取り組むことこそが有権者の負託に応える唯一の道であると与党圧勝の選挙結果を評価するものであったといえる。

　一方朝日と毎日は，この与党圧勝の選挙結果を国民の積極的な評価ではなく，消極的な評価であるといえ，数の力で消費増税の先送りや野放図な積極予算を願う空気が広がりかねないとの懸念を示し，ねじれが解消されたとしても国民が政策を白紙委任したわけではなく謙虚な政権運営を求める考えを示したものといえる。

第3章

8％から10％への
税率引き上げ延期（1回目）

政府・与党，野党，利益集団の動向

(1) 10％引き上げ時の軽減税率導入決定

① 軽減税率制度調査委員会議論開始　自民：慎重，公明：積極

　10月1日，安倍首相が消費税率を5％から8％に予定通り引き上げる決定をしたことを受け，野田税調会長は，「今月から，公明党と一緒に勉強しなければならない」と述べ，同会長が座長を務める与党の「軽減税率制度調査委員会」を開催し議論を進めていく方針を示した。

　軽減税率を巡る主な検討課題は，①対象品目の範囲，②税率を何％に抑えるか，③減収となる国・地方の財源確保の3点であった。

　軽減税率導入に積極的な公明党は，消費税率が8％になる段階からの軽減税率導入を主張してきた経緯があり，税率が10％になるときに，コメ等の食料品や新聞・書籍等に現行の5％の税率を適用することを提案していた。

　一方自民党は，消費税率10％からの軽減税率の導入には大筋で理解を示しているものの，党内には税収減や，納税額算出等の事務負担が増えることへの不安が根強かった[1]。

　軽減税率を巡っては，自民，公明両党は軽減税率制度調査委員会において，2月から業界団体等のヒアリングを開始し，日本医師会や全国中小企業団体中央会，全国知事会等24団体からヒアリングが行われ，10月30日に第8回目の最

1　『読売新聞』，2013年10月2日。

終回を終えた。

　11月12日に，この業界団体からのヒアリングを集約した中間報告が発表された。同報告によると，24団体のうち，7団体が導入に賛成，14団体が反対を表明した。同報告では，与党としての方向性を示さず，論点整理にとどめる内容となった。賛成意見では「消費者の食生活を守るため食料品，農産物に対するゼロ税率を求める」，「新聞は公共財であり，軽減税率とすべきだ」等の意見が，反対，慎重意見では「対象品目の線引きが困難」，「小規模な事業者ほど事務負担が増加する」，「歳入の大幅な減少を招く」等が出された。前述したように，公明党は軽減税率導入を前提に消費増税に慎重な創価学会を説得した経緯があり，すでに党内で対象品目の選定作業を進める等導入に積極的であった。一方自民党や財務省は軽減税率導入に慎重で，麻生財務相は，8日の記者会見で，軽減税率を導入するとインボイスが必要になり，「コンピュータの組み換え等いろいろと経費もかかる」と事務手続き上の煩雑さを指摘した。財務省によると，消費税率1％は約2.7兆円に相当し，税率を5％引き上げると税収は13.5兆円増えるが，食料品の税率を5％に据え置くと税収増は約10.5兆円にとどまるとした。

　公明党の斉藤税調会長は，「各種団体のヒアリングで，乗り越えるべき課題が明らかになってきた。決して乗り越えられない課題ではない」と軽減税率制度調査委員会で強調した。これに対し，自民党税調幹部は軽減税率に課題が多いため，「導入を目指して検討中で，これから先も検討ということだ」と先送りする構えを見せた[2]。

　10月30日の軽減税率制度調査委員会では，財務省幹部らも出席していたが，ここで公明党の北側副代表が，軽減税率について，「導入が実現しなければ消費税率10％への引き上げに反対する」との考えを財務省側に伝えていたとされる。

　この北側副代表の発言は公明党としての正式な方針ではなかったが，同党幹部は，「衆院選，参院選は，軽減税率の導入を公約して戦った。勝ち取らなければ，執行部総退陣につながる党の死活問題だ」と語っていた[3]。

2　『朝日新聞』，2013年10月31日，『読売新聞』，2013年11月13日，『毎日新聞』，2013年11月13日。

3　『読売新聞』，2013年11月2日。

11月3日，野田税調会長は軽減税率に関し，「これから1年間ぐらいかけてそれなりの対応を決めなければいけない」と述べ，13年末の税制改正では結論を出さない可能性を示唆した。また，「1つの分野だけ例外的にやるのは厳しい」と対象品目を絞る難しさを強調し，さらに，「社会保障の充実に回す分は消費税率1％相当部分だ。これに穴が開いたらどうするのだろう」と述べ，軽減税率導入に慎重な姿勢を示した[4]。

5日，政府，与党連絡会議が開催され，公明党の山口代表は軽減税率について，「10％への引き上げは軽減税率とセットでやるべきだ。今年末には一定の方向性を出すべきだ」と述べ，13年末の与党税制改正大綱に制度の概要を盛り込むよう求めた。同会議には，安倍首相，麻生財務相，菅官房長官，自民党の石破幹事長らが出席した。

山口代表は同日の記者会見で，「軽減税率をなくして今後の消費税の論議は，自民，公明両党の合意の経過に沿わない。我々はきわめて重大にとらえている」と語り，軽減税率導入の見通しがつかない場合は，10％への税率引き上げに反対も辞さない構えを山口代表も示した[5]。

一方，自民党の野田税調会長は軽減税率導入について，「様々なハードルがある。『はい分かりました』と簡単にはできない」と冷ややかであった[6]。

公明党の斉藤税調会長は読売新聞のインタビューに応じ，軽減税率について以下のように語った。「導入するかどうか，その決定さえも引き延ばすような結論になるとしたら，それは導入しないことと同義になる。導入が遅れれば，その分，10％の実施が遠のく」とし，自民党側を牽制した。そのうえで斉藤会長は，消費税率が法律通り15年10月に10％に上がる場合に備える場合には，12月半ばにまとめる14年度税制改正大綱で，「対象品目や税率等をかなり具体的に決める必要がある」と述べ，自民党との調整を急ぐ考えを示した。また，導入した場合，企業の事務負担が増すことから負担軽減策も検討するとした。対象品目については，「食料品の中での線引きは非常に難しい。食料品は幅広く対象と

4　『毎日新聞』，2013年11月4日。

5　『読売新聞』（夕刊），2013年11月5日，『毎日新聞』，2013年11月6日。

6　『読売新聞』，2013年11月6日。

することが大事だと思う。新聞，出版物も『精神の生活必需品』だ。与党での協議に提案していきたい」との考えを明らかにした[7]。

②　官邸，軽減税率導入に前向き　野田税調会長に軽減税率の検討を要請

19日，安倍首相は首相官邸で公明党の山口代表と会談した。山口代表は，軽減税率について「年末の税制改正で一定の結論を出すように政治判断すべきだ」と述べ，年内に導入方針を決めるよう求めた。山口代表によると，首相は「考え方はしっかり承った」と語り，検討する考えを表明した。公明党内には「首相が官邸に山口代表を呼んだからには何らかの前進があるはずだ」と，首相のリーダーシップに期待する声もあり，公明党は高い政権支持率を保つ首相の意向を背景に，慎重な自民党や財務省を動かしたい考えがあったとみられた。

一方18日，安倍首相は首相官邸で野田税調会長と会談し，20日から始まる自民党の14年度の税制改正議論について意見交換した際，軽減税率の検討を要請した。これは，特定秘密保護法案等で与野党の協力が必要な中，公明党が求める軽減税率に一定の理解を示す必要があると考えたとみられる[8]。

20日，公明党は，自民党との軽減税率制度調査委員会で，軽減税率について，「酒類と外食を除く食料品」と「新聞・出版物」を対象とするべきだとする党の見解を提示した。なお，公明党の試算では，食料品等に軽減税率を適用すると，消費税1％あたり約5,000億円の税収減となるとした[9]。

同日，党本部で自民税調総会が開催され，14年度の税制改正議論がスタートした。ここで野田会長は18日の安倍首相との会談を受けて，「軽減税率導入に向け大変難しい問題もあるが，安倍首相から『公明党の意見を念頭に置いて議論を詰めてほしい』という指示があった」と述べた。出席議員からは軽減税率導入に関して税収減を理由とした慎重意見や，連立与党を組む公明党等からの賛成意見が出された。具体的には，大西英男衆院議員が，「党として軽減税率を検討すると約束してきた。公明党との審議も忘れてはいけない」と述べ，導入賛

7　『読売新聞』，2013年11月19日。

8　『読売新聞』（夕刊），2013年11月19日，『毎日新聞』（夕刊），2013年11月19日，『毎日新聞』，2013年11月21日。

9　『読売新聞』（夕刊），2013年11月20日。

成を明言した。一方，5人の衆院議員が「軽減税率は1度導入すると，どんどん範囲が拡大する」等と導入反対を主張した[10]。

③　財界，軽減税率導入に反対

同日，経団連や日商等6つの経済団体は，軽減税率の導入に反対し，「単一税率を維持すべきである」とする共同声明を発表した。企業が税率の異なる商品を取り扱うには物品別の税額等を示したインボイスが必要とし，企業に過度な事務負担を強いると指摘した。日本百貨店協会，全国商工会連合会，全国中小企業団体中央会と全国商店街振興組合連合会が共同声明に加わった[11]。

24日，公明党は軽減税率に関し，加工品等を除いた食料品を「基礎的食料品」と定義したうえで，これに軽減税率を適用すると消費税1％あたり約2,560億円の税収減になるとの新たな試算をまとめた。なお，基礎的食料品は，穀類や生野菜，生魚等に味噌や醬油といった一部調味料を加えたものとした[12]。

25日，自民，公明両党は軽減税率制度調査委員会を開催し，軽減税率の導入について議論した。公明党の斉藤税調会長は，消費税率10％段階での軽減税率導入に向け，年末の税制改正議論で必ず決定すべきと主張した。

そして，中小零細事業者らに配慮し軽減税率導入時にインボイスは必ずしも必要ないとの考えを示し，現行の請求書方式でも適用税率ごとに取引額を分けて記載すれば軽減税率に対応でき，企業の過度な事務負担にはならないと強調した。また，小規模事業者が経理システムを変更する際の補助金創設を提案した[13]。

ここで財務省は，軽減税率について，外食や酒類を除く食料品に適用した場合，税率を1％引き下げるごとに税収が約4,900億円減るとする試算を提示した。政府側が軽減税率の影響の試算を公表するのは初めてであった。試算では，軽減税率を外食にも適用すると税率1％あたり約1,400億円，酒類への適用には約300億円の税収が減ることを示した。外食は，店内での飲食に加え，宅配すし

10　『読売新聞』，2013年11月21日，『毎日新聞』，2013年11月21日。
11　『朝日新聞』，2013年11月21日。
12　『読売新聞』，2013年11月25日。
13　『毎日新聞』，2013年11月26日。

やピザ，持ち帰りの食品等を含むと定義している。仮に外食や酒類を含めて食料品全体に適用すると約6,600億円の税収減となった[14]。

④　軽減税率導入を巡り自民，公明対立

27日，与党税制協議会が開催され，自民党は，公明党が主張する消費税率10％時からの軽減税率導入に慎重な姿勢を示し，29日に再協議することになった。

自民党は「具体的な財源等の手当てと対象品目の選定は国民の納得を得るプロセスが大事で，慎重に進める必要がある」とする文書を出した。また，軽減税率を導入すれば，高い税率と低い税率を適用した商品を企業は経理上区分する必要がある。自民党は「短期間で区分経理を混乱なく導入できるかどうか，与党として責任をもって可能とは言い切れない」と説明した。そのうえで，問題が解決できなければ「制度変更を決定することは困難」と指摘した[15]。

これに対し，公明党の北側副代表は，「財源問題を理由に軽減税率がダメということは理解しにくい」，「自民党というよりも財務省の意見そのものだ」と反論した[16]。

引き続き29日，与党税制協議会が開催され，軽減税率導入に向け，中小企業者らの納税事務負担の軽減策等について議論された。公明党は，請求書に異なる税率ごとの請求額や税額等内訳を明記する独自の事務負担軽減策について，「納税事務負担は軽い」と主張し，公明党案に異論を唱えている自民党に反論する文書が示された。

文書では，現行の制度を維持したうえで，税率ごとの取引額等を追加記載する独自案について，商取引ごとに税率や税額等を記載したインボイスを作成する欧州型の方式とは負担は全く異なると指摘した。

自民党や財務省は，公明党の独自案に対し，「インボイスとほとんど変わらない」（麻生財務相）等と否定的な見解を示し，軽減税率導入に慎重な姿勢を示した。自民党の野田会長は協議会終了後「公明党案をしっかり検討していく」と

14　『読売新聞』（夕刊），2013年11月25日。

15　『読売新聞』，2013年11月28日。

16　『朝日新聞』，2013年11月28日，『毎日新聞』，2013年11月28日。

語った[17]。

⑤ 自民税調，軽減税率導入に慎重

12月3日，自民税調は，14年度税制改正素案をまとめた。消費税の軽減税率導入については，「慎重に検討する」との記述にとどめ，消費税率10%時の導入を税制改正大綱に明記したい公明党との温度差が浮き彫りになっている[18]。

軽減税率について，現行の経理方式を部分的に変えれば導入できるとする公明党の提案に対し，財務省は，「法制上又は法技術上，不可能ということではない」とする文書をまとめ，与党税制協議会に提出した。同文書によれば，「公明党案を制度化した場合，執行を中心として問題が生じる恐れがあると考えざるを得ないが，導入・適用するか否かは政策上の判断だ」とした。

自民党は，税率が複数になれば，商品ごとの税率や税額を記した「インボイス（税額票）」が不可欠で，これが中小企業の事務負担を重くするとして，消費税率10%時の軽減税率導入に慎重な姿勢を見せていた。

6日，自民党新聞販売懇話会の丹羽雄哉会長は自民税調の額賀小委員長と会談し，消費税率を10%に引き上げる際に軽減税率を導入し，新聞も適用対象とするよう求めた党所属国会議員の署名を手渡した。書名は207人分で，党所属国会議員の過半数となる。丹羽会長は「英国，ベルギーでは新聞は0税率だ」と指摘し，「新聞は活字文化や議会制民主主義を支える公共財だ」と述べた[19]。

9日，自民，公明両党は与党税制協議会で軽減税率について，経済や流通等関係5団体から意見を聴取した。以下，5団体の意見を**表3-1**に示すので参照されたい。

公明党案に対しては，日本税理士連合会の上西左大信常務理事は記者団に「公明党案は可能だが，小規模事業者の事務負担は増える」との指摘もあった[20]。

---

17 『読売新聞』，2013年11月30日。
18 『読売新聞』（夕刊），2013年12月3日。
19 『読売新聞』，2013年12月7日。
20 『朝日新聞』，2013年12月10日。

表 3 - 1　軽減税率に関する意見聴取

日本税理士連合会	当面は導入すべきではない。事業者の納税事務作業が複雑化し税務行政の負担も増える。
日本商工会議所	導入に反対。対象品目の線引きで大きな混乱を招く。帳簿への記帳や税務申告時の事務負担が増える。
全国商工会連合会	導入は容認できない。対象品目を事業者が判断し税率ごとに分類した伝票を発行するのは負担。
日本百貨店協会	システム対応していない中小企業等は初期投資や事務負担のコストが増える。
新日本スーパーマーケット協会	食料品は消費増税の負担感が重く個人消費を冷え込ませないためにも軽減税率の導入が必要だ。

（出典）『朝日新聞』，2013年12月10日

⑥　軽減税率「10％時」導入という玉虫色の合意

　10日，自民，公明両党は軽減税率を導入する時期について，14年度の与党税制改正大綱への明記は見送るものの，「10％時」との表現を盛り込むことで大筋合意した。消費税率10％引き上げと同時の引き上げを主張する公明党と，時期をあいまいにしたい自民党との双方の顔を立てた形となったとみられる。つまり，「10％時」であれば，「10％に上げたとき」とも，「10％になった後のいつか」とも両方に解釈できるという見方であった。

　同日の公明税調にて斉藤税調会長は，「軽減税率なくして大綱なし。この精神で頑張っていく」と強く軽減税率導入を主張した。同党は13年夏の参院選にて，「消費税率10％引き上げ時の軽減税率導入」を公約に挙げたが，これは，同党幹部は，「婦人部は右寄りの安倍首相への嫌悪感がある。軽減税率を導入できなければ，なぜ安倍政権と連立を組んでいるのかと連立政権自体への不満が爆発しかねない」と説明するように，消費税率引き上げに消極的な創価学会を説得するためであった。

　これに対し，自民党は，「10％を前提とした経緯には乗れない」との立場で，政権側の本音は，軽減税率は本来10％を導入するかどうかを決めた後の議論であったとみることができる[21]。

　21　『朝日新聞』，2013年12月11日。

12日，連日の協議を経て，与党税制協議会は軽減税率について，14年度与党税制改正大綱に「必要な財源を確保しつつ，関係事業者を含む国民の理解を得た上で税率10％時に導入する」と明記することで合意した。

この合意は前述したように，合意した「10％時」の表現は，「10％に上がると同時」または「10％に上がった後のいつか」のいずれの解釈もできるため，税収減等を懸念して慎重な自民党も最終的に了承した。

同日，公明党の斉藤税調会長は「軽減税率を導入するとの方向性が明確になり，来年の税制改正大綱までに，制度の詳細設計を行う事も明確になった。一歩前進だ」と語った。つまり，13年1月に合意した「自公軽減税率合意の全文」では，「消費税率の10％引き上げ時に軽減税率制度を導入することを目指す」と「目指す」としたものが，今回の合意では「消費税率の軽減税率制度については，（中略）税率10％時に導入する」と「目指す」が削除された[22]。

一方，自民党の野田税調会長は，「文書に書いてあるとおりだ。丁寧に国民の理解・コンセンサスをどういう形で得ていくかという大変大事な作業が残っている」と述べた。

協議は，11日夜から12日未明まで6時間以上にわたった。自民党が，軽減税率を導入した場合の減収分をどう穴埋めするのかという点等に強くこだわり，調整が難航したことによる。

12日，公明党の幹部は「我々は消費税率10％の引き上げ時に導入を目指すことで同意したと思っている」と強調した。これに対し，自民党は，消費税率を10％に上げるのと同時の軽減税率の導入には慎重な姿勢を崩していなかった。12日にまとまった合意文書には，自民党側の強い意向が反映され，軽減税率の導入として「社会保障と税の一体改革の原点に立って必要な財源を確保しつつ」との表現も盛り込まれた。消費税の増税は，膨らみ続ける社会保障費用財源として活用するのが狙いだが，自民党は，軽減税率を導入するとその分，社会保障に回す財源が減ると懸念していたためであったとみられる[23]。

以下，「自公両党の合意文書」を示す[24]。

22　与党議員とのインタビュー。
23　『読売新聞』（夕刊），2013年12月12日。
24　『読売新聞』（夕刊），2013年12月12日。

消費税率の軽減税率制度については，「社会保障と税の一体改革」の原点にたって，必要な財源を確保しつつ，関係事業者を含む国民の理解を得た上で，税率10％時に導入する。

このため，今後，引き続き，与党税制協議会について，これまでの軽減税率をめぐる議論の経緯及び成果を十分に踏まえ，社会保障を含む，財政上の課題と合わせ，対象品目の選定，区分経理等のための制度整備，具体的な安定財源の手当，国民の理解を得るためのプロセス等軽減税率制度の導入に係る詳細な内容について検討し，2014年12月までに結論を得て，与党税制改正大綱を決定する。

⑦ 軽減税率の議論再開

2月27日，14年初の与党税制協議会が開催され，軽減税率の導入に向けた議論が再開された。自民，公明両党は，3月半ばから本格的に協議をし，公明党は，軽減税率に関する論点を4月に整備することを主張していたが，より慎重な検討を求める自民党の提案を受け入れ，1ヶ月遅れで協議することとなり，5月の論点整理では①軽減税率を導入した場合に減る消費税収をどう補うのか，②企業が異なる税率を経理上，区分する制度をどのように作るのかの点について盛り込むことになった。自民党の野田税調会長は「軽減税率をやる場合はどういう理念で対象品目を選定するかという大事な，基本的なところから始める」と強調し，さらに，「安定財源としてどれだけのものが必要になるか考えていかないといけない」と従来の主張を繰り返した。導入時期については，野田税調会長は10％引き上げと同時は困難とし，公明党の斉藤会長は10％引き上げと同時と主張していた。納税事務については野田会長はインボイスが必要とし，斉藤会長は現行方式で可能と主張し隔たりは大きいものであった[25]。

3月13日，与党税制協議会が開催され，軽減税率を導入する場合に，対象となる品目をどのような考え方で選ぶのか，意見交換した。両党は，「購入頻度が高く，日常的に消費するもの」を対象にするのが大事だとの認識では一致した。公明党は，軽減税率の適用基準について，日常生活での不可欠性や購入頻度等

---

25 『読売新聞』，2014年2月28日，『毎日新聞』，2014年2月28日。

を基準にする考えを強調し，13年の与党税制改正大綱で酒類と外食を除く食品全般，新聞や書籍，雑誌を対象として提案していたが，斉藤税調会長は対象品目の絞り込みはゼロから議論すると強調した。また，同党はモノを買うときに税負担を重く感じる「痛税感」を緩和するのに効果的かどうかという視点が，重要になるとの考え方も示した。また，「社会政策的な配慮」との観点も必要になるのではないかという点でもほぼ一致した[26]。

　20日，公明党の斉藤会長は，消費税率10％への引き上げ段階での軽減税率導入について，「5月中に与党の考え方を複数提示したい」と述べ，対象品目に関する与党の基本方針案を複数公表したうえで政府や関係団体と協議に入る考えを示した。また斉藤会長は軽減税率の制度化を12月に策定する15年度税制改正大綱に盛り込む意向も示し，「来年10月とされる10％引き上げ時の導入は可能だ」と強調した[27]。

　6月3日，公明党の山口代表は軽減税率について，「安倍首相が引き上げの是非を年末に判断する。その時に制度設計をきちんと用意し判断の前提を作ることが与党の務めだ」と述べ，政府，自民党内の慎重論を牽制した。また山口代表は，「昨年の与党税制大綱で決めた通りやることが重要だ。国民の世論調査等で圧倒的な期待があり政治が受け止める必要がある」と強調した。一方自民税調は3日，飲食料品の軽減税率導入に向けた基本方針を了承した[28]。

　5日，与党税制協議会が開催され，軽減税率の導入に向けた基本方針をまとめた。まず飲食料品のうち何を軽減対象にするかについて8通りの分類案[29]を提示した。公明党内等では新聞書籍についても「民主主義を支える知識には課

26　『読売新聞』，2014年3月14日，『朝日新聞』，2014年3月14日。
27　『毎日新聞』，2014年3月21日。
28　『毎日新聞』，2014年6月4日。
29　8通りの分類案は以下のとおりである。なお，括弧内は税率1％当たりの減収額。
　　1．すべての飲食料品（6,600億円）
　　2．1から酒を除く（6,300億円）
　　3．1から酒，外食を除く（4,900億円）
　　4．1から酒，外食，菓子類を除く（4,400億円）
　　5．1から酒，外食，菓子類，飲料を除く（4,000億円）
　　6．生鮮食品（1,800億円）
　　7．コメ，みそ，しょうゆ（200億円）
　　8．精米（200億円）

税すべきでない」との意見が根強くあった。軽減対象について有力案をあえて絞り込まず，7月からの業界団体のヒアリングに臨むのは，国内で流通している商品やサービスが多岐にわたり合理的な線引きが難しいためであった。軽減税率の導入時期を巡っては，前述したように，公明党は税率が10％になる15年10月に同時に導入するよう主張しているが，自民税調の野田会長は「その辺はニュアンスの差がある」と明言していない。自民税調は，まずインボイス制度を導入するのが先だと主張したが，インボイス導入には最短でも1年以上の準備期間が必要で，14年末に導入を決めても15年10月には間に合わず，公明党は自民党側の「引き伸ばし作戦」としていら立ちを募らせていた。公明党幹部は「軽減税率の導入を決めないのなら，消費税率を10％にする必要はない」と，消費税率10％への引き上げ自体に反対する可能性も示唆した[30]。

　軽減税率対象に新聞，書籍，雑誌を含めるかどうかについては，「文字・活字文化と国民の暮らしを考える緊急集会」が6日，国会内で開催された。「欧米諸国では新聞書籍雑誌に軽減税率が導入され消費者に支持されている」として早急な導入を求めるアピールを採択した。集会は文字・活字文化推進機構の主催で図書議連，活字文化議連等が協賛した。両議連の会長を務める自民党の細田博之自民党幹事長代行は，「知的な財産を形成する新聞，書籍，雑誌等に課税する際には軽減税率を考えバランスの取れた税制にすべきだとの議論がある。税制改正に反映されることを期待している」と述べた。大島理森前自民党副総裁は，「文字，活字という文化は食料と同様に扱うことが大事だ」と強調した。公明党の斉藤税調会長も「党の公約として，食料品に加え新聞出版を軽減税率の対象とすべきだと掲げている」と説明。民主党の笠浩史国対委員長代理は，「国の力は文化力であり，それを支えているのが活字文化だ」と訴えた[31]。

⑧　関係団体からのヒアリング開始

　7月に入り，与党税制協議会は軽減税率に対する様々な利益集団の意見を聴取することとなった。以下，各種利益集団の軽減税率に対する考え方について

30　『毎日新聞』，2014年6月6日，『朝日新聞』，2014年6月6日。

31　『朝日新聞』，2014年6月7日。

みてみる。

　経団連，日商，同友会，日本百貨店協会等 9 つの経済団体は 2 日，軽減税率の導入に反対する意見書を連名で発表した。意見書では，軽減税率について低所得者対策としては非効率であると指摘し，大幅な税収減を招くため，消費税率のさらなる引き上げにつながりかねないと懸念が示された。また，与党素案で示された様々な対象品目については何れも品目の線引きが不明確で，事業者の混乱を招きかねないと批判し，中小企業を中心に事務負担が増大する点も主張された[32]。

　 8 日，与党税制協議会では軽減税率の導入に関する関係団体からのヒアリングが開始された。このヒアリングは 8 日， 9 日，15日，29日， 8 月29日の 5 回実施された。その主な内容は以下のとおりである。

＜ 1 回目＞[33]
経団連や消費者団体等11団体から意見を聴取。税収減や対象品目の線引きの難しさ等から慎重論が目立った。
経団連，日本税理士連合会：「軽減税率を導入すれば税収が下がり，社会保障の充実に影響する。事業者が納税する際の事務処理の負担も大きい」と反対を表明。
連合：「低所得者だけでなく高所得者にもメリットが出る」と指摘し，給付付き税額控除を要望。
日本消費者コンサルタント協会：「 8 ％の痛みが消費者に効いてきている。法人税の減税も納得できない」として消費税率10％への引き上げ自体に反対。
全国消費者団体連絡会：「高所得者も恩恵を受けるのは問題」，「どこで線引きしても混乱する」と軽減税率の問題点を指摘。一方で導入する場合はすべての飲食料品を対象にすべき。

＜ 2 回目＞[34]
飲食料品関連の約10団体から意見を聴取。大半の団体が導入を支持した。
大日本水産会，全国水産加工業協同組合連合会，精糖工業会：「すべての飲食料品への軽減税率の適用」を要望。

32　『毎日新聞』，2014年 7 月 3 日。
33　『読売新聞』，2014年 7 月 9 日，『毎日新聞』，2014年 7 月 9 日。
34　『読売新聞』，2014年 7 月10日，『毎日新聞』，2014年 7 月10日。

全国農業協同組合中央会：「酒等を除いた生鮮食品や加工食品に適用すべき」と主張。

全国米穀販売事業共済協同組合：「精米だけでなく，同じ商品棚に並ぶことが多い玄米や雑穀等も対象に」と要望。

全国小売酒販組合中央会：「酒屋には零細業者が多く，税務処理に対応できない」として酒類への軽減税率導入に反対を表明。

＜3回目＞[35]

流通業を中心に9団体から意見を聴取。反対が多く，事務負担が増えるため補助を求める声も出た。

日本百貨店協会，日本チェーンストア協会：「対象品目の線引きが困難である」として反対を表明。

新日本スーパーマーケット協会：経理システム等への投資負担が増すとして，「投資への補助等も考えてほしい」と主張。

日本中古自動車販売協会連合会：「品目の線引きが比較的容易」等の理由で，「生鮮食品への導入が妥当」と主張。

＜4回目＞[36]

報道，医療，商工関係等14団体から意見を聴取。知識に対する軽減税率の適用を要望，納税事務負担の増大や対象品目の線引きの難しさ等から導入に反対した。

日本新聞協会：「出版物の民主主義社会における重要性は広く，欧米でも認識されている。知識に対しては課税しないか，できるだけ低い税率を適用すべきだ」と主張。

日商，日本フードサービス協会：「事業者の納税事務負担が圧倒的に増える，対象品目の線引きが難しい」等と導入に反対。

＜5回目＞[37]

全国知事会，日本生活協同組合連合会（以下，生協と略す）等19団体から意見を聴取。全国知事会等は導入に慎重な立場を表明し，生協は飲食料品への軽減税率適用を求めた。

全国知事会等地方3団体：「社会保障財源に穴が開く」等として導入に慎重な立場

---

35 『読売新聞』，2014年7月16日。

36 『読売新聞』，2014年7月30日，『毎日新聞』，2014年7月30日。

37 『読売新聞』，2014年8月30日，『毎日新聞』，2014年8月30日。

を表明。

生協：「逆進性の対策を含めて積極的に考えてほしい」と，すべての飲食料品への軽減税率適用を要望。

日本パン工業会：「米だけではなく，パンや麺も軽減税率の対象にしてほしい」と主張。

5回にわたる意見聴取の対象は62団体にのぼり，食料品の生産団体等が消費の落ち込みへの懸念等から軽減税率は必要と主張したが，商工団体や小売業界は商品によって税率が異なると経理処理の事務負担が複雑になるとして反対を表明し，賛否が割れた。業界別では，食料品の生産団体を中心に軽減税率の適用を求める声が目立ったが，線引きが難しいとの理由からすべての飲食料品への適用を求める声が多く，8分類の在り方については議論が深まらなかった[38]。

⑨　自民党と公明党の間に依然温度差

軽減税率導入については，自民党と公明党の間に依然温度差がみられた。

7月19日，自民党の野田税調会長は軽減税率の導入時期について，「公明党は10％への引き上げと同時ということだが現実には難しい」と述べた。ただ野田会長は，「対象品目の限定の仕方による」とも語り，与党内で対象をコメに絞る案が浮上していることに配慮し，引き上げ時の導入に含みも残した[39]。

一方24日，公明党の山口代表は，「軽減税率導入に国民の8割近い圧倒的な期待が各種世論調査で示されている。妥当な制度設計を秋から目指して行くべきだ」と語った。ちなみに公明党は，12年の総選挙や13年の参院選で軽減税率導入を公約に掲げ，軽減税率の早期導入は，消費増税に慎重な意見が根強い党支持者への「説得材料」でもあった。また29日，斉藤税調会長は，「10％時に軽減税率制度を導入するということで，与党税制大綱をまとめた。よりよい軽減税率制度を作りたい」と，与党税制協議会で語った[40]。

8月4日，公明党の斉藤税調会長は，軽減税率の導入について，「大きな枠は

38　『毎日新聞』，2014年8月30日。

39　『毎日新聞』（夕刊），2014年7月19日。

40　『読売新聞』，2014年8月14日。

政治が決めるが，対象品目の細かい線引きは第三者委員会で決めてもらうというのも考えて良い」と述べた。斉藤会長は，第三者委員会が検討する品目について，「政治が中々判断しにくいもの。例えば出版の内容だ」との見方を示した。自民党の野田税調会長も「専門的にやるところがないと，文化に対する価値観を政治家が言うのは厳しい」と述べ，第三者委員会に任せる考えに同調した[41]。

　10月8日，15年度税制改正に向けた自民，公明両党の議論が，与党税制協議会にて始まった。ここでの焦点は，消費税率を10％に引き上げる際の軽減税率導入と，法人減税であった。同協議会の開催は内閣改造後初めてで約1ヶ月ぶりとなり，前述した7月から8月にかけて実施したヒアリングの結果を報告され，軽減税率について賛成は3割強，反対が約4割というものであった。公明党の斉藤税調会長は，「税制の議論で大きな柱の1つが軽減税率だ。徹底した議論で制度を作っていきたい」と強調し，公明党にとって軽減税率の導入は譲れない姿勢を示した。

　これに対し自民党側は，10％引き上げ時の導入には否定的であった。自民党の野田税調会長は，「導入には財源問題等いくつかの前提条件がある。国民の理解を完全に得られたわけでもない」と語り，慎重な姿勢を崩さなかった。財務省も「軽減税率制度の準備は1年程度かかる。『税率10％時』は必ずしも増税と同時ではない」と増税時の導入を牽制した。

　軽減税率導入に積極的な公明党は，軽減税率の対象品目について，新たに下記の3通りの分類案をまとめた。公明党の従来の主張より対象を絞り込むことで，税収減を懸念する自民党との妥協点を見出す考えで，公明党の当初案は酒と外食を除いてすべての飲食料品を対象にというもので，軽減税率による減収は1％分で4,900億円であった。

修正案①：コメ，麺類やパンの一部，生鮮食品，一部加工品を対象(5,000〜6,000億円の負担軽減)

修正案②：酒，外食，弁当等を除く飲食料品を対象（8,200億円の負担軽減）

修正案③：酒を除いてすべての飲食料品を対象にするが軽減する税率は1％に

---

41 『読売新聞』，2014年8月5日，『毎日新聞』，2014年8月5日。

とどめる（6,300億円の負担軽減）

自公両党は 8 日，与党税制協議会を開き，軽減税率の導入に向けた本格協議に入った。与党税協の開催は内閣改造後初めてで，約 1 ヶ月ぶりとなる。この日は，7 月から 8 月にかけて実施したヒアリングの結果を報告し，軽減税率について賛成は 3 割強，反対が約 4 割だった。

財務省は「軽減税率制度の準備は 1 年程度かかる。『税率10％時』は必ずしも増税と同時ではない」と増税時の導入を牽制する。自民党の野田会長は 8 日の記者会見で，「財源をどうするかという問題もある。今は（事業者や国民から）完全に理解を得られたとは思わないが，全部ダメというわけでもない」と語った。公明党の斉藤会長は「（対象品目の案は）8 パターンをベースに，党内でも議論している。消費税率10％時の導入を目指して，協議を進めていくことは共通の認識だ」と語った[42]。

11月19日，自民党の野田税調会長と公明党の北側副代表が国会内で会談し，17年 4 月の軽減税率導入を目指すことで合意した。合意に基づく総選挙の公約案には，「17年度からの導入を目指して，対象品目区分整理，安定財源等について早急に具体的な検討を進める」と明記した[43]。

20日，自民党の野田税調会長は安倍首相と首相官邸で会談し，軽減税率について，17年 4 月の消費税率10％への引き上げと同時に導入を目指す方針を報告し，首相も了承した[44]。

12月14日実施の第47回総選挙後の30日，与党税制協議会が開催され，野田税調会長は軽減税率について，「遅くとも2015年秋口の制度案決定に向けて，精力的に検討を開始したい」と述べ，15年秋までに具体案をまとめる考えを表明した。15年度与・党税制改正大綱では，消費税率10％への増税時期を17年 4 月に延期すると明記し，景気悪化時に増税を一時停止できる景気条項の削除も決定された。また，軽減税率についても同大綱では，総選挙の際自民，公明両党が決めた共通公約を踏襲し，「17年度からの導入を目指す」と記した。野田税調会長も「来

---

42 『毎日新聞』，2014年10月 7 日，『読売新聞』，2014年10月 9 日，『朝日新聞』，2014年10月 9 日，『毎日新聞』，2014年10月 9 日。

43 『読売新聞』，2014年11月20日。

44 『朝日新聞』（夕刊），2014年11月20日。

年1月下旬を目処に委員会を設置し，具体化の検討を開始したい」と述べた[45]。

　ここで，軽減税率の導入について自民党と公明党の立場が異なり，「10%への引き上げ時」の解釈を巡り自民党と公明党の間で様々な議論がなされ，最終的には17年4月の消費税率10%への引き上げと同時に目指すことで合意するまでの経緯を**表3-2**にまとめるので参照されたい。

表3-2 10%引き上げと同時の軽減税率導入を目指す合意までの経緯

年　月　日	内　　容
2013年10月 1 日	14年4月に消費税率を8%に引き上げる方針を決定
10月30日	軽減税率制度調査委員会にて，2月から開始された業界団体等のヒアリングが終了（合計8回のヒアリングを実施）
11月12日	業界団体等からのヒアリングを集約した中間報告が発表，24団体のうち7団体が導入に賛成，14団体が反対
11月18日	安倍首相が野田税調会長と会談，軽減税率の検討を要請自民税調総会が開催，14年度の税制改正論議がスタート，野田税調会長は安倍首相から軽減税率導入検討の指示があったと述べる
11月25日	自民，公明両党が軽減税率制度調査委員会を開催　自民党：導入に慎重公明党：消費税率10%段階での軽減税率導入を主張
12月 3 日	自民税調：14年度税制改正素案をまとめる　軽減税率導入については「慎重に検討する」との記述に留める
12月10日	自民，公明両党は，軽減税率導入の時期を14年度の与党税制改正大綱への明記は見送るものの，「10%時」との表現を盛り込むことで大筋合意
12月12日	与党税制協議会：軽減税率について，14年度与党税制改正大綱に「必要な財源を確保しつつ，関係事業者を含む国民の理解を得た上で税率10%時に導入する」と明記で合意
2014年 2 月27日	14年初の与党税制協議会が開催，軽減税率の導入に向けた議論が再開
3 月13日	与党税制協議会にて，軽減税率の対象品目について意見交換
3 月20日	公明党の斉藤税調会長「5月中に与党の考え方を複数提示したい」，対象品目に関する与党の基本方針案を複数公表するとし，「15年10月の10%引き上げ時の導入は可能だ」と強調

---

45 『読売新聞』，2014年12月31日，『朝日新聞』，2014年12月31日，『毎日新聞』，2014年12月31日，与党議員とのインタビュー，自由民主党・公明党「平成27年度税制改正大綱」，2014年12月30日，https://jimin.jp-east-2.storage.api.nifcloud.com/pdf/news/policy/126806_1.pdf
「平成27年度税制改正大綱」における軽減税率に関する文言は以下のようであった。「消費税の軽減税率制度については，関係事業者を含む国民の理解を得た上で，税率10%時に導入する。平成29年度からの導入を目指して，対象品目，区分経理，安定財源等について，早急に具体的な検討を進める」となっており，「税率10%時に導入する」が「平成29年度からの導入を目指し」と，自民，公明両党の立場を踏まえた表現となっているといえる。

6月3日	公明党の山口代表「昨年の与党税制大綱で決めた通りやることが重要だ。国民の世論調査等で圧倒的な期待があり政治が受け止める必要がある」と強調 自民税調：飲食料品の軽減税率導入に向けた基本方針を了承
6月5日	与党税制協議会にて軽減税率導入に向けた基本方針がまとめられる。軽減税率の対象，それによる減収額について8通りの分類案を提示
7月8日	与党税制協議会にて，軽減税率導入に関する関係団体からのヒアリングが開始
7月19日	野田税調会長：軽減税率の導入時期について10%への引き上げと同時は現実的には難しい旨を述べる
7月24日	公明党の山口代表：軽減税率導入を15年10月から実施できるよう制度設計を進めるべき旨を述べる
8月4日	公明党の斉藤税調会長：軽減税率対象品目の細かい線引きは第三者委員会が検討した方がよい旨を述べ，自民党の野田税調会長も同調
10月8日	与党税制協議会にて15年度税制改正論議がスタート，軽減税率導入に向けた本格協議も開始
11月19日	自民党の野田税調会長と公明党の北側副代表が，18日の安倍首相による消費再増税を17年4月に延期するとの表明を受け，17年4月の軽減税率導入を目指すことで合意
11月20日	安倍首相と野田税調会長が会談，軽減税率の導入は17年4月の消費税率10%への引き上げと同時に導入を目指すことで安倍首相も了承
12月14日	第47回総選挙実施
12月30日	与党税制協議会にて野田税調会長は軽減税率について2015年秋口の制度案決定に向けて検討を開始する旨を表明 15年度税制改正大綱にて軽減税率については「17年度からの導入を目指す」と明記

⑵　8％から10％への税率引き上げ延期決定

①　15年10月からの10％への引き上げを巡る議論開始

　10％引き上げ時の軽減税率導入が決定されると，次の焦点は予定通り15年10月から消費税率を10％に引き上げるかどうかということであった。

　14年1月6日，麻生財務相は財務省職員への年頭訓示で，15年10月に予定している消費税率を8％から10％に引き上げることに強い意欲を示した。麻生財務相は「社会保障と税の一体改革は全て5％の消費税増税で作られている。あそこに到達しなければ本来の目的を達成することは出来ない」と指摘した。さらに「4〜6月，7〜9月の結果が全てを語る」とも述べ，4月の消費税率引き上げ後の景気の落ち込みを最小限に食い止め，経済の回復基調を維持できな

ければ，10％への増税は困難との認識を示した[46]。

7日，安倍首相は自民党本部で開かれた同党の新年仕事始め式で挨拶し，4月の消費税率8％への引き上げについて「4月に多くの企業がしっかり賃上げを行ってもらえるかが大きな勝負だ」と述べ，増税による経済の冷え込み抑止に全力を挙げる姿勢を強調した。首相は有効求人倍率の改善や冬の企業ボーナスの増加に触れ，「長く続いたデフレから脱却するためにベストを尽くすしか道はない」と述べた[47]。

② 本田内閣官房参与，予定通りの消費税率引き上げに慎重

8日，本田内閣官房参与は国会内で講演し，4月に消費税率が8％に上がる際の経済の落ち込みについて「5.5兆円の経済対策等で本当に大丈夫か。もう一回補正予算を組むとかもっと金融緩和をするとかいろいろな形で国民に強力なメッセージを伝えることも個人的にあると思う」と述べ，追加の経済対策の可能性に言及した。また，10％への引き上げについては「名目成長率を上げてから増税する方がはるかに効果的だ」と否定的な考えを強調し，「消費増税を国際公約だという人がいるが，主要20ヶ国・地域（G20）財務相・中央銀行総裁会議等で日本の政策を説明しただけの話。約束したものは守るという論理はやめていただきたい」と述べた[48]。

安倍首相は19日のNHK番組で，15年10月に予定されている消費税率の10％への引き上げの可否について，「今年中に決断していきたい」と述べた。首相は，年末に公表される7～9月期の国内総生産のデータを判断材料とする考えを示したうえで，「今の景気回復の流れを止めては元も子もない。経済成長できなければ，財政再建も出来ない」とも語った[49]。

20日，経済財政諮問会議と産業競争力会議が開催された。ここでは，4月の消費税率8％への引き上げ，14年末の10％への再増税の判断，そして景気を下

---

46 『読売新聞』（夕刊），2014年1月6日，『朝日新聞』，2014年1月6日，『毎日新聞』，2014年1月6日。

47 『毎日新聞』（夕刊），2014年1月7日。

48 『朝日新聞』，2014年1月9日。

49 『読売新聞』，2014年1月20日，『毎日新聞』，2014年1月20日。

支えするための法人税率の引き下げが焦点となっていた。安倍首相は，「まさに本年は正念場。安倍政権の成長戦略に終わりはない」，「好循環実現の正念場。経済再生と財政健全化の両立を目指す」と語り，「正念場」という言葉を繰り返した。消費税率の引き上げは17年ぶりであった。

法人税率の引き下げについて，同諮問会議の民間議員は，日本の法人実効税率を30％台半ばからアジアの近隣諸国並みの25％まで引き下げるよう提言した。安倍首相も，「法人税率を引き下げた国のその後の成長率や経済活性化がどうなったか分析できればいい」と述べ，同諮問会議の場で法人減税を議論していくよう指示した。一方，麻生財務相は，「法人税率を10％も引き下げれば約5兆円の税収が失われる。財源はどうするのか」と大幅な法人税率引き下げに異論を唱えた。安倍政権は「成長重視」，「企業優先」の姿勢を貫く構えであった[50]。

29日，安倍首相は衆院本会議にて，15年10月に消費税率を10％に引き上げるかどうか，14年中に判断する方針を改めて表明した。首相は「消費税率10％引き上げについては，経済状況等を総合的に勘案しながら，本年中に適切に判断したい」と語った。

公明党の井上幹事長は，軽減税率導入について，「10％引き上げ時に軽減税率制度を実施すべきで，詳細な制度設計の協議を急ぎ今年末までに結論を出すべきだ」と述べ，10％引き上げ時の軽減税率の確実な導入を求めた[51]。

③ 政府税調，法人税率引き下げについての議論開始

2月13日，法人税率引き下げについての議論が政府税調でも始まった。政府税調は専門の検討グループを作り，減税の効果や課題を検証することにした。座長には大田弘子元内閣府特命相（経済財政政策担当）が就いた。大田座長は法人税率引き下げに前向きで，首相肝いりの人選とみられた。同日の政府税調総会でも，「日本の法人税率は高い。国際的に競争的な水準にする」と発言し，減税に意欲を見せた。法人税率引き下げについては，企業の負担を軽くし，景気が良くなれば，結果的に税収も増えるはずであるという見方と，「減税しても企

---

50 『朝日新聞』，2014年1月21日。
51 『朝日新聞』，2014年1月30日。

業がため込むだけ」という見方があった。

　経済産業省によると，欧州15ヶ国の法人実効税率は06年までの10年間で平均約10％幅下がったが，国内総生産に対する税収の比率は2.9％から3.2％に上がったという見方が示された。一方財務省によると，日本の場合，過去の赤字が累積している企業には法人税がかからないため税を納めている企業は全体の3割程度しかなく，麻生財務相は減税の効果を公然と疑問視していた[52]。

　4月に消費税率が5％から8％へ引き上げられるが，その引き上げの日本経済への影響を踏まえて，3月に入って8％から10％への再引き上げについての懸念を示す動きがみられ始めた。

　3月3日，浜田内閣官房参与は毎日新聞のインタビューに応じ，消費税率8％への引き上げの日本経済への影響を注視する考えを示したうえで,「増税後に国内総生産の実質成長率が十分に回復しなかったり，雇用環境が悪化したりすれば，来年10月に予定する税率10％への再引き上げは見送るべきだ」と述べた。さらに，浜田氏は日本経済の現状について,「供給過剰が和らいでデフレ圧力は穏やかに解消しつつある」と評価し，その理由として有効求人倍率が1倍を上回り，経済全体の需要と潜在的な供給力の差を示す需給ギャップが13年10～12月期に－1.5％に縮小した点等を挙げた。再増税については，その判断の目安として,「理想的には年率にならして2～3％レベルの成長率に戻るかがポイントだ」と語った。安倍首相は14年7～9月期の国内総生産等を参考に年末までに消費税率再引き上げの可否を決める意向であったが,浜田氏は「日本経済にとって大事な決断。来年2月発表の14年10～12月期国内総生産を踏まえて判断しても遅くない。首相にそう助言したい」と述べた[53]。

　また11日，浜田内閣官房参与は朝日新聞のインタビューにおいても，再増税の判断について，「今年7～9月期が悪ければ思いとどまる決断も必要だ」と指摘し，「必要な7～9月期の国内総生産の実質成長率の目安を2～3％」とした。また,「デフレから脱却しつつある今の流れを邪魔しないようにしなければならない」と強調した[54]。

52　『朝日新聞』，2014年2月14日，『毎日新聞』，2014年2月14日。
53　『毎日新聞』，2014年3月4日。
54　『朝日新聞』，2014年3月12日。

④　官邸：法人税率引き下げに前向き，財務省，日銀：慎重

　12日，政府税調の法人課税ディスカッショングループの初会合が開催された。法人税の実効税率引き下げについて賛成する委員が多かったものの，税率引き下げを前提とした議論に対して違和感を示す意見も出された。安倍首相はアベノミクスの一環として法人税率引き下げに前向きであり，経団連等の経済団体も国際競争力確保の観点から中国や韓国と同水準の25％程度への税率引き下げを求めていた。会合では大田座長が，「法人税改革の論点について」として，これまでの政府税調での議論を基に「法人税の税率引き下げが必要である」との考え方を提示した。法人税以外の所得税増税等を前提に複数年度にわたって「法人税の枠内だけでない税収中立を図る」等とした。これに対し，神野直彦東大名誉教授は，「国民に対して税収が足りないので消費税増税を要請しているのに，一方で税金を引き下げる。この場でのメッセージは説明責任を問われる」として慎重に議論するよう求めた。全体的には，税率引き下げについては，租税特別措置の見直し等課税対象の拡大を前提に賛成する意見が多く出された。大田座長は「明確な反対論は出ていないので，首相のこれまでの発言もあり，財政再建を踏まえつつ如何に税率引き下げを実現していくかしっかり議論していきたい」と述べた。

　12日，菅官房長官も法人税改革について，「世界の中で日本の実効税率が極めて高いのは事実で，企業活動がしやすい国を作るのは政権の大きな役割だ」と述べ，税率引き下げに改めて意欲を示した[55]。

　19日の経済財政諮問会議でも，菅官房長官が15年度からの引き下げを要請し，20日の記者会見で租税特別措置に言及し，「租税特別措置を総合的に勘案する中で，自然と法人税の下げ幅が決まる」と述べ，租税特別措置の見直しで法人減税を行っても財源を捻出できるとした。また，甘利経済財政相も「骨太の方針に，引き下げの方向をできるだけ具体的に描きたい」と表明した。一方，財務省や与党税調幹部は慎重姿勢を崩していなかった。安倍首相は同日の参院予算委で，アベノミクスを軌道に乗せるには法人税減税で企業を強くしなくてはならないとの考えを主張した。経済財政諮問会議の民間メンバーは，「英国，ドイ

55　『毎日新聞』，2014年3月13日。

ツ，韓国では法人税率引き下げ後，景気が回復して税収が増えた」と主張した。これに対し，麻生財務相は同諮問会議にて，「重要なことは必要な財源の確保だ」と主張し法人減税に慎重な姿勢を表明した。また，「税の話は公平性，中立性を考えてやらねばならない。民間メンバーによりすぎた話は公平性を欠くので，政府税調でやっていくのが正しい」と述べ，諮問会議主導での引き下げ論議を牽制した[56]。

日銀の黒田総裁は，朝日新聞の単独インタビューに応じ，安倍政権が検討している法人税の減税について，「税率引き下げは相当の減収になる」と指摘し，減税に慎重な姿勢を示した。減税する場合には，財源を確保して財政赤字が増えないようにすべきだとして，財源を生むための社会保障制度や税制全体の検討が必要になると述べた。さらに「法人税減税を議論するなら減税は恒久的になる。恒久的な財源を見出さないと財政赤字が増えてしまう」と，財政を悪化させる恐れがあることに懸念を示した。消費税の再増税については，「2段階の消費税率の引き上げを織り込んだうえで経済見通しを作っている」として消費増税は景気に大きな影響を与えないとの認識を示した。13年4月に始めた過去最大の金融緩和も10％までの増税を前提に実施していると説明し，増税しても日銀が目標に掲げる物価上昇率2％は達成できるとの見方を示した[57]。

⑤　消費税率8％への引き上げ実施

4月1日，消費税率の5％から8％への引き上げが実施された。安倍首相は3月31日の国会答弁で「増税は世界に誇る社会保障制度を次世代に引き渡していくためだ。経済対策で影響を緩和し，景気が7月から成長軌道に戻れるよう全力を尽くしたい」と述べた[58]。

5月5日，甘利経済財政相は法人税の実効税率について，「個人的には30％を切っていくという姿が市場にインパクトを与えると思う」と述べ，20％台への引き下げに意欲を示した。また甘利氏は，6月にまとめる骨太の方針で法人税について「時期と引き下げ幅をできるだけ具体的に明記したい」と表明し，一

56　『毎日新聞』，2014年3月21日，『朝日新聞』，2014年3月21日。
57　『朝日新聞』，2014年3月15日。
58　『朝日新聞』，2014年4月1日。

方で「財政再建路線との整合性もとる中でどう説明できるか。党税調等とすり合わせをしっかりしたい」とも述べた[59]。

29日，与党税制協議会が開催され，政府が6月にまとめる財政運営の基本方針「骨太の方針」に向けて，法人税の実効税率引き下げに関する議論に着手した。公明党は消費税率を引き上げて個人に負担を求める一方で，法人減税を行うことに難色を示した[60]。

30日，財務省の審議会である財政制度等審議会は，財政再建に向けた報告書をまとめ麻生財務相に提出した。人口減少と超高齢化社会の進展を見据え「我が国財政は持続不可能だ」と警鈴を鳴らし社会保障費や公共事業，教育費等歳出全般にわたる大胆な見直しを求めた。同報告書はプライマリーバランスを20年度に黒字化する目標について「先送りは許されない」と強調した。政府内では「法人税の実効税率引き下げが経済を底上げし税収が増える」として減税の財源に将来の増収分を充てる案が浮上しているが，同審議会は「収支改善の場合も減税に充てるべきではない」と指摘し，不安定な税収を当てにするのではなく，明確な代替財源を確保するようくぎを刺した[61]。

⑥　自民税調，条件付きで法人税率の引き下げ容認へ

6月3日，自民税調は条件付きで法人税の実効税率を15年度に引き下げる方針を固め，6月中に策定する骨太の方針に明記することになった。安倍首相は同日，首相官邸で野田税調会長らと会談し，法人税改革について甘利経済財政相らとの調整を加速するよう指示した。財務省と自民税調はこれまで法人減税に慎重姿勢を示してきたが，首相の強い意向を受けて，条件付きながら減税論に歩み寄った形となった。具体的には，首相は野田税調会長らに，「財源確保に向けた課税対象の拡大や財政再建等とバランスをどうとるかについて，骨太の方針の表現を甘利氏とよく相談してほしい」と指示した。これを受けて自民税調の提言は，財源確保策として「行政サービスの対価として税負担を求める応益課税を増やす方向で進める」と明記する一方，「景気回復に伴う税収の上振れ

59　『朝日新聞』，2014年5月6日。
60　『毎日新聞』，2014年5月30日。
61　『毎日新聞』，2014年5月31日。

分を法人減税の財源にすることは厳に慎むべきだ」と否定した。これに対し，減税積極派の甘利経済財政相は，「成長の果実（税収の上振れ分）をさらなる成長（法人減税）に充てる思想は必ずある」と強調した[62]。

6日，安倍首相は滞在先のローマにて，成長戦略の柱と位置付ける法人実効税率の引き下げについて「来年度から着手する」と明言した。首相は法人実効税率の引き下げに関し，「野田税調会長にお願いしてある。政府としてこの方針で臨みたい」と強調した。また，「国際競争力に打ち勝つ観点と財政再建の観点からしっかり議論する」と語ったうえで，骨太の方針を「メッセージ性のあるものにしたい」と述べた。

これに対し麻生財務相は，「5％の税率引き下げに見あう代替財源の知恵が出てこないので財界の方が探されるのでは」と述べ，課税対象の拡大による財源捻出に反対する財界を批判した。経済財政諮問会議の民間議員を務める東芝の佐々木則夫副会長らは，経済成長による税収の増加分を充てるよう求めたが，麻生財務相は「上振れは恒久的なものではない」と指摘し，恒久財源を確保する必要があるとの必要性を強調した。一方，甘利経済財政相は「経済規模を大きくするという視点を忘れては，財政再建はできない」と述べ，景気回復に伴う税収増も財源に活用すべきだとの考えを改めて示した[63]。

⑦　政府，与党，法人税率引き下げ実質合意　代替財源先送り

12日，政府，与党は実効税率の引き下げについて骨太の方針に盛り込む文言で実質合意した。下げ幅は，当時の35.64％（本社が東京都の場合）を15年度から数年で20％台を目指すことで一致した。焦点となっていた税収減の穴埋め策は，恒久財源確保の必要性を指摘する一方，景気回復に伴う税収増の活用も否定しないという曖昧な表現で折り合った[64]。

13日，麻生財務相と甘利経済財政相は財務省にて法人税の実効税率の引き下げを巡り会談した。必要となる代替財源の在り方は，結論を14年末の税制改正議論に先送りすることで事実上決着した。会談後に麻生財務相は，「来年度から

62　『毎日新聞』，2014年6月4日，『朝日新聞』，2014年6月4日。

63　『毎日新聞』，2014年6月7日。

64　『毎日新聞』，2014年6月13日。

減税をやることには甘利氏とそれほど差はない。財源の書きぶりは最終的には総理が決めて判断される」と説明した。一方甘利経済財政相は，「昨日野田会長と基本合意に至り，麻生財務相も好意的に受け止めていただいている」と語り，法人税改革で大筋合意しているとの見方を示した。最終的には自民税調側も15年度からの減税を受け入れ，20％台を目指すことで折り合った[65]。

　25日，政府税調は法人課税検討グループの会合にて，法人税の改革案を大筋了承した。政府税調が中小企業や赤字法人への課税強化を打ち出した背景には，「現行制度では全体の3割程度の黒字法人しか法人税を負担しておらず不公平だ」との問題意識があったといえる。大田座長は，「成長する企業を支える税にすべきだ」と強調し，すでに法人税を納めている企業の税負担を軽くする一方，中小企業も含めて広く薄く負担する構造に転換し競争力のある企業を後押しするとの考え方を示した。また，「必ずしも単年度での税収中立である必要はない」として減税先行を容認する一方，「恒久財源の用意は鉄則」として複数年度では恒久財源を確保するよう求めた。増収策として打ち出したのが外形標準課税の拡充であった。租税特別措置については，期限が到来したり，特定の企業に利用が集中している措置は廃止を含めて「ゼロベースで見直す」と明記された。一方，欠損金の繰越控除制度は控除期間を9年から延長する一方，控除上限額を引き下げる方針を示した[66]。

　そして27日，政府税調の総会にて，法人税改革の提言が正式決定された。ここでは，法人税の実効税率を引き下げる一方で，法人税負担を中小企業や赤字法人にも広く薄く求める構造に転換し，法人税減税の代替財源を確保すべきだとした。提言では外形標準課税について課税対象を資本金1億円以下に広げることを検討することも盛り込まれた[67]。

⑧　15年10月に消費税率10％へ引き上げるか否かの判断へ

　法人税の実効税率引き下げが決定すると，15年10月に予定通り消費税率を8％から10％へ安倍首相が決断するかどうかが焦点となった。

65　『毎日新聞』（夕刊），2014年6月13日。
66　『毎日新聞』，2014年6月26日。
67　『毎日新聞』，2014年6月28日。

7月15日，日銀の金融政策決定会合にて，「経済・物価情勢の展望（展望リポート）」の中間評価が行われたが，消費者物価上昇率（生鮮食品，消費増税の影響を除く）が15年度前後に目標の前年度比２％に達するとしたシナリオが維持されたことが確認され，黒田総裁は消費増税後の景気の粘り腰に自信を示した。黒田総裁は，「成長率，消費者物価はおおむね見通しに沿って推移している」と述べ，物価目標の実現に自信を示す一方，大規模な金融緩和を続ける方針を強調した。また，黒田総裁は，「消費増税の反動減は想定の範囲内」と指摘し，「賃金，雇用環境は順調に改善しており消費の実勢は基調的に底堅い」と強調した[68]。

23日，甘利経済財政相は15年10月に予定する消費税率の10%への引き上げについて，政府が11月17日に発表する７～９月期の国内総生産速報値や，12月１日発表の法人企業統計を材料とし，安倍首相が12月始めにも判断するとの見方を示した。甘利経済財政相は，引き上げが見送られる可能性はゼロではないとしたが，「仮に見送りの判断をするなら，それに見合う財政再建プランを示さないと，日本国債の信用が失墜する」と述べ，そのうえで，「経済が順調に回復し，予定通りに消費税を引き上げるのがベストだ」との考えを強調した[69]。

⑨　第２次安倍改造内閣発足　自民幹事長：石破氏から谷垣氏へ

９月３日，安倍首相は内閣改造・自民党役員人事の刷新を行った。党幹事長に，安倍首相と距離を置くとみられる石破氏を交代させ，財政再建論者である谷垣禎一氏が起用された。また，総務会長は野田氏から二階俊博氏へ，政調会長は高市氏から稲田朋美氏へ交代した。内閣改造では，閣僚18人のうち２/３に当たる12人が交代したが，内閣の要である官房長官，財務相，経済財政相等の主要閣僚６人は留任した。

また，財務省の布陣は，事務次官が香川俊介氏（14年７月４日～15年７月7日），主税局長が佐藤慎一氏（14年７月４日～16年６月17日）であった。

３日，谷垣幹事長は就任会見にて，「消費増税が財政の安定に寄与し，政策の

68　『毎日新聞』，2014年７月16日。
69　『読売新聞』，2014年７月24日，『毎日新聞』，2014年７月24日。

選択肢を拡げることにも役立つと信じている」と述べ，予定通りに税率を10%
に引き上げる必要性を強調した。石破前幹事長は，アベノミクスの恩恵が及ん
でいないといわれる地方経済のてこ入れのために，新設された内閣府特命担当
大臣（地方創生担当）に就任した[70]。

　12日，麻生財務相はアジア欧州会議財務相会議後の記者会見にて，「上げない
ことによって世界中からの信用が落ち，国債を売り浴びせられると，影響が見
えない。そうならないようにする対応が大切」と述べ，先送りせず，予定通り
増税すべきだとの考えを示した。さらに，「景気が確実に上がっていくという流
れを作り上げておかなければならない。景気が落ち込んできたやり方は，何回
も経験があるので，よく分かっている」と語り，補正予算を編成し経済対策と
の考えを示した[71]。

⑩　谷垣幹事長，15年10月の10%への引き上げ実施を主張

　自民党の谷垣幹事長も予定通り15年10月の10%への引き上げ実施を主張した。
13日のテレビ東京の番組で，消費税率の10%への引き上げについて「上げなかっ
たときのリスクは打つ手が難しくなる」と語った[72]。

　また同日，「上げるリスクは乗り越えることが可能だが上げなかった場合のリ
スクはかなり難しい。法律に規定されている引き上げが既定路線だ」と記者団
に語った。さらに，「引き上げは世界各国が織り込み済みで『日本はこうやって
いく』と思っている。織り込み済みのことをやらない影響はリスクだ」と指摘
し，判断の指標となる7～9月期の国内総生産の成長率について「緩やかな回
復過程になってくる」との見通しを示し，予定通りに引き上げるよう主張した。
12日にも消費増税を決めた3党合意の党首だった公明党の山口代表，民主党の
野田前首相らと会合し，谷垣幹事長は「引き上げの基本路線はみんな共有の認
識だった」と語った[73]。

　さらに，谷垣幹事長は19日報道各社のインタビューに応じ，消費税率を10%

70　『読売新聞』，2014年9月4日。
71　『読売新聞』（夕刊），2014年9月13日。
72　『読売新聞』，2014年9月14日。
73　『朝日新聞』，2014年9月14日。

に引き上げることは既定路線であるとして，必要な経済対策を講じたうえで予定通り実施すべきだとの認識を示した。前述したように，谷垣幹事長は消費再増税は「自明のことだ」と明言しており，「8％から10％に安定して持っていける体制を作れるかが問われる。引き上げのレールがすでに敷かれており，スムーズに持っていける環境を作るよう努力すべきだ。同時に経済は生き物だから状況はよく見て，必要ならいろいろな施策を打つことも必要だ」，「確かに若干経済の足元が弱いところもあるが，全体としては穏やかに回復していると私自身は思っており，そういう前提で現在も見ている」と述べた[74]。

⑪ 官邸，予定通りの消費税率引き上げに慎重

　一方安倍首相は，14日のNHKの番組で，消費税率の10％への引き上げについて，「7～9月期の指標を見て，法律通りに上げていくか，待った方がいいのか，そういう議論をしていきたい。経済は生き物だからニュートラルに考えている」と語り，また，「消費税を引き上げ決定する前に議論を行わなければならない。7～9月期の指標を見て，マクロ経済的観点からも分析をしていただく」と述べ，8％への引き上げ時と同様に政府が有識者から意見を事前に聞く考えを示した[75]。

　また19日安倍首相は，東京都内の講演で，「谷垣さんに幹事長をお願いしたことで，消費増税シフトだという指摘があるが，これは誤りです」と強調し，この発言には，「首相がどんな決断をしても，消費増税を決めた谷垣氏が納得すれば，党内の不満や反発がおさまる」という再増税を延期した場合の政権内の混乱をできるだけ最小限にしたいという安倍首相の思惑もみられ，安倍首相は1年半の間に税率を倍増させる内容に「とんでもない法律だよ」と語っていた。

　13年10月の8％への引き上げを決断した時と，15年末の10％への再引き上げ判断とでは状況が大きく異なっており，4月の8％引き上げによる影響が注目された4～6月期の実質国内総生産は，速報値で前期比年率6.8％減，改定値はさらに悪化し7.1％減となり，安倍首相は，「4％程度の減」を予想していた財

74　『毎日新聞』，2014年9月20日。
75　『朝日新聞』，2014年9月15日。

務省の見通しの甘さに不満を漏らし，景気の腰折れの懸念が現実化しかねない状況で，再引き上げの判断が求められていた。

菅官房長官も20日のテレビ番組で，安倍首相の判断の時期について「7〜9月期の国内総生産の改定値が出たうえで判断する」と明言した。国内総生産改定値の発表は12月8日に予定されていた[76]。

⑫　公明党，予定通りの消費税率引き上げに前向き

これに対し，公明党の山口代表は，23日のBSフジの番組で，「税率を引き上げないことになれば，社会保障の将来に黄信号がともり財政健全化も見えなくなる。アベノミクスがうまくいかなかったと烙印を押される」と述べ，政府自民党内の引き上げ見送り論を強く牽制し，そのうえで「消極的な選択をした時のリスクもしっかり考えなければならない」とも語った[77]。

30日，9月の内閣改造に伴う安倍首相の所信表明演説に対する各党代表質問が衆院本会議で始まった。首相は，民自公3党合意で決まった消費増税を「国の信任を維持し，社会保障制度をしっかりと次世代に引き渡すためのものだ」と説明したものの，15年10月に消費税率を10％に引き上げるかどうかについては，「経済状況を総合的に勘案しながら年内に判断する」と述べた。「全体的には経済成長が続いている」と語る一方，消費増税や燃料価格の高騰等の影響もあるとして，判断にあたり，「冷静な経済分析を行う」とした[78]。

消費税率引き上げから半年を経て，家計の負担増に伴う消費の落ち込みに，夏場の天候不調が重なり，日本経済の状況は政府の想定を外れていた。冷蔵庫やエアコン等の「白物家電」の国内出荷額は8月，前年同月比8.6％減の1,635億円となり，4ヶ月連続で前年実績を割り，また8月の新車販売台数も9.1％減の333,471台と2ヶ月続けて減少した。同日，甘利経済財政相は，「若干，反動減の収束に手間取っている」と述べ，駆け込み需要の反動減が長引いているこ

76　『読売新聞』，2014年9月25日，『毎日新聞』(夕刊)，2014年9月20日，『朝日新聞』，2014年9月21日。マスコミ関係者とのインタビュー。

77　『朝日新聞』，2014年9月24日。

78　『読売新聞』，2014年10月1日，『毎日新聞』，2014年10月1日。

とを認めた[79]。

⑬　野党，予定通りの消費税率引き上げに反対

このような政権与党の動きに対し，野党各党は，消費再増税は内閣改造後の重要なテーマとみて，29日，民主党の海江田代表は，政府が消費再増税を判断する時期が国会閉会後とみられることを批判した。維新の党，みんなの党，共産党，生活の党，社民党の野党5党は消費再増税に反対し，野田政権当時，民主党が自民，公明両党と引き上げに合意した事情もあったが，民主党が中心となって野党をまとめ共闘する動きがみられ始めた[80]。

10月1日，安倍首相は衆院本会議にて，「税率引き上げで景気が悪化し税収が増加しない事態に陥ることは絶対に避けなければならない」と景気重視を強調したが，日銀が同日発表した9月の全国企業短期経済観測調査（短観）で，大企業・製造業の業況判断指数が2四半期ぶりに改善したものの，実質的にはほぼ横ばいで，非製造業では消費増税の影響や夏場の天候不順等を受け幅広い業種で悪化の傾向がみられ，このような景気回復の悪化に対し，民主党の枝野幸男幹事長は「アベノミクスが失敗したというのであれば消費税率を上げることはできない」と牽制した[81]。

⑭　自民税調，予定通りの消費税率引き上げを主張

ここで，自民税調の動向についてみてみる。

9月24日，自民税調も内閣改造後初めて幹部会が開催され，10月から税制改正論議を本格化させる方針を確認した。この日の幹部会にて，内閣改造で環境相を退任した石原氏と農林水産相を退任した林氏が新たに税調副会長として加わった。自民税調の幹部は予定通り増税すべきだとの認識で一致しており，増税先送り論に対しては「社会保障の財源が確保できず首相が約束した子育て政

79　『読売新聞』，2014年10月1日。
80　『毎日新聞』，2014年9月30日。なお，みんなの党は，2014年11月28日解党し，衆参で20人の所属議員は1．民主党と合流を目指す，2．安倍政権と連携強化を進める，3．新党結成を目指すという3つのグループに割れたとみることができる。（『朝日新聞』，2014年11月19日）
81　『朝日新聞』（夕刊），2014年10月1日，『朝日新聞』，2014年10月2日。

策の充実も不可能になる」と牽制し，増税に前向きな谷垣幹事長，公明党の山口代表と歩調を合わせながら増税不可避の党内世論を高めたい考えであった。法人減税については，外形標準課税の拡充，欠損金の繰越控除制度の縮小，研究開発等を対象にした企業向けの政策減税の縮小等が代替財源の候補となると説明した[82]。

10月2日，自民党の山本幸三元副経済産業相[83]は，所属する岸田派[84]の会合で，予定通り10％に引き上げるかどうかについて，「今の経済指標からみれば予定通りやるのは無理だ。1年半ぐらい延ばしたほうがいい」と述べ，消費増税を先送りすべきであるとの考えを示したが，この時期に自民党議員が公然と先送りを主張したのは極めて異例なことであった。さらに山本氏は再増税を指示している谷垣幹事長を念頭に，「最終的に決断するのは首相だから，党幹部が増税は既定路線みたいなことを言うのは問題がある」とも発言した[85]。

4日，公明党の山口代表は名古屋市で講演し，消費再増税について，「消費税の役割をしっかり認識し，社会保障の充実を着実に進めることが連立政権の柱だ。大局を忘れないで判断しなければならない」と述べ，予定通りの実施を改めて主張した。また景気回復の遅れを理由とした先送り論があることを念頭に，「経済状況に不安なところがあれば，補正予算を含めた万全の対策をとって前に進むのが妥当な道だ」と指摘した[86]。

6日，安倍首相は衆院予算委で消費税率の10％への引き上げについて，「経済指標を分析し，判断する必要がある。足元の数値が7，8，9月と出始めるので7～9月の数字を見て年内に判断したい」と述べ，経済指標を総合的に判断して決める考えを改めて強調し，「経済は生き物だ。引き上げで経済が腰折れしたら，財政再建にマイナスになる」と述べ，先入観を持たずに判断する考えを強調した。維新の党の松野頼久国会議員団代表は，「12月に判断するようだが，

82　『毎日新聞』，2014年9月25日。
83　山本幸三は旧大蔵省出身で，大胆な金融緩和や財政出動によりデフレ脱却，景気回復を目指す「リフレ派」の論客で知られる。（『毎日新聞』，2014年10月3日）
84　岸田文雄氏が率いる宏池会。
85　『毎日新聞』，2014年10月3日。
86　『毎日新聞』，2014年10月5日。

ぜひ国会会期中に審議したうえで判断するべきだ」と要求したが，首相は「数字が出てこないと最終的な判断ができるかどうかという問題がある。数値を見ながら政府として責任を持って判断する」とした[87]。

7日，菅官房長官は，「円安になれば輸出が増える予測を持っていたがなかなか伸びていない。横ばいで推移している」と企業活動の伸び悩みを指摘し，再増税積極派を牽制した。以前から菅官房長官は再増税には慎重で，「企業も判断に時間がかかる。もう少し様子を見るのが自然だ」と語った[88]。

安倍首相は，19日のイギリスの経済紙フィナンシャルタイムズの電子版によると，同紙のインタビューにて，消費増税の狙いが次世代のための社会保障財源を確保するためにあるとしつつ，「我々はデフレを終わらせるチャンスをつかんでおり，これを失うべきではない」と指摘し，「もし増税で経済が成長軌道を外れたり減速してしまったりすれば税収が増えずすべてが無意味になってしまう」と述べ，首相が増税延期の可能性を示唆したと指摘した。

また20日，小渕優子経済産業相と松嶋みどり法相のスキャンダルによる突然の辞任[89]があったが，景気回復が予定通りうまくいかないこともあり，政府，与党内で増税先送り論が広がる中，さらに「政治とカネ」の問題で内閣支持率が低下すれば，国民に負担増を求める政策の実行は難しくなるとの見方もでてきた[90]。

22日，消費増税慎重派の議員連盟「アベノミクスを成功させる会」（会長：山本幸三）[91]が勉強会を開催した。自民税調等容認派を牽制する狙いで，山本会長は「消費増税はマイナスの影響しかない。慎重にタイミングを計るべきだ」と強調した。同勉強会では本田内閣官房参与が講演し，実質賃金の落ち込みを考慮し，増税時期を17年4月まで1年半先送りすべきだとの持論を展開した。山本会長

---

87 『朝日新聞』（夕刊），2014年10月6日，『読売新聞』，2014年10月7日。

88 『毎日新聞』，2014年10月8日。

89 経済産業相は小渕優子の後任に宮沢洋一，法相は松嶋みどりの後任に上川陽子が就任した。

90 『毎日新聞』，2014年10月21日。

91 この議連は，自民党が野党時代に安倍首相自身が会長を務めていた「デフレ円高解消を確実にする会」であったが，2014年10月22日に名称を変更した。22日の勉強会には当選1回の二之湯武史参院議員，末吉光徳衆院議員ら中堅若手を中心に所属議員42人が出席した。（『読売新聞』，2014年10月23日，『毎日新聞』，2014年10月23日）

は，「党幹部や党税調から引き上げは当然だという議論ばかり出るのはおかしい」と語った。

　一方自民税調も，慎重派に対抗し若手議員らを対象にした勉強会を開催し，高村副総裁や額賀元財務相ら70人超の議員が参加し，野田会長が消費税の増税分を社会保障の充実に充てるとした３党合意の重要性を強調し，「党税調で正面から議論するのが自民党の正道だ。目先の現象に流されず，将来に展望を持った政策体系を作っていく」と語った[92]。

⑮　経団連：再増税容認，小売業：慎重

　ここで，再増税容認派の経団連と，再増税慎重派のコンビニエンス業界のセブン＆アイ・ホールディングスの15年10月の消費税率10％引き上げに対する考え方をみてみる。

　経団連の榊原定征会長は27日の記者会見で，15年10月に予定されている消費税率10％への引き上げは必要としたうえで，「景気が腰折れしないようにしっかりとした経済対策をすることが大事だ」と述べた。その具体的な内容や規模は政府の経済財政諮問会議で議論するとし，「消費を刺激する内容が望ましいのではないか」との考えも示した[93]。

　セブン＆アイ・ホールディングス会長の鈴木敏文氏は毎日新聞のインタビューに応じ，以下のように語った。「消費増税は必要だが２段階ではなく一気に上げるべきだ。１年半に２度も増税するのは消費者の心理として大きな抵抗感があるからだ。少なくとも一年半は再増税を延期すべきだろう。高齢化に伴う社会保障費の増加に手を打たなければならず，今の財政状況からすると増税はやむを得ない。しかし，タイミングを考えなければいけない。予定通り再増税して国際公約を守ったとしても，国民の生活はどうなるのか。海外に対しては，日本の消費が冷え込んでいる状況を説明し，増税延期で理解を求めるべきだ。」[94]。

92　『読売新聞』，2014年10月23日，『朝日新聞』，2014年10月23日，『毎日新聞』，2014年10月23日。与党議員とのインタビュー。
93　『毎日新聞』，2014年10月27日。
94　『毎日新聞』，2014年10月28日。

本田内閣官房参与は毎日新聞のインタビューに応じ，15年10月の再増税について以下のように語った。「延期すべきだ。もともとアベノミクスの目的は景気を良くしてデフレから脱却することであり，増税ではない。金融緩和等で思い切りアクセルを吹かしている時に増税でブレーキを踏めば，車はスピンし最悪デフレに戻ってしまう。財政再建という目的は否定しないが，来年の再増税は時期尚早だ。デフレ脱却を確認し，首相が自信を持って増税を決断できる環境が整ってから増税すべきだ。ここで増税してデフレ脱却に失敗すれば，二度とアベノミクスは使えなくなり，日本は失われた30年，40年に突入してしまうだろう。」[95]。

⑯　消費再増税を巡る「点検会合」開始

11月4日，消費再増税について有識者の意見を聞く「今後の経済財政動向等についての点検会合」の初会合が首相官邸で開催された。初日は浜田内閣官房参与，三村明夫日商会頭，古賀伸明連合会長ら8人が参加した。8人の有識者の意見は，政府の社会保障・税一体改革に賛同して引き上げを求めたのは5人，再増税の延期を含む反対が3人であった。10月31日，日銀は追加の金融緩和を決定し，株高が進み，日経平均株価はリーマン・ショック前年の07年10月以来約7年ぶりに17,000円台の高値を付け，また円安も進み4日午前の東京外国為替市場では円相場が1ドル133円台半ばまで下落したが，個人消費の回復は鈍い状態であった。

同日安倍首相は，参院予算委にて，「デフレ下に戻ってしまったら元も子もなくなる。しっかりと指標を眺めながら判断していきたい」と，引き上げ前提ではないことを強調した。

同日菅官房長官は，17日に発表される7〜9月期の国内総生産速報値を重視すると言及し，判断時期は12月から前倒しになる可能性も示唆した。政府，与党の執行部は，予定通り引き上げるべきだとの声が大勢で，「株高で再増税の環境が整ってきた」との受け止めも広がり始めているとの見方もあったが，菅官房長官は，「株価は引き上げ判断の材料になるかどうか分からない」と一蹴し

95　『毎日新聞』，2014年11月4日。

た。消費再増税に慎重な意見を踏まえ，自民党内では，首相が再増税を見送ったうえで，野党間の選挙協力が整わないうちに衆院解散・総選挙に打って出るべきだとの意見も漏れ始めた。

一方，野党からも解散を巡る観測が飛び交い始め，民主党の枝野幹事長は幹事長就任後の9月から繰り返し言及し，10月25日のテレビ東京の番組で「早く解散していただければこんなにありがたいことはない」と挑発した。野党幹部の中には，「首相は消費税率引き上げを延期し消費増税をめぐる自民，公明，民主の3党合意を反故にすることの是非を国民に問うのではないか」との見方もあった[96]。

11月6日，安倍首相はノーベル賞経済学者のポール・クルーグマン氏と官邸で面会した。クルーグマン氏は「アベノミクスを成功させ，デフレ脱却を確実にしてからでも遅くはない」と延期を進言したが，首相はこれについての言及を避けた[97]。

⑰　14年中に衆院解散・総選挙の観測

このような状況の中，安倍首相が14年内にも衆院の解散・総選挙に踏み切るとの観測が政権内に広がり始めた。経済指標の悪化が懸念される中，消費税率引き上げを巡る判断を先送りし，内閣支持率が安定している間に解散に打って出たほうが得策との考えからであった。また，公明党幹部の一人は「来年は増税のほか原発再稼働，集団的自衛権の行使容認を踏まえた安全保障法制論議もあり，政権にとって厳しい年だ。解散するには最悪のタイミングで，ダメージが一番少ないのは年内総選挙だ。与党にとって野党間の選挙協力が整っていないうちが有利だ」との声もあった[98]。

安倍首相が解散を考え始めたのは10月初旬であったとみられる。前述したよ

96　『毎日新聞』（夕刊），2014年11月4日，『読売新聞』，2014年11月5日『朝日新聞』，2014年11月5日。
　　点検会合の有識者の人選については，先送り派の本田内閣官房参与が官邸に働きかけ，再増税に否定的な意見を持つ経済学者を送り込んだとみる向きもあった。（『読売新聞』，2014年11月19日）
97　『朝日新聞』，2014年11月7日，『毎日新聞』，2014年11月7日。
98　『朝日新聞』，2014年11月11日。

うに，7〜9月期の国内総生産等の経済指標が相当悪化しそうで景気の腰折れ
を防ぐには増税先送りしかなく，自民党の増税派や財務省の抵抗を抑えるため
には解散しかないと安倍首相はまず菅官房長官と相談し，腹を固めていった。
10月末には谷垣幹事長に会い，解散に踏み切る可能性をにおわせて選挙準備を
指示していた。

　これに対し，財務省は15年10月からの増税を実現するため抵抗を強め，10月
中旬には担当者が自民党幹部を次々に訪問し，増税を回避した場合にどれだけ
社会保障政策ができなくなるかを書き込んだ書類を配布して回った。11月中旬，
自民税調顧問で安倍首相の出身派閥の町村元官房長官も「消費税は予定通り引
き上げるべきだ」とする手紙をしたため，外遊中の安倍首相に届けた。

　自民党は独自に10月下旬に世論調査を実施し，その結果は安倍首相の背中を
後押ししたとみられる。その内容は，小選挙区の当選確実は225人，接戦区や比
例選を加えると自民党の獲得予想議席は300を超えていた。一方この段階では，
野党は候補者を決めていない選挙区が多く，自民党に有利な結果となるのは当
然であったが，それを差し引いても解散に踏み切る価値はあると安倍首相はみ
ていたとみられる。菅官房長官は，「この数字ならば，早く勝負した方が良いで
す」と安倍首相に早期解散を進言した。安倍首相は「あの調査の数字がなけれ
ば解散に踏み切れなかった」と振り返っていた[99]。

　一方，自民党内には増税派を中心に早期解散への慎重論が根強く，10日の役
員会では増税派の幹部が「今与党で300議席を超え，何でもできるのに解散はお
ぞましい」と訴えた。閣僚の中には増税を先送りした場合「自民党は割れる」
と懸念する声もあり，解散の大義がないとの声もあった。自民党幹部の一人は
「前回の総選挙では，増税するという3党合意の下で大勝したのに，増税見送り
を掲げる総選挙は理にかなっていない」と指摘した[100]。

⑱　財務省，官邸に対し予定通りの消費増税の強い働きかけ

　財務省も，増税先送りに傾く首相に対し，予定通り消費増税を実施するよう

99　『読売新聞』，2014年12月16日。マスコミ関係者とのインタビュー。
100　『朝日新聞』，2014年11月11日。

強く働きかけを行った。5日，麻生財務相は4日後に外遊する首相の日程を抑えたが，これは，表向きの理由は「来年度予算案の説明」であったが，真の狙いは法律通りの増税決断を迫ることであった。これに対し首相は，麻生財務相，香川事務次官，田中主計局長らに対し，「経済対策は大きく積まなくていい」と語り，これは消費増税を前提に財務省が想定するほどの大規模な経済対策は必要ないという意味とみられた。また，「消費税を上げなくても，2015年度にプライマリーバランスの赤字を半減させる目標は達成しないといけない」，「お願いです，消費税は上げるんです。ただタイミングだけは選ばせてください」と麻生財務相に語った[101]。

安倍首相は，消費増税の先送りを掲げた衆院解散・総選挙に向けた最大の難関は，麻生財務相の「了解」だと考えていたとみられる。麻生財務相は「それは私に相談しているのですか，もう決めたのですか」と問い直すと，安倍首相は「決めました」と応じ，麻生財務相は「総理が決断されるのであれば粛々と従います」と異を唱えなかった[102]。

落胆ムードであった財務省は最後の賭けに出て，17日，麻生財務相が首相と同じ日程で出席したオーストラリアでの国際会議の帰路，政府専用機に乗り込み，説得を試みた。首相と麻生財務相を乗せた専用機が離陸した1時間後，後述するが，7～9月期の国内総生産速報値は2四半期連続のマイナス成長であることが判明し，増税を決断できる内容ではなかった。首相が増税先送りの代わりに景気条項を撤廃する考えを示すと，麻生財務相も引き下がり，15年10月の再増税は見送られ，財務省には敗北感が広がったとみられる[103]。

⑲ 首相，衆院解散・総選挙を検討 消費再増税延期へ

安倍首相は，消費税率を10％に引き上げるかの判断を巡り，衆院解散・総選挙を視野に検討を始めた。11日，公明党の山口代表は早期に選挙準備を進めるよう指示を出した。政権与党内には，17日に発表される7～9月期の国内総生産の1次速報を受け，安倍首相が増税先送りを決断して解散を表明するとのシ

---

101 『読売新聞』，2014年11月19日，『朝日新聞』，2014年11月19日。
102 『読売新聞』，2014年12月16日。
103 『読売新聞』，2014年11月19日，『朝日新聞』，2014年11月19日。

ナリオが広がった。山口代表は、「報道各社の解散についてのシナリオや見通し
も含めた情報が重なってきている。自民も解散を視野に準備をすると明言され
ている。我々としてそれなりの構えを考えざるを得ない」と語り、党幹部との
会合で総選挙に向けた準備に入るよう指示したことを明らかにした。自民党の
二階総務会長も「解散の風が吹き始めることはもう間違いない。しかるべく万
全の態勢を整えていく」と語った[104]。

　安倍首相は、8％への引き上げ後の景気回復の足取りが重く、再増税すれば
「デフレからの脱却」を掲げたアベノミクスが根幹から揺るぎかねないと判断
し、15年10月の再増税を先送りする方針を固めた。11月7日首相は、首相官邸
で自民党内で増税先送りを容認する方向にもっていくためのキーパーソンと考
えていた谷垣幹事長らと会談したが、谷垣幹事長は「予定通り消費税率を引き
上げるべきだ」と進言した。これに対し首相は、「衆院解散の時期を探らなくて
はいけない」と述べ、再増税の時期は先送りし、解散を検討する意向を伝えた。
国内総生産改定値は未だ発表されていなかったが、その他の経済指標等から速
報値の段階で「相当悪いのは間違いない」という見方もあり、首相も解散日程
を優先し、先送りの判断を前倒ししたとみられる。

　谷垣幹事長は、「解散は大義名分が必要で、首相自らが作るモノです。政治生
命をかけて国民の信を問うという燃えるような思いがなければダメです。そこ
に一点の曇りがあるならば解散すべきではありません」と注文を付けたものの、
「それでもやりたいのならば解散は選択肢の1つです」と、最後には理解を示し
たとみられる。

　衆院解散・総選挙に踏み切る方針が、首相の9日からの海外出張を前に、公
明党の山口代表、太田国土交通相ら与党の主要幹部に「年内の解散を考えてい
る」と伝えられた。

　このような動きに対し、野党の民主党の枝野幹事長は12日、「身を切る改革と
しての定数削減を放り投げる無責任な解散だ」と国会内で記者団に伝えた。ま
た、維新の党の江田憲司共同代表も11日の党会合で、「約束を反故にした解散総
選挙は大義がない」と訴えた。野党がここまで批判するのは衆院議員の定数削

104　『朝日新聞』（夕刊）、2014年11月11日。

減はかつて安倍首相自らが約束したものだからで，12年11月の党首討論にて当時の野田首相は衆院解散と引き換えに，消費増税とそれに伴う衆院の定数削減について「必ず次の国会で定数削減する。ともに責任を負うことを約束してほしい」と，安倍氏に迫った経緯があるからであった[105]。

再増税を先送りする方針を固めたものの，新たな増税時期を明示するかどうかを巡って，政府，与党内で激しい議論がなされた。安倍首相は7日のBSフジの番組で「税率引き上げによって経済成長のトレンドが崩れるようなことがあってはならない」と発言し，再増税した場合の景気への影響に懸念をあらわにした。政権内で菅官房長官は，15年10月の再増税に最も強く異論を唱えてきた。菅官房長官は財務省の官僚に，「消費税が上がらない前提の予算はどうなるのか持ってこい」と指示し，財務官僚が「子育て支援や地方創生等重要課題は軒並み難しくなる」との回答を持参したため，「できるようにしてこい」と一喝する場面もあったとみられる。菅官房長官が予定通りの増税を渋ったのは，以下のような背景があったとみられる。

衆院議員の任期4年の折り返しが12月に迫り，残り任期2年のどこで解散を断行し，消費税をどう扱えば勝ち切れるか，小渕経済産業相と松嶋法相のダブル辞任等閣僚不祥事で低下傾向にあった内閣支持率を回復させ，長期政権への足掛かりを得る策として出された答えが「再増税先送りによる年内解散」だったという見方もあった。財務省や自民税調等財政再建派は首相の解散権には抗えないとして解散そのものは容認するものの，消費増税先送りについて財務省幹部の一人が「永遠の先送りになりかねない」と危機感を募らせ，消費増税を先送りする場合，次なる引き上げ時期を明示して選挙に臨むか否かを巡り，菅官房長官と財務省との間で激しい攻防が繰り広げられていたとの見方もあった。具体的には，菅官房長官は引き上げ時期は明示せず先送りだけ表明するよう主張したのに対し，財務省は「消費税を上げないに等しい」として「1年半後」等の時期を明示して10％への引き上げを確約するよう求めていた。政府，与党内には，もともと年末商戦を直撃する10月の再増税に否定的な意見が根強く，

---

105 『朝日新聞』，2014年11月13日，『毎日新聞』，2014年11月13日，『読売新聞』，2014年11月19日。

１年半の先送り幅を支持する根拠となっていた[106]。

13日，消費再増税について有識者に意見を聞く２回目の「今後の経済財政動向等についての点検会合」が首相官邸で開催された。９人が意見を述べ，再増税について賛成が４人，反対が３人，その他が２人であった。具体的には以下のようであった。

今村聡日本医師会副会長，大日向雅美恵泉女学園大学教授，労働・子育てジャーナリストの吉田大樹氏の３人は国民生活・社会保障がテーマで，「社会保障の財源が必要だ」等として来年10月の再増税に賛成した。木桧弘 UA ゼンセン常任中央執行委員はやむを得ないとした。これに対し，白石孝二郎日本新聞協会会長，清原慶子東京都三鷹市長は，再増税すべきかどうか明確な回答を避けた。宍戸駿太郎国際大学・筑波大学名誉教授，山屋理恵特定非営利活動法人インクルいわて理事長，吉川万里子全国消費生活相談員協会理事長の３人は反対した[107]。

⑳　首相，衆院解散・総選挙の方針固める

14日安倍首相は，関係省庁に消費税率引き上げを１年半延期し，17年４月からとする方向で準備をするように指示し，衆院を解散し，総選挙を「12月２日公示・14日投開票」の日程で行う方針を固めた。民主党も同日，海江田代表や枝野幹事長ら幹部が，税率引き上げの先送りを容認する方針を決めた。枝野幹事長は，「アベノミクスで国民生活は悪化した。放置し，解散するなら消費税を引き上げる環境にない」と語った。野田元首相も「景気回復の遅れを政府が認めようとしている中で，増税しろとは言えない」と説明した[108]。

こうした批判に対し，首相は16日の懇談で，「我々が政権を取って就業者は100万人増え，有効求人倍率は22年ぶりの高水準となった。賃金のアップは15年間で最も高い数字だ」と強調し，増税先送りの時期を１年半遅らせて17年４月とするのは「給料が何度も上がった後ならば，アベノミクス効果を実感でき，増税にも耐えられるだろう」との首相の判断があったものとみられる[109]。

106　『朝日新聞』，2014年11月13日，『毎日新聞』，2014年11月13日。
107　『読売新聞』（夕刊），2014年11月13日，『朝日新聞』，2014年11月14日。
108　『読売新聞』，2014年11月15日，『朝日新聞』，2014年11月15日。

このような安倍首相の再増税先送りの方針が固まる中，14日，第3回「今後の経済財政動向等についての点検会合」が「地方・地域経済」をテーマに開催された。9人が意見を述べ，再増税について賛成が7人，先送りが1人，その他が1人であった。具体的には以下のようであった。

青柳剛群馬県建設業会会長，尾﨑正直高知県知事，小田木真代茨城県高萩市長，岸宏全国漁業協同組合連合会代表理事会長，針谷了日本旅館協会会長，万歳章全国農業協同組合中央会会長，松下美紀松下美紀照明設計事務所社長は財政健全化，少子化対策等の観点から賛成した。藤田元弘カスミ社長は景気状況を考慮して先送りを主張した。土方清日本小売業業界会長は，増税の必要性は理解するものの態度を保留した[110]。

16日安倍首相は，15年10月から予定されている消費税率10%への引き上げを先送りする考えを初めて示唆した。具体的には，オーストラリアを訪問中の安倍首相は，消費再増税について「景気が腰折れしてデフレに戻り，税収が落ちていけば，元も子もない。精神論で国民生活に大きな影響を与える判断をするべきではない」と述べた。首相はまた，増税の道筋を定めた社会保障・税一体改革関連法を，自民，公明両党の協力で成立させた民主党政権の対応を引き合いに出し，「民主党の大失敗はマニフェストで消費税を上げるとは書かず，国民生活に大きな影響を与える課題を，選挙で信を問うことなく決めたことだ」と指摘し，そのうえで，「国民の理解と協力なくして，政策を進めていくことはできない」と語り，増税の先送りについて国民に信を問う意義を強調し，増税を見送った場合には衆院を解散する可能性があることを示唆した[111]。

㉑　7～9月期の国内総生産速報値発表

17日，安倍首相が消費増税の是非を判断する重要な指標である7～9月期の国内総生産速報値が発表された。それは，物価変動の影響を除いた実質国内総生産が前期比で0.4%減，年率換算では1.6%減と想定外のマイナスとなった。国内総生産が2四半期連続で減少するのは，東日本大震災後の景気低迷が続い

109　『読売新聞』，2014年11月17日。
110　『読売新聞』，2014年11月15日。
111　『読売新聞』，2014年11月17日，『朝日新聞』，2014年11月17日。

た2012年の3四半期連続マイナス以来であった。

同日首相は，東京都内で開かれた公明党結党50年の記念パーティーに出席し，国内総生産速報値について「残念ながら良い数字ではない」と認めたうえで，「デフレ脱却のチャンスを手放すわけにはいかない。冷静に分析し，判断したい」と語った[112]。

また，自民党の谷垣幹事長は，「今までの市場予測より厳しい数字になった」と述べ，公明党の山口代表も「大変厳しい数字だ。厳粛に受け止めたい」と語り，与党内でも「数字が悪いのは織り込み済みだったが，まさかマイナスとは」と驚きをもって受け止められた。国内総生産が2四半期連続のマイナス成長で「アベノミクスへの信頼が失われれば，衆院選で不利」との懸念も浮上した。

一方民主党の海江田代表は，「速報値は大変大きな落ち込み。アベノミクスはちっとも国民の生活に良い影響を与えていない」と首相の経済政策を批判した。枝野幹事長も，「いわゆるアベノミクスの限界が改めて証明された」と語った。みんなの党の浅尾慶一郎代表は，「物価の伸びに対して賃金が上がっていない」と指摘した[113]。

同日，第4回「今後の経済財政動向等についての点検会合」が「経済・金融」をテーマに開催された。10人が意見を述べ，再増税について賛成が7人，反対が2人，態度保留が1人であった。具体的には以下のようであった。

稲野和利日本証券業協会会長，江夏あかね野村資本市場研究所主任研究員，末沢豪兼SMBC日興証券金融財政アナリスト，西岡純子RBS証券チーフエコノミスト，平野信行日本銀行協会会長，深尾光洋慶應義塾大学教授，上野泰也みずほ証券チーフマーケットエコノミストは，財政再建が遅れると日本の財政に対する信頼を損なうこと等を理由に賛成した。

片岡豪士三菱UFJリサーチ＆コンサルティング主任研究員，若田部昌澄早稲田大学教授は，景気回復を最優先課題とすべきとして反対した。

冨山和彦経営共創基盤CEOは，財政再建と景気回復のどちらを優先すべきか態度を保留した[114]。

---

112 『読売新聞』，2014年11月18日。与党議員とのインタビュー。マスコミ関係者とのインタビュー。

113 『読売新聞』，2014年11月18日。

また，本田内閣官房参与は，7〜9月期の国内総生産が2期連続マイナス成長になったことを踏まえ，「個人消費が伸びていない，デフレからの脱却途上であり，景気にショックを与える増税は時期尚早だ」と改めて強調した[115]。

18日，最終回である5回目「今後の経済財政動向等についての点検会合」が「経済・産業」をテーマに開催され，9人が意見を述べ，再増税について賛成が7人，先送りが2人であった。具体的には以下のようであった。

池史彦日本自動車工業会会長，金丸恭文フューチャーアーキテクト会長兼社長，関根近子資生堂執行役員常務，武田洋子三菱証券チーフエコノミスト，樋口武男住宅生産団体連合会会長，山本明弘全国中小企業団体中央会副会長，吉川洋東京大学教授は，財政再建が遅れると日本の財政に対する信頼を損なうこと等を理由に賛成した。中村豊明経団連税制委員会企画部会長，本田悦朗内閣官房参与は時期を見直すことを条件に賛成した。

1回目から5回目までの意見をまとめると，45人が意見を述べ，再増税について賛成が30人，反対が7人，先送りが5人，態度保留が3人であった。政府内では「引き上げには6割以上の賛成が必要」との見方があり，実際賛成派は6割以上あったが，首相が点検会合の終了前に先送りの意向を固めたため，有識者から「形骸化してきた」との声も出た[116]。

㉒ 「景気条項」の撤廃

安倍首相が再増税の延期を示唆する中，麻生財務相は18日，消費税の増税等を柱とした社会保障・税一体改革関連法のうち，景気次第で増税を見送ることができると定めた「景気条項」の撤廃を検討する考えを示し，「景気条項を書かない方法も1つの選択肢だ」と述べた。さらに麻生財務相は消費再増税について，「個人的に言わせてもらえれば，日本の持続的な成長のために社会保障の安定的な財源確保は最も重要だ。タイミングの如何に関わらず，引き上げは避けて通れない」と強調した[117]。

---

114 『読売新聞』，2014年11月18日。
115 『読売新聞』，2014年11月18日。
116 『読売新聞』（夕刊），2014年11月18日，『読売新聞』，2014年11月19日。
117 『読売新聞』（夕刊），2014年11月18日。
　　景気条項の撤廃については，15年度税制改正において具体的に以下のようになった。

㉓ **首相，11月21日に衆院解散，17年4月への消費再増税延期を正式表明 再延期なしも明言**

同日，安倍首相は15年10月に予定していた消費再増税を17年4月に1年半先送りし衆院を21日に解散する意向を正式に表明した。また，首相は消費増税の再延期はしないとも明言した。

首相はアベノミクスについて，「さらに前に進めていくべきか国民の判断を仰ぎたい」と述べ，アベノミクスの是非を最大の争点に据え，選挙戦に臨む考えを示した。首相は，再増税延期の理由について，前述したように7～9月期の国内総生産速報値が年率換算1.6%減と2四半期連続のマイナス成長となったことを挙げ，「残念ながら成長軌道には戻っていない」と述べたうえで，「消費税率を来年10月から引き上げることは個人消費を再び押し下げデフレ脱却も危うくなる」とした。消費増税の再延期については，「18ヶ月（1年半）後にさらに延期するのではないか」という声がある中，「景気条項を付さず確実に実施する」と強調した。

また15年1月召集の通常国会で経済対策を含めた14年度補正予算案を提出するとともに，20年度の財政健全化目標の達成に向けて15年夏までに具体的な計画を策定する考えを示した。

「社会保障の安定財源の確保等を図る税制の抜本的な改革を行うための消費税法の一部を改正する等の法律」（15年3月31日成立）にて，下記の附則第18条第3項が削除された。参考までに12年8月に成立した「社会保障・税一体改革関連法」の附則第18条は第1項～第3項からなり，以下のとおりであった。

第18条 消費税率の引上げに当たっては，経済状況を好転させることを条件として実施するため，物価が持続的に下落する状況からの脱却及び経済の活性化に向けて，平成23年度から平成32年度までの平均において名目の経済成長率で3パーセント程度かつ実質の経済成長率で2パーセント程度を目指した望ましい経済成長の在り方に早期に近づけるための総合的な施策の実施その他の必要な措置を講ずる。

2. 税制の抜本的な改革の実施等により，財政による機動的対応が可能となる中で，我が国経済の需要と供給の状況，消費税率の引上げによる経済への影響等を踏まえ，成長戦略並びに事前防災及び減災等に資する分野に資金を重点的に配分することなど，我が国経済の成長等に向けた施策を検討する。

3. この法律の公布後，消費税率の引き上げに当たっての経済状況の判断を行うとともに，経済財政状況の激変にも柔軟に対応する観点から，第2条及び第3条に規定する消費税率の引き上げに係る改正規定のそれぞれの施行前に，経済状況の好転について，名目及び実質の経済成長率，物価動向等，種々の経済指標を確認し，前項の措置を踏まえつつ，経済状況等を総合的に勘案した上で，その施行の停止を含め所要の措置を講ずる。

第3章　8％から10％への税率引き上げ延期（1回目）　*123*

　衆院解散を決断した理由については，12年に民主，自民，公明3党の合意で増税を決めたことに言及し，「増税先送りは重大な変更だ。信を問うのは当然だ。景気を回復させ，賃金を上昇させていく。こうした政策を進めるためにも国民の理解が必要だ」と語り，「アベノミクスが正しいのか，間違っているのか。選挙戦を通じて明らかにする」と述べ，「国民生活，国民経済にとって重い決断をする以上速やかに信を問うべきだと決心した」と説明した。

　消費増税時に軽減税率を同時に導入する案については，「その方向で自民，公明両党の専門家に議論を進めさせたい」と述べ意欲を示した。消費再増税先送りと衆院解散・総選挙を「決断したのは今日だ」と述べる一方，「引き上げ延期を判断したときにどうすべきかをずっと考えていた」として解散を以前から選択肢に入れていたことを明らかにした。

　また，消費増税の先送りに消極的であった谷垣幹事長への配慮を示し，首相は，幹事長の谷垣氏の名前を挙げ，「2012年1月，我が党の谷垣総裁の代表質問を覚えているでしょうか。税こそは民主主義です。公約に書いていないことを行うべきではない」と述べた。

　民主党に対しては，消費増税凍結を打ち出したことに「7～9月期の国内総生産を見ず，税率引き上げの延期を判断したことに大変驚いた」と強調し，「民主党は私たちをひたすら批判するが，民主党はデフレ脱却すべきかどうか，成長すべきかどうかもわからない」と反論した。民主党が増税時期を明示していないことに対しても，「我々の政策は明確だ」と違いを強調した。解散の判断を巡っても，首相は民主党との違いを強調し，12年末の総選挙での民主党大敗について「マニフェストに書いていない消費税率引き上げを国民の信を問わずに行ったからだ。我々はその前の解散・総選挙を要求していた」と自民党の一貫性をアピールした。

　これに対し野党各党は「経済失政を認める解散だ」と一斉に反発した。民主党の海江田代表は，「安倍政権で非正規労働者が150万人増え正規が9万人減った。経済政策の間違いだ」と厳しく批判した。首相が民主党政権で経済が落ち込んだと指摘していることに対しては「東日本大震災と原発事故があったが，実質国内総生産は5％以上伸びた。安倍政権の実質国内総生産の伸びは1.4～1.5％と本当にわずかだ」と反論した。さらに海江田代表は，「私たちは安

倍政権と違い分厚い中間層を再生させる。アベノミクスのほかに道はないなんてことはない。別の道をしっかり示す」と強調した。

維新の党の江田共同代表は「放置すればもっと景気が悪化し，アベノミクスの正体がバレバレになるから解散するという『増税失敗解散』だ」と述べた。また，景気条項を削除することに対し，「言っていることが矛盾している。経済は生き物だから先送りしたというなら，どうして1年半先送りしたら増税に耐えられる体力があると判断できるのか」と批判した。

共産党の志位委員長は「消費増税の延期は8％増税への強硬が引き起こした増税不況が原因。経済失政を自ら認めた」と強調し，「実質賃金が15ヶ月連続マイナスなのに雇用が良くなったと説明したのは妄想だ」と指摘した。また，総選挙の争点に関しては「10％増税を許すかが大争点になる」との見方を示した[118]。

消費税の再増税延期と衆院解散について，経済界からの反応は以下のようであった。

榊原経団連会長は18日の声明にて，「安倍首相が経済情勢等を総合的に勘案して下した重い決断だ」とし延期の判断を容認しつつ，「財政健全化の道筋を改めて内外に明示する必要がある」と注文も付けた。日商の三村会頭も「財政健全化の遅滞，日本国債の信任低下等のリスク」を指摘し，「万全の対策を講じてほしい」とした。長谷川閑史経済同友会代表幹事も，財政再建について，「明快な首相のコミットメントを出してもらうことが必要だ」と注文を付けた。

新浪剛史サントリーホールディングス社長は，「アベノミクスをよりスピーディーにやっていくという前向きな意味で私はとらえている」，鈴木敏文セブン＆アイ・ホールディングス会長兼CEOは，個人消費の回復の遅れを指摘したうえで，「さらなる増税決定は消費心理を冷え込ませ，デフレ再燃のリスクを伴う。増税延期は賢明な判断だ」，今村隆郎日清オイリオグループ社長は「日本経済はデフレから脱却できていない。増税の延期やむなし」と語った[119]。

一方，労働界の反応は連合がまず19日，「総理の消費税率引上げ延期と解散表

---

118 『読売新聞』，2014年11月19日，『朝日新聞』，2014年11月19日，『毎日新聞』，2014年11月19日。

119 『読売新聞』，2014年11月19日，『朝日新聞』，2014年11月19日。

明に対する談話」を神津里季生事務局長名で出し，翌20日，「消費税率引上げ延期と解散総選挙に対する連合の見解」を表明した。その内容は概ね以下のとおりである。

安倍首相の解散表明を批判し，「自らの失政により三党合意の約束を破る一方で，巨額の税金を使って唐突に解散総選挙を実行するという判断に対しては，党利党略を最優先に考えたものとの疑念を持たざるを得ない。待ったなしの社会保障改革と財政健全化について，このような後退せざるを得ない状況を招いた責任は極めて大きい」とした。さらに，「社会保障・税一体改革の推進が必要不可欠であるなかで，消費税率引き上げに係る連合の考え方は基本的に変わらないものではあるが，このような状況の下で多くの国民はさらなる負担増を納得して受け入れるような状況にないと認識する」とし，10%への引き上げ延期を争点に解散総選挙に打って出た安倍首相の政治手法を批判するとともに，消費増税をできない経済状況にした，円安や株高等で一部の大企業や富裕層にもたらされる恩恵が実体経済に波及し経済の好循環を生み出すとする，いわゆる「トリクルダウン型」の発想によるアベノミクスの失敗を指摘した[120]。

㉔　衆院解散　12月14日総選挙

衆院は21日午後の本会議で解散された。総選挙は自民党が政権を奪還した12年12月以来であった。安倍首相は同日，首相官邸で記者会見し「アベノミクス解散だ。アベノミクスを前に進めるか，それとも止めてしまうのか，それを問う選挙だ」と語り，円高是正等の成果を強調したうえで，「まだまだ厳しい地方経済に景気回復の暖かい風を送り届けてこそアベノミクスは完成する。この道しかない」と述べた。

また，15年10月の消費税率10%への引き上げを17年4月に先送りする考えを改めて表明し，「先送りに野党が同意しているから選挙の争点ではないとの声があるが違う。野党はいつから10%に引き上げるのか，時期を明確にしていない」

120　「総理の消費税率引き上げ延期と解散表明に対する談話」(https://www.jtuc-rengo.or.jp/news/article_detail.php?id=706)，「消費税率引き上げ延期と解散総選挙に対する連合の見解」(https://www.jtuc-rengo.or.jp/news/article_detail.php?id=707)，連合幹部とのインタビュー

と指摘し，景気条項の削除に関しては「景気判断による増税の再延期は行わない。これは明確だ」と断言した。

公明党の山口代表は，解散後の両院議員団会議で，「連立政権が進めてきた経済再生，デフレ脱却をしっかりと進めてやり遂げる。やりきれる力があるのは自公連立政権しかない」と述べた。

一方野党側は，実質賃金の低下や円安による物価上昇を指摘し，「アベノミクスは失敗だった」と批判を強めた。民主党の海江田代表は両院議員総会で，「アベノミクスによって格差が拡大した。働く人たちの賃金は物価の上昇に追いつかず，15ヶ月連続で実質所得が減っている」，枝野幹事長は「株価は上がったが，多くの国民生活はむしろ苦しくなっている」と述べた。維新の党の江田共同代表は，「アベノミクスと言ってもほとんどの人は景気回復を実感していない。4月の消費増税8％から財布のひもが固くなって景気が悪い」，「国会議員の大幅定数削減，給与カット，公務員の人件費カットという，身を切る改革を訴えていきたい」と語った。

再増税の先送りに否定的であった自民党の野田税調会長は，立ったままの姿勢で解散を迎え，消費増税の先送りを決めて衆院が解散されたことに，「首相が決断したので党人としてはそれに従う」と述べたが，心境は複雑であったようにみられた。また，民主党議員も万歳はせず，「大義なき解散」と批判し，抗議の意を込めたとみられた[121]。

㉕　与野党ともに消費再増税の延期を主張

各党の総選挙の選挙公約が公表され始めた。詳細は第4節を参照されたい。

自民党は25日，総選挙の政権公約として，消費税の再増税について，「税率10％への引き上げは2017年4月に行う」と明記した。また，17年度から軽減税率制度の導入を目指すとし，対象品目や区分経理，安定財源等について早急に検討するとした。

民主党は，「社会保障の充実・安定化，議員定数削減が果たされていない」ことを理由に再増税の延期を盛り込んだが，実施時期は示さなかった。低所得者

121　『読売新聞』，2014年11月22日，『朝日新聞』，2014年11月22日。

対策としては，軽減税率だけではなく，給付付き税額控除の導入も検討することとした[122]。

維新の党は，増税凍結を主張したうえ，景気条項の削除に反対した。低所得者対策としては，軽減税率や給付金ではなく，給付付き税額控除を実現するとした。また，消費税を地方税化し地方自立のための基幹財源にするとした。

次世代の党も，中長期的な引き上げの必要性は謳っているものの時期は示さなかった。現時点での増税には反対し，引き上げには財政の透明化，社会保障改革等が条件とした。低所得者対策としては，給付付き税額控除を導入するとした[123]。

公明党は26日，政権公約として，17年4月の消費税率10％への引き上げと同時の軽減税率導入を目指すこととした。また，中低所得世帯への給付措置等の緊急経済対策を実施，消費税率10％への引き上げまでの間も社会保障の充実を推進，財政健全化目標達成を目指し，早期に中期財政計画を策定するとした[124]。

共産党は26日，公約として，消費税率10％は「先送り」実施ではなく中止をとした。税制・歳出改革により約20兆円の財源を確保し，高額の株式や不動産等を対象にした「富裕税」を創設する。大企業の内部留保の一部を活用，大幅賃上げや安定した雇用を増やす。志位委員長は，「アベノミクスだけでなく安倍政治全体を問う選挙にしたい」と強調した。

生活の党は26日，公約を発表し，安倍首相のアベノミクスを，「強いものだけが生き残る発想」と批判した。小沢一郎代表は，「国民の生活が第一という政治理念に基づく政策を考えている」と強調した。公約として，消費増税の凍結，非正規労働者の正規化の拡充，雇用の安定化と賃金引き上げの推進とした[125]。

---

122 民主党の消費税の10％への引き上げ延期に関する選挙公約について連合は，「安倍政権は約束破り・経済失政により，多くの国民はさらなる負担増を納得して受け入れるような状況になく，これらを放置して解散するのであれば，消費税は引き上げられない環境に至った」との民主党の判断を当然のことと受け止めるとした。(「消費税率引上げ延期と解散総選挙に対する連合の見解」，2014年11月20日，連合幹部とのインタビュー)

123 『読売新聞』，2014年11月26日。

124 『読売新聞』(夕刊)，2014年11月26日。

125 『読売新聞』，2014年11月27日。

社民党は27日，公約を発表し，アベノミクスに対し格差是正策を図ることや
消費税率の5％への引き下げを打ち出した[126]。

㉖　総選挙自民圧勝

　12月14日，第47回総選挙が投開票され，与党の自民・公明両党は325議席を獲
得し，定数の2/3を上回った。安倍首相は最大の争点となったアベノミクス等
の信任が得られたとした。一方，民主党は73議席の獲得にとどまり，海江田代
表は落選し，その後代表を辞任した。維新の党も41議席と伸び悩んだ。共産党
は21議席に躍進した。小選挙区の投票率は52.66％となり，12年総選挙の59.32％
を下回って戦後最低となった[127]。

　なお，同総選挙結果の詳細は，第4節にて述べるので，参照されたい。

㉗　第3次安倍内閣発足，消費増税延期関連法成立

　24日，特別国会が召集され，第3次安倍内閣が発足した。同内閣は，第2次
安倍改造内閣の18人の閣僚のうち，江渡聡徳に代わって防衛大臣に就任した中
谷元を除き17人が再任された。

　29日，与党税制調査会が開催され，法人実効税率を15年度と16年度の2年間
で3.29％引き下げることを決定した。具体的には15年度で2.51％下げ32.11％，
16年度で0.78％下げて31.33％となった。法人実効税率の引き下げで税収の減少
分を穴埋めする外形標準課税については，税率を15年度は1.5倍，16年度は2倍
にすることが決まった[128]。

　総選挙における与党の勝利により，選挙公約どおり税率10％の引き上げを17
年4月へ延期，景気条項の撤廃を盛り込んだ15年度税制改正法案（「所得税法等
の一部を改正する法律」）が第189回常会にて，衆議院に2月17日に上程され，3
月13日に衆議院を通過，31日に参議院本会議にて可決・成立した。

　ここで，8％から10％への税率引き上げに関して15年10月から17年4月まで
1年半延期する決定までの経緯を**表3−3**にまとめるので参照されたい。

126　『読売新聞』，2014年11月28日。
127　『読売新聞』，2014年12月15日。
128　『朝日新聞』，2014年12月30日。

第 3 章　8％から10％への税率引き上げ延期（1回目）　*129*

表 3 - 3　8％から10％への税率引き上げ延期（1回目）までの経緯

年　月　日	内　　　容
2014年 1 月19日	＜13年12月に「10％引き上げ時」の軽減税率導入の決定がなされ，予定通り15年10月の10％への引き上げを行うか否かの議論に移る＞ 安倍首相：NHK 番組にて15年10月に10％へ引き上げるか否かについて「今年中に決断していきたい」と述べる
1 月29日	安倍首相：衆院本会議にて15年10月に10％へ引き上げるか否かについて14年中に判断する方針を改めて表明
3 月 3 日	浜田内閣官房参与：8％への増税後に国内総生産の実質成長率が十分に回復しない，雇用環境が悪化する等の場合，15年10月の10％への再引き上げは見送るべき旨を述べる
4 月 1 日	消費税率の 5 ％から 8 ％への引き上げ実施
6 月12日	政府，与党は法人税の実効税率の引き下げについて骨太の方針に盛り込むことで実質合意
7 月23日	甘利経済財政相：15年10月に予定する10％への引き上げについて，7 ～ 9 月期の国内総生産速報値や法人企業統計を基に，安倍首相が12月初めにも判断する見方を示す
9 月 3 日	安倍首相は内閣改造・自民党役員人事の刷新を実施，幹事長を石破氏から谷垣氏へ交代，石破氏は新設された地方創生相に就任，総務会長は野田氏から二階氏へ交代 谷垣幹事長：予定通り15年10月に10％へ引き上げる必要性を強調
9 月14日	安倍首相：NHK 番組にて10％への引き上げの判断は 7 ～ 9 月期の指標を見て判断する旨を述べ，有識者から意見をヒアリングする考えを示す
9 月20日	菅官房長官：安倍首相の判断時期について，7 ～ 9 月期の国内総生産の改定値が出たうえで判断する旨を明言
9 月23日	公明党の山口代表：税率を引き上げないことになれば，社会保障や財政健全化に黄信号がともり，アベノミクスがうまくいかなかったとの烙印を押される旨を述べる，自民党内の引き上げ見送り論を強く牽制
9 月30日	衆院本会議にて安倍首相は10％への引き上げについて「経済状況を総合的に勘案しながら年内に判断する」と述べる
10月 6 日	安倍首相：衆院予算委にて経済指標を総合的に判断して決める考えを改めて強調
10月20日	小渕経済財政相と松嶋法相のダブル辞任
10月22日	消費増税慎重派の「アベノミクスを成功させる会」（山本会長）が勉強会を開催，17年 4 月まで増税時期を先送りすべきとの持論を展開 自民税調：野田会長が 3 党合意の重要性を強調，予定通りの引き上げ実施を強調
11月 4 日	消費再増税についての点検会合開始 安倍首相：参院予算委にて「デフレ下に戻ってしまったら元も子もなくなる」と引き上げ前提ではないことを強調
11月 7 日	安倍首相と谷垣幹事長らが会談　谷垣幹事長：予定通りの引き上げを主

	張
11月17日	7 ～ 9 月期の国内総生産速報値が発表,年換算率で1.6%減と想定外のマイナス
	安倍首相:国内総生産速報値についてよい数字ではないことを認めたうえで,「デフレ脱却のチャンスを手放すわけにはいかない」と税率引き上げを冷静に分析,判断する旨を述べる
11月18日	最終回である 5 回目の点検会合が開催
	麻生財務相:景気条項の撤廃を検討する考えを示したうえで,個人的に言わせてもらえれば引き上げは避けて通れない旨を強調
	安倍首相:15年10月に予定していた10%への引き上げを17年 4 月に 1 年半先送りし,衆院を11月21日に解散する意向を正式に表明,消費増税の再延期はしないとも明言,景気条項の撤廃も表明
	野党民主党の海江田代表:衆院解散について経済失政を認める解散である旨を強調
11月21日	衆院解散
12月14日	第47回総選挙実施,与党圧勝
2015年 3 月31日	「所得税法等の一部を改正する法律」成立(10%への引き上げを17年 4 月へ延期,景気条項の撤廃が決定)

◆2 社　説

(1)　軽減税率

　第 1 節にて詳細をみたように,軽減税率導入に強い意欲を持っていた公明党は,消費税率 8 %への引き上げの際,軽減税率の導入を見送ったこともあり,消費税率10%への引き上げ時の軽減税率の導入を強く主張し,自民党は,特に自民税調の議論の中で,慎重な意見が少なからずあったが,自民,公明両党の協議により,「消費税率10%時に導入する」との合意を得た。しかしこの合意は,「10%に上がると同時」または「10%に上がった後のいつか」のいずれの解釈もできるという玉虫色のものであった。

　では,ここで,読売,朝日,毎日の10%段階からの軽減税率導入の是非に関する社説をみてみる。

① 読　売

　読売新聞は，8％段階からも軽減税率導入の必要性を主張していたが，その後も軽減税率導入を強く要望した。例えば，13年12月6日，「消費増税後の景気失速を防げ　経済対策5兆円」と題し，消費増税の景気への影響を可能な限り少なくするために，経済対策の必要性を主張しながら，「増税の悪影響を和らげるには，個人消費を下支えする政策の充実も必要ではないか。低所得者への給付措置なども盛り込まれたが，一時的な支給の効果は，限定的とみられるからだ。食料品などの税率を低く抑える軽減税率などを採用し，より幅広い消費者に恒久的に恩恵が行き渡るようにするほうが，有益だったろう。予定通り15年10月に消費税が10％に引き上げられる場合には，軽減税率が欠かせない。与党は早急に導入を決断する必要がある」と，景気対策の側面からも個人消費を下支えするため，低所得者対策も含め，軽減税率の導入を15年10月に実施するよう強く主張した[129]。

　12月12日，自民，公明両党にて税率10％時の軽減税率導入に関する合意がなされた翌日の13日，「与党税制改正大綱　家計と景気への目配り十分か　消費税10％と同時に軽減税率を」と題し，「最大の焦点は，政府が15年10月に予定通り消費税率を8％から10％に上げる場合，同時に軽減税率を導入するかどうかだった。……軽減税率は，低所得層を含む国民全体の税負担を幅広く和らげて家計を下支えする。……10％増税と同時の導入を，速やかに決断すべきだろう」と，自民，公明両党の合意にて，導入時期があいまいであったことを批判し，軽減税率の対象品目等具体的な検討に踏み込めなかったことも問題であるとしながら，家計の下支え対策としても10％増税と同時の軽減税率導入を訴えた。軽減税率導入には，インボイスが必要であると自民税調や財務省は指摘したが，公明党はインボイスは不要だと反論した経緯を述べ，自民税調と財務省は積極的に軽減税率導入に向けた環境づくりに取り組むべきだったのではないかとも主張した[130]。

　14年2月27日，与党税制協議会にて，軽減税率導入に向けた議論が再開され，

129　『読売新聞』，2013年12月6日。
130　『読売新聞』，2013年12月13日。

4月1日より消費税率が8％へ引き上げられることを踏まえ，3月31日，「あす消費税8％　社会保障安定への大きな一歩　景気失速の回避に全力尽くせ」と題し，「10％とする場合は，生活必需品の税率を低く抑える軽減税率の導入が不可欠だ。軽減税率協議を再開した自民，公明両党は，10％と同時の導入を決断し，対象品目の選定を急ぐべきである」と，10％引き上げと同時の軽減税率導入を再び主張し，8％に引き上げることに慎重な姿勢を見せていた読売は，消費増税以後の景気失速を回避する必要性を訴えつつ，8％への増税を社会保障安定への大きな一歩と評した[131]。

　7月から8月にかけて与党税制調査会の軽減税率導入に向けた関係業界に対するヒアリングが実施されていた際も，7月30日，「軽減税率　家計と活字文化を支えたい」と題し，「消費増税が家計に過大な負担となり，景気を失速させてはならない。2015年10月に消費税率を10％に引き上げる場合には，食料品や新聞など必需品の税率を低く抑える軽減税率を導入すべきだ。……一方，経団連や流通業界団体の多くが，企業の事務負担増などを理由に導入反対を表明した。どの品目に軽減税率を適用するかの『線引き』が難しいうえに，複数の消費税率が混在すると，帳簿の作成や納税の手間が煩雑になると訴えた。……海外の先行事例に学び，効率的な納税事務の在り方について，官民で知恵を絞ってもらいたい」と，家計と活字文化を支える視点から食料品や新聞等に対し15年10月の消費税率10％への引き上げと同時に軽減税率の導入を重ねて主張し，経団連や流通業界団体が事務負担増等を理由に導入を反対していることに対して，欧州のほとんどの国が長年にわたり軽減税率を導入している点を踏まえ，海外の先行事例に学び，効率的な納税事務の環境整備に努めるよう要望した[132]。

　10月8日，与党税制協議会は，軽減税率の導入に向けた本格協議に入ったが，12日，「『消費税10％』　やはり軽減税率が不可欠だ　家計への過大な負担は避けよ」と題し，「さらなる消費増税が，景気の停滞に追い打ちをかけることはないか。……財政再建は先送りできない課題だが，今年4月の消費増税後，消費の低迷が続いていることを軽視してはならない。仮に『消費税10％』に踏み切る

131　『読売新聞』，2014年3月31日。
132　『読売新聞』，2014年7月30日。

のなら，食料品など必需品の税率を低く抑える軽減税率を導入し，家計の負担を和らげるべきだ。……軽減税率なら，1回限りの給付金とは違い，負担軽減の効き目は持続する。対象品を購入するたびに軽減措置の恩恵を実感できることから，消費者心理の冷え込みを防ぐ効果も期待できよう」と，8％から10％への引き上げに景気への影響から懸念を示し，慎重に15年10月の10％への引き上げを検討すべきとしながら，仮に10％への引き上げに踏み切る場合は，軽減税率の導入が不可欠であることを強調し，軽減税率の長所として消費者心理の冷え込みを防ぐ効果を挙げた[133]。

11月21日，衆院が解散されると，その翌22日，「衆院解散　首相への中間評価が下される　『アベノミクス』論争を深めたい」と題し，「自民，公明両党は，17年の再増税時に軽減税率の導入を目指すと共通公約に明記することで一致した。軽減税率は，消費者の負担感を和らげる対策として有効で，評価できる。野党も，この議論に積極的に参画することが求められよう」と，自民，公明両党が，総選挙の共通公約として，17年4月の再増税時の軽減税率導入を目指すことが明記されたことを評価した[134]。

12月30日，15年度与党税制改正大綱が策定された際も，31日，「与党税制大綱　経済再生へ　着実に改革進めよ」と題し，「大綱は『17年度からの軽減税率の導入を目指す』とし，自公連立政権の合意内容を踏襲するにとどめた。消費税率を17年4月に10％へ引き上げるのと同時導入を唱える公明党と，それに慎重な自民党との意見対立は解消できなかった。与党は導入時期の合意を急ぎ，対象品目の選定作業などを加速していかねばならない」と，自民党と公明党が軽減税率導入の時期を明記しなかったことに懸念を示し，導入時期の合意を急ぎ対象品目の選定など具体的な制度設計を構築することを求めた[135]。

② 朝　日
朝日新聞は，第2章と同様，軽減税率導入に対して消極的な姿勢がみられ，

---

[133] 『読売新聞』，2014年10月12日。
[134] 『読売新聞』，2014年11月22日。
[135] 『読売新聞』，2014年12月30日。

10％段階からの軽減税率導入を巡る議論でも，軽減税率に関する社説は少なかった。

13年12月12日，与党税制協議会が与党税制改正大綱に軽減税率に関する文言を入れ，「税率10％時に導入する」としたが，朝日新聞は16日，「軽減税率　増税の趣旨を忘れるな」と題し，「私たちは社説で，『軽減税率の導入は将来の課題に』と主張してきた。財政難の下，急速な高齢化や少子化への対策を考えると，消費税率は将来，10％超にせざるを得まい。その段階で，税率が20％前後と高く，軽減税率も採り入れている欧州各国を参考に導入を検討し，10％までは現金給付などで低所得者対策を講じよう。そんな主張である。それだけ，軽減税率には課題が多い。まず，所得が多い人まで恩恵を受け，税収が目減りする。社会保障と税の一体改革の手直しが避けられず，社会保障が手薄になれば，低所得者への対策がかえって弱まりかねない」と，消費税率は将来，10％超にせざるを得ず，税率が20％前後と高くなった段階で軽減税率の導入を検討するという主張がみられ，また，軽減税率の欠点として所得が多い人まで恩恵を受け，税収が目減りすることを挙げた。

さらに，「もちろん，軽減税率には利点もある。日々の生活には助かるし国民の間での支持も高い。……忘れてもらっては困ることがある。取引ごとに，適用される税率や税額を記した書類（インボイス）を導入することだ」と，軽減税率の利点にも触れながら，軽減税率を導入する際にはインボイスの導入が必要であることを指摘した[136]。

14年11月に消費税の再増税が17年4月に先送りされ，これを争点に衆院が解散されたが，12月7日，「衆院選　軽減税率　費用と効果を考えて」と題し，「消費税には，所得の少ない人ほど負担が重くなる『逆進性』がある。低所得者への配慮が不可欠だ。軽減税率導入の狙いはそこにある。ただ，軽減税率の恩恵は所得の多い人も受ける。導入すれば税収が一体改革での予定額に届かず，社会保障を支える財源に穴が開くことになる。軽減税率の長所と短所，効果と費用について衆院選を通じて考えたい。……わが国の財政難は深刻だ。……一定の経済成長を見込んでも，税率は10％を超えてあげていかざるを得ないだろう。

136　『朝日新聞』，2013年12月16日。

軽減税率はその時の検討課題とし，それまでは低所得者に的を絞った給付など
で対応するべきではないか。」と，自民，公明両党が合意した10％時の軽減税率
導入には否定的で，前述した13年12月16日の社説と同様，軽減税率導入は10％
を超え20％前後の段階で検討すべきとし，軽減税率についてその長所と短所，
費用と効果を総選挙を通じて議論すべきとした[137]。

③ 毎 日

　毎日新聞も読売新聞と同様，8％段階からの軽減税率導入の必要性を主張し
ていたが，その後も軽減税率導入を強く要望した。

　13年11月20日，14年度の税制改正論議がスタートしたが，毎日新聞は同日，
「軽減税率　早急に具体案まとめを」と題し，「自公は与党としての結論を早急
に出し，具体案をまとめる必要がある。……政府は消費税率8％時に暫定的に，
住民税非課税者に1万から1万5,000円を配る『簡素な給付措置』を行うことに
したが，このやり方では低所得層でなくとも給付される場合があり，低所得者
対策として不十分だ。……日本も膨らむ社会保障費に対応するには消費税率
10％でも足りない現実がある。軽減税率を導入すれば税収は減る。しかし，将
来にわたって安定した社会保障費を確保するための長期的な枠組みの中で軽減
税率は不可欠な要素で，国民の理解を根付かせることにつながるはずだ」と，
低所得者対策として「簡素な給付措置」ではなく，軽減税率導入を主張し，将
来膨らんでいく社会保障費を確保するため消費税の税率を引き上げる必要性が
あり，その引き上げのためにも軽減税率は不可欠で，10％段階からの軽減税率
導入を目指し，国民の理解を根付かせることが必要だと主張した[138]。

　12月12日に自民，公明両党が10％時の軽減税率導入で合意する前日の11日，
「軽減税率の導入　『消費税10％』の前提だ」と題し，「自民党は消費税率を10％
に引き上げる予定の2015年10月時点で軽減税率を導入するのは難しいとしてい
る。だが，今年1月，自公両党は『消費税率10％段階の導入を目指し，関係者
の理解を得て年末の14年度税制改正大綱で結論を得る』ことで合意している。

---

137 『朝日新聞』，2014年12月7日。
138 『毎日新聞』，2013年11月20日。

10％時の導入が示されなければ先送りであり，大きな後退だ。本来なら税率を
5％から8％に引き上げる来年4月に軽減税率も導入すべきだったが，制度設
計が間に合わないとして先延ばしされた。消費税率を10％に引き上げるなら，
その時点で軽減税率を導入するのが前提条件だ」と，軽減税率導入は10％時で
なければならないと強く主張した。その理由として，「毎日新聞が11月に実施し
た世論調査では，軽減税率に賛成との回答が68％にのぼり，反対の23％を大き
く上回った……膨らみ続ける社会保障費に対応するには，消費税率を10％に引
き上げても足りないのが現実である。税収は確かに減るが，安定した社会保障
費の確保に向け，国民に安心感を広めるためにも，食料品など生活必需品など
軽減税率の適用は不可欠だ」と，軽減税率導入に賛成との世論調査結果と，将
来の消費税率引き上げを挙げた[139]。

　さらに，12日の自公合意を受け，13日，「軽減税率　10％と同時に導入せよ」
と題し，「導入に消極的な自民党と積極的な公明党との溝が埋まらず，玉虫色の
決着だとの見方があるが，あいまいな解釈は許されない。……これまでの議論
を踏まえれば『10％に引き上げた時点』で，同時に軽減税率を導入するのが当
然だ。……さらに問題なのは，大綱で『必要な財源を確保しつつ』との表現が
付け加えられたことだ。軽減税率導入による減収が補えない場合は，導入自体
を見送る可能性を残した。……税率を10％よりさらに引き上げる検討を迫られ
る時も来るだろう。それを想定すれば，軽減税率を早期に導入して，国民の理
解を広めておかなくてはならない」と，自公合意があいまいになったことを批
判し，10％引き上げと同時に軽減税率を導入することは当然であると主張した。
また，軽減税率導入による減収が賄えない場合は導入自体を見送る可能性を残
したことに懸念を示し，膨らむ社会保障費に対応してさらなる消費税率の引き
上げに備え，軽減税率を早期に導入することが必要であることを重ねて主張し
た[140]。

　14年7月から8月にかけて与党税制調査会の軽減税率導入に向けた関係業界
に対するヒアリングが実施されたが，8月5日，「軽減税率　与党は制度設計を

139　『毎日新聞』，2013年12月11日。
140　『毎日新聞』，2013年12月13日。

急げ」と題し，「消費税は低所得者ほど負担感が大きく，負担緩和策が不可欠だ。軽減税率の導入は10％への引き上げと同時にすべきだ。与党税制調査会は，関係団体から軽減税率に関する意見聴取を進めているが，導入への準備や周知徹底を考えれば時間の余裕はない。与党は制度設計を急がなければならない。……軽減税率には様々な意見がある。……社会保障の将来を見据え，その先も税率を持続的に引き上げていこうとするなら，軽減税率で負担を和らげることは避けて通れない。……将来に備え，今から軽減税率を導入し，消費税と社会保障制度の安定につなげることが必要だ」と，10％引き上げと同時に軽減税率の導入を重ねて主張し，その理由も，これまでの社説と同様将来の税率引き上げに備え，消費税と社会保障制度の安定につなげるためにも，軽減税率の早期導入を強調した[141]。

　10月になり，政府与党から15年10月の10％への引き上げに異論が出始めると，20日，「消費税10％の議論『宿題』ができていない」と題し，「安倍政権は歳出の膨張に歯止めをかけようとする姿勢が，昨年から現在に至るまで，まるで感じられない。経済的弱者に配慮する政策はどうなったのか。私たちは増税でしわ寄せが及ぶ低所得者層への効果的な対策を繰り返し求めてきた。その1つが，食品など生活必需品の税率を低くする軽減税率の導入だ。……長期的な視点に立てば，事務負担よりも，弱者への配慮や消費の勢いの持続性が優先されるのは明らかである。議論にかまけずすぐに制度設計に取り組むべきだ。」と，消費の低迷などで景気が足踏み状態になっていることを懸念し，15年10月の10％への引き上げに異論が出ていることに対し，法律に定めた通り15年10月の10％への引き上げを主張し，そのための環境整備ができていないことを理由に批判した。安倍政権は，歳出の膨張に歯止めをかけようとする姿勢が見られず，経済的弱者に対する配慮も不十分であるとし，経済的弱者対策の1つとして生活必需品に対する早期の軽減税率導入を繰り返し求めてきたとした[142]。

　11月18日，安倍首相が15年10月に予定していた消費再増税を17年4月に先送りし衆院を解散する意向を正式に表明したが，20日，「衆院解散・総選挙へ　首

---

141 『毎日新聞』，2014年8月5日。

142 『毎日新聞』，2014年10月20日。

相の説明　財政再建の覚悟見えず」と題し，「もともと景気条項は不必要だった。……条項を外すといった見せかけのポーズではなく，必要なのは増税が景気の足元を揺さぶらないような環境づくりである。食料品など生活必需品への軽減税率といった，低所得者を中心とする家計に配慮する対応が必要になる」と，景気条項について「もともと不必要であった」と主張しながら，増税が景気の足元を揺さぶらないよう軽減税率導入といった低所得者対策を中心とする政策を打ち出すことの重要性を述べた[143]。

　12月14日投開票の総選挙が近づく中，7日，「軽減税率の導入『10％と同時』不可欠だ」と題し，「消費税の負担は，生活必需品を購入する割合が高い低所得者の方が，お金持ちより大きくなる。税率が高くなるにつれ影響は深刻になる。貧困層が増え続けていることを考えると，低所得者対策には一層重点を置く必要がある。再増税と同時の軽減税率導入は不可欠だ。……総選挙の公約で，自民，公明両党は『10％と同時に軽減税率を目指す』ことを掲げ，民主党は軽減税率だけでなく税額控除と現金給付を組み合わせた『給付付き税額控除』も検討し，低所得者対策を確実に講じるとした。こうした公約を見て，国民が『10％になる時には軽減税率が導入される』と考えるのは自然だ。それを裏切ってはならない」と，総選挙の各党の公約を挙げながら，低所得者対策としての軽減税率を10％引き上げと同時に導入することが不可欠であると再び主張した[144]。

④　ま と め

　読売と毎日は，8％段階からの軽減税率導入を要望したが，引き続き10％へ引き上げる際も，軽減税率導入を強く主張したといえる。

　読売は，消費者心理の冷え込みを防ぐ効果も期待し，家計を下支えする景気対策として軽減税率導入を訴えた。また，痛税感の緩和もその理由とした。もともと読売は，景気への悪影響を懸念し，10％への引き上げに懸念を示し，仮に10％への引き上げに踏み切る場合は，引き上げと同時の軽減税率導入を強く主張した。

143　『毎日新聞』，2014年11月20日。
144　『毎日新聞』，2014年12月7日。

毎日も，10%引き上げと同時の軽減税率導入は不可欠である旨を何度も主張した。その理由として，将来にわたって安定した社会保障費を確保するためには消費税率10%でも足りない現実があり，軽減税率を導入すれば税収は減るものの，長期的な枠組みの中で早期の軽減税率導入が不可欠である旨を強調した。

読売は消費税率10%への引き上げに景気への悪影響から慎重な姿勢で，景気対策としての軽減税率を10%引き上げと同時に導入するよう求めたが，毎日は将来膨らんでいく社会保障費を確保するために消費税率を10%から20%程度までの引き上げの必要性を認めつつ，そのためにも軽減税率の早期の導入が不可欠である旨を主張した点が両者の違いといえる。

これに対し朝日は，8%段階での軽減税率導入には消極的であったが，10%段階での軽減税率導入にも消極的で，これに関連する社説も少なく，読売，毎日とは論調がかなり異なっていたといえる。

朝日は，財政難の下，急速な高齢化や少子化の対策を考えると，消費税率は将来10%超にせざるを得ないとし，その税率が20%前後となった際に欧州各国を参考に低所得者対策として軽減税率を導入すればよいとの考えを示したといえる。よって，10%段階での軽減税率導入は見送り，現金給付などで低所得者対策を講じるよう主張した。また，軽減税率導入の際は，インボイスを導入することが必要である旨を主張した。

⑵　税率引き上げ延期

第1節にて詳細をみたように，10%段階の軽減税率導入に自民，公明両党が合意したが，14年10月頃から安倍首相は15年10月の10%への引き上げに慎重な姿勢を示しだし，11月になり，消費再増税について有識者の意見を聞く「今後の経済財政動向等についての点検会合」が開催される中，17日，7～9月期の国内総生産速報値が発表されると，この数値が予想以上に厳しい数値であったため，安倍首相は18日，消費再増税を17年4月に先送りし，これを問うため衆院を解散する決断をした。

21日に衆院が解散され，12月14日，第47回総選挙が行われたが，与党の自民，公明両党は325議席を獲得し定数の2/3を上回った。選挙公約では，主要政党が15年10月の消費再増税の凍結を掲げたため，アベノミクスの信任が得られる

かどうかが最大の争点となったといえる。

　では，ここで，読売，朝日，毎日の 8 ％から10％への15年10月の引き上げ延期の是非に関する社説をみてみる。

①　読　　売

　読売新聞は，15年10月の10％への引き上げに対し慎重な姿勢で，例えば，14年11月14日，「消費再増税　10％先送りも選択肢の 1 つだ」と題し，「財政再建は急務だが，景気を腰折れさせては元も子もない。安倍首相は，来年10月に予定される消費税率10％への引き上げ先送りとあわせて，衆院解散に打って出る意向を示している。……4 ～ 6 月期に大幅なマイナスだった成長率の回復が思わしくなければ，再増税を 1 年半程度先送りすることも，確かに選択肢の 1 つだろう。……性急な増税によって景気が失速すれば，税収の減少を招き，かえって財政再建が遠のく恐れがある」と，景気回復を最優先させ，消費再増税の先送りも選択肢の 1 つであることを示した[145]。

　18日，安倍首相が消費税率の引き上げを17年 4 月に先送りし，この判断やアベノミクスを争点とし，衆院解散をする意向を表明した際，その翌19日，「衆院解散表明　安倍政治の信任が最大の争点だ　消費再増税できる環境が要る」と題し，「衆院選の争点で，特に重要なのがアベノミクスの評価である。……今月に 5 回開かれた政府の『点検会合』では，有識者45人のうち30人が予定通りの来年10月の増税に賛成し，多数を占めた。だが，消費の落ち込みによる景気の腰折れを防ぐことを優先し，増税を先送りするというのが首相の政治判断だった。増税の再延期を明確に否定し，財政健全化や国債の信認にも配慮したのと合わせ，評価できる。重要なのは，17年 4 月までに景気を安定した回復軌道に乗せ，着実な賃上げなどによって，増税が確実にできる経済環境を作り出すことである」と，安倍首相が増税の再延期を明確に否定し，財政健全化の道を示しながら，10％引き上げを17年 4 月へ先送りしたことを評価した。また，総選挙の争点を安倍政治の信任とし，この解散総選挙に対して理解を示したものといえる[146]。

145　『読売新聞』，2014年11月14日。

第47回総選挙の選挙戦がスタートし，この総選挙を巡って様々なテーマにて社説を出していたが，消費増税を巡っては，12月1日，「消費増税先送り　財政再建への目配りも必要だ」と題し，「消費税率の引き上げを先送りするのなら，各党は増税の日程や，財政再建の道筋をきちんと描かねばならない。……安倍首相は『財政再建の旗は降ろさない』と述べ，景気悪化時に増税を停止する『景気条項』の削除を表明している。一方民主党は，消費増税の延期を公約したが，いつまで先送りするのかは言及していない。……社会保障財源の穴をどう埋めるか。増税時期も示さず，あいまいにしておくのは無責任だ。増税に踏み切る時は，景気の低迷を防ぐ配慮が欠かせない」と，ここでも17年4月の10％への引き上げ延期を支持する一方，増税による景気への影響を配慮しながら財政再建の視点を重視する姿勢を示し，民主党が消費増税をいつまで先送りするのかに言及していないことについて批判した[147]。

14日，総選挙において自民，公明両党が圧勝したことを受けて，翌15日，「衆院選自公圧勝　重い信任を政策遂行に生かせ　謙虚で丁寧な政権運営が必要だ」と題し，「経済政策『アベノミクス』を継続し，デフレ脱却を確実に実現してもらいたい。そんな国民の意思が明確に示された。……2006年から12年まで毎年，首相が交代する異常事態が続き，日本の政治は停滞，迷走した。その後の2年間の第2次安倍内閣に及第点を与え，当面は，首相に安定した態勢で国政運営を託そう。これが有権者の判断だろう。来年10月に予定されていた消費税率10％への引き上げを1年半先送りする方針も，支持された」と，安倍内閣は信任され，アベノミクスを継続し，デフレ脱却を確実に実現してもらいたいとの国民の意思が明確に示されたとし，消費増税の1年半先送りも支持されたと，安倍内閣に対し好意的な見方を示したといえる[148]。

さらに16日，「安倍政権再始動　経済戦略の強化を最優先せよ　安保法制整備へ理解を拡げたい」と題し，「安倍首相は記者会見で，『引き続き経済最優先で取り組み，景気回復の暖かい風を全国津々浦々に届けていく』と強調した。そ

---

146 『読売新聞』，2014年11月19日。
147 『読売新聞』，2014年12月1日。
148 『読売新聞』，2014年12月15日。

の方針に異論はない。衆院選で信任された経済政策『アベノミクス』の骨格は維持しつつ，『3本目の矢』の成長戦略などを強化・充実させねばなるまい。……2017年4月に先送りした消費税率10％への引き上げを確実に実施できる経済環境を整えることが重要である」と，ここでもアベノミクスが総選挙で信任されたとし，17年4月の消費税率10％への引き上げに向けて経済環境を整えることが重要である旨を主張した[149]。

② 朝　　日

14年10月頃，前述したように，安倍内閣が15年10月の消費税率10％への引き上げを先送りする検討を進めていく中で，11月3日，「消費税の再増税　将来世代見すえて決断を」と題し，「消費税の再増税について，賛否の議論が激しくなってきた。今年4月，税率を5％から8％に上げたのに続き，15年10月には10％にする。このことは『社会保障と税の一体改革』として法律で決定済みだ。……改革の趣旨を踏まえ，消費税率は15年10月から10％に上げつつ，家計への目配り，とりわけ所得の少ない人たちへの配慮に万全を期すべきだと考える。……政治が国民への責任を果たす。国民も負担増を受け入れる。そして，将来へのつけ回しを減らしていく。消費増税はその一歩である」と，予定通り15年10月の10％への引き上げを主張し，将来膨らむ社会保障費も踏まえ，日本の財政難を克服する責任を果たすため，低所得者対策として給付付き税額控除等を導入し国民が負担増を受け入れる環境を整えることが政治の責任で，消費増税はその一歩であると主張した[150]。

18日，安倍首相は消費再増税の先送りを表明し，衆院を解散する意向を表明したが，16日，「消費増税の先送り　一体改革を漂流させるな」と題し，「来年10月に予定している消費税率の10％への再引き上げを先送りする。安倍政権がこうした方針を固め，民主党も認めた。……高齢化などで膨らみ続ける社会保障を安定させる必要がある。……負担を皆で分かち合うために消費税の税収をすべて社会保障に充て，税率を引き上げていく。……そうした精神も議論の空

149　『読売新聞』，2014年12月16日。
150　『朝日新聞』，2014年11月3日。

白の中で吹き飛ぼうとしている。まず責められるべきは安倍政権だ。……一体改革は将来にわたる長期的な課題だ。景気が振るわないなら，必要な対策を施しつつ増税に踏み切るべきではなかったか。……消費増税の延期は社会保障のあり方とそれと不可分の財政再建計画を直撃する」と，社会保障と税の一体改革の考え方を重要視し，足元の景気は力強さにかけるものの，リーマン・ショックの時のような経済有事とは異なり，必要な対策を施しつつ15年10月の増税に踏み切るべきと再び主張し，消費増税の延期は社会保障のあり方と財政再建計画を直撃するもので，まずこの責任は安倍政権にあるとした[151]。

　そして首相の解散表明に対して19日，「衆院選　首相の増税先送り『いきなり解散』の短絡」と題し，「国会審議をへて法改正し，アベノミクスの足らざる部分を補う。安倍政権がまず全力で取り組むべきことである。その努力をする前のいきなりの衆院解散は，短絡にすぎる。別の政治的打算が隠されていると考えざるを得ない。……増税は，政治家にも国民にもつらい選択である。……仮に消費税だけが問われる選挙なら，有権者が首相の判断を覆す一票を投じる動機は弱くなる。……それを知りつつ，あえて先送りの是非を問うなら，ポピュリズムとの批判は免れない。財政再建を重視する勢力の反対で，増税先送りの法改正はできそうにないという状況になって，初めて衆院解散の理屈が立つというものだ」と，この解散総選挙を「いきなり解散」と称し，仮に消費税だけを問う選挙とすれば有権者が首相の判断を翻す一票を投じる動機は弱くなり，大義がない解散であると指摘したものと考えられる[152]。

　第47回総選挙の選挙戦がスタートし，この総選挙を巡って様々なテーマにて社説を出していたが，消費再増税の先送りを巡っては，12月3日，「衆院選社会保障　増税先送りの影響防げ」と題し，「経済政策の重要性は言うまでもない。しかし，衆院選に先立って決まった消費税の再増税先送りによって，社会保障の財源に穴が開いてしまった。……消費税再増税は社会保障の給付を受けている今の世代の負担を増やすことでつけ回しを減らす，同時に手薄な分野の給付も充実させる。このことを目的にしていた。『社会保障と税の一体改革』であ

151　『朝日新聞』，2014年11月16日。
152　『朝日新聞』，2014年11月19日。

る。……低成長が続けば，10％超への増税を覚悟せざるを得ない局面も予想される」と，ここでも一体改革の重要性を指摘し，再増税の先送りを一体改革の第一歩からつまづいたとしたうえで，社会保障に関する給付の充実策はできるだけ実行していくべきであるとし，将来的には，10％超の増税も覚悟せざるを得ない局面が出てくるとした[153]。

14日，総選挙において自民，公明両党が圧勝したことを受けて，翌15日，「自公大勝で政権継続　分断を埋める『この道』に」と題し，「安倍首相にとって思い通りの，いや，それ以上の勝利だったに違いない。……ただしそれは決して『何でもできる』力を得たことにはならない。……消費税率再引き上げを先送りしての解散・総選挙，『社会保障と税の一体改革』，3党合意の当事者だった民主党も，首相の表明前からこの判断を受け入れ，争点にはならなかった。……この選挙で際立ったのは戦後最低レベルの低投票率だ。意義がつかみにくい解散，野党が選択肢を示せなかったことに対する有権者の冷たい感情があったことは想像に難しくない」と，自民，公明両党の大勝を有権者が政権に全権を委任したと解されるべきではなく，戦後最低レベルの投票率であったことも理由に挙げ，意義がつかみにくい総選挙であったと主張した。また，主要政党が消費再増税の先送りを選挙公約として掲げたため，争点にはならなかったとした[154]。

③　毎　日

14年10月頃，前述したように，安倍内閣が15年10月の消費税率10％への引き上げを先送りする検討を進めていく中で，11月12日，「早期解散論　その発想はあざとい」と題し，「来年10月の消費税率10％への引き上げの先送りを首相が判断し信を問うというシナリオが取りざたされている。政権与党が税率引き上げの環境を整える努力を尽くさず，しかも増税に慎重な世論に乗じて選挙にまで利用しようという発想が感じられる。民意を問う大義足りえるか。今の議論には疑問を抱かざるを得ない。……さきの衆院選で自公民が増税実施の3党合意

153　『朝日新聞』，2014年12月3日。
154　『朝日新聞』，2014年12月15日。

を掲げたのは国民に痛みを強いる責任を主要政党が分担する意味があったはずだ。……ところが合意をほごにし増税先送りを選挙で掲げるようでは，こうした努力を台無しにしかねない」と，10％への引き上げ先送りを掲げ解散総選挙に打って出ようとする安倍首相の姿勢を，民意を問う大義足りえるかとの疑問を呈し，強く批判した。社会保障と税の一体改革の考え方を踏まえ，国民に痛みを強いる責任を主要政党が分担し，政争と一線を画して改革を進めようとする政治の知恵を，今回の首相の判断はほごにするもので，消費増税先送りの判断に対しても否定的な姿勢を示した[155]。

　18日，安倍首相は消費再増税の先送りを表明し，衆院を解散する意向を表明したが，19日，「首相　解散を表明　争点は『安倍政治』だ」と題し，「実際には有識者からの聞き取り作業も終わらないうちに先送りを決めていた。初めに結論ありきで，自らの政権戦略を優先させたのではと疑わざるを得ない。……3党合意の当事者である谷垣禎一自民党幹事長や山口那津男公明党代表が，表立った議論を避け，首相に同調したことも不可解だ。与党が方向転換したことで，民主党も増税反対に変わった。3党合意が事実上崩れ，税制や社会保障の議論に党派的な打算がはたらくことを危惧する」と，有識者からの聞き取り作業も終わらないうちに，安倍首相が増税先送りを判断し，これを争点に解散するという政治姿勢を批判した。ここでも3党合意の重要性を主張し，この首相の判断や，自民，公明，民主の増税反対への姿勢の変化は税制や社会保障の議論に党派的な打算がはたらき，3党合意が事実上崩れたことを意味すると懸念を示した[156]。

　また，20日，「衆院解散・総選挙へ　首相の説明　財政再建の覚悟見えず」と題し，「安倍晋三首相は解散表明時の記者会見で，『財政再建の旗は降ろさない』として消費増税の再延期を否定し，2020年度の財政健全化目標を堅持することも表明した。『財政再建が棚上げされた』と受け止められると，政府が発行する国債の価格が急落（金利が急騰）し，株価や国民生活にも大きな影響が出るためだ。だが，一年半延期した後の17年4月に再増税し，相当な歳出削減に踏み込

155　『毎日新聞』，2014年11月12日。
156　『毎日新聞』，2014年11月19日。

んでも健全化目標達成は至難の業だ。首相の約束が市場対策の空証文にならないか疑問だ」と，17年4月への再増税先送りの判断を，財政再建の覚悟が見えないとして批判した[157]。

第47回総選挙の選挙戦がスタートし，この総選挙を巡って様々なテーマにて社説を出していたが，消費再増税の先送りを巡っては，12月3日，「国債の格下げ　増税先送りへの警告だ」と題し，「米国の大手格付け会社『ムーディーズ・インベスターズ・サービス』が，日本国債の格付けを，上から5番目の『A1』へと1段階引き下げた。来年10月に予定されていた消費税率の10％への引き上げを安倍政権が見送る方針としたことで将来の財政健全化を見通しにくくなったというのが最大の変更理由という。……一方，新たな約束通り2017年4月に増税が実施されても，20年度の財政健全化目標を達成するのは並大抵ではない。……だが，すでに法律になっている増税さえ見送るようでは，将来の困難な政策も実現できないだろうとの疑念が生じた」と，米国の大手格付会社が行った日本国債の格下げを取り上げて，安倍首相の10％への引き上げ見送りを重ねて批判した。17年4月に増税が実施されても，20年度の財政健全化目標を達成するのは困難な状況で，安倍首相はどうやって20年度の目標を達成するのか，信頼できる数値と計画を即刻示す必要性を求めたが，すでに法律になっている増税さえ見送るようでは，財政健全化の実現は難しいとし，安倍首相の財政健全化に対する姿勢に懸念を示した[158]。

14日，総選挙において自民，公明両党が圧勝したことを受けて，翌15日，「『冷めた信任』を自覚せよ」と題し，「高揚感なき信任である。……追い風も逆風も感じられなかったが結果はほぼ一方的だった。消費増税先送りを理由とした解散の大義には疑問がつきまとい，争点がつかみにくい選挙は異常な低投票率に沈んだ。……だが，この審判で『安倍政治』全般が信任されたわけではない。衆院選は本来，外交，内政全体にわたり政権公約を競う選挙だ。ところが急な解散のうえ，首相は『この道しかない』とアベノミクスの是非に争点を絞り込んだ。……だからこそ，首相は何もかも授権されたかのように民意をはき違え

157　『毎日新聞』，2014年11月20日。
158　『毎日新聞』，2014年12月3日。

てはならない。……戦後最低の投票率はそれほどに危うい」と，自民，公明両党の大勝を「冷めた信任」とし，消費増税先送りを利用した解散の大義に疑問がつきまとい，これが異常な低投票率に結びついたとし，首相は何もかも授権されたかのように民意をはき違えてはならないと主張した[159]。

④　まとめ

　15年10月の10％への消費税率引き上げの先送りを表明し，これを争点に衆議院の解散・総選挙に打って出た安倍首相の判断について，社説は読売と，朝日，毎日は論調が異なっていたといえる。

　読売は，もともと景気を腰折れさせては元も子もないとし，15年10月の10％への引き上げに対し慎重な姿勢で，この安倍首相の，17年4月に10％の先送りする判断に対して評価できるとし，総選挙の争点を安倍政治の信任ととらえ，この解散総選挙に対し，理解を示したものといえる。また，増税による景気への影響を配慮しながらも，財政再建の視点を重視する姿勢を示し，民主党が消費増税をいつまで先送りするのかに言及していないことについて批判した。自民，公明両党の圧勝という総選挙結果に対しても，安倍内閣は信任され，アベノミクスを支持する民意が明確に示されたとし，消費増税の1年半先送りも支持されたと安倍政権に対する肯定的な見方を示したといえる。

　これに対し朝日は，社会保障と税の一体改革の考え方を重視し，リーマン・ショックの時のような経済有事とは異なり，必要な対策を施しつつ，予定通り15年10月の消費税率引き上げを主張した。消費再増税の先送りは3党合意を崩すもので，社会保障のありかたと財政再建計画を直撃するとして批判した。また，この解散総選挙に対しては，「いきなり解散」と称し，大義がない解散であると指摘した。自民，公明両党が圧勝した総選挙結果に対しても，戦後最低レベルの投票率であったことを挙げ，「なんでもできる力」を安倍内閣に与えたことにはならないとし，安倍政権に対し否定的な姿勢を示したといえる。

　毎日も，社会保障と税の一体改革の考え方を重視し，安倍内閣には財政再建の覚悟がみられないと主張，消費増税先送りの判断に対して否定的な見方を示

159　『毎日新聞』，2014年12月15日。

した。米国の大手格付会社による日本国債の格下げも取り上げ，これは国際的にも増税先送りに対する警告であるとし，安倍首相の財政健全化に対する姿勢に懸念を示した。解散総選挙についても，政権与党が税率引き上げの環境を整える努力を尽くさず，増税に慎重な世論に乗じて選挙をしようとしていると批判し，民意を問う大義たり得ないとした。自民，公明両党が圧勝した総選挙結果に対しても，戦後最低の投票率を指摘しながら，消費増税先送りを理由とした解散の大義には疑問がつきまとい，争点がつかみにくい選挙であったとし，安倍政治全般が信任されたわけではないと主張した。

なお，読売，朝日，毎日の社説における社会保障と税の一体改革の表現についてみてみると，読売は「社会保障と税の一体改革」という表現を常に用いているが，朝日は社説で引用する際は「社会保障と税の一体改革」とし，社説以外では「税と社会保障の一体改革」との表現を用いている傾向がみられた。毎日は社説の引用でも社説以外のところでも「税と社会保障の一体改革」との表現を用いている傾向がみられた[160]。

3 世論調査

(1) 軽減税率

第1節にて詳細をみたように，自民，公明両党は13年12月に「消費税率10％時に導入する」との合意を得た。その後，14年10月頃から安倍首相は15年10月の10％への引き上げに慎重な姿勢を示しだし，11月18日，消費再増税を17年4月に先送りし，これを問うため衆院を解散する決断をした。

そこで，読売，朝日，毎日の13年11月から14年11月までの軽減税率導入に関する世論調査についてみてみる。

160　なお，「社会保障と税の一体改革」と「税と社会保障の一体改革」の文言を意識的に使い分けているわけではなかったようである。（マスコミ関係者とのインタビュー）

① 読　売

　読売新聞は軽減税率導入に積極的で，第2章でみたように，引き続きしばしば軽減税率導入の是非を世論調査にて尋ねた。その質問文も同様で，「消費税率の引き上げに伴い，生活必需品などの税率を低くする軽減税率を，導入すべきだと思いますか，そうは思いませんか。」というもので，その回答の選択肢は「導入すべきだ」，「そうは思わない」，「答えない」というものであった。

　主な軽減税率についての世論調査結果をみると，「導入すべきだ」が13年11月，14年3月，5月，11月においてそれぞれ74％，79％，78％，77％と，7割～8割が軽減税率を導入すべきと考えている結果となった[161]。

② 朝　日

　朝日新聞は，軽減税率導入には否定的で，第2章と同様，軽減税率に関する世論調査はあまりみられなかったが，14年11月にて，「消費税を引き上げるときに，食料品など生活必需品の税率を低くおさえる軽減税率を導入することに賛成ですか。反対ですか。」と質問し，その回答の選択肢は「賛成」，「反対」というものであった。その結果は，「賛成」が79％，「反対」が14％であった[162]。

③ 毎　日

　毎日新聞は，軽減税率導入に積極的で，第2章でみたように，引き続きしばしば軽減税率導入の是非を世論調査にて尋ねた。主な軽減税率に関する世論調査についてみてみる。

　13年11月では，「消費税を引き上げる際，生活必需品などに軽減税率を導入すべきだという意見がありますが，あなたは賛成ですか，反対ですか。」と質問し，その回答の選択肢は「賛成」，「反対」であった。「賛成」は68％，「反対」は23％で，男女別では，男性がそれぞれ69％，24％，女性がそれぞれ68％，22％

161　『読売新聞』，2013年11月12日（調査日：11月8日〜10日），「YOMIURI　ONLINE」（https://www.yomiuri.co.jp），2014年3月17日（調査日：3月14日〜16日），「YOMIURI ONLINE」（https://www.yomiuri.co.jp），2014年5月12日（調査日：5月9日〜11日），「YOMIURI ONLINE」（https://www.yomiuri.co.jp），2014年11月11日（調査日：11月7日〜9日）。

162　『朝日新聞』，2014年11月11日（調査日：11月8日〜9日）。

であった[163]。

14年3月では，「消費税10%への引き上げと同時に，生活必需品などに軽減税率を導入すべきだと思いますか，思いませんか。」と質問し，その回答の選択肢は「思う」，「思わない」であった。「思う」は77%，「思わない」は19%で，男女別では，男性がそれぞれ79%，18%，女性がそれぞれ76%，19%であった[164]。

4月では，「消費税は来年10月には10%に引き上げられる予定です。引き上げと同時に生活必需品などに軽減税率を導入すべきだと思いますか，思いませんか。」と質問し，「思う」は78%，「思わない」は17%で，男女別では，男性がそれぞれ80%，18%，女性がそれぞれ77%，17%であった[165]。

11月では，「自民，公明両党は，消費税率を10%へ引き上げると同時に，生活必需品などの税率を低くする『軽減税率』の導入を目指すことで合意しました。この合意を評価しますか，しませんか。」と質問し，その回答の選択肢は「評価する」，「評価しない」であった。「評価する」は70%，「評価しない」は23%で，男女別では，男性がそれぞれ67%，28%，女性がそれぞれ73%，20%であった[166]。

これらの結果をみると，消費税を10%に引き上げると同時に軽減税率を導入すべきと考える人が男女問わず70%以上いるというものであった。なお，11月の世論調査にて，自民，公明両党が10%へ引き上げると同時に軽減税率導入を目指すことで合意したことについての評価を尋ねていたが，「目指す」との合意の段階でその評価を質問したことは，10%に引き上げると同時の軽減税率導入をのぞむ世論が多数あることを示したい毎日の意向がみられる。

④　ま　と　め

軽減税率導入の是非に関する世論調査結果は，3紙とも導入すべきとの考えが8%段階から上昇傾向にあり，ほぼ70%台と多数を占めていた。第2節にて

163　『毎日新聞』，2013年11月12日（調査日：11月9日～10日）。
164　『毎日新聞』，2014年3月31日（調査日：3月29日～30日）。
165　『毎日新聞』，2014年4月21日（調査日：4月19日～20日）。
166　『毎日新聞』，2014年12月1日（調査日：11月29日～30日）。

みたように，社説において軽減税率導入に積極的な読売と毎日は，第2章と同様，軽減税率に関する世論調査がしばしば実施されていたが，社説があまり積極的ではなかった朝日は，軽減税率に関する世論調査は少なかったといえる。

⑵　税率引き上げ延期

　第1節にて詳細をみたように，10％引き上げ時の軽減税率導入が一応決着すると，15年10月からの消費税率10％への引き上げをするか否かについて焦点が移った。官邸サイドは14年7～9月期の国内総生産の改定値が出たうえで，消費税率10％への引き上げを予定通り実施するかどうかを判断するとし，財務省や自民税調が予定通りの引き上げを強く求めたが，消費税率の引き上げには，8％引き上げ時以降景気回復が思うように進んでいないことを理由にそれほど前向きではなかった。安倍首相は，10月初旬，解散を考え始め，消費税率の10％への引き上げ延期を争点に，11月18日，衆院を21日に解散し，総選挙を実施することを正式に表明した。12月14日，第47回総選挙が投開票され，与党の自民・公明両党は325議席を獲得し，アベノミクスが信任され，消費税率の引き上げ延期もこの選挙結果により民意の支持を得たこととなった。

　そこで，読売，朝日，毎日の14年5月から12月までに実施された消費税率の10％への引き上げ延期の賛否を巡る世論調査について，安倍内閣の経済政策の評価や景気回復の実感の有無等に関する世論調査も参考にしながらみてみる。

①　読　　売

　読売新聞は，5％から8％への引き上げの際の世論調査に引き続き，安倍内閣の経済政策や景気回復の実感の有無について，以下のように質問した。

　「安倍内閣の経済政策を，評価しますか，評価しませんか。」と質問し，回答の選択肢は「評価する」，「評価しない」，「答えない」であった。また，「安倍内閣のもとで，景気の回復を，実感していますか，実感していませんか。」と質問し，回答の選択肢は「実感している」，「実感していない」，「答えない」であった。

　主な上記の結果をみると，経済政策について「評価します」が14年8月，10月，11月，12月においてそれぞれ49％，51％，44％，40％と，5割～4割程度

が安倍内閣の経済政策を評価しているという結果となり，5％から8％への引き上げを巡る世論調査結果と比較すると，評価するが10％～20％減少したといえる。

また，景気回復の実感の有無については「実感していない」が14年8月，10月，11月，12月においてそれぞれ77％，76％，79％，79％と，5％から8％への引き上げの際の調査と同様，8割程度が景気回復を実感していない結果となった[167]。

この結果は，安倍内閣の経済政策については5割程度評価するものの減少傾向にあり，景気回復を実感していないとする民意は引き続き8割程度あったということを示すものであるといえる。

消費税率の15年10月の10％への引き上げについて，以下のように質問した。

「消費税率は，来年10月に，8％から10％への引き上げが予定されています。予定通り，10％に引き上げることに賛成ですか，反対ですか。」と質問し，回答の選択肢は「賛成」，「反対」，「答えない」であった。

主な上記の結果をみると，14年8月，10月において「賛成」がそれぞれ30％，28％で，「反対」がそれぞれ66％，68％であった[168]。

11月では，「消費税率は，来年10月に，8％から10％への引き上げが予定されています。予定通り，10％に引き上げることについて，次の3つの中から，あなたの考えに最も近いものを1つ選んで下さい。」と質問し，解答の選択肢は「予定通り，来年10月に10％に引き上げるべきだ」，「引き上げは必要だが，時期は遅らせるべきだ」，「引き上げるべきでない」であった。10月までの質問と比較すると，賛成か反対かとの選択肢ではなく，「引き上げは必要だが時期は遅らせるべきだ」との選択肢を設け，この民意をくみ上げようとする姿勢がみられる。

---

167 「YOMIURI ONLINE」(https://www.yomiuri.co.jp)，2014年8月4日（調査日：8月1日～3日），「YOMIURI ONLINE」(https://www.yomiuri.co.jp)，2014年10月6日（調査日：10月3日～5日），「YOMIURI ONLINE」(https://www.yomiuri.co.jp)，2014年11月11日（調査日：11月7日～9日），「YOMIURI ONLINE」(https://www.yomiuri.co.jp)，2014年12月26日（調査日：12月24日～25日）。

168 「YOMIURI ONLINE」(https://www.yomiuri.co.jp)，2014年8月4日（調査日：8月1日～3日），「YOMIURI ONLINE」(https://www.yomiuri.co.jp)，2014年10月6日（調査日：10月3日～5日）。

その結果は，それぞれ16％，46％，37％であった[169]。

安倍首相が11月に衆議院を解散すると，「安倍首相は，消費税率の10％への引き上げを先送りすることについて，国民に信を問いたいとして，衆議院を解散しました。あなたは，安倍首相が衆議院を解散したことを，評価しますか，評価しませんか。」と質問し，回答の選択肢は，「評価する」，「評価しない」，「答えない」であった。その結果はそれぞれ27％，65％，8％であった。さらに，「安倍首相が，来年10月に予定されていた消費税率の10％への引き上げを，2017年4月に先送りしたことを，評価しますか，評価しませんか。」と質問し，その回答の選択肢は「評価する」，「評価しない」だった。その結果はそれぞれ59％，35％，6％であった[170]。

これらの結果をみると，15年10月の10％への引き上げの賛否は賛成が3割程度，反対が6割強存在し，解散が取り沙汰された11月では，「引き上げは必要だが，時期は遅らせるべきだ」がほぼ5割程度存在し，反対の民意が多数あったことを示したといえる。11月の解散表明に対しては，評価するが3割程度，評価しないが6割強と評価しない民意が多数存在したが，15年10月に予定されていた10％への引き上げを17年4月に先送りしたことについては評価するが6割程度あり，安倍首相の10％への引き上げ延期の決断は概ね評価されたものといえる。

② 朝　日

朝日新聞も，5％から8％への引き上げの際の世論調査に引き続き，安倍首相の経済政策について，以下のように質問した。14年6月，7月に，「安倍首相の経済政策への取り組みを評価しますか。評価しませんか。」と質問し，回答の選択肢は「評価する」，「評価しない」であった。その結果は，6月はそれぞれ45％，31％，7月はそれぞれ45％，35％であった[171]。

---

169 「YOMIURI ONLINE」(https://www.yomiuri.co.jp)，2014年11月11日（調査日：11月7日〜9日）。

170 「YOMIURI ONLINE」(https://www.yomiuri.co.jp)，2014年11月23日（調査日：11月21日〜22日）。

171 『朝日新聞』，2014年6月23日（調査日：6月21日〜22日），『朝日新聞』，2014年7月29日（調査日：7月26日〜27日）。

9月，10月には，「安倍首相の経済政策で，日本経済が成長することを期待できると思いますか。期待できないと思いますか。」と質問し，回答の選択肢は「期待できる」，「期待できない」であった。その結果は，9月はそれぞれ39％，39％で，10月はそれぞれ37％，45％であった[172]。

　また，安倍首相の経済政策と賃金や雇用への影響についても質問し，6月，9月には，「安倍首相の経済政策が賃金や雇用が増えることに結びついていると思いますか。そうは思いませんか。」と質問し，回答の選択肢は「賃金や雇用が増えることに結びついている」，「そうは思わない」であった。その結果は，6月はそれぞれ27％，55％，9月はそれぞれ28％，53％であった[173]。

　11月には，「安倍首相の経済政策のもとであなた自身の暮らし向きは良くなりましたか。悪くなりましたか。変わりませんか。」と質問し，回答の選択肢は「良くなった」，「悪くなった」，「変わらない」であった。その結果は，それぞれ4％，28％，66％であった。

　これらの安倍首相の経済政策に関する世論調査の結果をみてみると，経済政策への取り組みについては，13年の調査に引き続き，評価するが50％弱，評価しないが30％程度と，評価するが若干の減少を示したもののほぼ変わらないといえる。これに対し，日本経済の成長への期待についての調査結果は2017年の調査では前述したように期待できるが期待できないを大きく上回っていたが，14年の調査になると期待できるの割合が減少し，10月には期待できないが期待できるを上回る結果となった。

　賃金や雇用への影響については，13年では民意に変動がみられたが14年では安倍首相の経済政策が賃金や雇用が増えることに結びついているとは思わない民意が5割を超えた。

　暮らし向きについては，「悪くなった」が「良くなった」を上回り，変わらないとの回答が6割を超えた。

　これらの結果をみると，依然安倍首相の経済政策に対し評価をしているもの

172　『朝日新聞』，2014年9月8日（調査日：9月6日～7日），『朝日新聞』，2014年10月27日（調査日：10月25日～26日）。

173　『朝日新聞』，2014年6月23日（調査日：6月21日～22日），『朝日新聞』，2014年9月8日（調査日：9月6日～7日）。

の、これが日本経済の成長への期待，賃金や雇用の上昇，自らの暮らし向きにあまり結びついていないと考える民意が多数あったといえる。

消費税率の15年10月の10％への引き上げについて，以下のように質問した。「来年10月に消費税を10％に引き上げることに，賛成ですか。反対ですか。」と質問し，回答の選択肢は「賛成」，「反対」であった。その結果は，7月はそれぞれ27％，64％，9月は24％，69％，10月は22％，71％，11月は24％，67％であった。この結果をみると，13年の調査よりも反対の民意が多く存在し，賛成が20％台であるのに対し，反対は70％近く存在した[174]。

11月の世論調査では，消費税の引き上げについてさらに以下の質問をした。「今の日本の景気は，消費税を引き上げられる状況だと思いますか。引き上げられる状況ではないと思いますか。」と質問し，回答の選択肢は「引き上げられる状況だ」，「引き上げられる状況ではない」であった。その結果は，それぞれ16％，71％であった。

「消費税を引き上げることで，景気に悪い影響が出る不安をどの程度感じますか。」と質問し，回答の選択肢は「大いに感じる」，「ある程度感じる」，「あまり感じない」，「まったく感じない」であった。その結果は，それぞれ27％，57％，11％，2％であった。

「消費税を引き上げないことで，社会保障に悪い影響が出る不安をどの程度感じますか。」と質問し，回答の選択肢は「大いに感じる」，「ある程度感じる」，「あまり感じない」，「まったく感じない」であった。その結果は，それぞれ18％，48％，24％，6％であった。

11月の調査結果をみると，消費税を引き上げられる状況ではないと考える民意が7割存在し，これは15年10月の10％への引き上げに反対する民意が増加傾向にあったことと結びついているといえる。また，13年調査と同様に，消費税率を引き上げることによる景気の影響と，引き上げないことによる社会保障への影響の双方を質問し，景気への悪い影響を考える民意が8割を超え，13年に比べて上昇した。一方社会保障への悪い影響を考える民意は6割強存在したが，

---

174 『朝日新聞』，2014年9月8日（調査日：9月6日〜7日），『朝日新聞』，2014年10月27日（調査日：10月25日〜26日）。

13年に比べると減少した。

安倍首相が11月に衆議院を解散すると，「安倍首相は，21日に衆議院を解散し，12月に総選挙をすることを表明しました。この時期に解散・総選挙をすることに賛成ですか。反対ですか。」と質問し，回答の選択肢は「賛成」，「反対」であった。その結果は，それぞれ18％，62％であった。さらに，「衆議院を解散する理由について，安倍首相は消費税を引き上げる時期を延期することについて，国民に信を問うため，と説明しています。こうした理由で選挙をすることに納得しますか。納得しませんか。」と質問し，回答の選択肢は「納得する」，「納得しない」であった。その結果は，それぞれ25％，65％であった。

これらの結果から，朝日は消費税の引き上げ時期を延期することを問うために衆議院を解散したことに納得しない民意が65％あり，解散・総選挙をすることに反対する民意も6割程度あることを示し，読売では消費税引き上げの時期を延期することについて問うことの賛否を質問していないことからも，このような解散について否定的な民意をくみ上げているといえる[175]。

また，「安倍首相は，来年10月に消費税を10％に引き上げるのを1年半延期し，2017年4月に，確実に引き上げると表明しました。安倍首相のこの判断を評価しますか。評価しませんか。」と質問し，回答の選択肢は「評価する」，「評価しない」であった。その結果は，それぞれ33％，49％であった。この結果は，前述した読売の同様の世論調査結果とは逆の結果で，評価しないが評価するを上回った。「2017年4月に消費税を10％に引き上げることに，賛成ですか。反対ですか。」と質問し，回答の選択肢は「賛成」，「反対」であった。その結果はそれぞれ39％，49％であった。11月の調査で，17年4月の10％への引き上げについての賛否も質問していたが，17年4月時でも反対が賛成する民意を上回る結果となった。

そして，「この2年間の安倍首相の経済政策は，全体として，成功だと思いますか。失敗だと思いますか。」と質問し，回答の選択肢は「成功だ」，「失敗だ」であった。その結果はそれぞれ，30％，39％であった。さらに，「安倍首相の経済政策が，賃金や雇用が増えることに結びついていると思いますか。そうは思

---

175 『朝日新聞』，2014年11月21日（調査日：11月19日〜20日）。

いませんか。」と質問し，回答の選択肢は「賃金や雇用が増えることに結びついている」，「そうは思わない」であった。その結果は，それぞれ20％，65％であった。以上の質問をすることにより，安倍首相の経済政策が失敗であり，賃金や雇用の増加に結びついていない民意を浮かび上がらせているといえる。

なお，解散表明後調査を実施したが，安倍首相の経済政策への取り組みに対する評価については，「評価する」が38％，「評価しない」が45％で，評価しないが評価するを上回ったが，この2年間の安倍首相の経済政策に対する成功，失敗を尋ねると，成功が37％，失敗が30％と成功が失敗を上回り，民意の変動がみられた。15年10月の10％への引き上げを延期し，17年4月に確実に引き上げるとの判断に対する評価については，評価するが43％，評価しないが40％と，ここでも民意の変動がみられた[176]。

③　毎　　日

毎日新聞は，暮らし向きについての調査を実施し，具体的には以下のようであった。14年9月に，「2度目の安倍内閣が発足して1年8ヶ月たちました。発足前に比べて，あなたの暮らし向きはどうなりましたか。」と質問し，回答の選択肢は「良くなった」，「悪くなった」，「変わらない」であった。その結果は，それぞれ5％，30％，62％であった。なお，男女別でみると，男性はそれぞれ5％，31％，62％で，女性はそれぞれ4％，29％，62％であった[177]。

10月に，「消費税が今年4月に8％に引き上げられて半年がたちました。引き上げられる前に比べてあなたの暮らし向きはどうなりましたか。」と質問し，回答の選択肢は「良くなった」，「悪くなった」，「変わらない」であった。その結果は，それぞれ1％，45％，53％であった。なお，男女別でみると，男性はそれぞれ1％，42％，57％で，女性はそれぞれ1％，48％，51％であった[178]。

11月には，「2度目の安倍内閣が発足して間もなく2年を迎えます。発足前に比べてあなたの暮らし向きはどうなりましたか。」と質問し，回答の選択肢は「良

176　『朝日新聞』，2014年11月24日（調査日：11月22日〜23日），『朝日新聞』，2014年12月1日（調査日：11月29日〜30日）。

177　『毎日新聞』，2014年9月5日（調査日：9月3日〜4日）。

178　『毎日新聞』，2014年10月20日（調査日：10月18日〜19日）。

くなった」，「悪くなった」，「変わらない」であった。その結果は，それぞれ 5％，21％，71％であった。なお，男女別でみると，男性はそれぞれ 7％，17％，74％で，女性はそれぞれ 4％，23％，69％であった[179]。

　また，13年の調査に引き続き，安倍首相の経済政策と景気回復を結びつけて以下のように質問した。11月，12月に，「安倍首相の経済政策，いわゆる『アベノミクス』によって景気が良くなったと思いますか。」と質問し，回答の選択肢は「良くなったと思う」，「良くなったと思わない」であった。その結果は11月ではそれぞれ23％，70％で，男女別でみると，男性はそれぞれ28％，67％で，女性はそれぞれ18％，73％で，12月ではそれぞれ21％，70％で，男女別でみると，男性はそれぞれ24％，67％で，女性はそれぞれ19％，72％であった[180]。

　これらの結果をみると，朝日も同様の質問をしていたが，暮らし向きについては「悪くなった」が「良くなった」を大きく上回り，「変わらない」が多数を占めた。アベノミクスについても，暮らし向きの結果と関連して，13年の調査では，景気回復への期待を質問していたが，実際の景気については，「良くなったと思わない」が「良くなった」を大きく上回り，悪いと感じる民意が 7 割程度存在した。

　消費税率の15年10月の10％への引き上げについて，以下のように質問した。9 月，10月に，「安倍首相は来年10月に消費税率を10％に引き上げるかどうかを年内にも判断します。あなたは10％への引き上げに賛成ですか，反対ですか。」と質問し，回答の選択肢は「賛成」，「反対」であった。その結果は 9 月ではそれぞれ25％，68％であった。男女別でみると，男性はそれぞれ，30％，65％で，女性はそれぞれ21％，71％であった。10月では，それぞれ25％，73％であった。男女別でみると，男性はそれぞれ，29％，68％で，女性はそれぞれ21％，76％であった。

　11月の安倍首相の10％への引き上げ延期表明前では，賛成が25％程度，反対が70％程度あり，男女別では，女性の方が反対する民意がより多く存在した。

---

179 『毎日新聞』，2014年12月 1 日（調査日：11月29日～30日）。

180 『毎日新聞』，2014年12月 1 日（調査日：11月29日～30日），『毎日新聞』，2014年12月11日（調査日：12月 9 日～10日）。

11月の表明後では,「消費税率を10％へ引き上げることに賛成ですか,反対ですか。」と質問し,回答の選択肢は「賛成」,「反対」であった。その結果は11月ではそれぞれ43％,51％であった。男女別にみると,男性はそれぞれ53％,43％,女性はそれぞれ35％,58％であった。12月ではそれぞれ41％,52％であった。男女別にみると,男性はそれぞれ50％,47％で,女性はそれぞれ37％,55％であった。

また,安倍首相の消費増税先送りの判断については,11月に「安倍晋三首相は来年実施予定だった消費税率10％への引き上げを1年半延期しました。この判断を評価しますか,しませんか。」と質問し,回答の選択肢は「評価する」,「評価しない」であった。その結果はそれぞれ62％,33％であった。男女別にみると,男性はそれぞれ60％,37％で,女性はそれぞれ65％,30％であった[181]。

これらの結果をみると,11月の解散表明前までは,15年10月の10％への引き上げについて反対が賛成を大きく上回っていた。解散表明後は,15年10月から1年半延期して17年4月に引き上げを実施する安倍首相の判断を評価する民意が多く存在し,10％への引き上げについては時期はともかく将来的に上げざるを得ないと考える民意が4割以上あることを示したといえる。

④　まとめ

3紙ともに,大きく安倍内閣の経済政策に関するもの,15年10月の10％への引き上げの賛否,11月の安倍首相による15年10月から17年4月への10％引き上げ延期の判断について世論調査を実施していた。

安倍内閣の経済政策については,景気回復の実感,経済成長への期待,賃金や雇用への影響,暮らし向き等,様々な角度から各紙が質問していた。質問項目は様々であったが,安倍内閣の経済政策に対する民意は概ね以下のようであったといえる。経済政策そのものに対する評価は一定程度あったものの,3紙とも13年の調査に比べて評価する割合が減少する傾向にあったといえる。朝

---

181 『毎日新聞』,2014年9月5日（調査日：9月3日〜4日）,『毎日新聞』,2014年10月20日（調査日：10月18日〜19日）,『毎日新聞』,2014年12月1日（調査日：11月29日〜30日）,『毎日新聞』,2014年12月11日（調査日：12月9日〜10日）。

日は，2年間の安倍首相の経済政策が全体として成功か失敗かを質問し，11月の調査では失敗が成功を上回った結果を示した。毎日も経済政策と景気回復を結びつけながら，アベノミクスによって景気が良くなったと思わない民意が7割程度存在したことを示した。

　読売は景気回復の実感について質問し，実感していないとの民意が8割程度存在することを示した。朝日と毎日は暮らし向きについて質問し，安倍内閣のもとで暮らし向きが変わらないとする民意が多数存在し，「悪くなった」が「良くなった」を上回る結果を示した。

　朝日は安倍首相の経済政策が賃金や雇用が増えることに結びついているかどうかについても質問し，14年の調査では結びついているとは思わない民意が5割超存在することを示した。また，消費税率を引き上げることによる景気への影響と，消費税率を引き上げないことによる社会保障への影響を13年調査に引き続き質問した。朝日は，読売，毎日に比べて安倍首相の経済政策に関する質問を細かくしていたといえる。

　15年10月の10％への引き上げの賛否については，3紙ともに反対が賛成を大きく上回り，反対がほぼ7割近く存在したといえる。

　安倍首相の10％への引き上げ延期の判断については，読売と毎日は評価するが評価しないを上回り，評価する民意が6割程度存在した。一方朝日は，判断直後は評価しないが評価するを上回り，その後評価するが若干評価しないを上回ったものの，延期の判断について評価する民意が読売や毎日に比べて少ない結果となった。

　安倍首相の消費税率引き上げの先送りを問う衆院解散については，読売と朝日が質問していたが，2紙ともに評価しないあるいは納得しないが，評価するあるいは納得するを大きく上回り，延期の判断は評価するものの，延期を問う衆院解散には評価あるいは納得できない民意が多数存在したといえる。

第 3 章　8％から10％への税率引き上げ延期（ I 回目）　161

　選挙（第47回総選挙）

(1) 内閣支持率，政党支持率，投票予定政党，争点等

　本項では，第47回総選挙までの13年 8 月から14年12月にかけて実施された読売，朝日，毎日による世論調査を基に，内閣支持率，政党支持率，投票政党，争点等についてみてみる。

① 読　　売

　内閣支持率についてみてみる。13年 8 月，12月，14年 2 月， 4 月， 5 月， 8 月，10月，11月における内閣支持率は，それぞれ「支持する」が63％，55％，60％，58％，57％，51％，62％，49％，「支持しない」が26％，38％，31％，34％，31％，41％，30％，42％であった[182]。

　政党支持率についてみてみる。13年 8 月，12月，14年 2 月， 4 月， 5 月， 8 月，10月，11月における政党支持率は以下のようであった。自民党はそれぞれ42％，36％，37％，38％，40％，38％，45％，41％，民主党はそれぞれ 5 ％， 6 ％， 4 ％， 4 ％， 5 ％， 6 ％， 4 ％，10％，維新[183]はそれぞれ 5 ％， 2 ％， 2 ％， 2 ％， 1 ％， 2 ％， 2 ％，公明党はそれぞれ 5 ％， 4 ％， 3 ％， 4 ％， 2 ％， 2 ％， 2 ％， 3 ％，みんなの党はそれぞれ 2 ％， 2 ％， 1 ％， 1 ％， 0 ％， 0 ％， 0 ％，共産党はそれぞれ 2 ％， 3 ％， 3 ％， 2 ％， 3 ％， 3 ％，

---

[182] 『読売新聞』，2013年 8 月11日（調査日： 8 月 8 日～10日），『読売新聞』，2013年12月10日（調査日：12月 6 日～ 8 日），「YOMIURI ONLINE」（https://www.yomiuri.co.jp），2014年 2 月17日（調査日： 2 月14日～16日），「YOMIURI ONLINE」（https://www.yomiuri.co.jp），2014年 4 月15日（調査日： 4 月11日～13日），「YOMIURI ONLINE」（https://www.yomiuri.co.jp），2014年 6 月 2 日（調査日： 5 月30日～ 6 月 1 日），「YOMIURI ONLINE」（https://www.yomiuri.co.jp），2014年 8 月 4 日（調査日： 8 月 1 日～ 3 日），「YOMIURI ONLINE」（https://www.yomiuri.co.jp），2014年10月 6 日（調査日：10月 3 日～ 5 日），「YOMIURI ONLINE」（https://www.yomiuri.co.jp），2014年11月25日（調査日：11月21日～22日）。

[183] 12年 9 月28日，日本維新の会が結成され，14年 7 月31日に解党し，次世代の党と維新の党（14年 8 月 1 日結いの党と合流）に分かれた。

3％，2％，支持政党なしはそれぞれ37％，45％，47％，48％，46％，49％，40％，38％であった[184]。

投票予定政党（比例代表）についてみてみる。第47回総選挙前の14年11月における投票予定政党は以下のようであった。自民党は41％，民主党は14％，維新は5％，公明党は6％，共産党は3％，「決めていない」は28％であった[185]。

争点についてみてみる。13年6月に「今回の衆議院選挙で，投票する候補者や政党を決めるとき，とくに重視したい政策や争点があれば，次の9つの中から，いくつでも選んで下さい。」と質問し，回答の選択肢は「景気や雇用」，「消費税率の引き上げ」等であった。その結果はそれぞれ70％，47％であった。

これらの結果をみると，内閣支持率については，13年1月から7月までの結果と比較すると，全体的にはさらに減少する傾向がみられたといえる。14年11月には，「支持する」が49％，「支持しない」が42％であった。

13年8月から14年12月までの内閣支持率において大きく上昇あるいは下降した時期をみると，まず，13年11月までは60％台の支持率が12月に50％台に10％程度下落したが，この要因は12月6日に特定秘密保護法が成立し，これに対する世論の反発があったものと考えられる。また，14年9月3日，第2次安倍改造内閣の発足に伴い，それまで50％程度であった支持率が60％程度に持ち直した。しかし，10月20日，小渕優子経産相と松嶋みどり法務相のダブル辞任により支持率がふたたび50％程度に減少した。

政党支持率については，自民党は引き続きほぼ4割程度であった。なお，前

184　『読売新聞』，2013年8月11日（調査日：8月8日～10日），『読売新聞』，2013年10月7日（調査日：10月4日～6日），『読売新聞』，2013年12月10日（調査日：12月6日～8日），「YOMIURI ONLINE」（https://www.yomiuri.co.jp），2014年2月17日（調査日：2月14日～16日），「YOMIURI ONLINE」（https://www.yomiuri.co.jp），2014年4月15日（調査日：4月11日～13日），「YOMIURI ONLINE」（https://www.yomiuri.co.jp），2014年6月2日（調査日：5月30日～6月1日），「YOMIURI ONLINE」（https://www.yomiuri.co.jp），2014年8月4日（調査日：8月1日～3日），「YOMIURI ONLINE」（https://www.yomiuri.co.jp），2014年10月6日（調査日：10月3日～5日），「YOMIURI ONLINE」（https://www.yomiuri.co.jp），2014年11月25日（調査日：11月21日～22日），「YOMIURI ONLINE」（https://www.yomiuri.co.jp），2014年12月17日（調査日：12月15日～16日）。
　　なお，みんなの党は2014年11月28日に解党したため2014年11月以降のデータはない。
185　「YOMIURI ONLINE」（https://www.yomiuri.co.jp），2014年11月25日（調査日：11月21日～22日）。

述した内閣支持率の上昇，減少にともない自民党の支持率も上昇，減少する傾向もみられた。一方民主党は，支持率が13年1月から7月の調査と比較すると，さらに減少傾向がみられ，5％程度であった。

投票予定政党については，比例代表において自民党が40％程度，民主党が10％半ばであった。

争点については，安倍首相が消費税率の8％から10％への引き上げ時期を15年10月から17年4月に延期することを表明し，アベノミクスとともに消費税率の引き上げ延期も争点として総選挙が実施されたが，複数回答を求めていたが特に重視したい政策や争点としては景気や雇用が7割程度，消費税率の引き上げについては5割程度であった。

② 朝　　日

内閣支持率についてみてみる。13年8月，12月，14年2月，5月，7月，9月，10月，11月における内閣支持率は，それぞれ「支持する」が55％，46％，47％，49％，44％，47％，49％，39％，「支持しない」が27％，34％，30％，30％，33％，30％，30％，40％であった[186]。

政党支持率についてみてみる。13年8月，12月，14年2月，5月，7月，9月，10月，11月における政党支持率は以下のようであった。自民党はそれぞれ38％，35％，34％，37％，35％，37％，37％，32％，民主党はそれぞれ6％，6％，6％，5％，4％，4％，6％，5％，維新はそれぞれ2％，1％，1％，1％，1％，1％，1％，1％，公明党はそれぞれ3％，3％，3％，3％，3％，3％，3％，3％，みんなの党はそれぞれ2％，2％，1％，0％，0％，0％，0％，共産党はそれぞれ2％，3％，4％，2％，2％，2％，2％，3％，「支持政党なし」はそれぞれ40％，39％，46％，44％，

---

186 『朝日新聞』，2013年8月26日（調査日：8月22日～23日），『朝日新聞』，2013年12月8日（調査日：12月7日～7日），『朝日新聞』，2014年2月18日（調査日：2月15日～16日），『朝日新聞』，2014年5月27日（調査日：5月24日～25日），『朝日新聞』，2014年7月6日（調査日：7月4日～5日），『朝日新聞』，2014年9月8日（調査日：9月6日～7日），『朝日新聞』，2014年10月27日（調査日：10月25日～26日），『朝日新聞』，2014年11月21日（調査日：11月19日～20日）。

46％，46％，43％，40％であった[187]。

　投票予定政党（比例代表）についてみてみる。第47回総選挙前の14年11月における投票予定政党は以下のようであった。自民党は37％，民主党は13％，維新は6％，公明党は4％，共産党は6％，「答えない」は30％であった[188]。

　争点についてみてみる。14年11月に「今度の衆議院選挙で投票先を決めるとき，あなたが重視する政策は何ですか。（選択肢から2つまで選ぶ）」と質問し，回答の選択肢は「景気・雇用対策」，「消費税の引き上げ延期」，「子育て支援，女性の活躍」等であった。その結果はそれぞれ47％，29％，30％であった。

　また，朝日は，11月に「安倍首相は21日に衆議院を解散し12月に総選挙をすることを表明しました。この時期に解散総選挙をすることに賛成ですか，反対ですか」と質問し，回答の選択肢は「賛成」，「反対」であった。その結果はそれぞれ18％，62％であった[189]。

　さらに11月，「今度の衆議院選挙で，与党が議席を増やしたほうがよいと思いますか。野党が議席を増やしたほうがよいと思いますか。今とあまり変わらないままがよいと思いますか。」と質問し，回答の選択肢は「与党が議席を増やす」，「野党が議席を増やす」，「今とあまり変わらない」であった。その結果はそれぞれ18％，36％，31％であった[190]。

　これらの結果をみると，内閣支持率の変動については，読売とほぼ同様の傾向がみられたが，支持するが50％台から40％弱，支持しないが30％から40％程度であった。14年11月には，支持するが39％，支持しないが40％と拮抗した。

　政党支持率については，自民党は引き続き30％後半であった。なお，読売と同様，内閣支持率は自民党支持率に影響を与えていたといえる。一方民主党は

187　『朝日新聞』，2013年8月26日（調査日：8月22日〜23日），『朝日新聞』，2013年12月8日（調査日：12月7日〜7日），『朝日新聞』，2014年2月18日（調査日：2月15日〜16日），『朝日新聞』，2014年5月27日（調査日：5月24日〜25日），『朝日新聞』，2014年7月6日（調査日：7月4日〜5日），『朝日新聞』，2014年9月8日（調査日：9月6日〜7日），『朝日新聞』，2014年10月27日（調査日：10月25日〜26日），『朝日新聞』，2014年11月21日（調査日：11月19日〜20日）。

　　なお，みんなの党は2014年11月28日に解党したため2014年11月以降のデータはない。
188　『朝日新聞』，2014年11月21日（調査日：11月19日〜20日）。
189　『朝日新聞』，2014年11月21日（調査日：11月19日〜20日）。
190　『朝日新聞』，2014年11月24日（調査日：11月22日〜23日）。

支持率5％程度であった。

投票予定政党については，比例代表において自民党が30％後半，民主党が10％半ばであった。

争点については，安倍首相が税率引き上げ延期を表明し，これを争点として総選挙が実施されたが，上位2つを回答させ，重視する政策としては雇用・景気対策が5割程度であったのに対し，消費税の引き上げ延期については3割程度であった。

また，朝日は安倍首相の11月21日の衆院解散についての是非を質問し，反対の民意が6割程度で賛成を大きく上回ったことを示した。

さらに，この総選挙で与党，野党いずれが議席を増やす方がよいと思うかを質問し，「野党が議席を増やす」が36％で，「与党が議席を増やす」の18％を上回ったことも示した。

③ 毎 日

内閣支持率についてみてみる。13年8月，12月，14年2月，4月，8月，9月，10月，11月における内閣支持率は，それぞれ「支持する」が59％，49％，52％，49％，47％，47％，47％，46％，「支持しない」が22％，34％，32％，33％，34％，32％，36％，35％，「関心がない」が18％，16％，14％，16％，17％，18％，16％，17％であった[191]。

政党支持率についてみてみる。13年8月，12月，14年2月，4月，8月，9月，10月，11月における政党支持率は以下のようであった。自民党はそれぞれ37％，31％，35％，32％，32％，35％，35％，34％，民主党はそれぞれ5％，6％，6％，6％，5％，6％，7％，7％，維新はそれぞれ6％，4％，4％，4％，3％，3％，5％，4％，公明党はそれぞれ4％，4％，3％，4％，4％，5％，5％，4％，みんなの党はそれぞれ4％，1％，2％，

---

191 『毎日新聞』，2013年8月27日（調査日：8月25日〜26日），『毎日新聞』，2013年12月24日（調査日：12月21日〜22日），『毎日新聞』，2014年2月17日（調査日：2月15日〜16日），『毎日新聞』，2014年4月21日（調査日：4月19日〜20日），『毎日新聞』，2014年8月25日（調査日：8月23日〜24日），『毎日新聞』，2014年9月5日（調査日：9月3日〜4日），『毎日新聞』，2014年10月20日（調査日：10月18日〜19日），『毎日新聞』，2014年12月1日（調査日：11月29日〜30日）。

1％，1％，1％，1％，共産党はそれぞれ4％，4％，3％，3％，3％，4％，4％，4％，「支持政党はない」はそれぞれ33％，39％，41％，41％，43％，38％，37％，35％であった[192]。

投票予定政党（比例代表）についてみてみる。第47回総選挙前の14年12月における投票予定政党は以下のようであった。自民党は35％，民主党は11％，維新は10％，公明党は6％，共産党は7％であった[193]。

争点についてみてみる。14年12月に「あなたが衆院選で最も重視する争点を1つ選んでください。」と質問し，回答の選択肢は「景気対策」，「消費増税」，「年金・医療・介護・子育て」等であった。その結果はそれぞれ26％，4％，33％であった。

また，毎日は，12月に「自民党と公明党の与党が過半数をとって政権を維持した方がよいと思いますか。」と質問し，回答の選択肢は「思う」，「思わない」であった。その結果はそれぞれ51％，31％であった[194]。

これらの結果をみると，内閣支持率の変動については，読売，朝日とほぼ同様の傾向がみられ，支持率は朝日よりも若干高めに出ており，「支持する」が50％台から40％弱，「支持しない」が20％台から30％台であった。なお，「関心がない」は引き続き2割弱であった。

政党支持率については，自民党は引き続き30％台を上下した。なお，読売，朝日と同様，内閣支持率は自民党支持率に影響を与えていたといえる。一方民主党は支持率5％～8％を上下した。

投票予定政党については，朝日と同様，比例代表において自民党が30％後半，民主党が10％半ばであった。

争点については，安倍首相が税率引き上げ延期を表明し，これを争点として

---

192 『毎日新聞』，2013年8月27日（調査日：8月25日～26日），『毎日新聞』，2013年12月24日（調査日：12月21日～22日），『毎日新聞』，2014年2月17日（調査日：2月15日～16日），『毎日新聞』，2014年4月21日（調査日：4月19日～20日），『毎日新聞』，2014年8月25日（調査日：8月23日～24日），『毎日新聞』，2014年9月5日（調査日：9月3日～4日），『毎日新聞』，2014年10月20日（調査日：10月18日～19日），『毎日新聞』，2014年12月1日（調査日：11月29日～30日）。
 なお，みんなの党は2014年11月28日に解党したため2014年11月以降のデータはない。
193 『毎日新聞』，2014年12月11日（調査日：12月9日～10日）。
194 『毎日新聞』，2014年12月11日（調査日：12月9日～10日）。

総選挙が実施されたが，最も重視する政策としては年金・医療等の社会保障が26％と最も高く，次いで景気対策が26％であったが，消費増税については４％にとどまった。

　また，毎日は，前回の参院選にて自民党と公明党が合わせて過半数を確保し，ねじれが解消されたが，この点について再び質問し，その結果は「自民党と公明党の与党が過半数をとった方がよい」と思うが５割程度，「そうは思わない」が３割程度で，前回の参院選の際とほぼ同様の調査結果が示された。

④　まとめ

　内閣支持率については，第２章で記載した13年１月から７月にかけての結果と同様，読売が朝日，毎日に比べて10％程度支持率が高いものの総じて減少傾向にあり，総選挙前の支持率は読売が50％程度，朝日，毎日は40％程度であった。

　政党支持率については，自民党は読売が40％程度，朝日と毎日は30％台を上下していた。民主党は３紙ともに５～10％を上下していた。

　投票予定政党については，自民党は読売が40％程度，朝日と毎日は30％台後半であった。民主党は３紙ともに10％前半であった。

　争点については，安倍首相が10％への引き上げ延期を表明し，衆院を解散，総選挙が実施されたものの，消費税率引き上げ延期の是非が争点となったかに関しては，与野党問わず延期すべきとしたこともあり，毎日の調査で最も重視する政策としては消費増税は４％にとどまったように，争点にならなかったといえる。なお，回答方法については，読売は複数回答，朝日は上位２つ，毎日は１つだけ挙げる方式をとり，差異がみられた。

　上記以外の質問では，朝日がこの解散，総選挙に賛成か反対かを質問し，反対の民意が過半数あったことを示した。さらに朝日は，この総選挙で与党，野党いずれが議席を増やす方がよいと思うかを質問し，野党が議席を増やす方が与党よりもよいと思う民意が多くあることを示した。

　毎日は，自民党と公明党の与党が過半数を確保し，政権を維持した方がよいか否かを質問し，「よいと思う」が５割程度あったことを示した。

⑵ 選挙公約，選挙結果

本項では，第47回総選挙の際の選挙公約，その選挙結果についてみてみる。

① 選挙公約
Ａ．自民党

自民党は，「重点政策集2014」を公表し，キャッチフレーズは「景気回復，この道しかない」であった。具体的には，まず安倍自民党総裁の「終わらないデフレ。マイナス成長。行き過ぎた円高で，工場は次々と閉鎖。2年前，日本経済は危機に瀕していました。そして，政権交代。『強い経済を取り戻せ』。これこそが国民の皆さまの声と信じ，『三本の矢』の経済政策を全力で，前へ，前へと進めてまいりました。岩盤規制にも果敢に挑戦してきました。アベノミクスの2年間で，雇用は百万人以上増え，この春は賃金も過去15年間で最高の伸び。『経済の好循環』がしっかりと生まれ始めました。ようやくつかんだデフレ脱却のチャンスを手放す訳にはいかない。消費税の引上げを，18ヶ月延期します。好循環の流れを止めることなく，全国津々浦々へと広げ，国民生活を豊かにしていきます。景気回復，この道しかありません。」とのメッセージを掲載した。

また，「アベノミクスで，ここまで来ています。15年続いたデフレからの脱却のチャンスを，今手放すわけにはいきません。」とし，これまでの2年間の実績を雇用，賃金，企業，観光，海外インフラ，女性の活躍といった分野ごとに数字を挙げて示した。

次に，様々な政策について政権公約を掲載した。消費税率引き上げの延期については，「消費税率引き上げの延期は，ようやく動き出した経済の好循環を止めないための決断です。財政再建の手を緩めずに，確かな経済対策で，景気回復を加速させます。」，「経済再生と財政健全化を両立するため，消費税率10%への引き上げは2017年4月に行います。」とした。

また，消費税については，「全額，社会保障の財源とし，国民に還元します。」とした。さらに，軽減税率についても言及し，「軽減税率制度については，関係事業者を含む国民の理解を得た上で，税率10%時に導入します。2017年度からの導入を目指して，対象品目，区分経理，安定財源等について早急に具体的な

検討を進めます。」とした。

　財政再建については，「2020年度における，国・地方の基礎的財政収支の黒字化目標の達成に向けた具体的な計画を来年の夏までに策定します。」とした。

　社会保障のところでも消費税率引き上げと絡めながら，「安定した社会保障制度を確立するために，2017年4月に消費税率を10%にします。」とした[195]。

Ｂ．民　主　党

　民主党は，「民主党の政権公約マニフェスト」を公表し，キャッチフレーズは「今こそ，流れを変える時。」であった。また，「子ども，子育てマニフェスト」や「民主党政策集」等を作成した。

　具体的には，まず民主党の重点政策・経済について，「アベノミクスからの転換。『厚く，豊かな中間層』を復活させる。」との見出しで，「雇用を作り，所得を増やし，暮らしを安定させます。日本の社会を支える中間層を厚く，豊かにして，格差を是正します。」とした。また，経済政策3本柱と称し，「国民生活に十分留意した柔軟な金融政策」，「生活の不安を希望に変える人への投資」，「未来につながる成長戦略」を提唱した。

　社会保障については，「一人ひとりを尊重し共に生きる社会をつくる。」との見出しで，「安心して学び，働き，多様性を認めつつ，支え合う社会，女性も男性も能力を発揮でき，すべての人に居場所と出番がある社会をつくります。そのために，『人への投資』を積極的に行います。」とした。また，「少子高齢化・人口減少，非正規雇用の増加等に対応し，社会保障制度への信頼を回復します。」とし，「国民皆保険を堅持し，高齢者の生活保障を確保できるよう，公的年金制度の一元化，最低補償年金の創設に向け，年金制度改革の実現をめざします。」と年金制度改革について公約した。

　消費税率の引き上げについては，「アベノミクスによる国民生活の悪化，約束していた社会保障の充実・安定化及び議員定数削減が果たされていない状況を踏まえ，消費税引き上げは延期します。」と自民党と同様延期を公約とした。ま

---

195 『重点政策集2014　自民党』（https://jimin.jp-east-2.os.cloud.nifty.com/pdf/news/policy/126585_1.pdf）参照。

た，低所得者対策として軽減税率のみならず給付付き税額控除も提案し，「複数税率だけでなく，消費税の還付措置『給付付き税額控除』の導入についても検討を行い，低所得者対策を確実に講じます。」とした。

財政再建については，「財政健全化推進法」の制定を公約し，予算を消化できないようなバラマキ公共事業の見直しを行う等，財政健全化を進め，未来への責任を果たすとした[196]。

C．維新の党

維新の党は，マニフェストを公表し，キャッチフレーズは「身を切る改革」，「徹底行革」，「既得権益とたたかう成長戦略」であった。具体的には，「失われた『第三の矢』を，維新の手で。」と称し，「日本には，『三』が足りない。第一の矢は飛んだが失速気味。第二の矢はもう限界。第三の矢は手付かず。成長戦略，規制改革，地方の活力で，実体経済の成長性を高める。農業改革，エネルギー改革，医療改革。自民党の支持基盤を解体する改革は，自民党にはできない。既得権益のしがらみのない，維新の党だからできる。」と自民党では成し遂げられない改革姿勢をアピールした。なお，総選挙の際は維新の党は橋下徹・江田憲司共同代表制を敷いていた。

経済・財政については，「『行革7：増税3』が財政再建と経済成長を両立する『アレシナの黄金律』。自民党は財政再建を強調するが実態は歳出膨張とバラマキ。増税一辺倒で経済を殺す，最悪のやり方。歳出削減はどこにもない。リーマン・ショック後の麻生補正で膨らんだ100兆円超の財政規模を全く縮減できていない。」と，自民党政治を批判し，「身を切る改革」，「徹底行革」により増税一辺倒ではない財政再建を強調した。増税に否定的な維新の党は，消費税率の引き上げ延期は当然のことであったといえる。

社会保障については，「忘れ去られた『社会保障制度改革』を，維新の手で。」と称し，「『アベノミクス失敗ならやがて年金破綻』が政府の試算でも。社会保

---

196 『MANIFESTO 民主党の政権公約』（https://www.dpj.or.jp/global/downloads/manifesto20141202.pdf），『子ども，子育てマニフェスト』（https://www.dpj.or.jp/global/downloads/manifesto2014_child-rearing.pdf），『民主党政策集』（https://www.dpj.or.jp/global/downloads/policies2014.pdf）参照。

障経費はとめどない膨張。しかも消費税増税分も公共事業バラマキに流用。払い損のない積み立て方式への移行。年金目的相続税の導入。『負の所得税』で最低生活保障。」とし，年金については年金目的相続税の導入を提唱し，「負の所得税」による最低生活保障制度を提案した[197]。

Ｄ．公明党

公明党は，「manifesto2014｜衆院選重点政策」を公表し，キャッチフレーズは「景気回復の実感を家計へ－今こそ，軽減税率の導入へ。」であった。具体的には，「政権交代から２年／日本経済の再生，東日本大震災からの復興，社会保障の充実など，国民生活にとって重要な政策が大きく前に進んでいます。しかし，日本経済は，重要な局面を迎えました。個人消費を中心に回復が遅れ，日本経済の先行きに厳しさが増しつつある中で，政府は来年10月から予定していた消費税率10％への引き上げを2017年４月まで延期することを決定しました。再引き上げまでの間に，経済の腰折れリスクを回避し，デフレ脱却・経済再生に万全を期すとともに，『経済の好循環』を確かなものにします。さらに，消費税率10％引き上げ時の軽減税率の導入を目指します。」とのメッセージを掲載した。なお，公明党の代表は山口那津男氏である。

まず，重点政策として，公明党は軽減税率の導入を掲げた。具体的には，「消費税率10％への引き上げ（2017年４月）と同時に，食料品などへの『軽減税率』の導入をめざします。消費税には，景気の影響をあまり受けずに安定した税収が確保できる利点がある一方，所得に関係なく同じ税率が適用されるため，低所得者の負担感が重くなる『逆進性』の問題があります。課税の公平性を維持し，増税による"痛税感"を和らげるとともに，消費税率引き上げに対して幅広く国民の理解を得るためには，軽減税率の導入が不可欠であると考えます。2017年度からの導入に向け，対象品目，区分経理，安定財源等について，早急に具体的な検討を進めます。」とした。

社会保障については，「一人を大切にする社会へ，社会保障と教育の充実を」

---

197 『第47回衆議院議員選挙（マニフェスト）』，（https://archive-ishinnotoh.minshin.or.jp/election/shugiin/201412/manifest/）参照。

と称し，「安心の社会保障は，国民にとって最も大切な生活の基盤です。包容力ある『共助社会』をめざし，疾病や障がい，育児や老後生活など，ライフステージに応じた一人ひとりの生活を支える社会保障の安定と充実・強化に努めます。消費税収は，社会保障・税一体改革に基づき，すべて社会保障に充てます。あわせて，消費税率10％へ引き上げる2017年4月までの間も，年金，医療，介護，子育て支援等の充実は，着実に進めます。」とした[198]。

E．共産党

　共産党は，「総選挙政策」を公表し，キャッチフレーズは「安倍政権の暴走ストップ！　国民の声が生きる新しい政治を。」であった。具体的には，「安倍政権の暴走ストップ，政治を変えるチャンスです。……この総選挙では安倍政治の全体が問われます。……消費税10％への増税を許していいのか。格差拡大の『アベノミクス』を続けていいのか。集団的自衛権行使＝『海外で戦争する国づくり』を許していいのか。原発再稼働をどうするのか。米軍沖縄新基地建設の強行を許していいのか。今回の総選挙で問われるのは，国民の民意を無視して暴走する安倍政治の全体です。」とのメッセージを掲載した。なお，共産党の委員長は志位和夫氏である。

　アベノミクスの批判に絡めて，消費税については，「消費税10％は，『先送り』実施ではなく，きっぱり中止を　『消費税にたよらない別の道』に転換しよう。」と称し，「安倍首相が，増税が個人消費の打撃になったことを認め，10％増税の1年半『先送り』実施を表明せざるを得なくなったことは，自らの経済失政を認めたものです。いまの景気悪化は，円安による物価上昇に加え，消費税増税を強行した結果であり，『増税不況』にほかなりません。日本経済を深刻な不況に陥れた安倍政権と増税勢力の責任は重大です。『3党合意』で増税を進めた自民党・公明党・民主党に，厳しい審判を下そうではありませんか。」とした。

　また，社会保障，財政再建と絡めながら，「今回の消費税増税ほど道理の立たないものはありません。『社会保障のため』といいながら，医療費をあげる，年

---

198 『manifesto2014｜衆院選重点政策　公明党』（https://www.komei.or.jp/campaign/shuin2014/manifesto/manifesto2014.pdf）参照。

金は連続削減，介護サービスは取り上げる，あらゆる分野で社会保障は悪くなるばかりです。『財政再建のため』といいながら，大企業には，いま政府が言っているだけで2.5兆円，財界の要求通りなら5兆円もの大減税をばらまこうとしています。」と，消費税10％への増税の中止を重ねて訴えた。

消費増税によらない財源として，「第一は，富裕層や大企業への優遇をあらため，『能力に応じた負担』の原則をつらぬく税制改革を進めることです。」と，「第二は，大企業の内部留保の一部を活用し，国民の所得を増やす経済改革で，税収を増やすことです。」の2つを提案した[199]。

② 選挙結果

14年12月14日に実施された第47回総選挙の選挙結果についてみてみる。まず，投票率についてみてみると，小選挙区では52.66％，比例代表では52.65％であった。前回の第46回総選挙では小選挙区の投票率は59.32％で，6.66％下回り，これまでの総選挙における戦後最低であった第46回総選挙をさらに下回ったものであった[200]。

次に，獲得議席についてみてみる。詳細を**表3-4**に示すので参照されたい[201]。

主要政党の獲得議席についてみてみる。与党である自民党は290議席（小選挙区222，比例代表68），公明党は35議席（小選挙区9，比例代表26）であった。自民党と公明党を合わせると合計325議席となり，衆院定数の2/3（317議席）を引き続き超える議席となった。一方野党は，民主党が73議席（小選挙区38，比例代表35）と公示前の議席62を若干上回り，維新の党は41議席（小選挙区11，比例代表30）とほぼ公示前の議席と変わらず，共産党は21議席（小選挙区1，比例代表20）と公示前の8議席を大きく上回った。

比例代表得票数についてみると，前回の第46回総選挙では自民党が

---

199 『総選挙政策　日本共産党』（http://www.jcp.or.jp/web_policy/data/201411_sousenkkyo-seisaku.pdf）参照。

200 『読売新聞』（夕刊），2014年12月15日参照。

201 「総務省　選挙・政治資金」（http://www.soumu.go.jp/senkyo/senkyo_s/data/shugiin47/index.html）参照。

表 3 - 4 第47回総選挙獲得議席，比例代表得票数等

	獲得議席			比例代表得票数	公示前議席
	小選挙区	比例代表	合計		
自民党	222	68	290	17,658,916	293
民主党	38	35	73	9,775,991	62
維新の党	11	30	41	8,382,699	42
公明党	9	26	35	7,314,236	31
共産党	1	20	21	6,062,962	8
次世代の党	2	0	2	1,414,919	19
生活の党	2	0	2	1,028,721	5
社民党	1	1	2	1,314,441	2
諸派	1	—	1		2
無所属	8	—	8		15
	295	180	475		479

16,624,457，民主党は9,628,653であり，自民党は17,658,916と100万票余り増加する一方，民主党は9,775,991とあまり変わらなかった[202]。

　ここで，読売，朝日，毎日各紙の当総選挙結果に対する政治部長，ゼネラルエディター等のコメントについて簡単にみてみる。

　読売は，「目指す道筋　明確にせよ」のタイトルにて，「自民党大勝の要因は何か。安倍首相が野党の虚をつき，衆院解散に踏み切った戦術的巧みさはあろう。有権者は首相が政治を安定させ，実績を上げたことを評価した。選挙結果は首相への信任であり，その政策への期待である。だが，これで政権運営が順風満帆になるわけではない。課題は経済と外交だ。アベノミクスの息切れで景気の不透明感が増し，消費増税を先送りせざるを得なかったことが象徴的だ。長期のデフレで地方の疲弊は続く。巨額の財政赤字を抱えながら，細心の経済政策と大胆な改革で景気を回復させるしかない。」とコメントした。

　朝日は，「安倍政治の先　問い続ける」とのタイトルにて，「選挙とは，この

202　『読売新聞』（夕刊），2014年12月15日参照。

国の未来を語り，有権者の判断を仰ぐものではなかったのか。しかし，首相が力説した『この道』の先は，最後まで示されなかった。ふりまかれたのは期待感だった。首相はアベノミクスが成功まぢかだと訴え，人々の閉塞感の中に潜む願望をくすぐった。……結果は自民，公明両党の大勝である。安倍政権が信任された事実は重い。……求められているのは，分断ではなく国民的合意形成のために，異論や反論を粘り強く包み込み，融和を図っていく覚悟だ」とコメントした。

　毎日は，社説にて，本章第2節でもみたように，「『冷めた信任』を自覚せよ」とのタイトルにて，「高揚感なき信任である。……消費増税先送りを理由とした解散の大義には疑問がつきまとい，争点がつかみにくい選挙は異常な低投票率に沈んだ。それが厚い地盤を持つ組織が他の政党に有利に働き，与党の議席を積み上げた。……戦後最低の投票率はそれほどに危うい。投票率を回復するために何が必要か，今後政党が総力を挙げて取り組むべき課題である。」とした[203]。

③　まとめ

　選挙公約についてみてみる。第47回総選挙は安倍首相が消費税率引き上げの延期を争点に実施されたものであったが，与野党問わず，消費税率引き上げの延期を選挙公約として掲げたため，争点にはならなかったとみることができる。安倍首相も強調したように，アベノミクスを進めていくか否かが争点となり，与党の2/3を超える圧勝はアベノミクスが評価され，安倍政権に信任を与えたものといえる。

　自民党はアベノミクスを進めること，公明党はアベノミクスによる景気回復の実感を家計にまで広げること，消費税に軽減税率を導入すること，民主党はアベノミクスからの転換を求め，厚く豊かな中間層を復活させること，消費税に給付付き税額控除を導入すること，維新の党は「身を切る改革」をキャッチフレーズに徹底した行政改革をすること，共産党はアベノミクスの批判に絡め

203　『読売新聞』，2014年12月15日，『朝日新聞』，2014年12月15日，『毎日新聞』，2014年12月15日。

て消費税率引き上げを延期ではなく中止することが主な選挙公約であったといえる。

　投票率についてみると，小選挙区で52.66％と戦後最低の投票率であり，このことはこの総選挙の大きな特徴とみることができる。

　この選挙結果に対する読売，朝日，毎日各紙のコメントには，第23回参院選と同様相違がみられた。読売は安倍首相の衆院解散に踏み切った戦術的巧みさを認めたものの，有権者は安倍首相が政治を安定させ，実績を上げたことが評価されたとした。ただ，消費税率引き上げの延期に現れたように，アベノミクスの息切れも指摘し，細心の経済政策と大胆な回復で景気を回復させるしかないとした。

　一方朝日は，この選挙結果は安倍政権が信任されたことを認めつつも，安倍首相は「この道」の先を最後まで提示しなかったことを指摘し，野党の少数意見も取り入れながら分断ではなく国民的合意形成の必要性を主張した。

　毎日も，朝日が選挙後の社説にて，与党が過半数を制する参院と合わせ，衆院にて2/3を超える極めて強い権力基盤を再び手にしたことに対し，「何でもできる」力を得たことにはならないと指摘したように，「『冷めた信任』を自覚せよ」とのタイトルにて社説を掲載し，消費増税先送りを理由とした解散の大義には疑問が付きまとい，争点がつかみにくい選挙であり，これが戦後最低の投票率につながったとした。

　このように，読売は安倍政権に対し好意的に選挙結果を評価し，朝日，毎日は総選挙で圧勝しても安倍政権に白紙委任したことにはならず，謙虚な政権運営を求めていたものといえる。

第 **4** 章

8％から10％への税率引き上げ延期（2回目）

 政府・与党，野党，利益集団の動向

(1) 10％引き上げと同時の軽減税率制度導入及びその内容の決定

① 「消費税軽減税率制度検討委員会」設置

15年1月8日，軽減税率導入に積極的な公明党の漆原中央幹事会長は軽減税率について，「周知期間をしっかりとらないと混乱する」と述べ，関連法案の提出は16年の通常国会になるとの見通しを示した。法案成立から施行までに必要な周知期間は1年程度とみられていた。しかし，16年通常国会冒頭に関連法案を提出した場合でも同年3月末までに成立させることは厳しい日程になるという見方もあり，同党内には「あくまで今秋の臨時国会への法案提出を目指して議論を加速させないと制度実現は危うい」との声もあった[1]。

26日，与党税制協議会が開催され，軽減税率の導入に向け，実務的な協議を進める「消費税軽減税率制度検討委員会」の設置が決定された。同検討委員会の委員長には自民党の野田税調会長，副委員長には公明党の斉藤税調会長が就任し，同検討委員会は，自公両党の税制調査会の幹部ら4人ずつ，合計8人で構成された。また，同検討委員会の議論のポイントは①どの品目を軽減税率の対象にするか，②企業や個人事業主が通常の税率と区別して経理処理する方法（区分経理の方法），③制度の導入に伴い見込めなくなる税収を穴埋めする財源等

---

1 『毎日新聞』，2015年1月9日。

である。なお，「消費税軽減税率制度検討委員会」において，前身の「軽減税率制度調査委員会」に引き続き，軽減税率の導入に向けて対象品目，区分経理，財源問題も含めて具体的な議論が何度もなされていくことになった[2]。

2月9日，与党税制協議会の消費税軽減税率制度検討委員会の初会合が開催され，軽減税率の17年度からの導入に向け，実質的な議論が開始された。軽減税率を巡っては，前述したように，公明党が一貫して導入に積極的なのに対し，自民党内には「税収の穴を埋めるのが難しい」との声が根強く，14年末の与党税制改正大綱にて「関係事業者を含む国民の理解を得た上で税率10％時に導入」としたうえで「17年度からの実施を目指す」と盛り込んでいるものの，公明党が「10％への引き上げと同時の17年4月」と主張するが，自民党内には「17年度中のいずれかの時期」と解釈する向きが多く，野田税調会長も，「いろんな課題があるわけで，17年度を目指すということになっている」と語り，消極的であった。

対象品目についても，財政再建を進めるために対象品目を絞りたい自民党と，低所得者への配慮から，なるべく対象を広げたい公明党の綱引きが予想され，区分経理方法については，インボイスを導入する案等が14年の段階で示されていたが，公明党は，現在の帳簿方式でも対応できるとの考えであった[3]。

② 軽減税率対象品目，3案を軸に議論

4月23日，自民税調では幹部会が開催され，軽減税率の対象品目について生鮮食品等3案を軸に議論する方針が決定した。第3章で述べたように，14年6月，すべての飲食料品から精米のみまでの8案が公表されたが，このうち酒を除く飲食料品，生鮮食品のみ，精米のみの3案を軸に議論することとなった[4]。

5月22日，与党税制協議会の軽減税率導入に向けた議論が再開された。財務省が上記の3案を例に，具体的にどの品目を対象にすべきかを食品表示法等に沿って示した試案が提出された[5]。

2　『読売新聞』，2015年1月27日，『毎日新聞』，2015年1月27日，与党議員とのインタビュー。
3　『読売新聞』，2015年2月10日，『朝日新聞』，2015年2月10日，『毎日新聞』，2015年2月10日。
4　『毎日新聞』，2015年4月24日。

27日，消費税軽減税率制度検討委員会が開催され，導入に向けた課題が議論された。上記の3案について，低所得者への配慮や消費者の納得感，税収の穴埋め策を協議したが，試案の絞り込みは先送りされた。野田税調会長は，「3案のどれかが消えるのではなく，それぞれの課題をどう乗り越えられるか知恵を出さなければいけない」と述べた[6]。

6月3日，軽減税率を新聞や書籍，雑誌に適用するよう訴える「出版物への軽減税率適用を求める集い」（主催：文字・活字文化推進機構）が国会内で開かれ，自民，公明，民主等の各党や日本新聞協会，日本書籍出版協会の代表，有識者ら約320人が出席した。

同集会では，活字文化議員連盟会長の細田博之幹事長代行が，「消費税率の影響緩和のための措置は，全党にとって大きな関心。皆さんの要望を実現するべく努力していく」と述べた。また，子どもの未来を考える議員連盟会長の河村建夫元文部科学相は「子供たちが学校図書館で本を手に取り，自分の小遣いで本を買うという習慣をしっかり身につけさせるためにも軽減税率が必要だ」と語った。さらに，日本新聞協会の白石孝二郎会長は「情報をあまねく流通させることは，民主主義，文化，知識水準の維持に不可欠だと確信している。是非新聞を含む出版物には，軽減税率を適用していただきたい」と述べた[7]。

③ 「消費税軽減税率制度検討委員会」協議中断 「還付案」検討

10日，消費税軽減税率制度検討委員会は協議を中断することを決めた。野田税調会長は，「難しい課題を乗り越えるための妙案はまだ出ていない」，「財務省にもしっかり考えてもらう」と述べ，少なくとも1ヶ月程度は議論が止まる見通しであった。難しい課題とは軽減対象の線引きを指し，与党協議が行き詰まった最大の理由は，公明党が本命と考えていた生鮮食品が低所得者の負担を和らげる効果が小さいことが判明したからとみられ，財務省の報告によると，所得

---

5 『読売新聞』，2015年5月23日，『朝日新聞』，2015年5月23日。
6 『読売新聞』，2015年5月28日。
　　財務省から提示された3案は，線引きが難しい品目の具体例が数多く挙げられ，いかに軽減税率の導入が大変かという資料であったとの見方もあった。（『読売新聞』，2015年9月13日）
7 『読売新聞』，2015年6月4日。

が低い世帯は冷凍食品やスーパーの総菜等加工食品の購入頻度が高い傾向があることが判明した[8]。

公明党が「生鮮食品」案をためらい始めたことで，今後のスケジュールは見通しづらくなっており，穴埋めの財源があれば線引きには執着しない考えで，自民党は軽減税率の導入に慎重な財務省に近く，公明党内からは「財務省は本気で知恵を出す気がないのではないか」と疑心暗鬼の声も出ていた[9]。

9月2日，ようやく自民党の野田税調会長と公明党の北側副代表が東京都内で会談し，軽減税率制度の協議を再開することを正式に合意した。軽減税率制度導入を16年度の税制改正大綱に盛り込み，16年の通常国会に関連法案の提出を目指すこととした[10]。

4日，消費税率を10％に引き上げる際の負担軽減策の財務省案が明らかになった。17年4月に税率が10％に引き上げられるのにあたり，ほぼすべての飲食料品を軽減対象とする複数の税率を設けると，事業者の経理処理が複雑になるため，いったん10％の税率を課したうえで払いすぎた税金分を後から支給する方式を導入する案であった。

この財務省案は軽減税率導入というこれまでの方針を転換することになり，大きな議論を呼ぶこととなった[11]。

8　『読売新聞』，2015年6月13日，『読売新聞』，2015年9月13日。
　　本書にて後述するが，9月以降明らかになる「日本型軽減税率制度」（還付案）は，与党税制協議会が軽減税率の制度設計に行き詰まり，これを財務省に「丸投げ」した結果，財務省より提案されたものとみられていたが，すでに15年2月ごろからこの還付案が検討され，5月には同案が固まっており，改正マイナンバー関連法案が成立した後，マイナンバーを使って同案を実行する計画が財務省内で進められていたとの見方があった。6月10日の野田税調会長の発言は，同案を提案し，与党の了承を得る前提が整ったことを見越してのものであったとみられる。

9　『読売新聞』，2015年6月13日。

10　『読売新聞』，2015年9月3日。

11　『読売新聞』（夕刊），2015年9月4日，『読売新聞』，2015年9月5日。
　　なお，6月に，改正マイナンバー関連法案の成立を見込み，財務省の主税局長らは安倍首相に還付案を報告し，この段階では首相側から「異論は出なかった」とされたが，9月1日，首相官邸で安倍首相へ，麻生財務相の他，財務省の田中事務次官，佐藤主税局長らが「『日本型軽減税率制度』（案）について」と題された1枚紙を示し，財務省の還付案を説明した際，首相は，「この案を与党で議論してもらおう」と了承を避け，議論を見守る考えを示したとみられる。また，麻生財務相も，同案の詳細を知ったのは，安倍首相に報告された9月1日の直前だったとみられる。（『読売新聞』，2015年9月13日，『朝日新聞』，2015年9月16日）

同日，麻生財務相は消費税率を10％に引き上げる際に導入する負担軽減策の財務省原案について，「検討を進めていることは確かだ。飲食料品等の税率を低く抑える軽減税率を入れるのはめんどくさいので，そうしないようにする」と述べ，さらに「何が贅沢品か，どこかで切ることはできない。納得できるところで一律にする」との考えを示した[12]。

④　与党，「還付案」に慎重

このような財務省案に対し，各方面から懸念の声が強まり，多くの問題点が指摘され始めた。この財務省案は，マイナンバーカードを活用した負担緩和策であったが，具体的には，酒類を除く飲食料品を購入した消費者に税率2％相当の金額を後から給付するため，買い物時にその金額の情報をマイナンバーカードに保存する方式を想定していた。以下，財務省案の詳細を**表4-1**に示すので参照されたい。

表4-1　財務省案（還付案）のポイント

1　消費税の増税時の負担緩和策に共通番号（マイナンバー）カードを活用
2　対象品目は酒類を除く飲食料品（外食を含む）
3　買い物時等にカードに税率2％相当分の金額を記録
4　飲食料店等に専用の情報端末を設置
5　カードの買い物記録をもとに現金を給付

（出典）『読売新聞』（夕刊），2015年9月7日

これに対し，小規模店まで端末が早期に行き渡るかどうか不透明で，また，還付を受けるための公的機関の窓口負担も増大し，財務省は，希望すればいつでもお金を受け取れるとするものの，現金管理や窓口の職員確保は容易ではないとみられた。

マイナンバーの活用策が間に合わなければ，8％への増税時に導入された簡素な給付措置を拡充したうえで継続し，所得や家族の人数に応じ，年間の飲食費を推計して2％に相当する額を算出し，後で給付する案も検討されていた。

12　『読売新聞』（夕刊），2015年9月5日。

与党からは反発や慎重論が相次いだ。 6日，自民党の稲田政調会長は東京都内で，「財務省から原案の説明を受けていない。事実関係を確かめる必要がある」と困惑気味に語り，財務省に説明を求める考えを示した。

また同日，公明党の荒木清寛参院政策審議会長は，「軽減税率の制度設計とはかなり違うという印象だ。相当濃密な検討をしないといけない」と述べ，財務省案に懸念を示した。公明党内には公約に反するとの指摘もあり，「慎重に検討しないといけない」とも語った。

官邸内でも，「与党は軽減税率という方向でやっているのに，『給付』では軽減税率にならない」と述べ，財務省案に疑問を呈した[13]。

一方，野党の民主党や維新の党は低所得者の負担緩和策として「給付付き税額控除」に近いとし，野党から評価する声が出るという皮肉な結果となった。民主党や維新の党は，14年12月の衆院選で政権公約に給付付き税額控除を盛り込んでいた。

同日，民主党の岡田克也代表は，「我々の主張に近いモノが出てきた。財務省案は納得できるモノだ」と語った。枝野幹事長も，「行政コストや公平性を考えれば財務省案の方がベターだ」と述べた。維新の党の今井雅人政調会長も，「維新が主張している考え方に近い。軽減税率への財務省の反撃だろう」と語った[14]。

7日，この財務省案に対し菅官房長官は，「与党での議論を見守りたい」と述べ，慎重に検討する考えを示した。

⑤ 公明党，「還付案」に困惑

同日，公明党の山口代表は，麻生財務相が「めんどくさい」と軽減税率を否定したことについて，「どのような仕組みにするのか明らかにならないまま，発言が誤解を招くようなことになってはならない」と述べ，不快感を示した。また，首相官邸での政府，与党連絡会議で「国民に明確に趣旨や方向性が伝わるよう政府，与党で心合わせて対応していきたい」と語り，緩和策について慎重に検討する考えを示した。

---

13 『読売新聞』，2015年9月7日。
14 『読売新聞』，2015年9月7日。

公明党内では，財務省案は14年12月の総選挙で公約した軽減税率とは大きく異なり，公約違反との批判を受けることから，同案に対する反発が広がっていった。同党幹部は「財務省案では有権者に説明できない。与党税制協議会で巻き返しを図らないといけない」，「原案ははっきり言って軽減税率ではなく，単なる給付措置だ。有権者に説明できない」と憤った。創価学会の幹部も，「軽減税率導入をめぐって安易に譲歩したとの印象を持たれたら，支持者の反発は免れない」と懸念を示した。

第3章で述べたように，自民，公明両党は14年12月の総選挙における政権公約で，いずれも軽減税率導入を掲げ，特に公明党は総選挙のポスターに「いまこそ，軽減税率実現へ」と明記する等，最重要公約として位置付けてきた経緯があった。

一方，自民党内には元々軽減税率への慎重論が根強く，財務省案への反発は小さかったが，15年度の与党税制改正大綱において軽減税率導入を明記したため，自民党が大綱に沿わない財務省案を容認すれば，公明党からは「連立を組む公明党を軽視している」との反発が出る向きもあった[15]。

公明党内で反発が強まる中，公明党の山口代表，井上幹事長，北側副代表等が財務省案の還付制度について協議したが，幹部の1人は，「複雑な税制の中で完璧なものを作るのは難しい」と語り，「財務省案はよくできた制度案だ」と理解を示した[16]。

⑥ 財務省，「還付案」を正式提案

8日，財務省は消費税率を17年4月に10％に引き上げる際の負担緩和策を，自民，公明両党に正式に示した。給付額の上限は所得に関係なく，1人当たり一律年4,000円程度を軸に検討されており，増税分を全額受け取れるとは限らず，また買い物記録を集約するデータセンターの新設等インフラ整備に約3,000億円を投じる案であった。

同案では，①買い物時に16年1月から交付されるマイナンバーカードをレジ

---

15 『読売新聞』（夕刊），2015年9月7日，『読売新聞』，2015年9月8日。
16 『朝日新聞』，2015年9月8日。

の端末にかざす，②飲食料品の税率２％相当の金額データが，新設される政府の「軽減ポイント蓄積センター（仮称）」に送られて保存される，③上限までの範囲で金額が貯まり，後で受け取れる仕組みであった。検討されている給付上限額は，買い物額が年20万円程度で達し，低所得世帯の１人当たりの食費が年平均20万円であることが考慮されていた。全国民に4,000円を給付すると単純計算で5,000億円規模になった。

　この財務省案は，これまでの与党税制協議会における軽減税率の議論が暗礁に乗り上げたため，自民党の野田税調会長，財務省主税局幹部，実際には佐藤主税局長らが中心になって，水面下で練り上げたものであったとの見方もあった。公明党の北側税調顧問にも，この財務省案が提示はなされていた。なお，財務省の事務次官は，15年７月７日，香川氏から田中一穂氏（15年７月７日〜16年６月17日）へ交代した。野田会長は水面下の協議の中，公明党幹部に「これでダメなら軽減税率は全部やめる。俺が責任を取る」と迫り，両党税調幹部は「日本型軽減税率だ」，「完璧はない，その中でよくできた仕組みだ」と大筋で了承する考えを示していたとみられる[17]。

　しかし，同案はマイナンバーを利用するため，改正個人情報保護法，改正マイナンバー法の９月初めの成立まで，自民党内にも十分な根回しができず，寝耳に水の議員もおり反発に結びついたとみられる[18]。

17　『読売新聞』，2015年９月13日，与党議員とのインタビュー。この財務省案を主導したのは佐藤局長ら主税局の幹部だった。佐藤氏は，主税局の主要な部署を歴任した税制のプロで，公明党の北側副代表とは「若手議員時代からの付き合い」で，野田会長は旧大蔵省出身であり，三者は近い関係であったとみられる。佐藤主税局長は，民主党の野田佳彦内閣の下，財務省大臣官房総括審議官として，民主，自民，公明３党による消費税率の５％から８，10％への引き上げの決定に深く関わった人物とされ，主税畑からの次期事務次官とみなされていた。佐藤氏は，公明党が求める食料品への軽減税率の適用にも最後まで抵抗したとされ，還付案の策定に奔走したとみられる。また，佐藤氏の上司であった主税畑が長い田中次官は，第１次安倍内閣当時の首相秘書官も務め，首相と深いパイプがあったとされ，佐藤氏を全面的に後押ししたとみられる。首相や，税制の決定権を握る税調幹部を抑えれば，一気に了承を取り付けられると財務省側はにらんでいた節がみられた。（『読売新聞』，2015年９月13日参照）

18　ようやく９月初旬になって財務省側が与党に還付案を明らかにした理由は，６月１日に発覚した日本年金機構による125万件もの個人情報流出のため，同案の前提となる改正マイナンバー関連法案の審議が約２ヶ月間中断し，同法案の成立は９月３日にずれ込んだことによるとみられる。（『読売新聞』，2015年９月13日）

⑦ 「還付案」，公明党内で反発強まる

同案への批判は特に公明党内で日増しに強まり，9月8日に開いた税制調査会幹部会合では，「これまでやってきた論議を覆すようなことはおかしい」との意見が出された。

創価学会でも地方組織等から「こんな案は寝耳に水だ」，「約束してきた軽減税率じゃない」との苦情や非難の声が噴出し，「財務省と一緒になって，軽減税率ではない案をまとめた人物の責任は重い。軽減税率の導入は安全保障関連法案よりも重視してきた公約だ。自民党もこの案で進めるつもりなら，とてもついていけない」と憤った[19]。

なお，自民党及び公明党の税制調査会インナーのメンバーは**表4-2**の通りであった。

表4-2 **与党税制調査会インナーのメンバー**

自民党	野田毅	会長
	高村正彦	顧問
	額賀福志郎	小委員長
	石原伸晃	小委員長代理
	細田博之	副会長
	石田真敏	幹事
	後藤繁之	幹事
	金子原二郎	幹事
公明党	北側一雄	顧問
	斉藤鉄夫	会長
	上田勇	会長代理
	桝屋敬悟	副会長
	竹内譲	副会長
	西田実仁	事務局長

（出典）『読売新聞』，2015年9月9日

このような公明党の強い反発を受けて，財務省は負担緩和策を巡り，給付の上限額を1人当たり年4,000円程度から5,000円程度に引き上げる修正を検討し

---

19 『読売新聞』，2015年9月9日，『朝日新聞』，2015年9月9日，『毎日新聞』，2015年9月9日，『朝日新聞』，2015年9月11日。

始め，これは与党を懐柔する狙いがあったとみられる[20]。

9日，公明党の西田実仁参院幹事長は財務省案について，「我々が訴えてきた軽減税率とは異質なものと思っている。軽減税率の発想ではない。政治の立場でしっかり議論していきたい」と述べ，同党の税調インナーから公然と財務省案への異論が噴出した。石井政調会長も同日，「議論の結果，財務省案が変わることはあり得る」と述べた。

また同日，民主党の枝野幹事長は記者会見で「日々ラーメンを買ったのか，アイスクリームを買ったのかを公権力に把握される，到底国民の理解が得られない」と財務省案は現実的ではないとの考えを示した[21]。

10日，自民党の伊吹元衆院議長もこの財務省案について，「みっともない案だ。福祉給付金のようなバラマキになる」と述べ，厳しく批判した。また伊吹氏は，「昨年の衆院選公約で軽減税率の制度導入を図ると明確に書いた。公約は守らないといけない」と指摘し，そのうえで財務省案については「支払うときの重税感やマイナンバーカードのプライバシーの問題があるが，一番の欠点は消費者にだけお金が返されることだ」と述べ，負担緩和の恩恵が中間事業者等には及ばない等問題点が少なくないとした。再開する与党税制協議会に対しては「国民がなるほどと思う結論を出すようにしてください」と注文を付けた。

また同日午前，公明党の漆原中央幹事会長は同案について，「我が党が今まで考えてきた内容とは少し異なるというのが私の考えだ」との認識を示した。同日の同党中央幹事会では，「唐突感があって理解できない」，「どのような経緯でこうなったのか」等財務省案への疑問や批判が相次いだ[22]。

同日午後，与党税制協議会の消費税軽減税率制度検討委員会が開催され，財務省が提案した消費税率を10％に引き上げるのに合わせ酒を除く飲食料品や外食の2％分を消費者に戻す還付制度について議論が開始された。

同委員会の主な出席者は，以下の通りであった。

20　『読売新聞』，2015年9月10日。
21　『読売新聞』，2015年9月10日。
22　『読売新聞』（夕刊），2015年9月10日。

自民	野田毅会長，石原伸晃，後藤繁之
公明	斉藤鉄夫会長，北側一雄，上田勇，西田実仁
財務省	佐藤慎一主税局長，坂本基税制第二課長ら

　同委員会においては，同案に対する公明党議員の強い反発で議論が紛糾した。西田参院幹事長は，「財務省は日本型軽減税率というが，これは軽減税率もどきじゃないか」と語り，他の公明党議員もこれに同調した。質疑のほとんどが公明党議員からで，「全国民がマイナンバーカードを持って買い物をするのは現実的か」，「情報端末の配備は2017年4月に間に合うのか」等の疑問も続出した。

　このように同委員会は紛糾したが，約3ヶ月ぶりに開かれた同委員会の終了後，野田税調会長は，「よく勉強してここまで検討した。与党の責任でしっかり議論する」と語り，「丁寧に議論したいが，行きつ戻りつでは困る」として同案を軸に15年秋までに制度設計を進める考えを強調し，その実現に期待をにじませた[23]。

⑧　首相，「還付案」にこだわらず

　これに対し安倍首相は同日，首相官邸で麻生財務相と会談し，財務省がまとめた給付案にこだわらず対応するよう指示し，事態の収拾に乗り出した。これは，14年の総選挙の際，自民，公明両党は軽減税率の導入を公約したため，公明党への配慮から，根本的に異なるとみられる財務省案では16年7月の参院選を戦えないと判断したためとみられる。

　首相は麻生財務相に対し，「結論は党に渡したので，党の議論を見守るように」と述べ，財務省案に固執せず与党の議論にゆだねる考えを示した。会談には田

23　『読売新聞』，2015年9月11日，『朝日新聞』，2015年9月11日，『毎日新聞』，2015年9月11日。

　　財務省案は，普及がほとんど進んでいないマイナンバーを使用することが最も問題であるという見方もあった。（与党議員とのインタビュー）

　　野田氏も，2018年11月19日の日本記者クラブにおける講演において，マイナンバーカードを普及させようとの思いからマイナンバーカードを使用することを考えたが，これが財務省案がうまくいかなかった要因の1つである旨を語っていた。（野田毅・自民党税調最高顧問「消費税　これまで・これから」(3)，日本記者クラブ，2018年11月19日（https://www.youtube.com/watch?v=1T7HiJ0xKaM））

中事務次官，佐藤主税局長も同席していたが，会談後，財務省幹部の一人は「与党で丁寧に議論してもらって，政治がバツといえばバツだ。財務省がこうしたいというのではなく，役に立てれば良いとアイデアを出したものだ」と語った[24]。

この財務省案を巡っては，自民党内には理解を示す声もあったが，前述したように，公明党内から異論が噴出し，同案の白紙撤回もあり得る情勢となってきた[25]。

11日，自民，公明両党は，財務省案の還付制度についてそれぞれ党内議論を始めた。公明党の税制調査会の総会では，同案に対する不満が噴出した。総会には，公明党所属の国会議員55人の大半が出席した。まず同案には，公明党が最も重視する低所得者対策としての効果が乏しいという本質的な欠陥があったとみられ，財務省幹部による負担緩和策の説明に対し，「あんたは，一人暮らしの高齢者の現実が分かっていない」等異論が相次いだ。

また，一部の税調幹部が水面下で財務省から給付案を提示されていたことについても反発が強く，浜田昌良復興副大臣は，「勝手にこんな案を進めた税調幹部は替わるべきだ」と人事の刷新を求めた。また，「白紙撤回してほしい」，「軽減税率制度ではない，単なる還付措置だ」，「これでは選挙で戦えない。もう一度振り出しに戻すべきだ」，「消費者の負担が大きい」，「財務省は公明党の公約を反故にするのか」等批判が相次いだ[26]。

24　このような安倍首相の財務省案の取り扱いについて，財務省側は，「我々はこの案にこだわっているわけではない」と弁明する一方で，「この案以外の案がありますか」とも指摘した。公明党幹部の一人も「財務省は我々の案が気に入らないのだったら，後は知りませんと言っている」と語った。与党内では「消費増税を再延期してもいい」との声も出始め，財務省内には「再延期なら，アベノミクスは失敗だと公然と批判する」との強硬論までくすぶり，軽減税率や消費再増税の再延期を巡り，官邸と財務省の間の緊張関係が続いていた。（『読売新聞』，2015年9月13日）

25　『読売新聞』，2015年9月11日。

26　公明党関係者の中には，数ヶ月の間，与党に対し財務省案の存在は隠されたまま，軽減税率の議論が行われ，「与党は茶番劇を演じさせられたようなものだ」と憤る者もいた。（『読売新聞』，2015年9月13日）

⑨ 与党,「還付案」についての議論開始

　一方自民党も税制調査会の小委員会を開き,ここでは財務省案に理解を示す声も出る一方,批判も多く出された。柴山昌彦財務金融部会長は会合終了後,「消費者がしっかり恩恵を受けられるのか,生煮えの案だ。痛税感の緩和にもならない」と不満をあらわにした。また,「日雇い労働者等銀行口座を持たない人は,どうやって還付を受けるのか」,「マイナンバーカードは任意だったのに,事実上義務化される」との同案の実現性への疑問の声や,「軽減税率で消費が伸びないといけないのに,逆に消費が縮小する」との意見も出た。

　また自民党は,党の支持基盤の1つである中小企業や経済界の動向を重視し,軽減税率にはインボイスの導入が必要なため,事業者の負担になるため,同案は「事業者の経理や納税事務に全く影響を与えない」と支持する声もあった。

　財務省案は事業者の負担は軽くても,消費者側の負担が重いという面があり,自民党は同案に対して,支持基盤の企業側と,連立のパートナーである公明党との間で揺れており,公明党と財務省の対立を見守る「様子見」の構えであったとみられる。自民党政調幹部の一人は,財務省案について「よい案だと思うが,公明党が反対を貫くなら押し通すことは難しいだろう」と語った[27]。

　また,財務省案はマイナンバーカードの利用が前提だったが,マイナンバーカードの発行計画が1,500万枚にとどまることが判明し,同案の非現実的な制度設計が次々と明らかになってきた。総務省幹部は,「17年4月の増税時に大半の国民が使えるようカード発行を間に合わせるのは無理だ」と語り,全国民にマイナンバーカードを持たせるという前提に,公明党議員の一人は,「財務省案が机上の空論だとよく分かる」と語った[28]。

　12日,公明党は東京都内で全国県代表協議会を開き,財務省案を各都道府県本部の代表者に説明した。出席者から「支持者に説明がつかない」と批判が相次ぎ,斉藤税調会長は「皆さんの声が心にしみた」と述べ,慎重に検討する考えを表明した。地方組織から反発が噴出したことで,同党が財務省案を了承するのは一層困難な情勢となった。主な反対の理由は,14年12月の総選挙や15年

27　『読売新聞』,2015年9月12日,『朝日新聞』,2015年9月12日,『毎日新聞』,2015年9月12日。

28　『読売新聞』(夕刊),2015年9月12日。

4月の統一地方選の選挙公約に違反すること，消費者に煩雑な手間を強いること等があげられ，地方組織からは，「これでは参院選を戦えない」との声が相次ぎ，安全保障関連法案に対する支持者の不安が根強いことを踏まえ「平和の党だけでなく，福祉の党でもないと言われる」との発言もあった[29]。

さらに財務省案は，多くの国民にとって増税負担が給付額を超える見通しであることが判明した。負担緩和対象の酒類を除く飲食料品（外食を含む）の税率2％に相当する負担増分は給付でまかなえず，一定の給付金がばらまかれる制度となる懸念が大きいというもので，財務省案は痛税感の緩和につながらないばかりでなく，一定の給付金をばらまく制度に陥りかねないものといえることが明らかとなった[30]。

15日，麻生財務相は財務省案について，「これがダメだと言われるなら，3つの軽減税率案で考えるのでは」と述べ，軽減税率が与党の議論で改めて検討対象になるとの見通しを示した。麻生財務相は，「我々としては案を与党に提供したのであって，こだわるつもりは全くない」と述べ，与党の議論にゆだねる考えを改めて示した。「もっと簡単な案があるのかもしれないが，我々には考えられなかった。是非考えてもらったら良い」とも語り，財務省案の代替案を提示するのは難しいとの考えも示した。また，麻生財務相はインボイスについて，「とてもじゃないけど，えらい手間がかかる」と述べ，軽減税率導入に対する事務負担の増加がハードルになるとの見方も示した[31]。

⑩ 与党，「還付案」に否定的　軽減税率を検討

同日，与党は消費税軽減税率制度検討委員会の会合を開き，負担緩和策について議論した。野田税調会長は，「軽減税率と財務省案を並べながら勉強しようということだ」と語ったが，自民党内でも否定的な見方が広がっており，稲田

---

29 『読売新聞』，2015年9月13日。
30 『読売新聞』，2015年9月15日。財務省は15年5月，年収に応じた5つの世帯モデルを総務省の家計調査に基づいて示した。この世帯モデルによると，年収が最も低い251万円以下の世帯は，「酒類を除く飲食料品」に年間約44万5,000円を使っており，増税で消費税2％分の負担が年8,470円増える。財務省案の一人年4,000円が給付されると，世帯全体の給付額は年5,440円となり，負担増分をまかなえないことがわかった。
31 『読売新聞』（夕刊），2015年9月15日。

政調会長は財務省案について、「非常に技巧的だ。理解するのに時間がかかった」と述べ、国民の理解を得るのは難しいとの認識を強調した。

公明党の斉藤税調会長は、「公明党からは批判的な意見しか出ていません」と述べ、同案に批判的な党内の状況を報告し、「財務省案とどちらが実現のハードルが高いのかを含め軽減税率の可能性を追求するべきだ」と語った。与党協議に先立って開かれた公明党の税制調査会総会でも、前回に続いて、「還付案が機能するか疑問だ」、「痛税感の緩和効果が少ないのではないか」等反対意見が相次いだ。山口代表は、「軽減税率制度についても引き続き検討していくべきだ」と表明し、この発言をきっかけに今後の与党協議では軽減税率の導入も再検討するよう求める方向が定まり、自民党も議論することを受け入れた。

財務省案への批判が相次ぐ中、麻生財務相は、「財務省案にこだわるつもりは全くありませんから」と語った一方で、「もっと簡単な案があるなら、我々には考えられなかったんで、是非お考えいただいたらいい」と述べた。財務省案と軽減税率の導入を並行して議論することが決められたが、審議する行方について、公明党幹部は「超高層ビル級のハードルだ」と語った。

同日、野党の民主党も税制調査会と財務・金融部門の合同会議を開き、同案について議論を始めた。出席者からは「分かりにくい」等と批判が相次ぎ、古川元久税調会長は、「納税者の視点に立って考えれば、かなり様々な問題があるのではないか」、「聞けば聞くほど複雑怪奇だ。マイナンバー制度が定着するまでの間は、現行の簡素な給付措置の拡充が好ましいのではないか」と指摘した[32]。

⑪　公明党，軽減税率の独自案をまとめる方針決定　インボイスは不要

16日，公明党は軽減税率制度の独自案をまとめる方針を決めた。自民党には軽減税率導入への慎重論が根強く，財務省案に反対し，公明党として実現可能な軽減税率の具体案を提示し議論を主導するためとみられた。公明党の西田参院幹事長は，「財務省案は受け入れがたい」という声が党内外を問わず多いと強

32　『読売新聞』，2015年9月16日，『朝日新聞』，2015年9月16日，『毎日新聞』，2015年9月16日。

調したうえで，「対案を出していかないと生産的な議論にならない」と述べた。その独自案の概要は，財源は財務省案と同等の5,000億～6,000億円規模，経理方法は現行の請求書をベースに軽減税率に印をつける方式を採用し，財務省が導入不可欠とするインボイスは不要とする方向であった。

　一方自民党は同日，財務省案について個人情報流出への懸念が強いマイナンバー制度と関連させない修正案の検討に入り，具体的には，個人情報が記載されたマイナンバーカードの代わりに還付ポイントを記録する機能に限定したカードを発行するというものであった。自民税調幹部は「どれだけ飲食料品を買ったということが分かれば，必ずしもマイナンバーと結びつける必要はない」と説明し，「安全上マイナンバー使用に抵抗があるのは当然だ」と述べ，紛失しても悪影響が限られる簡易なカードを作る考えを示した[33]。

⑫　経済界の軽減税率，還付案に対する反応　経団連：還付案容認，日商：軽減税率反対

　ここで，消費税率10%時の負担緩和策に対する経済界の反応を見てみる。

　主に中小事業者は，事務負担の増加を理由に抵抗感を示していたが，17年4月の消費税率引き上げを重視する大企業には早期の検討を求める声もあり，経済団体の間に微妙な温度差が広がり，一枚岩とはいいがたい状況であった。

　経済3団体で最も強硬に軽減税率に反対しているとみられるのは日商で，インボイスの導入で，経理担当者らの負担が増えることが理由に挙げられた。

　インボイスが導入されると，中小事業者に認められている簡易課税制度や免税店制度といった特例が縮小されることへの警戒感もあったとみられる。

　日商は，16年度税制改正に関する見解を発表し，財務省案について，「日商が従来主張してきた課題を解決するための1つの案だ」と指摘し，容認する姿勢を示した。三村会頭は軽減税率については「導入すべきでない」と，あらためて慎重な姿勢を示し，財務省案については「軽減税率のインボイスよりも優れ

33　『朝日新聞』，2015年9月17日，『毎日新聞』，2015年9月17日。
　　軽減税率の導入を強く主張した公明党は，インボイスの導入は事業者にとって事務負担が
　　増加するので軽減税率導入に否定的であるという事業者側に立った見方に対し，軽減税率導
　　入は消費者の立場に立っての議論である旨を強調した。（与党議員とのインタビュー）

ている」と述べた。

一方，経団連の榊原会長は7日，財務省案について，「検討に値する」としたが，基本的には与党税制協議会にゆだねる考えを強調した。経団連は，国の財政再建の遅れによる経済への悪影響等から10%への引き上げが遅れることを心配する声が多かった。加盟企業からは，法人税率の引き下げに影響する可能性を考慮し，「実現性の高い案を優先すべきだ」と軽減税率を含めた議論を求める声が出ていた。経済同友会の小林喜光代表幹事も15日，「消費税を引き上げるため，色々な手立てを議論して考えるのは大いに結構だ」と述べた[34]。

17日，自民党税調は幹部会合を開いた。石原小委員長代理は財務省案について，「我が党は異論はなかったが，公明党側から反対という話があった」と述べ，「両論でしっかりと成案を得るべくまとめていく」との考えを示した。また石原小委員長代理は，マイナンバーカードが必要な財務省案の問題点を指摘し，財務省に修正の検討を指示した[35]。

同日，公明党は軽減税率について，インボイスよりも簡易な経理方式を採用する独自の案を固めた。この案は，前述したように，商取引の際に発行する現行の請求書等に軽減税率の対象品目に印を付けて10%の品目と区別する仕組みで，①現行の請求書と様式が近く導入しやすい，②年間売上高が1,000万円以下に認められる免税事業者も利用できる，という利点があるとされた[36]。

同日，日本新聞協会は財務省案に反対する声明を発表した。新聞については，「知識への課税は最小限度にとどめるという社会政策上の観点から，軽減税率を適用すべきである」とした。日本書籍出版協会，日本雑誌協会等，出版関連4団体も財務省案に反対する緊急声明を発表し，財務省案を「国民に重い負担を強いる不備の多い制度で，出版物が除外されている」と指摘し，「活字文化は『心の糧』であり，健全な民主社会を構成するための知的インフラとして必要不可欠」として出版物への軽減税率適用を求めた[37]。

18日，自民税調は小委員会を開き，軽減税率と財務省案について課題を整理

34　『読売新聞』，2015年9月17日，『朝日新聞』，2015年9月17日。

35　『読売新聞』（夕刊），2015年9月17日。

36　『読売新聞』（夕刊），2015年9月17日。

37　『読売新聞』，2015年9月18日。

した。額賀小委員長は，「軽減税率を全部排除するというのではなくて，どういう知恵が出てくるのか議論を深めようとなった」と述べた。発言者の意見は，軽減税率制度と財務省案について支持が概ね半々に分かれた。公明党案については額賀小委員長は課題について，「不正の形が生まれてこないか。消費者に不信感を与えることはないか」と指摘した[38]。

一方，公明党の井上幹事長は，軽減税率制度について，「帳簿方式でも可能だ。与党税制協議会で検討することが必要だ」と述べ，インボイスより簡素な経理方式に基づく独自案を自民党に提案する考えを明言した。井上幹事長は，インボイスについて，「まず帳簿方式でやってみて事業者の理解を得られれば検討してもよい」と述べたが，財務省案については「国民の8割が期待している軽減税率制度とは乖離がある」と指摘した[39]。

⑬　公明党，「還付案」に反対を明言

20日，公明党の山口代表は財務省案について，「そのまま受け入れるわけにはいかない」と述べ，容認しない考えを明言した。また山口代表は軽減税率導入を目指すべきだとの考えを改めて強調した。また山口代表は，「私たちが訴えてきた軽減税率は，買い物をした時に低い税率が適用され，その時に消費者がメリットを実感できる」と強調し，財務省案については還付手続きの手間やマイナンバーカードを使う点等問題が多いことを指摘したうえで，「財務省は税を国民から取ることは得意かもしれないが，知恵を絞ることはまだ十分ではない」と語り財務省に対して軽減税率導入に向け協力を求めた[40]。

また21日，山口代表は，「国民は圧倒的に財務省の案に違和感を示している」と述べ，軽減税率導入を目指すべきだとの考えを改めて示し，「財務省案は，痛税感を和らげる効果は薄く，手間を国民に押しつけている」とも語った[41]。

38　『読売新聞』（夕刊），2015年9月18日。

39　『読売新聞』（夕刊），2015年9月18日，『朝日新聞』，2015年9月19日，与党議員とのインタビュー。

40　『毎日新聞』，2015年9月21日。

41　『読売新聞』，2015年9月22日。

⑭　野田税調会長，17年4月の軽減税率導入の難しさを指摘

23日，自民党の野田税調会長は，軽減税率について17年4月の消費増税と同時に導入するのは難しいとの見解を示した。これに対し，公明党の斉藤会長は同時導入を改めて主張し，17年4月からの軽減税率を「国民との約束だ」と強調した。また野田税調会長は，「連立与党合意には，軽減税率制度は『関係事業者を含む国民の理解を得た上で』導入すると書いてある」と語り，経理処理が複雑になるとされる中小企業の理解が得られない限り，導入は困難との考えを示した[42]。

同日，公明党は常任役員会で，財務省案に反対する方針を正式に決定し，軽減税率とは性質の異なる財務省案は国民から理解を得られないと判断した[43]。

24日，自民党は党本部で両院議員総会を開き，安倍首相の党総裁再選を正式に決定した。安倍首相は軽減税率について，「昨年の税制改正大綱では早急に具体的な検討を進めるとされた。大綱に沿って議論を進めていくことが必要だ。両党間でしっかり議論を進めてもらいたい」と述べ，与党に対し導入に向けた早期の議論を促した。同日，公明党は党税調幹部会を開き，軽減税率の独自案で対象を「酒類を除く飲食料品」または「さらに外食を除く飲食料品」として幅広い品目を軽減する方針を固めた。代替財源については，①税率の軽減率を1％に抑える，②一般財源から確保する，③社会保障費を見直す等の案の他，踏み込む必要はないとの意見もあり引き続き協議することとした[44]。

⑮　首相，軽減税率の17年4月からの導入を示唆

25日，安倍首相は首相官邸で，公明党の山口代表と会談した。首相は，軽減税率について17年度からの導入を目指すとした14年末の与党税制改正大綱に沿って議論を進めるとの考えを示した。山口代表は，「国民に受け止められていることを尊重しながらやろうということだ」と述べ，予定通りに軽減税率を導入する方針を会談で確認したとの認識を示した。党首会談は，与党の議論を軽減税率導入に戻すため，山口代表側から呼びかけたものであったとみられる。

42　『読売新聞』，2015年9月24日，『毎日新聞』，2015年9月24日。
43　『読売新聞』（夕刊），2015年9月24日。
44　『読売新聞』，2015年9月25日，『毎日新聞』，2015年9月25日。

山口代表は，14年総選挙の与党共通公約やその後の税制改正大綱で，軽減税率の17年度からの導入を掲げてきた経緯を説明し，これに対し首相は，「与党で公約として挙げた意味をしっかりとらえて議論を進めることが重要だ」と述べた。

自民，公明両党は軽減税率と財務省案を並行して協議しており，同日，消費税軽減税率制度検討委員会が開催されたが，軽減税率の導入を主張する公明党と財務省案支持が多い自民党の間で鋭く対立し，次回会合は10月半ばに仕切り直すことになったが，この党首会談を受け軽減税率に軸足を置いて検討が進む可能性が高まったとみられる。

両党が歩み寄れるかどうかは野田税調会長の判断がカギになるとみられたが，野田税調会長は「財務省案が実現できないなら，負担緩和策の導入そのものが難しくなる」とも語っており，これに対し公明党からは「野田氏の態度は開き直りで，連立相手の軽視だ」との不満が高まった[45]。

⑯　第3次安倍改造内閣発足

10月7日，第3次安倍改造内閣が発足した。安倍首相は9月25日の記者会見にて「新三本の矢」を掲げたが，改造内閣を「未来へ挑戦する内閣」と位置付け，少子化対策や社会保障改革に総合的に取り組む「一億総活躍社会」の実現に向け「強固な大勢をととのえることができた」と語った。主要な閣僚は留任した[46]。

自民党の主要幹部も続投が決まったが，財務省案を推し進めてきた野田税調

---

45 『読売新聞』，2015年9月26日，『毎日新聞』，2015年9月26日。

　　この会談は，財務省案を支持する野田税調会長と軽減税率を主張する公明党との間で議論が混乱を続けていた中，公明党の山口代表が首相官邸に乗り込み，「このままでは来年の参院選に影響が出る」と首相に直談判したとされる。首相と個人的なパイプのある太田前国土交通相が党内の厳しい意見を首相に伝達し，さらに公明党内から「官邸が黙ってみているならわが党を兵糧攻めにするに等しい」との不満が出始め，これに対し首相官邸側は「公明党が公約を守ったといえる案になるかどうか」を重視し，首相は続投に意欲を見せる野田氏の更迭にかじを切ったとみられる。一方自民税調としては，この人事には「官邸の圧力が税調にまで及んできたか」と衝撃が広がった。官邸側も財務省案には冷ややかな態度で，菅官房長官は「国民が面倒な制度。このままではまとまらないのではないか」と周囲に漏らしていたという。（『毎日新聞』，2015年10月11日）

46 『読売新聞』，2015年10月8日。「新三本の矢」とは，(1)希望を生み出す強い経済，(2)夢を紡ぐ子育て支援，(3)安心につながる社会保障である。（『日本経済新聞』，2015年9月25日）

会長は 8 日，「何もない」自身の去就がまだ決まっていないことを語った。野田
税調会長は多くの事業者に複雑な経理を強要する軽減税率制度は難しいと慎重
な立場をとり，積極派の公明党と激しく対立していた。安倍首相は，「与党間で
議論を進めてほしい」と距離を置くものの，官邸からは野田氏を交代させるべ
きだとの声が出ていた。自民税調の独走を阻みたい官邸は，14年末の総選挙の
直前，野田税調会長が「増税先送りを問う解散は大義がない」と首相を批判す
ると，公認外しをちらつかせて黙らせた経緯もあったとみられる。野田外しの
動きに対し，野田税調会長自身は谷垣幹事長や高村副総裁らに続投を働きかけ，
党幹部の間では，「野田氏を変えたら税調はガタガタになる」と擁護する声が多
いのが実情だった[47]。

⑰　野田税調会長事実上の更迭　宮沢氏へ交代

　9 日，安倍首相は自民党の野田税調会長を交代させ，後任に宮沢前経済産業
相を充てる方針を固めた。前述したように野田氏は公明党が導入を目指す軽減
税率に慎重な姿勢を示しており，16年 7 月の参院選をにらみ公明党に配慮した
もので，事実上の更迭とみられた。宮沢新税調会長は，旧大蔵省出身で，軽減
税率に慎重な財務省と考えが近いとの見方もあったが，「経産相も務め，成長戦
略等首相の考えを良く理解している」ことが起用の決め手になったとみられ
る[48]。
　この交代人事に対して，公明党の斉藤会長は10日，「新体制で公明党が主張す

47　『朝日新聞』，2015年10月 9 日。
48　『読売新聞』，2015年10月10日，『朝日新聞』（夕刊），2015年10月10日，『毎日新聞』（夕
　刊），2015年10月10日。
　　野田税調会長の更迭は，公明党内の「野田会長と一緒にできない」との声に敏感に反応し
　た菅官房長官が，「野田氏は長すぎる。党内に別の権力者をつくるべきではない」と首相に提
　案したものであったとみられる。9 日，首相は野田氏に対し，「今後も最高顧問として税制全
　般にご指導いただきたい。後任には後輩の宮沢氏を充てます」と語った。（『朝日新聞』，2015
　年12月13日）
　　また，野田氏は『消費税が日本を救う』，PHP研究所，2004年を執筆されたように，付加
　価値税である消費税の重要性を最も強調している政治家であり，高齢化社会に対応する安定
　財源として，景気変動に左右されない税が消費税で，いわゆる「社会保障税」として将来的
　に社会保障の基幹税に位置付ける旨を述べておられる。（野田毅・自民党税調最高顧問「消費
　税　これまで・これから」(3)日本記者クラブ，2018年11月19日（https://www.youtube.com/
　watch?v=1T7HiJ0xKaM）参照。）

る軽減税率の議論が進むよう期待したい」と語った[49]。

⑱　菅官房長官，10％引き上げと同時に軽減税率導入を示唆

　11日，菅官房長官は，消費増税時の軽減税率について，「17年度からの導入を目指す」と明記した与・党間の連立政権合意に沿って議論を進める考えを示し，「軽減税率導入を掲げた自民党の選挙公約，与・党間の連立合意がある。約束したことは政権としてしっかり進めていきたい」と語った[50]。

　13日，菅官房長官は，軽減税率について10％に引き上げるのと同時に導入すべきであるとの考えを示し，「引き上げた際に同時に軽減税率も導入することは極めて自然なことではないか。引き上げ時ということでないと混乱が出てくる」と述べた。また，導入時期に加えて内容についても，「何種類もあるとは思っていない。少なくとも財務省の案はない」と語った。さらに菅官房長官は，公明党の漆原中央幹事会会長ら複数の幹部に電話し，「そういう方向でやりますので，よろしくお願いします」と告げた。同日，公明党の山口代表は，菅官房長官が軽減税率の引き上げと同時に導入する考えを示したのに対し，「政府の高官の立場でわが党と同じ方針を示したということは今後の協議に大きな指針となる」と語った。

　このような官邸の動きに対し，財務省幹部は「軽減税率に舵を切るしかない」と語った。実は軽減税率導入に慎重だった財務省内にも，「同時導入ができないなら，消費増税先送りという宣言だ」との危機感が広がっていた。官邸の指示により，結果的に，軽減税率導入に向け，与党と財務省が協力できる環境は整ったとみることができる[51]。

　つまり，政府，与党は，負担軽減策を巡り財務省が提案した還付案を白紙撤回する方針を固め，軽減税率を導入する方針を打ち出し，官邸主導で，税調会長の更迭に加え，消費増税時に軽減税率を導入する方向でまとまった。官邸幹部の1人は，「官房長官はだいぶ踏み込んだ。ステージが変わったということだ」

49　『毎日新聞』，2015年10月11日。

50　『読売新聞』，2015年10月12日，『朝日新聞』，2015年10月12日。

51　『朝日新聞』（夕刊），2015年10月13日，『読売新聞』，2015年10月14日，『朝日新聞』，2015年10月14日，『毎日新聞』，2015年10月14日。

と語り，傍観していた態度から積極的に関与する姿勢へ転じたといえる[52]。

　同日，宮沢新税調会長は，国会内で野田前税調会長，財務省幹部と会談し，今後の協議に向けて意見交換した。話題はインボイスの取り扱いに集中した。同日の意見交換で宮沢税調会長は「首相官邸には，現時点でのインボイスの導入は不可能だと伝えてある」と明言したとみられた。記載が簡単な請求書を使用する公明党案について，自民税調幹部は，「事業者への聞き取りの結果，実際には事務作業の手間は軽くならない」，「中小企業団体が反対で猛烈に動き出しかねない。税制のことをよく知らないのに強権的に進めようとする官邸はその責任をわかっているのか。中小企業を敵に回して本当にできるのか」と語り，公明党案には否定的であった。

　また，宮沢新会長は高村副総裁や額賀小委員長と会談し，インナーの人選等について意見交換した。自民党内には軽減税率に対し，財源面等から異論も残っており，具体的な制度設計を巡り，自民党と公明党の綱引きが今後続くこととなった[53]。

⑲　首相，軽減税率導入を指示

　14日，安倍首相は宮沢税調会長と首相官邸で会談し，軽減税率に関して，「消費税率を10％に引き上げる時点で，何らかの形の軽減税率を導入する方向で検討してほしい」と17年4月1日の消費増税と同時の導入を検討するよう指示した。そのうえで，「公明党と良く話をしてほしい」と公明党にも配慮して協議を進めるよう求めた。また，軽減税率は事業者への経理事務負担が重くなるとの懸念が根強いことも踏まえ，「商工業者に無用の負担とならないよう現実的な解決策を考えてほしい」と注文したうえで，「中身については任せるからよく考えてほしい」と要請した。

　これに対し宮沢税調会長は，「今後のスケジュール感を共有することから始めていかなくてはならない」と語り，早急に自民税調の非公式幹部会合を開く考えを示した。

52　『読売新聞』，2015年10月14日，『朝日新聞』，2015年10月14日，『毎日新聞』，2015年10月14日。

53　『朝日新聞』，2015年10月14日，『毎日新聞』，2015年10月14日。

安倍首相は麻生財務相とも会談し，還付案ではなく軽減税率導入に向けた制度設計を早急に行うよう指示した。しかし，麻生財務相は同日，札幌市内で開かれた自民党の会合で，「中小，零細企業の消費税を払っていないところに全部インボイスを書いてもらう」と述べ，事業者の事務負担が増えることを指摘し，また，税収が減り，社会保障に回る予算が減るデメリットも述べ，慎重な姿勢が見られた。

　菅官房長官は，軽減税率の同時導入が難しくなった場合の増税時期について，「リーマン・ショックのような経済に予期せぬことが起きない限り，消費増税は予定通りさせてもらう」と改めて強調した[54]。

　公明党の斉藤会長は，「国民との約束を履行する安倍政権の強い決意の表れだ」と首相の指示を評価する考えを表明した[55]。

⑳　自民税調，軽減税率導入に反発

　一方自民税調は，安倍首相が軽減税率の導入を指示したことに対し，反発を強めた。インナーのメンバー8人は，財源不足や中小企業の経理負担等の視点から導入は困難との認識を共有し，「税というのは国家そのもの，他の部会とはちがう」と税調幹部の1人は，これまで「聖域」だった税論議への官邸の介入に怒りをぶちまけた。野田前税調会長は最高顧問に就任したが，発言力の低下は避けられないとみられた。ナンバー2の小委員長は額賀元財務相が続投した。これまで税調幹部は，軽減税率の導入は困難との認識で一致していただけに方針転換は容易ではなく，導入に向けた課題をどう乗り越えるかの議論は難航するとみられた。

　17年4月の消費増税と同時に軽減税率を導入するのは手続きに必要な時間的余裕がないのが実情で，軽減税率を導入する場合，インボイスの準備や商品管理システムの改修が必要になるため，財務省は準備期間が1年半程度かかると想定しており，軽減税率を導入するには消費税法の改正が必要であるため，改正案を16年の通常国会に提出し年度末までに成立させたとしても，17年4月の

54　『読売新聞』（夕刊），2015年10月14日，『朝日新聞』（夕刊），2015年10月14日，『毎日新聞』
　　（夕刊），2015年10月14日。

55　『毎日新聞』，2015年10月15日。

増税までには 1 年程度しかなく，財務省は，「できる範囲でやれることをやる」と対応を急ぐ構えだが，「消費増税に間に合わせるのは簡単ではない」とみていた[56]。

㉑　経団連：軽減税率を容認，日商：反対

　財界の動きをみると，軽減税率に慎重だった経団連は，首相の方針を受けて，中小企業の事務負担への配慮を条件に導入を容認する方針に転換した。一方，日商は反対の姿勢を崩さなかった。

　具体的には，経団連は同日，軽減税率を容認する考えを公明党に伝えた。経団連に加盟する大企業は経理システムや人員が充実しており，対応は難しくないとみられ，これまで経団連は中小企業の意見を尊重してきたが，「与党が決めたことには従う」とした。さらに16日，榊原会長は消費税率10％に増税する際は，「単一税率にしてほしい。低所得者対策は簡易な給付でやるのが一番良い」と従来の見解を繰り返した。一方で，政府が軽減税率導入を決めるのであれば，中小企業の事務負担増や税収減による税制悪化への対策を講じる必要があるとの見方を示した。

　また，日商の三村会頭は15日，「10％の段階では必要がない」との考えを改めて強調した。ただし，「事務負担の問題は最善の方法でやってほしい。喜んで検討に参加したい」と述べた。

　15日，中小企業者への配慮から，宮沢税調会長は経団連の榊原会長，日商の三村会頭と相次いで会談，公明党の斉藤会長とも電話で協議し，政府，与党として，軽減税率への事業者側の対応に関し，インボイスの導入を当面見送り，軽減税率導入当初は，現行の請求書を基にした簡易版とする 2 段階論を軸に検討に入った[57]。

㉒　自民税調，軽減税率導入へ方針転換

　16日，自民税調は，宮沢会長の就任後初めての幹部会合を党本部で開いた。

56　『毎日新聞』，2015年10月15日。
57　『毎日新聞』，2015年10月15日，『読売新聞』，2015年10月16日，『毎日新聞』，2015年10月16日，『朝日新聞』，2015年10月17日。

安倍首相の指示を踏まえ，10%への引き上げと同時に軽減税率を導入する方向で調整することを決めた。自民税調は前述したように，これまで軽減税率に慎重な姿勢であったが，方針を転換するに至った。宮沢会長は幹部会後，還付案は残っていないと明言した。自民税調も，「いかなる形の軽減税率ができるか，我々も知恵を出さないといけない」と述べ，方針転換を鮮明にした。ただし，「増税と同時の導入を公明党と約束したわけではない」，「金持ちにまで恩恵が及んで，本当に貧しい人を救うことにならない」と軽減税率に慎重な意見も相次いだ。

また，宮沢会長は，「軽減税率は間違いなく実行が可能で，混乱を起こさないものにする必要がある。17年4月の実施は大変難しい作業だが，そういう方向で調整するということだ」と語った。また，「インボイスの義務付けには相当時間が必要で，1年半後から実行するとかなりの混乱が生じる。時間をかけて検討しなければいけない」と指摘し，当面の「つなぎ」として新たな経理の仕組みを検討する可能性も示唆した。

軽減税率の対象品目については，「公明党の意見をしっかり聞きたい」と述べるにとどまった。自民税調や財務省内には，対象品目を拡げるほど社会保障に充てる消費税収が減収すると懸念する向きが多く，対象品目を絞り込みたいとの考えが少なからずあった。具体的には，当面は精米等極めて限定した品目だけを軽減税率の対象として，一定期間後に対象を拡大する「2段階方式」を求める声が根強くあった。ただ，消費増税と軽減税率の同時導入が既定路線になったことで，財務省内には「対象品目を限定しすぎると，景気への影響を理由に増税自体を先送りされかねない」との危機感も強まった[58]。

ここで，自民税調の宮沢新体制についてみてみる。これまでは税制に精通した大物議員たちが名を連ね，首相でさえ容易に口出しできない聖域とされてきた自民税調であったが，宮沢新体制となって，軽減税率を巡る協議では官邸主導でその「下請け」となりつつあるとの見方もあった。宮沢会長自身も，税調の歴史を意識し，「シャッポは軽くなったが，これまでのように自民税調幹部に引き続き支えていただく。それなりに対応できる体制だ」と語っていた。

---

58 『読売新聞』（夕刊），2015年10月16日，『朝日新聞』（夕刊），2015年10月16日，『読売新聞』，2015年10月17日，『毎日新聞』，2015年10月17日。

野田前税調会長との関係でいえば，16日の幹部会合で宮沢会長は，「軽減税率の与党協議から野田最高顧問は外れていただきたい」と切り出すと，野田前税調会長は表情を曇らせ，財務省がまとめた還付案を公明党幹部が事前了承しながら，創価学会の意向を受けて反対に転じたこと等一連の経緯を説明した。高村副総裁も，「自公で消費税引き上げと軽減税率が同時とは約束していない」と不満を漏らした。野田前税調会長は，「俺も与党協議に出た方がいいんじゃないか」と食い下がり，これは「経緯を知らない宮沢氏では，今後の協議が公明党ペースで進みかねないと考えたのだろう」との観点からの発言であったとみられる。

公明党の山口代表は，「宮沢税調会長は政権の意思を推進する責任を担って任命されたわけですから」と，宮沢新税調会長のリーダーシップを期待する向きもあったといえる。20日，宮沢会長は山口代表と会談し，「安倍首相の命を受けて新しい体制を作りました」と語ると，山口代表は「大役ですね。軽減税率の導入ははっきりしたので協力して進めていきましょう」と応じた。ちなみに，公明党の自民税調との交渉役は，北側副代表は退き，創価学会とパイプのある井上幹事長に近い斉藤税調会長が務めることになった[59]。

㉓　与党税調，軽減税率導入に向けて具体的な議論開始

21日，安倍首相は首相官邸で開かれた政府与党連絡会議で軽減税率に関し17年4月の消費増税と同時に導入するよう指示した。また首相は，17年度からの導入を目指すとした自民，公明両党の14年12月の連立合意に触れ，「これは国民の皆様への約束だ」と強調した。

これを受けて同日，自民党の宮沢税調会長と公明党の斉藤会長は国会内で13日に宮沢氏が会長に就任した後初めて会談した。消費税率を10％に引き上げる17年4月に軽減税率を導入，消費税について標準税率と軽減税率の複数の税率を設定，事業者の負担に配慮の3点を前提に議論に入ることを確認した。そして11月中旬までに与党案を取りまとめることでも一致した。公明党は，酒類を除く飲食料品(外食を含む)への適用を主張し，軽減額は年間約1兆3,000億円と

59　『朝日新聞』，2015年10月17日，『朝日新聞』，2015年10月21日。

なるが，宮沢税調会長は財政への負担を踏まえて「公明党の考えている規模は難しい」と応じたが，具体的な線引き案は提示しなかった[60]。

ここで，軽減税率導入による税収への影響について簡単に見てみる。消費税を単純に10％へ引き上げると約5.4兆円の税収増で，前述した公明党案を採用しても4兆円程度は税収が増える計算であったが，財務省等は5.4兆円をすべて社会保障に充てる想定で財政の枠組みを作っていた。麻生財務相は「軽減税率の導入で社会保障費が減る」と主張し，自民党も「社会保障を重視してきた公明党は財源問題を突かれるのは痛いはずだ」とみており，財源確保を重視する財務省と考えが近い自民税調内には，生鮮食品のみ（3,400億円）や，精米のみ（400億円）等に限定すべきだとの声が強かった。

これに対し公明党の山口代表は22日，社会保障費が減るとの指摘に対し，「消費税ではなくて他の財源も視野に入れながら考える必要がある」と反論し，所得税や法人税の税収等も考慮するべきだとの考えを示した。また，「軽減税率によって社会保障財源が減るというのは，財務省の脅しのようなものだ」との声も公明党内にあった[61]。

23日，自民税調は非公式幹部会合を開き，27日に再開される自民党と公明党との与党協議に向けて基本方針を確認した。具体的には，軽減税率導入を巡り，政府が12年に閣議決定した「社会保障・税一体改革」の枠組みを堅持しながら軽減税率の対象品目や穴埋め財源の検討を進める方針で一致した。この「社会保障・税一体改革」は，社会保障制度の安定や充実と財政再建の両立を目指す枠組みで，消費税率を10％に引き上げ，増税分の5％の税収をすべて社会保障分野に充てることが決められていた。

宮沢会長は，公明党の山口代表が一体改革の枠組みにとらわれず，消費税収以外の法人税や所得税等で代替財源を探すべきだとの考えには否定的な見解を示した。また，インボイス導入までの猶予期間については「周知徹底」し，試行期間を考えると相当時間がかかると指摘し，17年度4月は簡易な経理とし，その後，インボイスに移行するという2段階が望ましいとの考えも示した。

---

60 『読売新聞』，2015年10月22日，『朝日新聞』，2015年10月22日，『毎日新聞』，2015年10月22日。

61 『読売新聞』，2015年10月23日。

一体改革に関連して，軽減税率の財源について医療や介護等の自己負担総額に上限を設ける低所得者対策「総合合算制度」に充てる予定の約4,000億円を回す案の検討に入った。幹部会で財務省は総合合算制度について説明し，この制度の導入を見送り軽減税率の財源に充てたいとした。しかし公明党案では1.3兆円に上る財源が必要で約9,000億円が不足すると試算された[62]。

ここで，財務省が試算した飲食料品に軽減税率を適用したときの年間軽減額（軽減幅2％）について**表4-3**に示すので参照されたい[63]。

表4-3 飲食料品に軽減税率を適用したときの年間軽減額

項　　　目	税収減額
全ての飲食料品	１兆4,000億円
酒類を除く飲食料品	１兆3,000億円
酒類，外食を除く飲食料品	１兆円
酒類，外食，菓子類を除く飲食料品	9,000億円
酒類，外食，菓子類，飲料を除く飲食料品	8,200億円
生鮮食品のみ	3,400億円
コメ，みそ，しょうゆ	500億円
精米	400億円

（出典）『読売新聞』，2015年10月30日

また同日，自民，公明両党は，公明党が主張する酒類を除く飲食料品として2％軽減した場合，1.3兆円の財源が必要となるが財源のめどが立たないため，軽減税率を導入する財源としてたばこ税を増税する案の検討に入った。たばこ税は一般的な銘柄で1本当たり12.244円で15年度は国と地方を合わせて約2兆円の税収を見込まれたが，ある与党幹部によれば「1本1円の増税で千数百億円は捻出できる」とされた。たばこ税による財源穴埋めについて自民党内には，17年4月の消費増税と同時にたばこ増税に踏み切れば「喫煙者に二重の負担を強いる」と反発の声もあった。これに対し公明党は，「軽減税率は景気対策」と

62　『読売新聞』（夕刊），2015年10月23日，『毎日新聞』（夕刊），2015年10月23日。

63　『読売新聞』，2015年10月30日。

の主張を強め，消費の落ち込みを防ぐためにたばこ増税等で財源を使うことを正当化できるとの見方を示した[64]。

㉔　軽減税率の財源4,000億円：「総合合算制度」の見送りで自公一致

27日，与党税制協議会が約1ヶ月ぶりに再開し，17年4月に予定される消費増税と同時に軽減税率を導入する方針で一致した。しかし対象品目等を巡る意見の隔たりは依然大きかった。軽減対象の品目について具体的な議論には踏み込まず，公明党は，「痛税感を緩和するため幅広くすべきだ」との原則論を重ねて主張した。両党は軽減税率導入による税収減を穴埋めする財源として，前述した総合合算制度の実施を見送り，その4,000億円程度を充てることでは一致した。公明党はさらに軽減税率導入までの臨時的な措置として，低所得者に一定額を配る簡素な給付措置（15年度予算額1,693億円）等も含め計8,000億円程度を充てられると主張した。斉藤税調会長は，「税制全体で考えるべきではないか」と述べ，たばこ税等を念頭に消費税以外の増税も検討すべきだとの考えを示唆した。

これに対し自民党は，簡素な給付措置はあくまで臨時的な措置とし，同制度を廃止した場合でも，軽減税率の恒久的な財源とみなすべきではないと反論し，4,000億円程度に軽減税率の対象をとどめるべきだと主張した。経理方法についても議論され，17年4月からのインボイス導入は見送り，当面はより簡素な方式で対応することで一致した[65]。

28日，自民党新聞販売懇話会の丹羽会長は，宮沢税調会長と党本部で会談し，「新聞は国民の知る権利と議会制民主主義を支えている」と，新聞を軽減税率の対象に加えるよう求める要望書を提出した[66]。

㉕　軽減税率の財源4,000億円の上積みを巡り自公に温度差

29日，与党は消費税軽減税率制度検討委員会を開き，軽減税率の導入に当た

64　『毎日新聞』，2015年10月24日。

65　『読売新聞』，2015年10月28日，『朝日新聞』，2015年10月28日，『毎日新聞』，2015年10月28日。

66　『読売新聞』，2015年10月29日。

り，国債の追加発行に頼らない方針を確認した。公明党は総合合算制度の導入見送りに加え，低所得者に対する「簡素な給付措置」の財源も充てるよう改めて提案した。「簡素な給付措置」は，税率8％への増税の負担を和らげる制度で，15年度の財源は1,320億円で，一定の所得を下回る人に対し，15年10月からは1年分6,000円が支給されていたが，公明党は，税率10％時点では簡素な給付措置の財源がさらに必要とされるが，軽減税率を導入すれば不要になるとして，この分を軽減税率に充てられると主張した。これに対し宮沢税調会長は，「大きなフレームワークは動かない」と述べ，4,000億円から大幅に増やすことに否定的な見解を示した。また，財務省も「簡素な給付措置はもともと総合合算制度を導入するまでの一時的な措置」として軽減税率の財源には使えないとの見解を示した。

　また，消費税率10％時に酒類を除く飲食料品に軽減税率8％を適用した場合の財務省による税収減の試算は1.3兆円で，この試算は家計調査に基づくものだが，公明党は独自の試算で税収減が8,500億円程度にとどまると主張した。公明党の斉藤税調会長は，「税収減の金額はある程度幅がある数字という共通認識に立った」と説明したが，宮沢税調会長は「他に統計がないのは確かなので，この数字1.3兆円を使わなければならない」と否定した。対象品目の選定についても隔たりは埋まらなかった。宮沢会長は準備期間が短いことを理由に，「対象を絞らなければ混乱が生じる」と主張し，精米等に限定したい考えをにじませた。また，自民党からは，段階的に対象を広げる意見も出た[67]。

　30日，自民，公明両党は軽減税率について議論する会合をそれぞれ開いた。自民税調では宮沢会長が，官邸の指示で17年4月からの軽減税率導入が決まった経緯を説明し，理解を求めた。これに対し，高所得者ほど軽減される税金が増えるため，「本当に弱者のためになるのか」等の批判が続出した。また，軽減税率導入までのつなぎとしては，実施されている簡素な給付措置を継続する方が低所得者対策として有効であるとの指摘や，「欧州では軽減税率は失敗だったというリポートが出ている」と，軽減税率の見送りを求める意見もあった。

67　『読売新聞』，2015年10月30日，『朝日新聞』，2015年10月30日，『毎日新聞』，2015年10月30日。

一方で公明税調では発言した全議員が「目指すべきは酒を除く全食料品」,「軽減税率はわが党の生命線なのでしっかりやってほしい」等,軽減税率導入に積極的であった。財源論を巡っては,一体改革の枠内を前提に,「4,000億円が上限」と主張する自民党や財務省等に対する不満が続出し,「この枠内で議論すると行き詰まる。税制全体の中で考えていくべきだ」との意見が出て,たばこ税や所得税の増税による財源確保を検討するよう求めた[68]。

同日,民主党の長妻昭代表代行は,軽減税率を巡る与党協議の内容を強く批判した。総合合算制度に充てるはずの4,000億円を軽減税率の財源にしようとしているためで,「社会保障費を削ると格差が拡大する。国民への背信と言わざるを得ない」と指摘した。総合合算制度は医療や介護,保育等の自己負担額に上限を設ける低所得者対策で,消費増税に伴う増税分を充てるもので,「貧困格差改革の目玉だ」と強調し,さらに「軽減税率は金持ちにも恩恵がある。総合合算制度の財源を使えば社会保障の格差,貧困対策の核心がなくなる」と述べた[69]。

㉖　軽減税率対象品目　自民：精米,生鮮食品まで,公明：加工食品まで

11月4日,与党において消費税軽減税率制度検討委員会が開かれた。ここでも,軽減税率の対象品目について,自民党が「最小限」に絞るべきだと主張し,公明党は「広い範囲」を求め折り合わなかった。宮沢税調会長は同委員会後,「精米だけというわけにはいかないのかもしれない」と述べた。公明党内では低所得者層ほど消費が多いとされる豆腐やハム等の加工食品を対象に含めるべきだとの声が大勢であった。同日の同委員会では財務省から,「現行法では加工食品に区分を設けることは難しい」との説明があった。自民税調幹部の1人は,「対象は,加工食品をすべて含めるか,すべて除外するかしかないのではないか」と語った。

軽減税率導入に伴う中小企業等の事務負担の緩和を目的とした簡易な経理方式については,宮沢会長と斉藤会長による共同私案を次回以降の同委員会に提

68　『朝日新聞』,2015年10月31日。
69　『朝日新聞』,2015年10月31日。

示し，協議することが確認された[70]。

11日に開かれた与党税制協議会が開催され，軽減税率の対象品目を巡って議論がなされた。自民党の宮沢税調会長は，軽減税率について生鮮食品の適用を事実上容認する考えを示した。これまで線引きの困難さ等を理由に対象を精米に絞る等極めて限定すべきだと主張してきたが，幅広い飲食料品への適用を求める公明党に譲歩した形となった。しかし宮沢会長は，「精米という極めてはっきりした線がある。もう1つ，生鮮食品という線がある。2つが可能だ」と明言し，自民党は広くても生鮮食品までとの考えを示し，譲歩してもパン等一部の加工食品しか認めない立場をみせた。

これに対し公明党の斉藤会長は，「混乱を招くということなので，加工食品全体を対象に含めなければならない」と主張した。

自民，公明両党は，食品表示法の区分に照らして適用対象を定める方向で一致していたが，同法は飲食料品を生鮮食品，加工食品，添加物の3種類に分けている。財務省は同日の与党協議で，「加工食品の中で線引きをすると混乱が生じる」と説明し，両党もこれを了承したが，生鮮食品に絞るか，財源を探して加工食品全般も含めるかが今後の焦点となった[71]。

軽減税率の対象をどこまで認めるか，この協議の自民，公明両党の税制調査会の中心メンバーは以下の通りであったといえる。

自 民 党

宮沢会長	額賀小委員長	林小委員長代理	後藤幹事

公 明 党

斉藤会長	北側顧問	上田会長代理	西田事務局長

この中で特に自民党側の宮沢会長と林小委員長代理，公明党側の斉藤会長，北側顧問の4氏による非公式協議で，両党内で「2＋2」等と呼ばれていた。しかし，自民党と公明党の間で軽減税率の対象品目には隔たりが大きく，公明

70　『読売新聞』，2015年11月5日，『朝日新聞』，2015年11月5日。
71　『読売新聞』（夕刊），2015年11月11日，『朝日新聞』（夕刊），2015年11月11日。

党内には非公式協議でも軽減税率の決着は難しいとして「最終的には安倍首相と山口代表による党首会談で政治決着させるしかないだろう」との声もあった[72]。

㉗　軽減税率対象を巡る協議平行線，幹事長レベルへ協議格上げ

18日，与党税制協議会にて消費税軽減税率制度検討委員会が開催された。自民党は事業者の事務負担増に配慮し，17年4月から当面は対象品目を絞り，その後に拡大する案を主張した。これに対して公明党は，当初から幅広い品目を対象にするよう改めて求め，協議は平行線をたどった。

事態の打開に向け，自民，公明両党は税制調査会幹部による協議，「2＋2」に自民党の谷垣幹事長，公明党の井上幹事長を加えることとした。自民党側に幹事長が加わるよう格上げを求めた公明党の斉藤会長は，「税制，財政全体の中で考えなければ，意味のある軽減税率制度にならない。幹事長レベルで協議することは良いことだ」と述べた。党税調の聖域とされた税制改正に幹事長が関与するのは極めて異例だが，谷垣幹事長は17日の宮沢税調会長との会談で，自ら説得にあたることを了承した[73]。

19日，自民，公明両党は，軽減税率の制度設計を巡り幹事長，税調会長らによる非公式協議を行った。非公式協議に幹事長が出席するのは初めてであった。協議には自民党側からは谷垣幹事長，宮沢会長，林小委員長代理，公明党側からは井上幹事長，斉藤会長，北側顧問，そして財務省の佐藤主税局長らが出席した。

自民党は生鮮食品と一部の加工食品を改めて主張し，谷垣幹事長は「一体改革の枠組みは外さない。軽減税率のための財源は4,000億円しかない」と述べた。自民党内では17年4月からは生鮮食品を対象に，財源を確保したうえでインボイスの義務付けと同時に加工食品等も対象にするという2段階案が浮上していた。

これに対し公明党は酒類を除く飲食料品（税収減：1.3兆円）や，酒と外食を除

72　『読売新聞』，2015年11月12日。

73　『読売新聞』，2015年11月19日，『朝日新聞』，2015年11月19日，『毎日新聞』，2015年11月19日。

く飲食料品（税収減：1兆円）を主張し，斉藤会長は，消費者の立場から「軽減税率は幅広い品目を対象にしないと趣旨に反する。加工食品が入らないと意味がない」と強調した。北側顧問も同調しさらに井上幹事長は「譲れない」とたたみかけた。自民党の2段階案に対しては，「いったん上がった税率は下げられない」と難色を示し，これは「同じ品目の税率が2回変わると混乱を招きかねない」ことが理由とみられ，また自民党が2段階目でどこまで対象拡大を認めるか，はっきりしないことも公明党の反対の要因であったとみられる[74]。

㉘　首相の軽減税率財源に関する指示を巡り混乱

　24日，安倍首相は谷垣幹事長，宮沢税調会長と会談し，軽減税率の制度設計について意見交換をした。谷垣幹事長は，会談後の記者会見で安倍首相から「財源論については財政再建計画や『社会保障と税の一体改革』とかいろんな議論の積み重ねがあって，用意できる財源は限定されている。ない袖は振れないからその枠内で議論してほしい」と指示があったと説明した。記者団から「首相の指示は財源を4,000億円までにするということか」と問われ，谷垣幹事長は「基本的に首相もそういう考えだ」と認めた。

　宮沢会長は会談後，首相から①国民の理解が得られる制度構築，②事業者の混乱を招かない経理方式や対象品目，③社会保障と税の一体改革の枠内で安定財源を確保という3点の指示があったとし，記者団から「財源は4,000億円が念頭か」と問われ，宮沢会長も「そうだ」と述べた。

　このような状況を踏まえ，公明党の山口代表，井上幹事長，斉藤会長らは同日，国会内で対応を協議し「形勢不利な状況にある」との認識で一致した[75]。

74　『読売新聞』（夕刊），2015年11月19日，『毎日新聞』（夕刊），2015年11月19日，『読売新聞』，2015年11月20日，『朝日新聞』，2015年11月20日。
　　なお，軽減税率を導入することは平成27年度税制改正大綱にて記載されており，財源が不足しているので軽減税率の導入は難しいという議論にはならないのではないかとの意見も与党内にあった。（与党議員とのインタビュー）

75　『読売新聞』（夕刊），2015年11月24日，『毎日新聞』（夕刊），2015年11月24日，『読売新聞』，2015年11月25日，『朝日新聞』，2015年11月25日，『毎日新聞』，2015年11月25日。
　　24日の首相と谷垣幹事長の会談には，財務省幹部が同席したが，菅官房長官はこのことを事前に知らされておらず，財務省に対する不信感につながったとの見方もある。（『朝日新聞』，2015年12月13日）

これに対し，菅官房長官は同日の記者会見で，軽減税率を巡る安倍首相の指示について，「『社会保障と税の一体改革』の枠内ということは聞いていない。具体的な指示はしていないと思う」と述べた。この発言は，首相は軽減税率の財源を4,000億円に限定したわけではないとの見方を示したものであった。16年7月の参院選で，公明党との選挙協力を重視する首相や菅官房長官は，軽減税率で公明党に配慮したいとの見方が根強くあるとみられた[76]。

㉙　自民税調：導入当初は生鮮食品まで，数年後に拡大　段階的拡大案に公明反発

　25日，自民税調は軽減税率の対象品目について，軽減税率導入当初は生鮮食品のみとし，安定的な財源を確保することを条件に数年後に拡大する方向で調整に入った。これは，公明党は加工食品等も含めるよう主張しているが，財源確保や事業者の対応が困難であると判断したためであったとみられる。同日，谷垣幹事長，井上幹事長らは軽減税率について協議し，段階的に対象を拡大する自民党案について公明党は，「生鮮食品だけで始めることに議論の余地はない」と強く反発し，正式に提案されても応じない考えを示した。

　同日，公明党の山口代表は福岡市で開かれた「毎日・与論フォーラム」（毎日新聞社主催）で講演した。消費税の軽減税率を巡り，自民党の谷垣幹事長らが安倍首相から財源は4,000億円が上限との指示を受けたとしていることについて，「私自身首相から何も聞いていない。具体的指示を出すなら，公明党に何の相談もなく行うことは考えられない」と述べ，自民党執行部への不信感をあらわにした。山口代表は，「自民党は生鮮食品を対象にと言っているが，我々はそれでは軽減税率の意味がないと言っている。大部分の国民が日常生活で加工品に頼っている」と語り，加工食品も軽減対象とするよう重ねて主張した。さらに加工食品を加えた場合，財源は1兆円規模に上るが，「アベノミクスを進めるこ

76　『読売新聞』（夕刊），2015年11月24日，『毎日新聞』（夕刊），2015年11月24日，『読売新聞』，2015年11月25日，『朝日新聞』，2015年11月25日，『毎日新聞』，2015年11月25日。
　「社会保障と税の一体改革」の際，創価学会には消費増税への反対の意見は多かったが，この反対を抑えるため公明党の訴えで低所得者対策として軽減税率の検討が盛り込まれた経緯があった。（『朝日新聞』，2015年11月25日）

とで税収は増えている」と指摘し，財政健全化に影響なく軽減対象を広げられるとの考えを示した[77]。

㉚　与党，経過措置として「区分記載請求書等保存方式」の導入決定

　26日，与党による消費税軽減税率制度検討委員会が開催され，インボイスを用いた経理方式の導入を正式に決めた。法律による義務付けは20年度以降で，その間は経過措置として，現行方式を基にした簡素な方式を認め，義務付けまでは請求書等で軽減対象品目に印をつけて済ませる簡素な「区分記載請求書等保存方式」を導入することとした。

　簡易課税制度は存続し，さらに「みなし特例」という制度も加わることとなった。「みなし特例」は10日間のモデル期間の販売実績で軽減品目の割合をはじき出し，年間を通じた軽減品目の販売割合と見なす仕組みであった。この10日間の区分経理も難しい事業者には，軽減税率対象品目を主に販売している場合は対象品目の割合を１／２とみなす方法も認められた。宮沢税調会長は記者会見で「軽減税率導入時での混乱を避ける観点から，思い切って極めて簡便な方法を採用する」と理解を求めた[78]。

㉛　官邸，軽減税率財源8,000億円程度　加工食品まで拡大の動き

　27日，首相官邸は軽減税率の対象品目について生鮮食品と加工食品（酒，外食，菓子，飲料は除く）とする調整に入った。必要とされる財源は8,000億円程度になる。幅広い対象品目を確保するため酒を除く飲食料品を主張してきた公明党はこれを受け入れる見通しだが，自民党と財務省は対象を生鮮食品に限定し，財源の上限を4,000億円と主張してきたため反発を強めており，調整は難航も予想された。必要とされる財源は8,000億円程度で，不足する4,000億円の手当ては景気回復による税収の上振れ分を充てる案やたばこ増税が検討課題に挙がった。

　首相官邸が軽減税率の対象品目に加工食品を加えて財源規模の拡大を狙うの

77　『毎日新聞』，2015年11月26日。与党議員とのインタビュー。
78　『読売新聞』，2015年11月27日，『毎日新聞』，2015年11月27日。

は，前述したように，16年7月の参院選を前に公明党との選挙協力を重視しているためとみられる。官邸は難色を示す財務省に対し「8,000億円規模でのスタートが無理なら消費増税そのものを先送りする」と伝え，消費税10％への引き上げの再延期までちらつかせていた節もあった。財政再建を最優先する財務省にとって，17年4月の消費増税は絶対に譲れない一線で，ある財務省幹部は「軽減税率の議論はもはや政策論ではない」と語り，財政規律重視の考え方だけでは官邸の圧力に抗じきれないとの考えを語った。

　このような官邸の動きに対し，自民税調幹部らはこの動きを察知し，同日，谷垣幹事長，高村副総裁，稲田政調会長らが急遽党本部に集まり，軽減税率導入では「社会保障と税の一体改革」の枠内である4,000億円で対応する方針を確認した。二階総務会長も同日，「4,000億円での対応を堅持する意見の方が圧倒的に強い。積み増しはいまのところ考えていない」と述べた。安倍首相は同日，全国知事会議で「自公両党間で財源も含めて具体案を早急にまとめてほしい」と述べ，安倍首相自身はこのような軽減税率を巡る協議と距離を置く姿勢を示した。また，自民党のベテラン議員は，「首相官邸とはだれなのか問題だ，普通は首相を指すが」と指摘し，軽減税率を巡る意思決定が首相ではなく，菅官房長官によって行われていることが混乱を招いているとの考えを示唆した[79]。

　このように，軽減税率を巡って自民，公明両党間の調整が難航していることに，16年7月選挙を控える参院自民党内から不満が出たため，同日，伊達忠一参院幹事長は谷垣幹事長に「来年夏の参院選に影響が出る。もめないで決着してほしい」と要望した。軽減税率を巡って議論の中核を担っているのは宮沢税調会長や林小委員長代理ら参院議員であったが，公明側との主張に隔たりが大きく，「軽減税率のせいで地元で公明党と選挙の話をする雰囲気にない」との声が自民党内に上がっていた。伊達参院幹事長の地元の北海道では同年4月に衆院補選（5区）があり，この選挙は同年7月の参院選の前哨戦と位置付けられていただけに，伊達参院幹事長は「公明党の要望もある程度聞き入れて，早期決着してほしい」と語り，公明党への配慮をにじませた[80]。

79　『毎日新聞』，2015年11月28日。
80　『毎日新聞』，2015年11月28日。

㉜ 外食，小売業界　軽減税率導入決定に反対

　同日，このような政府，与党の軽減税率導入の決定に対し，外食や小売等の業界7団体は都内で集会を開き，軽減税率の導入に反対する決議を採択した。小売業界等は事務負担が重くなるとして，軽減税率の導入に反対していた。同決議は，「低所得者対策にならないだけでなく，現場に混乱をもたらす。導入に強く反対する」とした。日本フードサービス協会の桜田厚会長は，「イートインとテイクアウト等，事業者だけでなくお客様も混乱する」と指摘した。インボイスを使った経理方式についても，平富郎日本スーパーマーケット協会副会長は，「企業に新たな事務負担が生じる」と否定的な意見を述べた[81]。

　菅官房長官は，軽減税率の規模を巡り29日に麻生財務相，30日に高村副総裁と続けて会談した。これは，自民税調幹部も幹事長レベルでは決定できず，官邸が調整に乗り出すとの見通しを示したように，官邸主導で決着するための準備とみられた。

　12月1日，自民党の谷垣幹事長は軽減税率の財源について，「視野を広げた議論が必要だ。ただ安定財源は確保しなければならない」と述べ，安定財源の確保を条件に，自民党が上限としていた4,000億円より上積みが可能であるとの見方を示した。これに関連し高村副総裁も，同日の党役員連絡会にて，「自民，公明両党の双方が柔軟にならないと解決しない」と語り，妥協が必要であるとの考えを示した。

　同日，谷垣幹事長と公明党の井上幹事長らは軽減税率を巡り協議し，16年度の与党税制改正大綱が決まる10日までに軽減税率の制度設計で合意を目指すことを確認した。

　しかし，軽減税率の対象品目とその財源についての議論は平行線に終わった。宮沢税調会長は，「まだ溝は埋まっていない」と語り，自民党は，「対象は生鮮食品，財源4,000億円」から段階的に対象を広げる案を提示したが，公明党は「一度上げた税率を再び下げれば混乱する」と指摘し，導入当初から加工食品を加え，税財政全体で1兆円規模を確保するように主張した。また，自民党は「線引きが難しい加工食品を加えれば混乱を招き，17年4月に間に合わない」と迫っ

81　『読売新聞』，2015年11月28日。

たが，公明党は，「生鮮食品を扱う業者は加工食品も扱っており，対応できる」等と反論した。公明党幹部も「毎回同じ主張を繰り返している」と主張したように，これまでの議論を繰り返した感は否めなかった[82]。

軽減税率の財源を巡り，対象品目拡大を狙って首相官邸内に好調な企業業績等で増えた税収の上振れを活用する案が浮上していることが分かり，これに対し谷垣幹事長は，「安定財源をいかに確保していくか，税収の上振れはいつまで続くのか」と述べ，否定的な考えを示した。また，麻生財務相も「上振れは来年，再来年はどうか。きわめて『？』がつく」と述べ，上振れ分の活用は認められないと強調した[83]。

谷垣幹事長の態度は固かったものの，二階総務会長は，同日，公明党の漆原中央幹事会長，太田前国土交通相と会談し，「軽減税率が連立にかかわることはないですよね」と公明党側に念を押す等，徐々に連立重視の判断にシフトしていた[84]。

3日，与党税制協議会にて，消費税軽減税率制度検討委員会が開催され，新たな経理方式の柱となるインボイスの仕組みについて合意した。公表した書式は，中小・零細事業者への配慮から個別の品目に税率と税額の明記を求めず，標準税率の品目と軽減対象品目それぞれの合計額の税率，税額のみを記す内容であった。与党が合意したインボイスは「適格請求書等保存方式」という名称で，「区分記載請求書等保存方式」と異なるのは，税率の区分の他，事業者ごとの登録番号を記載する点である。なお，請求書の不正発行には罰則が設けられた[85]。

82　『読売新聞』（夕刊），2015年12月1日，『読売新聞』，2015年12月2日，『毎日新聞』，2015年12月2日。

　　軽減税率の規模について，首相や菅官房長官の思うようには進まず，自民税調と財務省はその規模を何とか狭めようとした。11月29日，菅官房長官は衆院議員会館に財務省の田中次官と佐藤主税局長を呼び出し，公明党の主張をのむよう指示した。財源4,000億円にこだわる田中次官らに対し，菅官房長官は「できない，できないではなくもっとしっかり考えてくれ」と語ったが，田中次官らの主張は変わらなかった。（『読売新聞』，2015年12月13日，『朝日新聞』，2015年12月13日）

83　『朝日新聞』，2015年12月1日，『朝日新聞』（夕刊），2015年12月1日。

84　『毎日新聞』，2015年12月11日。

85　『読売新聞』，2015年12月4日。

㉝　幹事長レベルでも自公平行線のまま　公明：段階的拡大論に反対

　4日，中国を訪問していた谷垣，井上両幹事長は軽減税率の財源や対象品目について協議した。井上幹事長は「公明党の考え方についてよく理解をいただいた」と述べ，谷垣幹事長も「今まで以上に丁寧に腹を割って話すことができた。デリケートな段階だ」と述べ，自民党から歩み寄りがあったとみられた[86]。

　帰国後の6日，引き続き谷垣，井上両幹事長らは軽減税率について協議を行った。この会談には自民側から宮沢税調会長，林小委員長代理，公明側からは斉藤税調会長，北側顧問が出席した。

　しかし，自民党側は導入時の対象品目は生鮮食品にとどめ，段階的に加工食品まで拡大する2段階案を改めて提案したが公明党側は反対し，協議は平行線のままであった。

　この会談の具体的な内容は，以下のようなものであった。

　これまで自民党は生鮮食品に固執していたが，2段階論ではあったが，加工食品にはめん，パン類，みそ，しょうゆ，牛乳，レトルト食品等日常生活に欠かせない食品が多く，低所得者層は加工食品の消費が多い傾向を踏まえ，公明党が加工食品への適用を強く求めたことから，自民党は段階的に加工食品も容認する方針に転じたとみられた。

　公明党は嗜好品である酒類を対象から外す考えで，さらに外食を除いた1兆円を容認ラインと位置付けていたものとみられる。加工食品の中で線を引く方法として，財務省は，欧州等の例を参考に菓子類(軽減額：1,000億円)，飲料(軽減額：800億円)を除外する案を示していたが，この案では甘納豆は菓子類で甘栗は一般の加工食品，オレンジジュースは飲料でトマトジュースは野菜加工品等線引きが困難となる例が指摘された。すべての加工食品を対象にすると，コンビニエンスストアの店内スペースで飲食したものを外食と扱うかや，外食チェーンで買った持ち帰りの弁当を加工食品と扱うか等も論点となった[87]。

　また同日，林小委員長代理が，消費税を10%に引き上げたときの増収額14兆円のうち借金返済に充てられる7.3兆円分から6,000億円を切り崩して穴埋め財

86　『読売新聞』，2015年12月5日。

87　『読売新聞』，2015年12月7日，『朝日新聞』，2015年12月7日，『毎日新聞』，2015年12月7日。与党議員とのインタビュー。

源に回すと仮定した場合，政府の財政健全化計画に遅れが生じることを指摘した。この案は，公明党が提案する酒類を除く飲食料品を軽減税率対象とした場合，総合合算制度の4,000億円では足りず，6,000億円が不足している状況を踏まえたものであった。

7日，安倍首相は，谷垣，井上両幹事長と会談し軽減税率について幹事長間で合意するよう指示した[88]。

8日，安倍首相と山口代表は，首相官邸で会談した。山口代表は，「軽減税率の対象範囲を生鮮食品に限るというのでは国民の理解は得られない」と訴えた。これに対し安倍首相は，「幹事長間で協議を重ねてまとめてもらいたい」と語った。この会談にて首相官邸は，「安全保障関連法で公明党に大変な思いをさせている。これで軽減税率もできなければ公明がもたない」と，公明党に理解を示していたものとみられる。軽減税率の対象品目について具体的には，生鮮食品だけでなく，加工食品まで拡大し，必要な財源は8,000億円程度とする方向であった。

谷垣，井上両幹事長は軽減税率について協議したが，ここでは，自民税調を中心とする自民党側は，自民党は増税時に加工食品も対象にすれば，事業者のシステム導入が間に合わないと主張し，宮沢税調会長も，「システム導入は生鮮食品だけでもぎりぎりだ」と語った。同日の党役員会で高村副総裁も「できないものはできないとしっかり説明すれば，最後は理解してもらえる」と語った。官邸側と自民税調を中心とする自民党側との間で，軽減税率の対象品目拡大についての温度差がみられたといえる[89]。

同日，二階総務会長は，軽減税率対象品目の拡大にかたくなな態度をとり続けていた谷垣幹事長に，「いつまでも軽減税率ばかりやっているわけにはいかないだろう」と妥協を促した。二階総務会長の公明党人脈を重視した菅官房長官

---

88 『朝日新聞』，2015年12月8日。
　　官邸は，表向きは幹事長協議にゆだねる形をとりつつ，全面的に介入する決意を固めていたとみられる。自民党の茂木選挙対策委員長も，首相に「加工食品まで入れないとまとまらない」と伝えると首相も同意した。二階総務会長も菅官房長官と連携し，公明党の漆原氏には「明日には公明党の言うとおりになる」と連絡した。(『朝日新聞』，2015年12月13日)
89 『読売新聞』，2015年12月9日，『朝日新聞』，2015年12月9日，『毎日新聞』，2015年12月9日。

は，公明党との妥協の道を探るため二階氏にも相談し，軽減税率に関する打開策について意見を交わしたとみられた[90]。

㉞ 官邸，谷垣幹事長説得　菓子等も含む加工食品まで拡大，財源1兆円程度

　9日，首相官邸にて，菅官房長官も同席し，安倍首相と谷垣幹事長が軽減税率等について会談し，その後，谷垣幹事長は井上幹事長と会談した。

　安倍首相は，「谷垣さんが自民党総裁だった時，『社会保障と税の一体改革』を実施したことは十分承知している」として，谷垣幹事長の立場に配慮しながらも公明党への歩み寄りを要請した。これに対し，谷垣幹事長は軽減税率の対象を大きく広げることに慎重な考えをにじませ，具体的には，「手続き上生鮮食品から入るしかない，加工食品は後にしましょう」と2段階論を主張した。しかし安倍首相は，「4,000億円では国民感覚になじまない。公明党の主張を飲んでほしい」と述べ，菅官房長官も「財務省等が『できない』と言っているが，責任をもって支える」と加勢し，最終的に谷垣幹事長は折れ，井上幹事長と早期の合意を目指す考えを示した。

　自民，公明両党は，軽減税率に関し消費増税と同時に，生鮮食品と加工食品を含む食料品（酒類，外食を除く）を対象とすることで合意し，財源は1兆円規模となった。この合意は，16年7月の参院選での選挙協力を念頭に，生鮮食品に限定するよう主張した自民党が大きく譲歩したものであったとみられる。与党はこれを受けて10日，16年度税制改正大綱を決定することとなった。谷垣幹事長は，安倍首相や菅官房長官と協議のうえ，加工食品を対象に加える方針に転じたとみられる。協議の最終段階では，自民党側は加工食品のうち菓子や飲料を除く8,200億円程度とする案を提示したが，パンと菓子類等の線引きが難しく，国民生活が混乱することへの懸念から菓子等も含む1兆円規模に落ち着いたものとみられる。これにより，軽減税率の規模が1兆円に膨らんだことで6,000億円の新たな財源確保が課題となった[91]。

90　『毎日新聞』，2015年12月11日。
91　『読売新聞』（夕刊），2015年12月9日，『読売新聞』，2015年12月10日，『朝日新聞』，2015年12月10日，『毎日新聞』，2015年12月10日，『読売新聞』，2015年12月13日。

10日，自民，公明両党は17年4月の消費増税と同時に導入する軽減税率について，財源を1兆円超とすることで一致した。つまり，菓子類と飲料を含む加工食品と生鮮食品の食品全般が対象となることが固まったことになる。

谷垣，井上両幹事長は同日，東京都内で会談し，1兆円超の安定した財源をどう確保するかを中心に議論がなされた。

軽減税率を巡る与党協議において，安倍首相から調整をゆだねられた谷垣幹事長は，「税収を1兆円規模で軽減税率の財源として使えば，財政規律，財政健全化目標との整合性をどうとるのか」と語った。これに対し井上幹事長は「軽減税率が始まるのは17年4月だ。財政規律は来年考える時間があるはずだ」と水を向けたが，合意には至らなかった。

一方，谷垣幹事長が懸念を示していた軽減税率対象品目の拡大に伴う財源の確保について，税収の上振れを安定的な恒久財源としてあてにするのは危険であるとの見方は根強かった。「アベノミクスの成功で税収は今後も増えるはず。軽減税率の財源も賄える」と官邸側は強気だったものの，他に有力な財源も見当たらないため，政府内では国の借金返済を一部先延ばしする案も一部取りざたされ始めた。「財源確保には赤字国債の追加発行しかない。20年度までのプライマリーバランス黒字化は無理かもしれない」と語る政府関係者もいたが，自民党の稲田政調会長は，「財政健全化目標に影響がないようにすべきだ」と強調した。党税調幹部も，公明党への配慮を優先する首相に強い不満を示し，「首相官邸は健全化目標を閣議決定し直さないといけないかもしれないぞ」と語った。

また，自民党側としては公明党とのパイプが太い二階総務会長が徐々に軽減税率拡大に理解を示し，「公明党は友党だ。お互いに信頼感をもって日本の政治の躍進に精いっぱい努力をするべきだ」と強調した。また山本一太元沖縄北方担当相は，「生鮮食品に絞る自民党の主張は正しいと思うが，正直言って選挙もある。公明党との選挙協力体制を作ることも考えないといけない。参院選で負けたら元も子もない」と語った。野党の民主党の岡田代表は，軽減税率の合意内容について「節度なきバラマキ政治に走ってしまっているのが今の安倍政権の姿だ」と批判した。

なお，新聞，書籍についても軽減税率の対象にする方向で最終調整に入り，「新聞，書籍への適用を考えている」，「用意できる財源は200億円程度になる」

と対象を限定しながら認める意向が示された[92]。

11日，安倍首相は，「幹事長間で精力的な協議を行っている。相当大詰めのところまで来ていると思う」と早期の決着に期待を表明し，「最善の結果を目指してもらいたい」と語った。菅官房長官も，「軽減税率は連立政権の公約だ。しっかり合意を得ることが極めて大事だ」と述べた。同日谷垣幹事長は，宮沢税調会長と会談し，軽減対象となる加工食品と外食の線引き等について詰めの協議を行った[93]。

㉟　自公，加工食品も対象とする1兆円規模の軽減措置を確認　自民，外食も加える案を提案

11日，自民，公明両党幹部は軽減税率について協議し，加工食品も対象とする1兆円規模の軽減措置を実施することを確認した。この協議には自民党から谷垣幹事長，宮沢税調会長，林小委員長代理，公明党から井上幹事長，斉藤税調会長，北側顧問の計6人が出席した。この協議では，線引きが難しいとして軽減税率の対象に新たに外食も加える案が自民党側から提示された。外食も加えると対象品目の線引きは容易になるが，必要な財源は1兆3,000億円に膨らむことになり，政府内で反対意見も出て結論が持ち越された。財源については前述したように，総合合算制度の見送りで4,000億円，残り6,000億円超については税収の上振れを充てる案や，17年度からたばこ税を引き上げる案等が浮上していた[94]。

92　『読売新聞』，2015年12月11日，『朝日新聞』，2015年12月11日，『毎日新聞』，2015年12月11日。

93　『毎日新聞』（夕刊），2015年12月11日。

94　『読売新聞』，2015年12月12日，『朝日新聞』，2015年12月12日，『毎日新聞』，2015年12月12日。
　　ここで，最終段階で与党協議において対象品目に外食を含めるという案が出てきた経緯を簡単にみてみる。12月10日，谷垣幹事長が，「外食を切るわけにはいかない」と与党協議の最終盤で発した。谷垣幹事長が突然財源1.3兆円が必要な外食への拡大を主張したことに与党内では官邸の方針を覆す奇策ではないかとの憶測も広まった。しかしこの案は，「協議をまとめたくない財務省による最後の抵抗ではないか」との見方が少なからずあり，実際には蕎麦屋の出前等線引きの混乱要因を排除したい財務省主税局の働き掛けを受けたものだったとみられる。実は財務省主税局は当初から対象品目の線引きについて，生鮮食品のみか，外食を含めた食品全般の2択しかないという立場であった。前述したようにもともと主税局は，マイ

これに対し民主党は，政府，与党が軽減税率を食品全般に適用する方針を固めたことに強く反発した。長妻代表代行は，「選挙目当てに巨額の税金を使う究極のばらまきだ」と強く批判した。岡田代表も，「財政再建の旗を降ろすのかどうか明確にしてもらいたい。1兆円も毎年の歳入が減るなら，20年の財政健全化目標の前提が変わってくる」等と批判した。さらに岡田代表は，総合合算制度を見送ることについて，「弱者の負担緩和制度を導入しないなら，一体どっちを向いて仕事をしているのか」とも語った。枝野幹事長も「総合合算制度の財源が軽減税率に回されたら，明確に3党合意違反だ。自公両党が一方的に破棄した以上，我々が3党合意に拘束される理由はない」と語り，今後は消費増税自体に反対する可能性も示唆した[95]。

㊱ 自公，酒類と外食を除く食品全般にて合意　財源1兆円程度　恒久財源確保は先送り

12日，自民，公明両党は，自民党側からは谷垣幹事長，宮沢税調会長，林小委員長代理，公明党側からは井上幹事長，斉藤税調会長，北側顧問の出席の下軽減税率の対象品目について酒類と外食を除く食品全般にすることで合意した。税収減の穴埋めに必要な財源は約1兆円に上るが，財源確保の議論は先送りするものの財政健全化目標は堅持するとした。自民党は軽減対象の線引きをしやすいよう外食を加えることを提案していたが，必要な財源が膨らむため断念した。

　両党は合意文書に，谷垣幹事長の意向も踏まえ，「安定的な恒久財源を確保することについては責任を持って対応」と記したが，結論は「2016年度末までに歳入及び歳出における法制上の措置を講ずる」と先送りした。経理方式については，17年4月からは簡素な経理方法，21年4月からはインボイス制度を導入

ナンバーカードを利用した還付案をまとめたとされ，「主税局としては，税の実務が複雑になる軽減税率はどうしてもやりたくない。与党協議や国会審議を混乱させ，何とか阻止しようとした主税局の反乱だ」との見方すら出ていた。外食の扱いを巡っては，主計局は財源がさらに増える外食追加案に強く反対したが，主税局は「税の実務上，外食の区別ができないから入れるしかない」として，財務省内でも2分する激論になったといわれている。（『読売新聞』，2015年12月12日，『毎日新聞』，2015年12月13日）

95　『読売新聞』，2015年12月12日。

するとした[96]。

�37　流通業界，外食産業：懸念　飲料，加工食品業界：歓迎

　このように軽減税率の対象品目が「酒類と外食を除く食品全般」とすることが与党で合意されたことを受け，流通業界，外食産業，加工食品業界等の反応は以下のようであった。

　流通業界等では「複数の税率に対応するため事務負担が増大する」等懸念の声が広がった。日商は複数の税率に対応する会計システムの導入には１年半程度の準備期間が必要としており，「軽減税率導入までに間に合わないかもしれず混乱は必至だ」とした。

　三越伊勢丹ホールディングスの大西洋社長は，「店内の飲食スペースで刺身を食べる場合等はどうなるのか。早めに線引きを決めてほしい」と述べた。

　外食チェーン業界でも困惑が広がり，これは外食が軽減税率の対象外になったことで対象品目との区分が難しいことによるといえる。牛丼チェーン大手ゼ

96　『読売新聞』，2015年12月13日，『朝日新聞』，2015年12月13日，『毎日新聞』，2015年12月13日。与党議員とのインタビュー。
　　なお，12月12日の自民，公明両党の軽減税率に関する合意文書は以下のとおりである。（『読売新聞』，2015年12月13日）
　　＜自公幹事長合意文書の全文　軽減税率についての大枠＞
　１．2017年４月１日に消費税の減税率制度を導入する。
　２．飲食料品にかかる軽減税率の対象品目は以下のものとし，適用税率は８％とする。食品表示基準に規定する生鮮食品および加工食品（酒類および外食を除く）
　３．軽減税率制度の導入に当たっては，財政健全化目標を堅持し，安定的な恒久財源を確保することについて自民党・公明党両党で責任を持って対応する。このため，16年度税制改正法案において以下の旨を規定する。
　　①　16年度末までに歳入および歳出における法制上の措置等を講ずることにより安定的な恒久財源を確保する。
　　②　財政健全化目標との関係や18年度の『経済・財政再生計画』の中間評価を踏まえつつ，消費税制度を含む税制の構造改革や社会保障制度改革等の歳入および歳出のあり方について検討を加え必要な措置を講ずる。
　４．21年４月にインボイス制度を導入する。それまでの間は簡素な方法とする。
　５．軽減税率制度の導入に当たり混乱が生じないよう政府・与党が一体となって万全の準備を進める。このため，政府・与党に必要な体制を整備するとともに，事業者の準備状況等を検証しつつ必要に応じて軽減税率制度の円滑な導入・運用に視するための必要な措置を講ずる。
　　16年度税制改正法案において上記の旨を規定する。

ンショーホールディングスの小川賢太郎会長兼社長は、「軽減税率の導入はどこで線引きしようとアンフェアなことになる」と懸念を示した。牛丼やハンバーガー等のファストフード店では、店内で食事する場合と商品を持ち帰る場合で税率が変わる可能性がある。大手牛丼チェーン広報は「税率が変われば現場やお客さんが間違いなく混乱する。持ち帰りの税率が下がるとなれば、そのコーナーの充実を検討する企業も出てくるのではないか」と語った。

一方、食品や飲料メーカーは概ね歓迎ムードであった。加工食品大手は「需要が安定すれば生産計画が立てやすくなる」と期待感を示した。加工食品業界は、「価格に敏感な客が増えているのでありがたい」と語った[97]。

14日、安倍首相は自民、公明両党が軽減税率の対象品目について酒類と外食を除く食品全般で合意したことを受け、「自民と公明のそれぞれの強みを生かし、真摯かつ誠実な議論ができ最善の結果となった」と述べ、合意の内容を評価した。また、菅官房長官は同日、与党合意に安定的な恒久財源を確保するため「消費税制度を含む税制の構造改革」等に検討を加えると盛り込まれたことに関連し、将来の消費税率のさらなる引き上げの可能性については「現時点では考えていない」との認識を示した。

同日、谷垣幹事長と宮沢税調会長は、安倍首相と会談し合意内容を報告した。安倍首相は17年4月導入に向けて「これからの作業をしっかりやってほしい。安定財源を見つけていかなければいけない」と指示した[98]。

安倍首相はこの案について「最善の結果だ」と語ったが、実際には軽減税率を酒類、外食を除く食料品に1兆円規模で適用する与党合意は公明党の意向をくんだ官邸の裁定であったとみられた。首相との会談後、谷垣幹事長は、「党方針と大きく変わる決断だが、責任を取ることを考えているか」との問いに対し、「私は職責を果たす」とのみ語った。自民、公明両党の税調間の調整が難航したため、協議が幹事長級に格上げされたが、これは公明党に主張を踏まえたものであったとみられる。宮沢氏は税調会長に就任して日が浅く、幹事長協議で政治色を強め首相判断による決着も視野に環境整備を図るのが公明党の戦略とみ

---

97 『読売新聞』、2015年12月13日、『毎日新聞』、2015年12月13日。
98 『朝日新聞』（夕刊）、2015年12月14日。

られ，公明党側には，「谷垣さんを加えても結論が出ないことはわかっている」との声さえ漏れていたと言われている。

また，自民税調も消費増税と同時に導入する軽減税率制度について，酒類と外食を除く食料品を対象にする方向を了承したものの，自民，公明両党の幹事長によるぎりぎりの合意であっただけに表立った反対意見は見られなかったが，財政再建の遅れを危ぶむ声は根強くあった。宮沢税調会長は「税理論からすれば忸怩たる思いがあるが，こういう結果になった」と述べ，与党幹事長の合意に理解を求めた。額賀税調小委員長も，「自民党として十分な案とは思っていない。しかし財源やシステムについておおいに議論してよい形にしていく」と述べ，宮沢会長と同様複雑な心境をにじませた。また二階総務会長も，「党内で評判のいいものではない」と指摘した。

一方民主党の岡田代表は同日，軽減税率に関するこの与党合意について，「あまりにも問題がありすぎる。1兆円という規模の大きさ，財源が来年まではっきりしない無責任さ，政権与党の矜持がないのか」と厳しく批判した。共産党の山下芳生書記局長も，「軽減，軽減と大宣伝したが，1兆円だけ増税をやめておこうということ。その財源もこれから考えるというのは極めて無責任だ」と指摘した[99]。

消費税の軽減税率の適用対象が決定したことに伴い，政府，与党は外食と食品の境目が曖昧な商品・サービスに関する線引き案の作成作業が行われた。

線引き案では，外食を「テーブルやいす等，その場で飲食させるための設備を設置している場所での食事の提供」と定義した。

ハンバーガー店や牛丼店のテイクアウトや，そば店の出前，ピザの宅配は外食にならないことから税率を8％とされた。

コンビニ等のイートインでは，持ち帰るよう包装された弁当や総菜を食べる場合も税率を8％とされた。同じイートインでも，返却が必要な食器に盛りつけられた食品は，店による食事の提供と見なされ10％が適用されることとなった。商業施設のフードコートでの飲食も外食に分類された。イートインがあるパン店やケーキ店は商品を食器に乗せて提供するか，袋入りで手渡すかで外食

---

99 『毎日新聞』，2015年12月15日。

かテイクアウトかを判断するとされた[100]。

㊳　新聞も軽減税率対象に

　また，自民，公明両党は軽減税率の対象品目について新聞を含める方向で一致した。宮沢会長，斉藤会長らが協議し，上田功税調会長代理は「一定の条件を満たす新聞は対象になると思う」と述べ，新聞を対象に含める方向になっていることを明らかにした。雑誌や書籍等出版物の扱いは対象とする範囲の線引きが難しいとして引き続き協議することにした[101]。

　15日，自民，公明両党は与党税制改正大綱案をまとめた。軽減税率の対象品目の定め方については，①飲食料品の消費実態，②低所得者対策としての有効性，③事業者の事務負担の3点を挙げ，総合的に勘案された。外食は軽減対象にならないが，ハンバーガーや牛丼等ファストフード店の持ち帰りや出前等は消費者感覚に沿って外食に含めないとした。

　また，戸別配達（宅配）で届けられる新聞も軽減税率の対象とすることが盛り込まれた。大綱案では，「定期購読契約が締結された日々または週2回以上発行される『新聞』を対象とする」と明記する方向となった[102]。

　与党税制改正大綱案がまとまったものの，軽減税率の対象を財源を棚上げしたまま1兆円規模に拡大した与党合意により，財政規律の維持は二の次になった。15日，村上誠一郎元行政改革担当相は，「税は理論だという自民税調の伝統を壊してしまった。今後の税調のあり方について幹部は猛省すべきだ」と語った。軽減税率導入のための財源は，自民税調が主張した4,000億円を大きく超えることとなり，面目は丸つぶれとなった。同日の小委員会に野田最高顧問らインナー幹部3人が欠席したことは異例のことであった。

　同日，高市総務相は，軽減税率の導入により地方の税収も3,000億円以上減少するとの見通しを明らかにした。高市総務相は，「軽減税率に必要な財源が1兆円という数字になると，地方の減収分も大変大きなものになる」と懸念を示した。14日に開催された国と地方の協議の場では，全国知事会長の山田啓二京都

100　『読売新聞』，2015年12月15日。
101　『朝日新聞』，2015年12月15日，『毎日新聞』，2015年12月15日。
102　『読売新聞』，2015年12月16日。

府知事が，「軽減税率によって財源の問題が出てくる。社会保障に支障が出ないようにしてほしい」と要望した[103]。

㊴　与党税制改正大綱決定

16日，自民，公明両党は16年度与党税制改正大綱を決定した。軽減税率の対象は酒類，外食を除く食品全般と新聞とし，税率を8％に据え置くこととなった。年間の軽減額は約1兆円と試算された。宮沢会長は，「軽減対象品目について混乱がないようしっかりと線を引く」と述べ，17年4月までに明確なルールを作る意向を示した。

1兆円規模の財源について税制改正大綱は，「16年度末までに安定的な恒久財源を確保する」方針を示した。社会保障費を中心とする歳出の削減や消費税以外の増税を検討し，赤字国債の発行による借金で賄うことは避けることとし，増税策としてはたばこを1本当たり3円増税する案が浮上した[104]。

与党税制改正大綱の決定を受け，経済3団体が談話を出した。日商の三村会頭は，「大変残念」と表明し，事業者の準備が間に合わない可能性があるとし，「官民一丸で混乱を最小限に抑えるための取り組みが必要不可欠」と強調した。同友会の小林代表幹事も軽減税率導入を「残念」とし，「1兆円規模の財源のすべてを速やかに明確化するべきだ」と注文を付けた[105]。

民主党は，与党税制改正大綱が決定され，軽減税率導入が決まり，消費税の軽減税率の財源のため低所得者対策の総合合算制度導入が見送られることになったことに対し，3党合意に反するとして批判を強めた。一方，政府，与党側は「一体改革の枠組みは維持している」と強調した。同日，民主党の枝野幹事長は，「低所得者対策に逆行し論外だ。3党合意は破棄された。10％に上げること自体を凍結して議論しなおすべきだ」と述べ，総合合算制度見送りを批判し10％への引き上げに反対する可能性に言及した[106]。

このような民主党の消費増税自体に反対する動きに対し岡田代表は24日，「消

103　『毎日新聞』，2015年12月16日。
104　『読売新聞』，2015年12月17日，『朝日新聞』，2015年12月17日。
105　『朝日新聞』，2015年12月17日。
106　『毎日新聞』，2015年12月19日。

費増税反対の声があることは自覚しているが，強くなっているかはわからない」と述べた。岡田代表は各地の講演で，「消費税を引き上げないと財政再建の道筋は描けない」と訴え，安倍内閣が財政再建に及び腰だと批判していた。消費増税を見送れば，一体改革で計画していた子ども・子育て支援策等の社会保障の充実が実施できない可能性もあり，与党が政権担当能力を放棄したと民主党への批判を強めることは確実で，岡田代表は党内の反対論と板挟みの状態になった。なお，民主，維新両党は軽減税率の対案として，給付付き税額控除を整備する法案を通常国会に共同提出する方針を決めた[107]。

　軽減税率の財源について，不足している6,000億円程度の恒久財源の確保が難しい中，政府内で財源の一部を税収増でまかなう案が浮上してきた。菅官房長官は，25日のBS朝日の番組収録にて軽減税率の財源に関し，「政権発足から国税と地方税で税収は約21兆円増えている。安定財源はゼロベースでもう1回検討するべきだ」と述べ，これは，社会保障費の抑制等で捻出する従来の考え方を見直し，国の税収増も重要な財源として考慮すべきだとの考えを示したものとみられる[108]。

⑷　通常国会開催　軽減税率を巡る国会論戦

　16年1月4日，通常国会が開催された。6日，衆院本会議にて各党代表質問がなされ国会論戦がスタートした。安倍首相は，15年度補正予算案に計上した高齢者らに3万円を配る臨時給付金について，「税収増というアベノミクスの果実を活用する。ばらまきとの指摘は全く当たらない」と説明し，民主党の岡田代表は，「税金を使った選挙対策だ」との批判に反論した。また安倍首相は，軽減税率制度で必要となる1兆円規模の財源について，「財政健全化目標を堅持し，16年度末までに安定的な恒久財源を確保する観点から政府与党でしっかり検討していく」と発言し，予定した社会保障の拡充策は実施する考えを示し

107　『読売新聞』，2015年12月25日。
108　『読売新聞』，2015年12月26日。
　　　ちなみに，12月24日閣議決定された16年度予算案では，同年度の国の税収を57.6兆円と見込み地方と合わせると計99.5兆円に上ったが，民主党政権時代の12年度の予算では税収は計78.7兆円であり，4年間で20.8兆円（26%）増える見通しとなった。（『読売新聞』，2015年12月26日）

た[109]。

　7日の参院本会議でも各党代表質問で軽減税率を巡り論戦がなされた。野党側は高級な食品を購入する高所得者がより多くの恩恵を受けることになると指摘し、「低所得者対策にはならない」と批判した。これに対し安倍首相は、「日々の生活で消費する品の税負担を軽減すれば、買い物の都度痛税感の緩和を実感できる」と述べ、低所得者に十分な恩恵があると述べた。民主党の前川清成参院議員は、「食品全てが対象なら、1匹100円のサンマも、100グラム何10万円のキャビアも軽減税率だ」と語り、低所得者対策として酒類、外食を除く食品全体を軽減税率の対象としたことに疑問を投げかけた。首相は、「低所得者ほど収入に占める消費税負担の割合が高いという消費税の逆進性の緩和等を勘案して対象を設定すべきだ」と述べ、1人当たりの減税額よりも負担割合や負担感の軽減を重視して適用対象を決めたと説明した。前川氏は軽減税率ではなく給付付き税額控除を導入すべきだとしたが、首相は軽減税率のほうが痛税感を和らげる効果が高いとして、「実施する考えはない」とした。共産党の井上哲史参院幹事長は、「軽減税率の実施で負担が下がるかのような誤解が意図的にばらまかれている」と述べ、消費税率の引き上げそのものをやめるよう要求した[110]。

　8日、政府は家計の消費税負担がどれだけ軽減するのかを試算し、衆院予算委に示した。これによると、世帯当たり平均で年13,115円の負担軽減となった。政府は酒類と外食を除く食品全般と新聞の消費税率を8％に据え置く方針で、総務省の家計調査の2人以上世帯の消費支出（13年）をもとに試算した。軽減額が最も少ないのは年収200万円未満の世帯で年8,372円、一方年収1,500万円世帯の軽減額は年17,762円となり、年収に対する負担軽減の割合は低所得世帯ほど高くなる[111]。

　10日、安倍首相はNHKの報道番組にて、17年4月の10％への引き上げにつ

109　『毎日新聞』、2016年1月7日。
110　『毎日新聞』、2016年1月8日。
111　『朝日新聞』、2016年1月9日、『毎日新聞』、2016年1月9日。
　　　具体的には、年収200万円の世帯は軽減税率の導入で負担が0.5％幅軽くなるのに対し、年収1,500万円の世帯は0.1％幅の軽減にとどまることとなった。軽減税率による負担軽減の総額は年1兆円と見積もられ、試算によると全体の負担軽減額のうち、年収300万円未満の世帯に回る分は全体の10.9％、年収750万円以上の世帯には30.1％分が回るとされた。（『朝日新聞』、2016年1月9日）

いて，「リーマン・ショック級の出来事が起こらなければ上げる」と明言し，その際に導入する軽減税率に必要な約1兆円の財源は，「社会保障に回っているものを切ることはないと約束したい」と述べた[112]。

12日，安倍首相は衆院予算委にても，軽減税率を巡り，財源として必要な約1兆円について税収の上振れ分を使うことを検討することを明らかにした。軽減税率に必要な約1兆円のうち，約6,000億円分の財源が決まっていない状況で，首相は政権復帰3年で税収増が21兆円に上るとしたうえで，「税収増をどう考えるか，経済財政諮問会議等でしっかり議論を進めていきたい」と述べた。一方，麻生財務相は税収は景気の影響で大きく上下する可能性があり民主党の西村智奈美氏の質問に対して，「税収は下振れる可能性もあり安定的な恒久財源とは言えない」と答弁した[113]。

13日の衆院予算委にては，安倍首相は軽減税率の財源について，「税収の上振れについては経済状況によっては下振れすることもあり，基本的に安定的な恒久財源とは言えない」とする政府統一見解を示した。ただ，この見解は経済底上げによる税収増の考え方について，「経済財政諮問会議において議論していく」とも併記し結論をあいまいにしていた[114]。

18日，参院予算委にて軽減税率による税収減の規模について，年1兆円か，年6,000億円か議論になった。安倍首相は与党の合意通りの軽減税率を適用した場合，単身世帯も含む総世帯の1人当たりの年間軽減額が「4,800円程度」と見込まれると説明したが，これに人口をかけると，税収源は6,000億円程度になりこれまで説明してきた税収減の1兆円と食い違いがみられ，この点を共産党の小池晃政策委員長が追及した。麻生財務相は，家計調査の調査対象世帯が記録している家計簿にすべての支出が記載されているわけではないとして，「税収全体との差が出てくるのは当然だ」と理解を求めた[115]。

19日，麻生財務相は参院予算委にて軽減税率の導入に伴う国民負担の軽減額を「年間で総額1兆円程度」とする政府の統一見解を示した。これは，国民1

---

112 『朝日新聞』，2016年1月11日。
113 『朝日新聞』（夕刊），2016年1月12日。
114 『朝日新聞』（夕刊），2016年1月13日。
115 『毎日新聞』，2016年1月19日。

人当たりの軽減額は１兆円を人口で割れば8,000円程度になるが政府は総務省の家計調査に基づいて4,800円程度と説明し，野党が「試算がいい加減だ」と追及したためであった。

　政府によれば，家計全体で税率１％当たり年間２兆1,400億円の消費税を払っているが，このうち，軽減対象となる酒類と外食を除く飲食料品全般と新聞に対する支払いは約5,200億円と推計される。よって税率の差は２％になり軽減総額は約１兆400億円となる。これを日本の人口で単純に割れば１人当たり約8,000円となるとの説明であった。

　なお，財務省は家計調査について，「約9,000世帯を標本とするサンプル調査であり，家計調査の消費支出額は『消費総額の６割程度』に過ぎない」と説明した[116]。

　21日，内閣府は経済財政諮問会議にて中長期の財政試算を提出した。これによると，プライマリーバランスは20年度に6.5兆円の赤字となり，15年７月の試算6.2兆円よりもさらに悪化し，赤字幅の拡大は軽減税率導入に伴う税収減約１兆円のうち6,000億円程度の財源が確保されていないことによるものであった。20年度のプライマリーバランス黒字化が目標とされているが，達成がさらに難しくなったといえる。この20年度のプライマリーバランス赤字6.5兆円は，アベノミクスが順調に進み経済成長率が名目で３％以上，実質で２％以上となることを前提とした数字で，高成長に伴う税収増を反映させてもなお巨額の赤字が残ることを示したといえる[117]。

　民主党内では消費税率の引き上げを巡って意見が分かれていたが，野田前首相は，30日のテレビ東京の番組で「経済が今のままなら上げるべきだ」と述べ，予定通り実施すべきだとの考えを示した。野田氏は引き上げの理由について，「消費税を上げられるかは国際社会もマーケットも見ている」,「関連法を作ったのは私の政権だが，実施時期を延ばしたのは安倍政権。できなかった場合は経済政策の失政を問われないといけない」と安倍首相を牽制し，野田氏は引き上げの必要性を改めて強調した[118]。

116　『読売新聞』，2016年１月20日，『毎日新聞』，2016年１月20日。
117　『読売新聞』，2016年１月22日，『毎日新聞』，2016年１月22日。
118　『読売新聞』，2016年１月31日。

㊶　消費税率引き上げ及び軽減税率法案，国会に提出

　2月5日，政府は，消費税増税時の軽減税率導入を柱とする16年度税制改正の関連法案を国会に提出した[119]。

　16日，同法案が衆院本会議にて審議入りした。安倍首相は衆院本会議での答弁にて，「日々の生活において消費税の負担を直接軽減することで，買い物の都度痛税感の緩和を実感できる。消費行動にもプラスの影響がある」と強調した。麻生財務相は15日の衆院予算委にて軽減税率制度について，「間違いなくある程度の混乱は起こるだろう」と述べていたが，「混乱や事業者への過度の負担を容認したものでは全くない」と説明し，円滑な導入に向け政府として万全の取り組みをしていく姿勢を示した。一方維新の党の木内孝胤氏は，「軽減税率は高所得者ほど恩恵が大きく，低所得者対策の有効打にならない」と指摘する等，維新の党や民主党は給付付き税額控除の導入を求めていく方針であった[120]。

　17日，麻生財務相は消費税の軽減税率の対象品目について，「安易に拡大するのは慎重であらねばならない」との認識を示した。麻生財務相は対象品目の拡大に慎重な理由について，「社会保障財源の消費税の税収を減少させる恐れがある」等と述べた。財務省の佐藤主税局長は「目いっぱいの適用対象だろう。それ以後は様々な点で慎重に考えなければならない」と述べた[121]。

　19日，安倍首相は衆院予算委にて17年4月に予定されている消費税率10％への引き上げについて，「増税しても経済が悪化して税収が上がらないのであれば意味がない」と述べ，これは景気の行方を慎重に見定めたうえで，増税の是非を判断する考えを示したものとみられる。改革結集の会の小沢鋭仁氏が，首相が増税を延期した14年11月の経済情勢より現在の方が悪化していると指摘し，「税率を上げても税収は上がらない可能性が高い」と述べたのに対し，首相は「消費税率引き上げで逆に経済がガクンと減速して，結果として税収が上がらないという状況を作るのであれば全く意味がない」と述べた。首相は「リーマン・ショック級，大震災級の大きな出来事がない限り，引き上げる方針に変わりは

119　『毎日新聞』，2016年2月6日。
120　『読売新聞』（夕刊），2016年2月16日，『朝日新聞』（夕刊），2016年2月16日，『読売新聞』，2016年2月17日，『朝日新聞』，2016年2月17日。
121　『毎日新聞』，2016年2月18日。

ない」と改めて強調し，「現在の段階において，消費税を上げない判断をする状況にはもちろんない」と語った[122]。

また同日，「政治改革」，「税と社会保障」をテーマに集中審議を行い，食品の線引きについて民主党の西村氏は「何が入っているかわからない福袋はどう課税すればいいのか」と問いただしたのに対し，麻生財務相は「食品と食品以外のものがセットになった『一体商品』の場合食品が主体で価格が１万円以下なら軽減対象になる」と説明し，消費者が福袋に食品がどの程度入っているかわからなくても，販売側が把握しているため混乱は生じないとの認識を示した。持ち帰りと外食についても，消費者や事業者が混乱する可能性が指摘された[123]。

㊷　民主，維新両党　軽減税率制度撤回がなければ10％への引き上げ反対 給付付き税額控除法案を国会提出

民主，維新両党は，政調会長会談を開催し消費税率10％への引き上げについて，軽減税率制度の撤回がなければ反対する方針で一致した。両党がまとめた見解によると増税の条件は軽減税率の撤回と衆院議員定数の大幅削減とした。ただ，高所得者にも恩恵があることから「格差是正効果に乏しく現場の混乱も避けられない」と批判したものの，民主党政権時代に３党合意で消費税引き上げを決めた経緯があり民主党内には増税反対に慎重意見もあった。両党見解では慎重意見にも配慮し，「社会保障の充実，安定化を図るため，10％への引き上げを含めた社会保障と税の一体改革を推進する重要性，必要性は変わらない」との文言を盛り込んだ[124]。

24日，民主，維新両党は消費税率を10％へ引き上げる際に給付付き税額控除を導入する法案を衆院へ提出した。これは，政府が目指す軽減税率制度の対案を示し，16年７月の参院選で争点化を狙ったものとみられる[125]。

同日，衆院財務金融委にて消費税について軽減税率対象等の議論がなされた。

122　『朝日新聞』，2016年２月20日。
123　『読売新聞』，2016年２月20日。
124　『毎日新聞』，2016年２月20日。
125　『毎日新聞』，2016年２月25日。

安倍首相は軽減税率の対象に書籍，雑誌が含まれていない理由に関し，「有害図書を排除する仕組みがない」と述べ，今後対象に加えるかは「こうした課題も含めて検討される」との認識を示した。麻生財務相は，新聞の軽減税率適用について「生きていくうえでの情報媒体として幅広い層に日々読まれている。購読料にかかる消費税負担が逆進的になる」等と説明し，所得が低い人ほど購読料の税負担感が重くなること等を挙げた。また，電気，ガス，水道の公共料金に適用しないのは，新たに4,000億円の税収減が見込まれ，社会保障の財源確保に支障を生じかねないためと説明した[126]。

　ここで，労働界として連合の軽減税率に対する見解についてみてみる。民主党は給付付き税額控除を導入する法案を維新とともに提出したが，民主党の支持母体である連合は，軽減税率導入には反対で，給付付き税額控除による低所得者対策を求めていた。第2項でみる安倍首相の消費税率引き上げの再延期の表明の際には，「消費税率引上げ再延期に対する連合の見解」を表明し，ここでは「軽減税率は将来にわたってわが国の経済社会に大きなゆがみをもたらす天下の愚策であり，その撤回が求められる」とした[127]。

㊸　消費税率引き上げ及び軽減税率法成立

　軽減税率法案を含む「所得税法等の一部を改正する法律案」が3月1日に衆院本会議にて可決，参院に送付され，9日，参院本会議にて，軽減税率法案について，安倍首相が出席して趣旨説明をし，その質疑が行われ審議入りした[128]。

126　『毎日新聞』，2016年2月25日。

127　「消費税率引上げ再延期に対する連合の見解」，2016年6月6日，連合幹部とのインタビュー。
　　連合は「連合の重点政策（2019年度）」（2018年6月）にて，「消費税率10％引き上げ時に導入されようとしている軽減税率には，多くの問題がある。まず，低所得層対策にはならないどころか高所得者ほど恩恵を受けることになる。……また，軽減税率の対象に政治的な恣意性が入ることも排除できない。……低所得層対策と社会保障の安定財源確保を両立するためには，軽減税率の導入は撤回するべきである」とした。また，所得税や資産課税の累進性強化を求めるとともに，低所得者対策としての総合合算制度を先送りし軽減税率の財源（4,000億円）とすることを批判した。

128　『読売新聞』（夕刊），2016年3月9日。

同法案は29日，参院本会議にて可決，成立した。これを受けて財務省は，軽減税率に関する政令，省令をまとめた。軽減対象の線引きについてレストラン等での外食は原則10％の税額としたが，学校給食の他，老人ホームや幼稚園等で提供される食事は税率を8％に据え置くこととした。また，「紅茶とティーポットのセット」のように飲食料品とその他の商品が一体となった商品については，価格が1万円以下で飲食料品が占める割合が2/3以上のものを軽減対象と定めた。具体的な線引きは，下記のようである。

・8％のもの

スーパーで買う飲食料品，テイクアウトの飲食料品，幼稚園や小中学校等の給食，老人ホームの食事，出前や宅配，野球場や映画館の売店で買う軽食，いすやテーブルのない屋台で買う軽食，一定の条件を満たしたおまけ付き食品

・10％のもの

レストランでの食事，フードコートでの食事，社食や学食，ホテルのルームサービス，いすやテーブルのある屋台で食べる食事，カラオケボックスでの食事[129]

また，国税庁は軽減税率対象品目の線引きの具体例を示したQ&Aをまとめた。主なものを下記に示す[130]。

	8％	10%
水	ミネラルウォーター	水道水
塩	食用	工業用
氷	食用	保冷用
調味料	みりん風調味料	みりん，料理酒
イチゴや梨等の味覚狩り	入園料金と別に料金を取る持ち帰り用の果物	入園料金
列車内の飲食	ワゴン販売	食堂

ここで，10％への引き上げと同時に導入することになる軽減税率の内容，特に対象品目とこれに伴う減収に関する議論について，その間，財務省が示した

---

129 『読売新聞』，2016年4月2日。
130 『読売新聞』，2016年4月9日。

還付案の浮上，撤回の流れも含めてその経緯を**表4-4**にまとめるので参照されたい。

表4-4 10％引き上げと同時の軽減税率導入決定までの経緯

年 月 日	内　　　容
	＜10％引き上げと同時の軽減税率導入の中身についての議論がスタート＞
2015年1月26日	与党税制協議会が開催され，軽減税率の導入に向け「消費税軽減税率制度検討委員会」の設置を決定
2月9日	軽減税率制度検討委員会の初会合が開催　公明党：一貫して導入に積極的　自民党：「税収の穴を埋めるのが難しい」との声が根強い
4月23日	自民税調：軽減税率の対象品目について生鮮食品等3案を軸に議論する方針が決定（3案：酒を除く飲食料品，生鮮食品，精米のみ）
5月22日	軽減税率制度検討委員会にて対象品目など試案が提出
5月27日	軽減税率制度検討委員会にて3案について協議するものの，試案の絞り込みは先送り
6月3日	新聞や書籍，雑誌に軽減税率を適用するよう訴える「出版物への軽減税率適用を求める集い」が開催
6月10日	軽減税率制度検討委員会は協議を中断することを決定　野田税調会長：「難しい難題を乗り越えるための妙案はまだ出ていない」，「財務省にもしっかり考えてもらう」と述べる
	＜財務省案（還付案）浮上，撤回＞
9月2日	自民党の野田税調会長と公明党の北側副代表が会談，軽減税率制度の協議を再開することで合意
9月4日	財務省案（還付案）が明らかになる
9月8日	財務省は還付案を自民，公明両党に正式に提示
9月9日	公明党の西田参院幹事長は財務省案について異論を述べる
9月10日	自民党の伊吹氏も財務省案について厳しく批判
	軽減税率制度検討委員会3ヶ月ぶりに開催，公明党の財務省案に対する強い反発　野田税調会長は財務省案について「よく勉強してここまで検討した」と語りその実現に期待をにじませる
	安倍首相が麻生財務相と会談：財務案にこだわらず対応するよう指示
9月11日	公明党の税制調査会総会が開催，財務省案に対する不満噴出
	自民党の税制調査会小委員会が開催，財務省案に理解を示す声も出る一方批判も多く出る
9月15日	軽減税率制度検討委員会が開催，自民党の野田税調会長：「軽減税率と財務省案を並べながら勉強しよう」と述べる　公明党の斉藤税調会長：「公明党からは批判的な意見しか出ていません」と述べる
9月16日	公明党は軽減税率制度の独自案をまとめる方針を決定，財源は5,000億～6,000億円規模，インボイスは不要

9月18日	自民税調：軽減税率と財務省案について課題を整理　公明党の井上幹事長：軽減税率制度を主張し，インボイスより簡素な経理方式に基づく独自案を自民党に提案する考えを明言
9月20日	公明党の山口代表：財務省案を容認しない考えを明言
9月23日	自民党の野田税制調査会長：軽減税率について17年4月の10％への引き上げと同時に導入するのは難しいとの見解を示す　公明党の斉藤税調会長：17年4月からの軽減税率導入は「国民との約束だ」と強調　公明党は財務省案に反対する方針を正式に決定 ＜安倍総裁の再選決定，自民税調会長が野田氏から宮沢氏へ，軽減税率を導入する方針確定＞
9月24日	安倍総裁の再選が正式に決定 安倍首相：軽減税率について税制改正大綱に沿って議論を進めてもらいたい旨を述べ，与党に対し導入に向けた早期の議論を促す
9月25日	安倍首相と公明党の山口代表が会談　予定通りに軽減税率を導入する方針を確認したとの認識を山口代表が示す
10月7日	第3次安倍改造内閣発足
10月9日	安倍首相は野田税調会長を交代させ，後任に宮沢氏を充てる方針を固める
10月11日	菅官房長官：消費増税時の軽減税率について「17年度からの導入を目指す」との連立政権合意に沿って議論を進める考えを示す
10月14日	安倍首相が宮沢税調会長と会談，17年4月の10％への引き上げと同時の導入を検討するよう指示，自民税調幹部はこの指示に反発
10月16日	自民税調は宮沢会長の就任後初めての幹部会合を開催，安倍首相の指示を踏まえ消費増税と同時に軽減税率を導入する方向で調整することを決める
10月20日	公明党の山口代表と宮沢税調会長が会談　山口代表：「軽減税率の導入ははっきりしたので協力して進めていきましょう」と語る
10月21日	安倍首相は政府与党連絡会議にて17年4月の消費増税と同時に軽減税率を導入するよう指示 ＜軽減税率対象品目とその財源を巡り自民，公明が議論，最終的には酒類，外食を除く食品全般と新聞に軽減税率を適用し，その財源は約1兆円規模となる＞
10月23日	自民税調が非公式幹部会合を開催，社会保障・税一体改革の枠組みを堅持し軽減税率の対象品目や穴埋め財源の検討を進める方針で一致，軽減税率の財源については総合合算制度に充てる予定の4,000億円を回す案の検討に入る 公明党：酒類を除く飲食料品を軽減税率対象にし，1.3兆円の財源が必要
10月27日	与党税制協議会が約1ヶ月ぶりに再開，17年4月の10％への引き上げと同時に軽減税率を導入する方針で一致，対象品目等を巡ってはその財源と絡み意見の隔たりは依然大きい
11月4日	軽減税率制度検討委員会が開催　自民党：最小限に絞るべきと主張　公明党：加工食品を対象に含めるなど広い範囲を主張

11月11日	与党税制協議会が開催　自民党の宮沢会長：広くても生鮮食品までとの考え　公明党の斉藤会長：加工食品全体を対象に含める考え
11月18日	軽減税率制度検討委員会が開催，ここでも協議は平行線 事態の打開に向け，幹事長レベルで協議することになる
11月19日	自民，公明両党は幹事長，税調会長らによる非公式協議を開催　自民党：一体改革の枠組みを維持しながら軽減税率のための財源は4,000億円，17年4月からは生鮮食品を対象に，財源を確保したうえでインボイスを導入した際に加工食品も対象とする2段階案　公明党：酒類を除く飲食料品，酒と外食を除く飲食料品を主張
11月24日	安倍首相は谷垣幹事長，宮沢税調会長と会談　谷垣幹事長：首相は社会保障・税一体改革の枠組みを維持し財源を4,000億円までにとの考えである 菅官房長官：軽減税率を巡る安倍首相の指示について「社会保障と税の一体改革の枠内ということは聞いていない」と述べ，4,000億円に限定したわけではないとの見方を示す
11月25日	自民税調：軽減税率導入当初は生鮮食品のみ，安定的な財源確保を条件に数年後に拡大　公明党：加工食品も軽減対象にと重ねて主張
11月27日	官邸：生鮮食品と加工食品（酒，外食，菓子，飲料を除く）とする調整に入る，財源は8,000億円程度
12月1日	自民党の谷垣幹事長：安定財源の確保を条件に4,000億円より上積みが可能であるとの見方を示す
12月6日	谷垣，井上両幹事長らが協議　自民党：改めて2段階論を提案　公明党：2段階論に反対し，外食を除いた1兆円規模の対象を求める
12月8日	安倍首相と山口代表が会談：公明党の要求を受け入れ，対象品目を大幅に拡大する方針を固める。具体的には生鮮食品に加え，加工食品まで拡大し，必要な財源は8,000億円程度
12月9日	安倍首相と谷垣幹事長の会談に菅官房長官も同席　谷垣幹事長：生鮮食品から入り，加工食品は後にするという2段階論を主張　安倍首相：4,000億円では国民感覚になじまない　菅官房長官：安倍首相の考えに同調
12月10日	自民，公明両党は生鮮食品と加工食品を含む食料品（酒類，外食を除く）を対象とすることで合意，財源は1兆円程度
12月12日	自民，公明両党幹部が協議，加工食品も対象とする1兆円規模の軽減措置を実施することを確認
12月14日	安倍首相は自民，公明両党が軽減税率の対象品目について酒類と外食を除く食品全般で合意したことを受け，「最善の結果となった」と述べる 自民，公明両党は対象品目に新聞を含める方向で一致
12月16日	与党税制改正大綱が決定　軽減税率の対象：酒類，外食を除く食品全般と新聞　軽減税率：8％に据え置く　財源は約1兆円，財源については「16年度末までに安定的な恒久財源を確保する」方針を示す 野党民主党は与党税制改正大綱を批判，軽減税率導入が決まり，その財源確保のため総合合算制度導入が見送られることになったことに対し，

	3党合意に反すると主張
12月24日	民主,維新両党は軽減税率の対案として給付付き税額控除を導入する法案を共同提出する方針を決める
2016年 1 月 4 日	通常国会開催
1 月12日	安倍首相は衆院予算委にて約 1 兆円の財源として税収の上振れ分を使うことを検討する旨を述べる(約 1 兆円のうち,総合合算制度見送りによる4,000億円以外の6,000億円の財源は未定)
2 月 5 日	消費税増税時の軽減税率導入を柱とする16年度税制改正関連法案を国会に提出
3 月 1 日	軽減税率導入を含む16年度税制改正関連法案が衆院本会議にて可決,参院に送付
3 月29日	16年度税制改正関連法が参院本会議にて可決,成立

⑵ 10%への税率引き上げ再延期決定

① 通常国会開催 15年度予算案審議開始

15年 1 月14日,一般会計総額で96兆3,420億円の15年度予算案が閣議決定された。消費再増税を延期したことによって,増収が見込まれた約1.5兆円が失われたことにより,最大の課題は歳出の約 3 割を占める社会保障費の抑制であった。これにより,同予算案では,介護事業者に支払う介護報酬のマイナス改定(-2.27%)が決定され,14年12月の総選挙で公約した子育て支援の拡充も盛り込み子育て世代等への支援拡大もなされたものの,幼児教育の支援のために文部科学省が目指していた15年度からの幼稚園児の保育料の一部無償化は見送られた。また,消費増税分から1.8兆円超を充てるとしていた15年度の社会保障の充実費は再増税の先送りで 1 兆3,620億円となった。年金については,15年10月から支給する予定であった年金生活者支援給付金と,受給資格を得るための加入期間25年から10年への短縮は約6,000億円必要とあって先送りされた。介護報酬の2.27%削減等で高齢化等による自然増を約4,200億円に圧縮したものの,社会保障の充実に 1 兆3,620億円を回したことで,社会保障費全体は対14年度比 1 兆円増の31兆5,297億円となった[131]。

26日,平成27年の通常国会が開催された。

---

131 『毎日新聞』,2015年 1 月15日。

27日，衆院本会議で，麻生財務相の財政演説に対する代表質問が行われた。安倍首相は17年4月の消費税率10％への引き上げについて，「社会保障を次世代に引き渡す責任を果たし，国の信認を確保するため，17年4月の消費税率10％への引き上げは，景気条項を付すことなく確実に実施する。そうした経済状況を作り出す決意の下，アベノミクスの三本の矢の政策をさらに前に進めていく」と強調し，予定通り引き上げるため，経済再生に最優先で取り組む考えを示した。さらに，「（12年総選挙の自民党）公約に掲げていない政策変更である消費増税の延期を決定し，国民に信を問うた。これこそ民主主義の王道だ。与党が具体策を提案し，それを野党はただ批判するのでは選択肢にならず，それこそが民主主義の危機だ。低投票率は残念だが，政治への関心を高めることに与党も野党もない」と語った。

財政再建については，「15年度予算案は社会保障費を含め歳出を効率化した20年度の財政健全化目標を堅持し，今夏までに具体的な計画を策定する」と語った。

これに対し，民主党の前原誠司氏は，「昨年12月の衆院選は『大義なき解散』で，史上最低の投票率は民主主義の危機だ。消費増税を予定通り行う環境を作れなかった経済政策の間違いを首相は認めるべきだ。『経済は生き物だから』との理由で増税を延期したのに，2017年4月の増税実施に向けて景気条項を削除するのは論理矛盾だ」と語った。

また，共産党の穀田恵二氏は，「消費増税は景気への影響が深刻で，2017年4月の税率10％への引き上げは中止すべきだ。非正規労働者の増加が個人消費を落ち込ませた。中小企業の振興なくして経済再生はない」と語った[132]。

2月5日，自民党は財政健全化に向けた歳出抑制策について議論する「財政再建に関する特命委員会」を発足させた。同特命委員会は，委員長に稲田政調会長，座長に塩谷立政調会長代行が就任し，自民税調幹部や民間有識者ら計37人で構成された。安倍首相が14年の消費再増税先送り判断時に20年度の国と地方のプライマリーバランスを黒字化する目標の堅持を強調したものの，「消費税を10％からさらに上げる議論は実質的に封印された」との見方もあり，財政再

132　『読売新聞』，2015年1月28日。

建の実現には社会保障費の削減を実施する必要があると判断され，社会保障費
抑制への改革案を打ち出すことも目標とされた[133]。

　12日，麻生財務相は衆参両院本会議での財政演説で，安倍政権の重要課題を
「人口減少の克服と地方の創生」とし，法人税改革等の成長戦略により「日本経
済を確実な成長軌道に乗せる」との決意を表明した。消費税率10％への再増税
は延期したが，市場や国際社会での国の信任を確保するために17年4月には「確
実に実施する」と強調した。経済の現状は「好循環が確実に生まれつつある」
と説明し，14年末の政労使会議を踏まえて賃上げの流れを継続し，生産性の向
上や賃金体系の見直しも必要との認識を示した[134]。

　同日，経済財政諮問会議が開催され，安倍政権が公約する20年度にプライマ
リーバランス赤字解消の実現に向けて財政再建に関する議論が始まった。内閣
府が同日提出した試算では，20年度には潜在的な成長率1％が続く場合なら
16.4兆円の赤字，アベノミクスが成功して名目3％，実質2％台の高い成長率
が実現したとしても赤字は9.4兆円残るとされ，消費税だけで埋めるなら税率
3％強が必要とした。甘利経済財政相は，「この5年間で消費税の引き上げは1
回を基本に作業を進めたい」と述べ，17年4月の10％への引き上げを超えるよ
うな増税の議論は封印する考えを示した。

　また，同会議では伊藤元重東大教授ら民間議員から提言があり，目標達成に
は16～20年度に国内総生産比で毎年0.5％弱の収支改善が必要とし，このために
は仮に歳出改革だけで賄う場合，毎年1兆円近くになる社会保障費の自然増を
抑えたうえで，さらに1兆円以上の歳出をカットしなければならないとした[135]。

② 15年度税制改正関連法成立　15年度予算成立

　3月31日，参院本会議にて，15年度税制改正関連法が自民，公明，次世代の
党等の賛成多数で可決成立し，第3章で述べたように，安倍首相の消費税率10％
への引上げ時期延期の決断を受け，当初の予定から1年半先送りして17年4月
とすることが決まり，「景気条項」は削除された。また，法人実効税率について

133　『毎日新聞』，2015年2月4日。
134　『毎日新聞』，2015年2月13日。
135　『朝日新聞』，2015年2月13日，『毎日新聞』，2015年2月13日。

も2.51％の引き下げが決まった[136]。

4月9日，参院本会議にて自民，公明両党等の賛成多数により，一般会計総額が96兆3,420億円となる15年度予算が可決，成立した。麻生財務相は，「経済再生と財政健全化の両立を目指すという意味で編成した予算だ」と強調したが，経済再生との両立を目指す財政健全化は難しく，新規国債の発行額を6年ぶりに40兆円を下回り36兆8,630億円に抑えたものの，高齢化の進展で社会保障費が初めて31兆円台に達し歳出総額が膨らむものとなった[137]。

③ 経済財政諮問会議　20年度までの財政健全化計画づくりの議論開始　首相，「経済再生なくして財政健全化なし」

5月12日，経済財政諮問会議にて20年度までの財政健全化計画づくりの議論が開始した。同諮問会議では，財政健全化計画について6月末にまとめる「経済財政運営の基本方針（骨太の方針）」に盛り込まれる予定であった。安倍首相は，「経済再生なくして財政健全化はない。これが安倍内閣の基本哲学だ」と語った。

また，伊藤元重東大教授ら4人の民間議員は，基本方針となる「論点整理」を示した。17年4月に消費税率を10％に引き上げた後，さらなる増税は封印し，経済成長による税収増を通じて財政再建を進めるというもので，甘利経済財政相も，10％超への消費増税について「安倍内閣で10％から先は想定していない。2020年までのプランにそういうシナリオはない」と述べた。財政健全化の基本方針は，①名目3％，実質2％を上回る経済成長を達成，②16〜18年度の3年間を「集中改革期間」とし，18年度に中間評価を実施，③18年度にプライマリーバランスの赤字を対国内総生産比1％前後まで縮小，④消費税率10％への引き上げを17年4月に実施し，それ以外の国民負担増加は極力抑制するというものであった[138]。

13日，自民党の財政再建に関する特命委員会にても，6月末にまとめる財政

---

136 『読売新聞』，2015年4月1日。
137 『毎日新聞』，2015年4月10日。
138 『読売新聞』，2015年5月13日，『朝日新聞』，2015年5月13日，『毎日新聞』，2015年5月13日。

健全化策に向けて議論が本格化した。しかし，総論をまとめた中間整理につい
て反対意見が続出し，「反アベノミクスで財務省の手先だ」，「プライマリーバラ
ンスばかりを重視すると債務の対国内総生産比が改善しない」といった発言が
あった。特に社会保障費の抑制については，「政権転落のきっかけになった」と
語り，「我々は失敗して落選し，民主党政権になった」との意見が出，16年7月
の参院選を控え，強い抵抗があった[139]。

このような財政健全化に対する政府，自民党の動きに対し，経団連は，政府
が6月中にまとめる財政健全化計画に関する提言を発表した。20年度までに国
と地方のプライマリーバランスを黒字化させる政府目標の堅持を求め，「歳出改
革では社会保障改革が最も重要」と指摘した。

具体的には，後発医薬品の使用促進や高所得者に対する基礎年金給付の縮減，
75歳以上の高齢者医療の自己負担を現行の原則1割から2割に引き上げる取り
組みの必要性を挙げた。経団連の提言は，政府の20年度までのさらなる増税の
封印について，経済動向や財政健全化の進展を踏まえたうえで，「追加措置の要
否を検討すべきだ」とした[140]。

④　財政制度等審議会　10％を超える消費増税に含み

25日，財政制度等審議会は，20年度までの財政健全化計画についての提言案
をまとめた。提言では，18年度予算の編成後に中間評価を行い，「20年度までの
歳出・歳入の追加措置を検討する」という弾力的な枠組みを採用すべきと主張
し，10％を超える消費増税の検討に含みをもたせた。また，政府が基本方針で
示した「名目3％超」の成長率を実現するハードルは高いという認識を示し，
社会保障費等の歳出削減を徹底するよう求め，中間評価時点で歳出改革等が予
定通り進まない場合には，歳出・歳入両面での追加措置の検討を促し，「消費増
税」の文言はないが，その可能性を残す表現となった[141]。

6月1日，財政制度等審議会は20年度までの財政再建に向けた提言を麻生財
務相に提出した。「経済成長に伴う税収増に期待することなく歳出改革を中心に

139　『朝日新聞』，2015年5月14日。
140　『読売新聞』，2015年5月18日。
141　『読売新聞』，2015年5月20日，『朝日新聞』，2015年5月26日。

収支改善を図るべき」と指摘し，歳出の伸びを毎年5,000億円程度に抑制するよう求めた。同提言では，歳出の内，社会保障費の伸びは，20年度までの5年間で，「高齢化による伸びを計2.5兆円程度の範囲内に抑えるべきだ」とし，消費増税に伴う税収増を充てる分を含めれば4兆円程度とした。

一方政府の経済財政諮問会議では，歳出削減を優先させるべきだとする財政制度等審議会とは異なる意見も多かった[142]。

同日，経済財政諮問会議が開催され，民間議員と財務省がそれぞれ20年度までの財政再建策を提言した。民間議員は経済成長の重視を訴えたのに対し，麻生財務相は着実な財政再建の重要性を重視した。民間議員は，デフレ時代の「縮み志向」から脱却し，経済成長で税収の伸びを実現しながら財政再建を進める案を示した。これに対して財務省は，財政再建は「手堅く進めるべきだ」と主張した。甘利経済財政相は，「政策効果が乏しい歳出は徹底削減，効果が高い政策が重要といった点で意見の一致がみられた」と述べたが，具体的な歳出削減策の合意には至らなかった[143]。

16日，自民党の稲田政調会長は，財政健全化策の最終報告を安倍首相に提出した。これは財政規律を重視した姿勢を示し，社会保障費の伸びを年5,000億円程度に抑え，14年の総選挙で公約として掲げたプライマリーバランスを20年度に黒字化の実現を目指し，18年度に中間目標を設定したものであった。これに対し安倍首相は，「経済再生と財政健全化を同時に達成していく」と語ったが，30日に閣議決定される骨太の方針に歳出額の目標を明記するかどうかには言及しなかった[144]。

⑤ 「骨太の方針」閣議決定

30日，安倍内閣は，20年度までの財政健全化目標を盛り込んだ「経済財政運営と改革の基本方針」（骨太の方針）と，経済政策の指針となる成長戦略を閣議決定した。骨太の方針では，「経済再生なくして財政健全化なし」と明記され，20年度にプライマリーバランスを黒字化という従来の目標に向けた道筋が盛り

---

142 『読売新聞』（夕刊），2015年6月1日。
143 『読売新聞』，2015年6月2日。
144 『朝日新聞』，2015年6月17日。

込まれ，プライマリーバランスの国内総生産比での赤字幅を15年度の3.3%から18年度には1%に減らすという目安を設けた。これは，実質成長率を2%以上として，歳出削減に加え高成長による税収増で財政を立て直す路線とみられ，経済成長を後押しすることで税収を増やして赤字を減らすことに軸足を置く姿勢が示された[145]。

⑥　安倍総裁の再選決定

第1項で述べたように，6月以降中断していた軽減税率制度導入に向けての協議が9月に再開したが，9月8日，安倍首相の任期満了に伴う自民党総裁選が告示され，24日，無投票で首相の総裁再選が決まった。安倍首相は，「完全にデフレから脱却し，未来に向けて力強く経済を成長させていく」と述べ，「経済を良くして参院選を戦う」とし，経済政策を政策の最重要な柱であると位置付けた[146]。

安倍内閣は，第3章でもみたように，法人税の実効税率引き下げには積極的であったが，11月になって，16年度税制改正で法人税の実効税率を15年度の32.11%から31%未満を目指して引き下げる方向で調整していることが判明した。引き下げに伴う税収減を穴埋めするため，設備投資減税の縮小等で財源を賄う方針とみられた。また，法人税の税率の20%台への引き下げは，財源を確保したうえで17年度の達成を目指し，16年度にさらに引き下げ幅の上乗せを図る方針が示された[147]。

⑦　自民税調　法人税の引き下げへ

11月20日，16年度税制改正に向けて自民税調の総会が開催された。軽減税率のあり方の他，法人税の引き下げ等が焦点であった。宮沢会長は，「大変厳しい財政事情を踏まえ，デフレ脱却や経済再生等の課題に取り組む税制改正大綱にしたい」と挨拶した。軽減税率以外では，アベノミクスの目玉として安倍政権が続けてきた法人税の引き下げも再び議論となり，実効税率を数年で20%台に

145　『朝日新聞』，2015年6月17日，『朝日新聞』，2015年7月1日。
146　『毎日新聞』，2015年9月9日。
147　『毎日新聞』，2015年11月3日。

引き下げるとの安倍首相の方針を踏まえ，どこまで引き下げるかも焦点となった[148]。

　その後，政府は法人税の実効税率を，17年度に20％台を目指す方針であったが1年前倒しをし，16年度に29.97％まで引き下げる方針を固めた。その減税のための財源を確保するため，外形標準課税を拡大していく方向となり，法人事業税のうち，外形標準課税の割合を引き上げ，従来利益に応じた課税が5/8，事業規模に応じて赤字企業にも課税される外形標準課税が3/8であったが，16年度に事業規模に応ずる外形標準課税の割合を4/8に高めることが決まっていたが，さらに5/8まで拡大する方向となった[149]。

　12月10日，自民，公明両党は消費税の軽減税率を除く16年度の税制改正大綱をそれぞれまとめ，企業関連の税制は法人実効税率をこれまでの32％から16年度は29.97％，18年度は27.74％まで引き下げることを決定した[150]。

　16日，与党税制改正大綱が決定され，法人税の実効税率はこれまでの32.11％から16年度に29.97％，18年度に29.74％まで引き下げられることが正式に決定した[151]。

⑧　17年4月の10％への引き上げ延期の予兆

　16年になり，軽減税率の導入を巡る議論とともに，17年4月に予定されている消費税率の引き上げについても，これを実施するかどうかの議論がなされ始めた。

　2月24日，衆院財務金融委にて，維新の党の木内氏は「個人消費に大きなブレーキをかける」として凍結検討を要求したが，これに対し首相は「リーマン・ショックや大震災のような重大な事態が発生しない限り確実に実施していく」と従来の答弁を繰り返した。重大な事態については，共産党の宮本徹氏への答弁で，「単に個人消費の落ち込みのみではなく世界経済の大幅な縮減が実際に起こっているかどうか，専門的な見地からの分析も踏まえて政治的判断で決めら

148　『読売新聞』，2015年11月21日。
149　『毎日新聞』，2015年11月29日。
150　『読売新聞』，2015年12月11日。
151　『読売新聞』，2015年12月17日。

れる事項だ」と説明した[152]。

　26日，菅官房長官は，17年4月の消費税率10%への引き上げについて，「税率を上げて税収が上がらないようなところで消費税を引き上げることはあり得ない」と述べ，安倍首相の消費増税の条件を巡る発言が微妙に変わっているとの指摘もあり，増税延期の可能性が出始めた。さらに菅官房長官は，「橋本総理大臣時代に税率を引き上げ，結果として税収が下がってきた経験がある」と指摘し，「税率を上げて税収が上がるわけだから，そういう政策は絶対に取るべきではない」と強調した。このような安倍首相や菅官房長官の発言を受けて，世界経済の変調を背景に，14年11月と同様，消費増税を先送りし衆院解散に踏み切るのではないかという見方も見え始めた。同日の衆院総務委では，民主党議員も増税延期と解散の可能性を質したが，首相は「現段階では予定通り引き上げていく。解散ということは頭の片隅にもない」と否定した[153]。

⑨　首相，世界経済の収縮発言　増税再延期と解散の観測

　29日，衆院予算委にて維新の党の江田憲司前代表が安倍首相に対し，「8%の増税からずっとデフレギャップが続いている。こんな状況で増税できるわけがない。世界経済の収縮発言を読み解くと，6月増税凍結，7月衆参同日選挙ではないか」と質問した。これは，同日首相が，「リーマン・ショックや大震災のような重大な事態が発生すれば，国会で増税延期の議論をお願いすることはありうる。世界経済の大幅な収縮が実際に起きているか，専門的見地の分析も踏まえ増税先送りを政治判断で決める」との発言を踏まえたものであった。江田氏の質問に対し首相は，「リーマン・ショック級，東日本大震災級の出来事がなければ予定通り引き上げる考えで，現在のところ凍結，延期する考えはない」と答弁し，経済収縮発言については，「リーマン・ショックのような事態とはどういうことかと問われて答えたもので，解散は全く考えていない」と述べた。また首相は，「一連の発言は単に個人消費の落ち込みのみではなく，背景に世界経済収縮が起きているのかの分析も踏まえ，その時の政治判断で決める事項だ

152　『毎日新聞』，2016年2月25日。
153　『朝日新聞』，2016年2月27日。

と答えたもので従来の立場と変わりがない」とも語った[154]。

3月1日, 衆院本会議にて一般会計総額が96兆7,218億円の16年度予算案が自民, 公明両党等の賛成多数で可決され参院に送付された。また同日の衆院本会議にて17年4月の消費税率10%への引き上げと同時に軽減税率制度を導入する税制改正関連法案も可決された[155]。

⑩ 「国際金融経済分析会合」の設置

同日, 安倍首相は, 5月に開催される伊勢志摩サミットに向け, 世界経済の情勢を議論する「国際金融経済分析会合」の設置を表明した。この会合は, 日銀の黒田総裁や国内外の有識者らを集めて意見を交換し, 議長国としてサミットに備えるものであったが, 与野党内には「17年4月の消費税率引き上げを延期する布石ではないか」という見方もすでにあった。首相は同会合について, 「伊勢志摩サミットで現下の世界経済の情勢は間違いなく最大のテーマになる。サミットではG7のリーダーたちとどう協調できるかを議論し明確なメッセージを発出したい」とサミットの準備の一環であると説明した。

これに対し自民党の谷垣幹事長は, 「サミットをにらんでどういう経済, 財政運営をしていくのかという観点から議論はあってしかるべきだ」と語り, 同会合設置を評価した。

同日の衆院予算委にて首相は, 「世界経済分析会合は消費税引き延ばしのためか」という民主党議員の質問に, 「リーマン・ショック, 大震災級の出来事がない限り予定通り行いたい」と答弁し, 先送りを改めて否定した。

財務省は増税先送りや新たな財政出動を警戒しており, 幹部の一人は「あくまでも世界経済の状況分析が目的で, 消費増税時期を判断するための会合ではない」と消費増税先送り論を牽制した[156]。

---

154 『毎日新聞』, 2016年3月1日。
　　2月に入り, 本田内閣官房参与が複数の報道機関のインタビューに「客観情勢として増税できる環境に全くない。凍結すべきだ」と語り始め, 首相らの経済収縮発言はこの延長線上にあったとみられる。これに対し財務省幹部は「これまでの発言と変わっているわけではない」と火消しに回っていた。(『毎日新聞』, 2016年3月1日)
155 『毎日新聞』, 2016年3月2日。
156 『毎日新聞』, 2016年3月2日。

3日，安倍首相は参院予算委にて消費増税について，「リーマン・ショック，大震災のような事態が発生しない限り，現段階では予定通り引き上げていく」と改めて強調した。この発言は，世界経済の大幅な収縮を新たに引き上げ判断の基準に挙げたこと等から消費増税が先送りされるとの観測が出ているため，軌道修正を図ったとみられた[157]。

8日，麻生財務相は参院予算委にて17年4月の消費増税について，「予定通り実行させていただくという覚悟で頑張らなくてはいけない」と述べ，現時点では先送りする考えがないと強調した。麻生財務相は，「人口減少問題は長期的なこの国最大の問題だ」と指摘したうえで「問題にきちんと正面から取り組む姿勢が安倍内閣の特徴であり，それに向かって社会保障と税の一体改革の基本姿勢を貫いていく」と述べた[158]。

⑪ 民主党と維新の党合流　民進党結成

14日，民主党と維新の党は合流し，その合流新党の名称を民進党とすることが決まった。この合流により国会議員151人（衆院92人，参院59人）の野党第1党が誕生することになった。代表には民主党の岡田代表が就任した。27日，民進党が結成された[159]。

⑫ 再増税先送り論浮上

同日，本田内閣官房参与は，超党派議員連盟の会合で講演し，17年4月の引き上げに関しては「景気が完全に腰折れして長期停滞の道に入ってしまう。凍結する以外の道はない」と述べ先送りすべきだとの考えを示した[160]。

16日，国際金融経済分析会合の初会合が首相官邸にて開催された。講師役のノーベル経済学賞受賞者ジョセフ・スティグリッツ米コロンビア大教授は，「消費税は総需要を増加させるものではないので引き上げるのは今のタイミングは適切ではない」と述べ，17年4月の消費税率10%への引き上げを延期すべきだ

157　『朝日新聞』，2016年3月4日，『毎日新聞』，2016年3月4日。
158　『毎日新聞』（夕刊），2016年3月8日。
159　『読売新聞』，2016年3月15日，『毎日新聞』，2016年3月15日。
160　『読売新聞』，2016年3月15日。

という考えを示した。また，スティグリッツ氏は世界経済の見通しについて，「15年は世界金融危機以降最悪の年になった。16年は15年よりもさらに弱くなるだろう」と指摘したうえで「金融政策は限界にきている。Ｇ７では需要を刺激するような各国間の調整について議論してほしい」として，各国で協調して財政出動をするべきだという考えを示した。

またスティグリッツ氏は，消費税率を10％にすれば，軽減税率を導入しても年４兆円超の国民負担になり，それでは日本経済だけでなく世界経済の足も引っ張りかねないとして，安倍首相も「景気が失速したら元も子もない。日本を含めて世界の需要を作っていくことが重要だと大変良い示唆をもらった」と語った[161]。

17日，国際金融経済分析会合の２回目の会合が開催された。講師として出席した米ハーバード大教授のデール・ジョルゲンソン氏らは，日本の経済成長に向けて経済の効率性の向上や成長戦略の強化を訴えた[162]。

国際金融経済分析会合が開催されたのをきっかけに，消費増税先送り論が政府，与党内でも公然化してきた。18日，安倍首相は参院予算委にて「経済成長なくして財政健全化なし。増税して経済が失速しては元も子もない」と述べた反面，「リーマン・ショック，大震災級の事態にならない限り，予定通り引き上げる」と重ねて表明した。社民党の吉田忠智党首は，「分析会合は増税延期を掲げて，衆院を解散する布石ではないか」と質問したが，首相は「全く考えていない」と否定した。

ただ政府，与党内には先送りに慎重な意見も根強かった。同日，自民党の谷垣幹事長は記者会見で「財政規律が大事だという議論もあるのではないか」と指摘した。麻生財務相も，「増税先送りを検討」という一部報道に，「いかにも政府が言っているような話に書き換えている。あまり上品なやり方じゃねえからやめた方がいい」と不快感を示した。

一方野党は消費増税の先送りに警戒を強めていた。それは，増税延期を理由にした14年12月の総選挙で大敗した苦い経験があるためであった。民主党(のち

---

161 『朝日新聞』(夕刊)，2016年３月16日，『朝日新聞』，2016年３月17日，『毎日新聞』，2016年３月17日。

162 『読売新聞』，2016年３月18日。

の民進党）の細野政調会長は同日，BS朝日の番組収録で「安倍政権は来年4月までに経済をよくすると言っていたが，先延ばしなら完全にアベノミクスの失敗を認めることになる」と牽制した。共産党の小池政策委員長も，「消費増税が経済に大打撃を与え，大企業も軒並み賃上げがうまくいかない。アベノミクス不況だ。増税を撤回するならアベノミクスの失敗。自分の責任をしっかり認めるべきだ」と強調した。

公明党の山口代表は，消費増税について，「増税先送りを掲げた14年衆院選等重要な意思決定を安倍晋三首相が進めてきた。政治的意思決定を時々の状況で変えて国民や市場，国際社会の納得を得られるのかどうかを考える必要がある」と述べ，増税先送り論を牽制した。また山口代表は，「社会保障と税の一体改革には社会保障の安定財源確保と財政健全化という大きな意義がある」と指摘し，「来年の税率引き上げができる環境を作るよう努力すべきだ」と述べ，大型の経済対策も念頭に増税の環境整備に努めるよう求めた。衆参同日選については，「解散後に与党に不利な出来事が起きた場合取り返しがつかない」と重ねて慎重姿勢を示した[163]。

19日，本田内閣官房参与は，日本テレビの番組にて，首相の消費増税実施の判断は伊勢志摩サミットの後になるとの考えを示した。本田内閣官房参与は，「サミットでどのような共同声明が出せるか，日本が議長国としてリーダーシップをとれるかを総合的に判断してから判断する」と述べた[164]。

自民党執行部から17年4月に予定されている10%への引き上げの先送り論が相次いで出始めた。溝手顕正参院議員会長は20日のNHKの番組で，「安倍首相が引き上げの延期を決めたうえで夏に衆参同時選挙を行うことに賛成だ」と明言した。また溝手氏は，消費税率を引き上げるかどうかの判断時期について，「参院選前の方がよろしいかと思う」と述べ，首相が引き上げを先送りして同日選に踏み切ることに期待感を示した。

稲田政調会長も，「消費税率を5％から8％に引き上げたことで個人消費が落ち込んだ」と指摘し，「そういったことや世界情勢の動向を見ながら，消費税の

---

163 『毎日新聞』，2016年3月19日。
164 『毎日新聞』，2016年3月20日。

問題も決めないといけない」と述べ経済状況によって増税延期を容認する考えを表明した。

一方公明党は延期に慎重で，井上幹事長は，「増税分は社会保障の財源に充てられる」と指摘し，「社会保障への安心感は経済にも大きな影響を与える。増税は予定通り実施すべきだ」と述べた[165]。

⑬　谷垣幹事長，公明党　先送り論を牽制

22日，3回目の国際金融経済分析会合が開催され，クルーグマン・ニューヨーク市立大学大学院センター教授が世界経済の情勢について語った。クルーグマン氏はかつて首相に消費増税の延期を進言したことで知られ，同会合でも17年4月に予定する消費税率10％への引き上げの先送りを進言した。クルーグマン氏は，「日本はデフレを脱するための大気圏を脱するロケットのようなスピードに入っていない。消費税の税率アップは今やるべきではない」と語ったうえで，「会合で財政刺激をもっとすべきだと提案した。三本の矢は金融政策に重きが置かれすぎた」と指摘した。

これに対し自民党の谷垣幹事長は，自民党執行部から引き上げ先送り論が相次いでいることについて，「ばらばらにいろんな発言が出てくるのはいかがか」と苦言を呈した。また，「リーマン・ショックのような緊急事態が起きていると議論している人はあまりいない。消費増税は既定方針だ」として「予定通り実施するべきだ」との認識を示した。公明党の井上幹事長も政府与党協議会にて，「解散は総理の専権事項だ。経済のファンダメンタルズは緩やかに回復しているという与党で共有する認識を踏まえて発言することが大事」と強調し，山口代表も「不確定なことを軽々しく言うべきではない」と述べた[166]。

安倍首相は，17年4月に予定する10％への引き上げについて先送りも含む方向へ傾いていった。16年になって世界経済の変調等で増税できる経済環境が整わない可能性もあると判断し，すでに周辺に消費増税の先送りも選択肢とすることが伝えられていたとみられる。25日，首相は参院予算委にてこれまで通り

165　『朝日新聞』，2016年3月21日。
166　『朝日新聞』，2016年3月23日。

第4章　8％から10％への税率引き上げ延期（2回目）　*253*

の見解を述べる一方，「消費税率を上げても税収が上がらなくなるようでは元も子もない」と重ねて強調し，さらに，「日本経済自体が危うくなるような道をとってはいけないのは当然のことだ」とも語り，増税による景気後退のリスクが高い場合には先送りも辞さない考えを示した[167]。

⑭　16年度予算，税制改正関連法成立

　29日，参院本会議にて16年度予算が可決・成立した。第1項でも述べたように，同日の参院本会議にて消費増税時に軽減税率を導入することを柱とした税制改正関連法も成立した[168]。

　同日，浜田内閣官房参与は消費増税について，世界経済の先行きに不透明感が強いことを理由に挙げ，「今，無理をして消費増税を実施するのは危険だろう」と述べ，延期が妥当との考えを強調した。また，「中国経済への懸念や原油価格の下落等で日本国内には過度の悲観論が渦巻いている」と指摘した。さらに，「5月末の伊勢志摩サミットでは世界経済の成長に向け，積極的な財政出動について議論が行われる」との見通しを示し，「日本だけが増税という逆方向の経済収縮政策をとることは難しい」と述べた[169]。

　同日，安倍首相は消費増税，衆参同日選について次のように語った。「来年4月の消費税率引き上げについては，世界に冠たる社会保障制度を次世代に引き渡し，市場や国際社会の信認を確保するため，リーマン・ショックや大震災のような事態が発生しない限り行う考えに変わりはない。衆院解散は頭の片隅にもない」と述べ，この段階では消費増税の先送りについては言及しなかった[170]。

⑮　首相，世界経済情勢次第で消費増税再延期の可能性を示唆

　4月1日，安倍首相は米国訪問先にて，消費増税の判断について，「専門的見

167　『朝日新聞』，2016年3月26日。
168　『読売新聞』，2016年3月30日，『朝日新聞』，2016年3月30日，『毎日新聞』，2016年3月30日。
169　『読売新聞』，2016年3月30日。
170　『読売新聞』，2016年3月30日。

地からの分析も踏まえ，その時の政治判断で決定すべきだ」と述べ，経済情勢次第で再延期する可能性を示唆した。また，「延期には法改正も必要になる。その制約要件の中で適時適切に判断していきたい」とも指摘した。一方で，「リーマン・ショックや大震災のような重大な事態が発生しない限り予定通り引き上げていく」と従来の考えも改めて示した。同日選については，「『解散』の2文字は全く頭の片隅にもない。『解散』の『か』の字もない」と重ねて強調した。

　また，財政出動を含む経済対策の実施については，「G7が世界経済の持続的な強い成長を牽引しなければならない。日本としてどのような貢献をしていくべきかを伊勢志摩サミットで世界のリーダーたちと議論する。議論を尽くしながら見極めていきたい」と述べ，実施を検討する考えを示した。

　このように安倍首相が10％への引き上げの先送りを検討していることに対し，公明党は神経をとがらせていた。増税が先送りされれば，7月の参院選で最大のアピール材料と位置付ける軽減税率の導入も延期されることになり，選挙戦略に影響を与えかねない状況とみられたためであった。

　公明党の山口代表は，3月30日の党参院議員総会にて，「現場が迷わず，軽減税率がスムーズに導入されるように丁寧な支援をしていかねばならない。消費増税に向けた経済的な環境を整えていくことが重要だ」と述べ，予定通りの消費増税とそれに合わせた軽減税率導入の必要性を強調した。公明党は7月の参院選の重点政策案の柱には軽減税率の導入を明記しており，対象品目の拡大に慎重な自民党を押し切り，「酒と外食を除く飲食料品」を対象品目にすることで最終的に決着させた経緯もあった。ところが世界経済の減速を背景に消費増税の先送り論が広がり，党関係者からは「候補者はすでに参院選に向かって走り始めている。軽減税率の導入時期が先送りされれば成果がかすんでしまう」等と戸惑いの声が上がり始めた[171]。

⑯　民進党：増税派と増税延期派が混在，他の野党は増税反対

　一方民進党の岡田代表は，4月3日のNHK番組にて消費増税の先送りにつ

171　『朝日新聞』（夕刊），2016年4月2日，『毎日新聞』（夕刊），2016年4月2日，『読売新聞』，2016年4月3日。

いて，「前回延期したときに『必ずやる。断言する』と発言した。再延期なら明らかな公約違反で辞任に値する」と牽制した。また，岡田代表は首相が14年の総選挙を増税の1年半延期と景気回復を公約に掲げて戦ったことを挙げ，「その後は安全保障法制に1年を費やし，構造改革を前に進めなかった。先送りは選挙に有利という質の悪い議論は政治の劣化を招く」と述べたが，先送りの是非については，「経済状況はかなり悪く，先送りも1つの選択肢と言わざるを得ない」と語り，増税再延期についての判断に揺れ動く様子も見られた[172]。

　民進党は，野田前首相らの増税派と，税率引き上げに慎重な維新の党出身議員らとで増税延期に対する考え方に温度差があった。岡田代表は，「延期するにしてもしないにしても，苦渋の決断だ」と語っていた。民進党は軽減税率を前提とした消費増税に反対する方針を決めていたが，党内で増税論議を活発化させれば路線対立が再燃しかねない状況であったとみられる。

　松野氏は，「今の経済状況を見ても，とても上げられない」と述べる一方，野田前首相は「消費増税は必要だ。上げないと社会保障にどんどん穴が開く」と語っていた。

　他の野党は増税反対で足並みをそろえ，民進党に同調を求めた。共産，社民，生活の3党は増税反対のための法案を準備し，増税延期を野党共闘の旗印にしようと民進党にも共同提出を呼びかけた[173]。

　これに対し自民党の高村副総裁は，首相が増税先送りの条件として例示してきたリーマン・ショック級の重大事態について，「少なくとも現時点でそれほどのことにはなっていない」と述べ，公明党の山口代表も「簡単に先送りすべきではない。重大な事態は発生していない」という認識が基本であるとの考えを示した。共産党の志位委員長は，「予算成立直後に追加の経済対策を打ち出すこと自体3年間のアベノミクスの破綻がはっきりしたと思う」と語った[174]。

172　『朝日新聞』，2016年4月4日，『毎日新聞』，2016年4月4日。
173　『読売新聞』，2016年4月6日。
　　　消費増税の議論は「民進党にとって鬼門」とされ，税率引き上げを進めた岡田，野田両氏が所属していた民主党では，税率の引き上げに反対した小沢氏が自らのグループを率いて集団離党したが，この動きに伴い党を離れた松野氏らが民進党の結成に際して再び合流した経緯があった。（『読売新聞』，2016年4月6日）
174　『朝日新聞』，2016年4月4日，『毎日新聞』，2016年4月4日。

自民党の谷垣幹事長は，4日の毎日新聞とのインタビューにて，17年の消費税率10％への引き上げの先送りを衆院解散で民意に問うとの想定が与党内にあることについて，「よく結び付けて聞かれるがどうしてそうなるのか。税は全体設計の中で進んでいる。法律には景気条項が入っていない」として，先送りには法改正も必要なことを指摘したうえで，「経済の底が抜けるというときに消費増税をしていいとは思わないが，今は底が抜けているとは見ていない」と述べ，増税を先送りする必要はないとの認識を示した[175]。

⑰　自民党：増税派と増税延期派が混在

　6日，「アベノミクスを成功させる会」の会合が開催され，増税延期論が続出した。同会議は33人が出席し，山本会長は，「消費の数字から見ればリーマン・ショック以来の事態が起こっている。消費税は増税どころか減税すべきだ」と強調し，首相が先送りする場合の条件としているリーマン・ショック級は満たされていると主張した。同会合では，先送りの容認論が大勢を占めた。

　これに対し5日，党総務会が開催され，ベテラン議員が予定通りの増税を主張した。丹羽雄哉元厚相は，「増税を先送りすれば，アベノミクスは失敗だったといわれる」，村上元行政改革担当相は，「今税率を上げなければ次の機会はない」等と述べた。このような意見を受け，二階総務会長は消費税率10％への引き上げを巡り党内議論の場を設けることとした[176]。

　7日，自民党各派の会合が開催され，消費増税の延期を巡り賛否両論が出された。岸田派の会合にて竹本直一元副財務相が，「増税をやめるなら，福祉財源をどうするかを説明する必要がある」と延長論を牽制した。石原派の会合では野田税調最高顧問も，「経済状況はリーマン・ショックに比較するようなレベルになっていない。目先の数値で右往左往するのはいかがなものか」と予定通りの引き上げを主張した。石破派の会見では石破地方創生担当相は野党のアベノミクス批判が強まることを想定し，「有権者にきちんとした情報を発信しなければいけない」と語った[177]。

175　『毎日新聞』，2016年4月5日。
176　『朝日新聞』，2016年4月7日，『毎日新聞』，2016年4月7日。
177　『毎日新聞』，2016年4月8日。

同日，民進党は，17年4月の消費税率10％への引き上げに関する党の見解を改めてまとめる方針を決定した。江田代表代行は，「党内手続き，議論を進め，近いうちに岡田代表からお示ししたい」と述べ，これは，民進党を結党した民主，維新両党の軽減税率導入を前提とした税率引き上げに反対することを踏まえたものとなるとみられた[178]。

同日，第4回国際金融経済分析会合が開催され，ジャン・ティロール仏トゥールーズ第1大学教授は，「世界経済が現在直面している経済的な諸課題，とりわけ，気候変動への対処やユーロ圏の不安定性の克服，低金利のような世界的な金融動向をいかにうまく管理するか」といった点について見解を述べた。同教授は，将来への信認を回復し，不測の事態に対する各国の脆弱性を減らすために必要不可欠な構造改革を進めることを主張した[179]。

安倍首相が増税先送りを検討していることに対し，12日，公明党の山口代表は，「安倍首相の発言を聞く限り今の状況は予定を変更する重大な事態が発生しているとは認識していない。先送りする判断は論理的に出てこない」とこれまでの主張を重ねて表明し，増税先送り論を牽制した。また，山口代表は7月の参院選について，「仮に自民党が単独過半数をとったとしても，それは公明党との選挙協力のたまものだ」とも語った[180]。

13日，第5回国際金融経済分析会合が開催され，経済協力開発機構（OECD）のアルヘン・グリア事務総長は10％への引き上げについて，「予定通り実施するよう」と述べ，OECD加盟国では付加価値税の税率が平均20％程度であることを紹介し，日本も「15％程度まで引き上げるべきだ」と述べた[181]。

⑱　熊本地震発生

14日及び16日に，熊本県を中心とした震度7の地震が起こった。

18日，衆院 TPP 特別委にて安倍首相は17年の消費増税について，「リーマン級あるいは大震災級の事態にならない限り消費税は予定通り引き上げていく」

178　『読売新聞』，2016年4月8日。
179　『首相官邸ウェブサイト』参照。
180　『読売新聞』，2016年4月13日。
181　『朝日新聞』（夕刊），2016年4月13日。

と重ねて強調したが，この熊本地震を「大震災級」として増税を先送りするかについては明言を避けた。菅官房長官は，熊本地震が消費増税の判断に影響を与えるかについて問われ，「そうしたことは考えていない。企業が一日も早く立ち直るように全力を挙げて取り組む」と述べた[182]。

20日，自民党の稲田政調会長は，17年4月の消費増税について，「絶対に2％ということではなく，まず1％上げる考えもある。上げ方もいろいろな道筋がある」と述べ，増税幅を1％に留める選択肢もありうるとの見方を示した。稲田氏は熊本地震に触れ，「地震対応に全力を挙げるべきで今増税延期かどうかを議論すべきではない」としたうえで，「増税延期しても財政再建の道筋を示す必要がある」と述べ，延期の場合は財政健全化の方策を明示すべきだと強調した。これに対し菅官房長官は，「増税幅1％は今まで考えたことはない」と否定した[183]。

⑲ 宮沢税調会長，17年4月の消費増税を見送る環境ではない旨を主張

21日，自民党の宮沢税調会長は消費増税を巡り，「一切引き上げの延期について議論をする環境ではない」と述べ，熊本を中心とした地震は増税判断に影響しないとの認識を示し，安倍首相がリーマン・ショックや東日本大震災のような事態が生じない限り予定通りに増税すると表明していることに言及しながら，熊本地震については，「東日本大震災と比べると社会的にも経済的にもそれほど影響が大きなものではない」と述べた[184]。

同日，第6回国際金融経済分析会合が開催された。6回目までで同会合に招かれた専門家は計10人であったが，消費増税についての賛否は分かれ，消費増税に言及した4人のうち，2人が賛成，2人が反対を表明した。こうした意見や5月18日に公表される1〜3月期の国内総生産の速報値も参考に，首相はサミット前後に増税の是非を最終判断するとみられた[185]。

---

182 『毎日新聞』，2016年4月19日。
183 『毎日新聞』，2016年4月19日。
184 『毎日新聞』，2016年4月22日。
185 『朝日新聞』，2016年4月22日。

第4章 8％から10％への税率引き上げ延期（2回目） *259*

⑳ 首相，国際金融経済分析会合と伊勢志摩サミットでの議論を踏まえ，
消費再増税を判断

　5月2日，安倍首相は消費再増税について，国際金融経済分析会合と26，27
日の伊勢志摩サミットでの議論を踏まえて判断する考えを示した。これは，経
済情勢次第では先送りすることに含みを持たせたものとみられた。具体的には，
増税先送りの判断について，「世界経済の不透明さにどのようなメッセージを出
すべきかG7で議論したい。国際金融経済分析会合の議論も精査したい」と述
べた。さらに，「増税で税収が落ち込めば元も子もない」との考えもあり，「一
昨年の消費増税が予想以上に消費に影響を与えた」との認識も示した。なお，
同日選に関しては，「全く考えていないので現時点では答えようがない」と述べ
るにとどまった[186]。

　6日，自民党の高村副総裁は，安倍首相が17年4月の消費増税を見送ると仮
定した場合の一例として挙げたリーマン・ショック級について，「熊本地震と世
界経済の収縮を合わせると，なるという人もいる」と述べ，可能性に言及した。
また，「今の世界経済の収縮はリーマン・ショックと形は違う。熊本地震は東日
本大震災と比べスケールはずっと小さいが併せて一本ということもある」と述
べ，消費増税の判断時期については，「必ずしも参院選前ということではない」
と語った[187]。

　公明党内には，消費増税の判断時期について，様々な見方があった。10日，
山口代表は，「消費税引き上げは一億総活躍プランの重要な財源になる」等と述
べ，予定通りに増税するよう主張し，「参院選に臨むにあたって方向を示すこと
が大事だ」とも語り，安倍首相に参院選前に増税を判断するよう求めた。一方，
党内には，「増税反対の世論が強いのに参院選前に増税を訴える必要はない」と
の意見も広がり，12日，漆原中央幹事会長は増税の判断時期について，「参院選
の前か後か，今の段階でどちらというべきではないと思う」と述べた[188]。

　15日，自民党の稲田政調会長は17年4月の消費増税について，「既定路線とし

---

186 『読売新聞』，2016年5月3日，『読売新聞』，2016年5月7日。
187 『朝日新聞』，2016年5月7日。
188 『朝日新聞』，2016年5月13日。

て決まっている。選挙のために政治をやっているわけではない」と述べ，予定通り引き上げる場合，安倍首相が 7 月の参院選前に改めて増税実施を表明する必要はないとの考えを示した。稲田氏はまた，増税を先送りするのはリーマン・ショックや東日本大震災に匹敵する経済危機に陥った場合に限られるという従来の方針を重ねて強調し，「参院選前だろうが，後だろうが，年末だろうが，来年 3 月だろうが，時期が来た時に判断すると思う」と述べ，先送りの場合も必ずしも参院選前に決めるわけではないとの認識を示した[189]。

16日，衆院予算委では消費増税や衆院解散といった政権運営と熊本地震を絡めた質問が相次いだ。大阪維新の会の馬場伸幸幹事長は，熊本地震が増税延期の首相判断に該当する「大震災」に当たるかを質問したが，これに対し安倍首相は，「被災者の生活再建と被災地復旧に全力を尽くす。お答えする段階ではない」と明言を避けた。また熊本県が地元の民進党の松野氏は衆参同日選の回避を首相に求め，「選挙の管理や事務ができる状況ではない。ダブル選挙はやめてもらいたい」と述べたのに対し，首相は「『解散』の『か』の字も考えていない」と改めて否定した[190]。

17日，公明党の山口代表は17年 4 月の消費増税を延期する場合，「首相や閣僚の判断だけで決められるものではない。政府の考えを与党に示し与党内で議論するプロセスが重要だ」と述べ，政府が方針を決める前に与党間で協議する必要があるとの認識を示した。また，萩生田光一官房副長官は，「何か事態に変化があれば公明党と話し合うのは当然だ」と述べた[191]。

㉑ 1 ～ 3 月期の国内総生産一次速報発表，首相増税再延期を検討

18日に発表された 1 ～ 3 月期の国内総生産一次速報等を踏まえ，山口代表は公明党の会合で，1 ～ 3 月期の国内総生産一次速報が年率換算で1.7％増であったことに触れて，「個人消費がプラスであることは大事にしなければならない」と，消費増税を先送りにする状況ではないとの考えを改めて示した[192]。

---

189 『毎日新聞』，2016年 5 月16日。
190 『毎日新聞』，2016年 5 月17日。
191 『毎日新聞』，2016年 5 月17日。
192 『朝日新聞』（夕刊），2016年 5 月18日。

安倍首相はこの 1 ～ 3 月期の国内総生産一次速報にて個人消費の回復が鈍かったとして，17年 4 月の消費増税を再延期する検討に入った。これは，予定通り増税した場合デフレからの脱却が困難になると判断したことによるといえる。1 ～ 3 月期の一次速報は前述したように 2 期ぶりのプラスで年換算率1.7％増であったが，個人消費の伸びは閏年で 1 日多かった影響を除けば小幅であったとの見方が強く，首相は同日に行われた党首討論にて「消費税を 8 ％に引き上げて以来，個人消費が弱いのは事実だ。その弱さは我々の予想より弱く，注目している」と強調した。また，消費増税の判断についてはこれまでの答弁を繰り返したものの，そうした状況に該当するかについては，「適時適切に判断したい」と明言を避けた[193]。

㉒　民進党の岡田代表も増税再延期を明言，首相の「再延期なし」の公約違反も指摘

民進党の岡田代表も，「もう一度消費税の引き上げを先送りせざるを得ない状況だ」と明言したことにより，増税先送り自体は争点にはならない見通しとなり，結果的に首相の再延期判断を後押しする形となった。岡田代表は増税延期の条件として，①20年度までの財政健全化目標の堅持，②行財政改革の徹底，③社会保障充実の実行，④軽減税率導入の白紙撤回の 4 点を挙げ，税率引き上げまでは，社会保障充実の財源を赤字国債の発行でまかなうべきだとも主張した。さらに，景気低迷の原因はアベノミクスの失敗にあると指摘し，首相が14年11月に消費増税の延期を発表した際再延期はないと発言したことに触れ，「国民との約束が果たされないなら内閣総辞職すべきだ」と主張した。これに対し首相は，「リーマン・ショック，大震災級の出来事が起こらない限り予定通り行う。専門家の議論をいただき適時適切に判断する」とこれまでの見解を繰り返した。

一方，消費増税を柱とする 3 党合意を主導した民進党が自民，公明両党に先んじて増税延期に踏み切ったことが「結果として首相に塩を送ることにならな

193　『読売新聞』，2016年 5 月19日，『朝日新聞』，2016年 5 月19日，『毎日新聞』，2016年 5 月19日。

いか」との指摘も出た。消費増税再延期を主張することにより，参院選での連携を進める共産党との接近を強めたとの見方もあった。共産党の志位委員長は，「17年4月からの増税に反対する点で協力できる」と述べ，岡田代表の消費増税再延期の表明を歓迎した[194]。

同日，自公党首会談が開催され，消費増税の先送りが話題となった。公明党の山口代表は，安易に先送りを決めるべきではないとの考えを示していたが，党首会談後も「私自身の増税すべきだとの考えは変わっていないし，首相の考えも我々と変わるところはない」と強調した。

また，山口代表は，民進党の岡田代表が党首討論にて，消費増税の先送りと赤字国債発行による社会保障財源の確保に言及したことについて，「できもしないことを掲げ，不足財源を赤字国債で当面賄えというのは全く無責任だ」と批判した。

消費再増税の再延期が検討される中，同日，政府がまとめた「骨太の方針」案では，消費税率を10%に引き上げることを前提に財政再建の重要性が強調された。石原経済再生相は，「民間議員の1人から子育て世帯支援のためにも消費税率引き上げは必要との意見が出た。別の民間議員からは消費税率引き上げはデフレ脱却を困難にするとの意見があった」と述べ，諮問会議メンバーの中でも増税の実施を巡る考え方は分かれていた。

財政制度等審議会は同日，財政再建に向けた提言を麻生財務相に提出した。提言では，「消費税率の10%への引き上げを含め，社会保障と税の一体改革を遅滞なく且つ着実に実施していくことを強く求める」とし，17年4月に予定通り10%に引き上げるよう求めた[195]。

㉓　菅官房長官，国際金融経済分析会合の議論：下方リスクの指摘を強調

19日，第7回国際金融経済分析会合が開催された。この日は米経済学者のデビット・ローマー，クリスティーナ・ローマー夫妻（ともにカリフォルニア大バークレイ校教授）が招かれた。クリスティーナ氏は増税の是非には触れなかった

194　『読売新聞』，2016年5月19日，『朝日新聞』，2016年5月19日，『毎日新聞』，2016年5月19日。

195　『読売新聞』，2016年5月19日。

が，「増税する場合，景気刺激策を組み合わせることで悪影響をある程度抑えられる」との考えを示した。また，安倍首相が伊勢志摩サミットで目指す財政出動での政策協調については，「今はリーマン・ショックがあった2008年のような危機的状況ではない。G7が一方向で財政出動を行うのは難しいのではないか」と指摘した。

これまでの国際金融経済分析会合における消費増税延期の是非についての意見について，菅官房長官は，「幅があった」としながらも，「総じて下方リスクを指摘する専門家が多かった」と総括した。消費増税について言及した有識者は4人いたが，日本の消費増税延期を提言したのはスティグリッツ教授とクルーグマン教授であった。

また同日，全国銀行協会の国部毅会長は消費増税に関連し，「仮に見送るのであれば，社会保障改革を含む財政健全化道筋を明確に示してもらいたい」と述べ，「個人的には予定通り実施すべきだとの考えに変わりはない」としつつも，「首相が総合的に判断し，再延期の判断もありうる」との見方を示した[196]。

「アベノミクスを成功させる会」は，消費税を17年4月に予定通り10％に引き上げる一方，増税の影響を緩和するため3年間で最大37兆円規模の財政出動を行う提言案をまとめた。これまで同会は消費増税反対を訴えてきたが，この提言案では，消費税率引き上げと同時に10兆円の景気対策を行い，5～10兆円の熊本地震対策基金を創設，17年度に10兆円，18年度に7兆円を政府予算に追加し財源は原則として国債で賄うとした。また，同提言には，消費増税は当面10％で打ち止めと宣言すべきだとの考えも盛り込まれていた[197]。

同日，民進，共産，社民，生活の野党4党は，国会内で党首会談を開き，6月1日の国会会期末に向け安倍内閣の不信任決議案の提出を検討することを確認した。これは，安倍首相が17年4月の消費増税の再延期を表明した場合に提出するというもので，増税に耐えられる経済環境を作れなかったとしてアベノミクスの失敗を7月の参院選にて争点化する狙いがあったとみられた。

---

196 『朝日新聞』（夕刊），2016年5月19日，『朝日新聞』，2016年5月20日，『毎日新聞』，2016年5月20日。

197 『読売新聞』，2016年5月20日，『朝日新聞』，2016年5月20日，『毎日新聞』，2016年5月21日。

民進党は，執行役員会にて，17年4月の消費増税を2年間延期する法案を国会に提出する方針を確認した。また，民進党の安住淳国会対策委員長は，「昨日の党首討論からガラッと国会の雰囲気も変わり，にわかに緊張感が出てきた」と与党への対決姿勢を強調した。長妻代表代行も不信任決議案を提出するタイミングについて，「これからの首相の言動如何に大きく左右される」と言及し，首相が増税再延期を表明すれば直後に提出する考えを示した[198]。

㉔ 二階総務会長，消費再増税を2年間再延期するよう提言

23日，自民党の二階総務会長は安倍首相と首相官邸で会談し，消費税率10%への引き上げを2年間再延期するよう求める提言書を手渡したが，政府，与党幹部が具体的な時期を示して増税再延期に言及したのは初めてであった。この二階総務会長の提言は，「首相の判断に向けた環境整備の一環」との見方も出たが，世界的な景気減退と熊本地震で日本経済に「危機的状況が訪れている」と述べ，消費増税再延期に必要な法改正を参院選後の臨時国会で実現するよう提案した[199]。

24日，安倍首相と公明党の山口代表は首相官邸にて会談した。山口代表は，「17年4月の消費税率引き上げについて首相は『リーマン・ショックや東日本大震災級の経済的に重要な状況が起きない限り，予定通り実行する』と発言，夏の参院選に合わせて衆院を解散する衆参同日選については，『解散のかの字も考えていない』と，従来通りの見解を示した」と述べ，「首相は消費増税について『法律で決めたことなので引き上げをやっていく方向に変わりがない』」とも語った。自民党の二階総務会長は同日，消費税率引き上げについて「2019年4月まで2年間延期することを申し上げた」と語った。さらに，二階総務会長は税の判断時期について，「夏の参院選前に発表するのが大事」と強調し，「国民の民意は衆参の両方で聞くのではなく，参院選だけで聞いたことになる」と述べ，増税延期を理由に衆院を解散する必要はないと述べた[200]。

---

198 『朝日新聞』（夕刊），2016年5月19日，『読売新聞』，2016年5月20日，『毎日新聞』，2016年5月20日。
199 『読売新聞』，2016年5月24日。
200 『朝日新聞』，2016年5月25日。

25日，自民，公明両党の幹事長・国会対策委員長の会談が行われたが，衆参同日選が見送られる公算が大きくなったとみられた。これは，安倍首相が同日選に慎重な公明党に配慮したためとみられ，内閣支持率も高水準を維持しており，参院選だけでも勝算があるとの判断に傾いたとみられる[201]。

㉕ 民進党，「消費税引き上げ延期法案」衆院提出

同日，民進党は消費税率の10％への引き上げを17年4月から19年4月まで2年間先送りする「消費税引き上げ延期法案」を衆院に提出した。また，増税時には軽減税率を廃止し，「給付付き税額控除」を導入するとした。なお，景気条項は盛り込まず，20年度にプライマリーバランスを黒字化する目標は維持された。山尾志桜里政調会長は，「予期しがたい状況についてはその時々の政権が判断することだ」と述べ，景気条項を盛り込まずともさらなる延期は可能との認識を示した[202]。

また，7月の参院選における民進党のマニフェスト原案においても，消費税率10％への引き上げを17年4月から19年4月へ延期することが明記された。安倍政権の経済運営については，アベノミクスは失敗と断じ，選挙戦での訴えの柱とする方針とした[203]。

自民党の佐藤勉国対委員長は，増税延期には法改正が必要なため，「できれば先送りはしてもらいたくない」と述べたが，「首相周辺を見ているとそういう延期の意見が強い」とも指摘した。ただ党内には，「民進党の増税延期は無責任だ。首相は増税して対立軸を打ち出すべきだ」との主張もあった。公明党の石田真敏政調会長は，「民主党政権が増税の言い出しっぺで，当時の考えから逸脱している」と延期法案を批判し予定通りの増税を求めた[204]。

---

201 『読売新聞』（夕刊），2016年5月25日。
202 『読売新聞』（夕刊），2016年5月25日，『朝日新聞』（夕刊），2016年5月25日，『毎日新聞』（夕刊），2016年5月25日。
　　民進党の「消費税引き上げ延期法案」提出に対する連合の受け止めは，「政府・与党が三党合意を蔑ろにし，消費税の逆進性対策や議員定数削減に真摯に向き合っていない状況下において苦渋の決断であった」というものであった。（「消費税率引上げ再延期に対する連合の見解」，2016年6月6日，連合幹部とのインタビュー）
203 『朝日新聞』，2016年5月26日。
204 『毎日新聞』，2016年5月26日。

㉖ 同日選見送りの流れ

　自民党の二階総務会長は，同日選について，「難しいのはやり損なったら２つ負けること。衆院で300近い議席を持つときにこれを放棄して選挙をするのは慎重であるべきだ」と述べ，首相の見送り意向に理解を示した。また，二階総務会長は23日の首相との会談にて消費増税の再延期を提言した際，「感触から言うと，首相はかなりの部分で同意している部分があった」ことを明らかにし，17年４月の消費税率10％の引き上げは先送りされるとの見通しを示した[205]。

　一方，民進党の安住淳国会対策委員長は，「甘利前経済再生相の問題を含めこの内閣は信任できるものではないとはっきりしている」と語り，内閣不信任案の提出に強い意欲を示したが，安倍首相が同日選の見送りを固めたことを受け，「安倍首相が衆院を解散する直前に不信任案を提出し，国会会期末に気勢を上げ衆院選に弾みをつける」という段取りが肩すかしを食らう形となった。山尾政調会長は，「不信任案提出の理由を挙げればきりがない」としたが，安倍首相が増税先送りを決断した場合，民進党の意向と同じになるため，提出理由の根拠が希薄になるという矛盾も抱えていた[206]。

㉗ 伊勢志摩サミット開幕，首相消費増税再延期の意向固める

　26日，伊勢志摩サミットが三重県で開幕した。同日，安倍首相は消費増税の再延期をする意向を固めたとみられた。これは，当時の世界経済の情勢をリーマン・ショック直前と似ていると分析し，予定通り増税した場合は，経済が急速に悪化する懸念があり，政権が目指すデフレ脱却が困難になると判断したことによるとみられた。首相は伊勢志摩サミット出席後に，「今回のサミットで世界経済は大きなリスクに直面しているという認識については各国が一致することができた」と強調した。首相は首脳会議にて世界経済に関し，エネルギーや食糧，素材等の商品価格について資料を示しながら，「最近の14年６月から16年１月には，リーマン・ショック前後の08年７月から09年２月と同じく55％下落した」と指摘し，さらに中国等新興国や途上国の投資伸び率については「リー

205　『読売新聞』，2016年５月26日。
206　『読売新聞』，2016年５月26日。

マン・ショック後の09年は05年以降では最低の3.8％だったのに対し，15年は2.5％とさらに落ち込んだ」等と繰り返しリーマン・ショック時との比較に言及した。首相はこうした説明を踏まえて，「リーマン・ショック直前の洞爺湖サミットでは危機の発生を防ぐことができなかった。その轍を踏みたくない」と強調したうえで，「世界経済は分岐点にある。政策対応を誤ると危機に陥るリスクがあるのは認識しておかなければならない」と訴えた。

　これは，首相が17年4月の消費増税の再延期を演出する場として，自らが議長を務める伊勢志摩サミットを選び，世界経済が直面する危機に対応するとの名目で増税延期が必要と訴えていく考えであったとの見方もあった。首脳会議の議論の中で安倍首相は，「リスクから目をそらしてはいけない。G7が一段と強い明確なメッセージを出すことが不可欠だ」と繰り返し訴え，そうした認識を各国首脳と共有したことで増税延期の環境が整ったとし，国民の理解を得る戦略であったとみられる。また首相は，サミットに先駆けて欧州のG7参加国を回り，「世界経済の安定化のために機動的な財政出動が必要」と訴えた。

　表向きはリーマン級の影響のある出来事がない限り引き上げを行うと説明してきたが，中国経済の減速や原油価格の下落で世界経済が不安定化している状況を受け，増税延期の判断に傾いていった。しかし，14年11月に再び延期することはないと明言した経緯もあり，慎重に検討を重ね，最終的には世界経済の状況がリーマン前に近い状況だとの裏付けを得たとして増税延期の意向を固めたとみられる。

　これに対し民進党の岡田代表は，「世界は経済がおかしくなっているという認識ではない」と首相の認識に疑問を呈し，「増税先送りの言い訳に都合よく使えるようG7を利用しているといわれても仕方ない。非常に恥ずかしい。アベノミクスの失敗と認めるべきだ」と批判した。共産党幹部も，「唐突感は否めない。増税延期の布石かもしれないが意図が分からない」と述べた[207]。

---

207 『読売新聞』，2016年5月27日，『朝日新聞』，2016年5月27日，『毎日新聞』，2016年5月27日。
　　安倍首相の，当時の世界経済の情勢はリーマン・ショック直前と似ているとの分析は，下記に示す「リーマンペーパー」が基になったとみられていた。
　　「リーマンペーパー」は，A4用紙4枚のグラフやデータ類から成り立っていた。これは，「世界の商品価格はリーマン前後の下落幅と同じ」，「新興国の投資伸び率はリーマン後より

㉘　伊勢志摩サミット閉幕，首相，世界経済のリスクを強調

　27日，伊勢志摩サミットは世界経済を支える金融財政政策と構造改革の重要性を支える首脳宣言を採択し，閉幕した。議長を務めた安倍首相は，「消費税率引き上げの是非も含めて検討し，夏の参院選の前に明らかにしたい」と表明し，17年4月に予定する消費税率10％の引き上げを延期する考えを示唆した。また首相は，複数の経済指標を挙げながら「リーマン・ショック時の下落幅に匹敵する」等として08年のリーマン前の状況と似ているとの認識を示し，「世界経済が危機に陥る大きなリスクに直面している。G7はその認識を共有し強い危機感を共有した」と重ねて強調した。

　安倍首相は，伊勢志摩サミット総括の議長会見にて，リーマン・ショックという言葉を7回も使って世界経済のリスクを強調したうえで，「アベノミクスのエンジンを最大限ふかしていく決意だ。消費税率の引き上げの是非を含めて検討する」と語った。このように，首相がリーマン・ショック，リスクという言葉を何度も使って世界の経済危機の可能性を強調し，増税先送りに踏み込んだことに与党内でも戸惑いが広がった。自民党内には消費増税の再延期を理解する声が少なくなかったが，参院選に向けサミットを増税先送りに利用したと受け止められれば批判は免れられないとの懸念が少なからずあった。

　　　低い水準」等，当時の新興国の景気減速と08年のリーマン・ショックを比較する数値が並ぶ資料であった。首相がサミットで世界経済の「リスク」を強調し，外的要因による増税先送りを主張する補強材料としての役割を果たしたとみられた。同ペーパーの作成は，経済産業省出身の今井尚哉首相政務秘書官と，菅原郁郎経済産業省事務次官らの「経産省ライン」が主導したとみられた。

　　　同ペーパーはサミット開催を2日後に控えた5月24日，首相官邸で開かれた関係省庁の勉強会の席上，突然配布されたものであった。財務省にとっては「寝耳に水」で，財務省2階の大臣室に駆け込んだ幹部からペーパーを見せられた麻生財務相は，「何がリーマン・ショック前だ。変な資料作りやがって」と語った。（『毎日新聞』，2016年6月1日，『毎日新聞』，2016年6月2日，マスコミ関係者とのインタビュー）

　　　さらに，自民党が消費再増税を2年半先送りする安倍首相の方針を了承した5月31日，伊勢志摩サミットの報告のため党本部を訪ねた関係省庁の官僚らが，首相がサミット初日の討議で各国首脳に示したこのA4用紙4枚のグラフやデータ類への見解をただされた。これに対し，「『緩やかな回復基調が続いている』とした月例経済報告とはかけ離れた認識です」（内閣府幹部），「共有はしているが我々が承認したものではありません」（財務省幹部）と語り，この資料に対して一様に距離を置いた。この事実は，官邸とごく一部の官僚が同資料を作成していたことを示すものとみられる。（『毎日新聞』，2016年6月1日）

同日の自民党総務会では，前述したように骨太の方針等が消費増税を前提にしているため，再延期した場合はこれを見直すべきだとの意見もあった。途中退席した村上元行革担当相は，「この国の財政や金融に責任を持った政策をしているのか。こんなことでは政治の自殺になってしまう」と増税延期を批判した。また，「あちこちで会社がつぶれていたリーマン・ショック前と今では経済状況が全然違う」との意見も出た。谷垣幹事長は，首相が伊勢志摩サミットで示した「リーマン・ショック前」という世界経済の現状認識について，事前に首相と調整しなかったことを明らかにし，「いろいろ数字を示したようなので一度勉強したい」と語り，疑問を呈したといえる。

増税延期に慎重な公明党の山口代表は，「政府・与党として検討のプロセスを踏んでいく」と語り，与党との協議を改めて要請した[208]。

㉙ 首相，消費再増税19年10月まで2年半延期の考えを伝達

28日，安倍首相は首相公邸で，麻生財務相，谷垣幹事長，菅官房長官と会談し，17年4月の消費税率10%への引き上げについて19年10月まで2年半延期したい考えを伝えた。なお，20年度にプライマリーバランスを黒字化する財政健全化目標の堅持を目指すとした。

ここで，首相は伊勢志摩サミットで「世界経済のリスク」を共有したことを踏まえ，「日本としてもあらゆる政策を総動員する」と説明した。サミット首脳宣言では，金融政策，財政出動，構造改革の三本の矢をG7で実行することで一致しており，首相としては財政出動の効果を抑制する増税を先送りする必要があると訴えたとされた。2年半としたのは，アベノミクスが失速気味で，デフレ脱却のためにはなるべく増税時期が遅い方が得策であると判断し，19年夏に参院選を控え，2年先送りであると増税直後の選挙になるとの与党内の懸念に配慮したためとみられた。

これに対し，麻生財務相と谷垣幹事長は財政健全化を重視する立場から増税延期には慎重であった。谷垣幹事長は，「財政再建はどうなるのか，子育て支援

---

208 『読売新聞』，2016年5月28日，『朝日新聞』，2016年5月28日，『毎日新聞』，2016年5月28日。

等ができなくなる可能性がある」と指摘した。麻生財務相も，「必ず予定通り 2 ％上げてくれ，できないなら衆院を解散して信を問う必要がある」と衆参同日選を迫り，谷垣幹事長もこれに同調した。

菅官房長官は「参院選で信を問えばいい」と首相を援護したとされ，「同日選は公明党が反対です」と語り，パイプのある公明党や創価学会との関係を心配していた。

もともと首相は14年 4 月の消費増税後，「 1 つの内閣で 2 度も増税するのは難しい」と語っており，増税が政権の体力を奪い，他の政策を推進するのが困難になると考え，当初から増税に否定的であったとの見方も少なからずあった[209]。

⑳　麻生副総理，再延期する場合には衆院解散が必要と主張

29日，麻生財務相は自民党富山県連の集会にて消費増税の再延期に関し，「 1年半後に必ず増税するとはっきり言って我々は選挙で当選した。『再び延ばすというのであればもう 1 回選挙をして信を問わねば筋が通らない』」というのが私

---

[209] 『読売新聞』，2016年 5 月29日，『朝日新聞』，2016年 5 月29日，『毎日新聞』，2016年 5 月29日，『朝日新聞』，2016年 6 月 3 日。

　安倍首相の「世界経済はリーマン・ショック前に似ている」との景気認識を基に財政政策等の強化を呼びかけたことに対し，批判的な論調で報じる海外メディアが相次いだ。景気認識の判断材料となった統計の扱いに疑問を投げかけ，首相の悲観論を「消費税延期の口実」と見透かす識者の見方を交えて伝えた。英紙フィナンシャルタイムズは『世界経済が着実に成長する中，安倍氏が説得力のない2008年との比較を持ち出したのは，安倍氏の増税延期計画を意味している」と指摘した。英国のキャメロン首相は 5 月26日の討議で，「危機とは言えない」と反論し，フィナンシャルタイムズは英政府幹部の話として，「キャメロン氏は安倍氏と同じ意見ではない」と指摘した。また英 BBC は27日付のコラムで「G 7 での安倍氏の使命は一段の財政出動に賛成するよう各国首脳を説得することだったが失敗した」と断じた。仏紙ルモンドは「安倍氏は深刻なリスクの存在を訴え，悲観主義で驚かせた」と報じた。また，首相がリーマン・ショックのような事態が起こらない限り消費増税に踏み切ると繰り返し述べてきたことを説明し，「自国経済への不安を国民に訴える手段に G 7 を利用した」との専門家の分析を紹介，さらに首相が提唱した財政出動での協議に，「メンバー国すべての同意は得られなかった」と総括した。米経済メディア CNBC は，「増税延期計画の一環」，「あまりに芝居がかっている」等とする市場関係者らのコメントを伝えた。中国国営新華社通信は「巨額の財政赤字を抱える日本が他国に財政出動を求める資格があるのか」と皮肉り，これは，首相が新興国経済の減速を世界経済のリスクに挙げたことへの反発とみられ「日本の巨額債務は巨大なリスクで日本経済を撹乱しかねない」とも指摘した。（『毎日新聞』，2016年 5 月29日）

や谷垣氏の言い分だ」と述べ，再延期する場合には衆院解散が必要との考えを示した。麻生財務相が解散について具体的に言及するのは極めて異例なことであった。一方，菅官房長官は前述したように，公明党が同日選に反対していることや，自民党の議席を衆院で減らす可能性があるとして解散には慎重な考えを示していた。谷垣幹事長も，「麻生氏が谷垣は同じ意見だとあったので麻生氏の言葉を引用する」と歩調を合わせ，「消費税をどうしていくのか，進むにしても退くにしてもとても重い決断だ。相当な覚悟でやっていかなければやり切れることではない」と語った。なお，谷垣幹事長は財政健全化を重視し増税延期には反対していたものの，衆院解散に関しては麻生氏ほど前向きではないとの受け止めもあったとみられた。

　さらに麻生財務相は，横浜市内での会合にて，「社会保障と税の一体改革で民主党と自民党，公明党が約束して消費税上げに踏み切った。民主主義の成熟した国ではなかなかできないことをやった」と語り，12年の3党合意で財政健全化のため国民で不人気な増税をあえて決断した意義を強調したが，これは10％への増税を再び延期しようとする安倍首相に皮肉を込めた発言であったといえる[210]。

　同日，首相は首相公邸で石原経済再生担当相と会談し，増税延期やそれに伴う経済政策の変更等について意見を交わした。また，公明党の山口代表は，「まず政府内でどうなっていくのか見守っていきたい」と述べた[211]。

　30日，安倍首相は，自民党の高村副総裁，二階総務会長，稲田政調会長と首相官邸で個別に会談した。ここでは，消費税率10％への引き上げについて，19年10月まで2年半延期する方針を説明し，理解を求め，同日選は必要ないとの考えも伝えたとみられた。

　これに対し高村副総裁，稲田政調会長は慎重な姿勢を示したとみられる。首相は増税を延期する場合衆院解散を求めるかどうか確認したところ，高村副総裁は「求めない」と答えたが，稲田政調会長は解散すべきだとの考えを伝えた。

　二階総務会長は同日選について，「しない方がいいと言ってあるが，首相の考

210　『読売新聞』，2016年5月31日。
211　『朝日新聞』，2016年5月30日，『毎日新聞』，2016年5月30日。

えもそのようだ」と述べ，増税延期と同日選見送りについて，「首相の意向を全面的に支持する」と述べた[212]。

㉛　公明党：再延期容認へ，麻生財務相：首相の判断受け入れ，谷垣幹事長：増税延期を了承

　同日，安倍首相は公明党の山口代表と首相官邸で会談し，17年4月の消費税率10%への引き上げについて19年10月まで2年半延期する方針を伝え，理解を求めた。これに対し山口代表は，「一存で結論を出せない。党で相談したい」と述べるにとどめ，たとえ増税を延期しても軽減税率導入の方針は変更しないとの首相の考えを示した。

　さらに，首相は麻生財務相と東京都内のホテルで会談した。麻生財務相は，前述したように，28日の首相との会談では同日選に踏み切るべきだと主張したが，首相は首を縦に振らず，「総理がそこまで言うならわかりました，孤独なのはわかりますから，どす黒いまでの孤独に耐える体力，精神力が欠かせない」と語り，首相の判断を受け入れる意向を伝えた。

　首相は谷垣幹事長とも国会内で会談し，谷垣幹事長は増税延期を了承する考えを伝えた。また，首相は自民党役員会にて，「消費税率10%への引き上げを2年半延期したい」と明言し，党内の意見集約を指示した。首相は①デフレに戻さないためにはできるだけ長い延期が必要，②財政再建と経済成長を同時に達成する方針は堅持の2点を指摘したうえで，「ぎりぎりのタイミングとして19年10月まで延期する考えに至った」と説明した[213]。

212　『読売新聞』（夕刊），2016年5月30日，『朝日新聞』（夕刊），2016年5月30日。

213　『読売新聞』，2016年5月31日，『朝日新聞』，2016年5月31日，『毎日新聞』，2016年5月31日。
　　　なお，5月30日の自民党役員会における安倍首相の発言要旨は下記の通りであった。
　　① 伊勢志摩サミットではリーマン・ショック以来の落ち込みを見せている事実を説明した。世界経済が成長のエンジンを失いかねず，放置すれば大きなリスクがあるとの認識で完全に一致した。
　　② 日本は議長国としてこの合意に従い率先して世界経済の成長に貢献する。…（中略）…アベノミクスのエンジンを最大限に吹かす。
　　③ その中で消費税率10%への引き上げについて2年半延期したいと考えている。世界経済の不透明感が増す中で，日本を再びデフレのトレンドに戻すわけにはいかない。そのため

一方31日，4野党は，アベノミクスの失敗等を理由に安倍内閣不信任決議案を提出することで合意した。民進党の岡田代表は，「消費税の引き上げ延期が決まるとすると，アベノミクスの失敗以外の何物でもない。内閣総辞職に値する」と語った[214]。

同日，安倍首相は，細田派の国会会期末の慰労会にて，「消費増税の延期について国民の審判を仰ぐには参院選がある」と語り，衆参同日選は見送り，参院選単独で増税延期の判断を問う考えを示した[215]。

谷垣幹事長は同日選見送りについて，「解散は首相の権限だ。やると決めたときは発言があると思うが，やらないという発言はないと思う」と述べ，見送りについて首相はあえて明言はしない可能性があるとの見方を示した。谷垣幹事長は党役員連絡会で「首相も取りまとめに努力している。最後は党が一致結束となって参院選に臨もう」と述べ理解を求めた。

公明党も，国会内で党幹部が増税再延期について協議し，山口代表は，「首相が延期の方針を示しているので基本的にはそれを尊重しながら党の意見集約を図ることになる」と述べ，首相の判断を容認する姿勢を示した。

一方同日，4野党は内閣不信任決議案を衆院に共同提出した。民進党の岡田代表は，「前回総選挙で17年4月に上げる状況に持っていくと断言した。アベノミクスの失敗以外の何物でもない。国民に対してのごまかしだ」と批判した。安積国対委員長も，「消費税を上げる環境を整備できず内閣総辞職に値する。今日の不信任案が参院選の戦闘開始だ」と述べ，参院選で争点化する考えを示した[216]。

㉜ 自民，公明両党，2年半の消費増税先送りの方針を正式了承

同日，自民，公明両党は，政調全体会議をそれぞれ開き，2年半の消費増税

にはできる限り長い延期が望まれる。他方，経済成長と財政再建を同時に達成するとの方針に変わりなく，ぎりぎりのタイミングとして2019年10月に延期する考えに至った。(『読売新聞』，2016年5月31日)

214 『読売新聞』，2016年5月31日，『朝日新聞』，2016年5月31日，『毎日新聞』，2016年5月31日。

215 『毎日新聞』，2016年6月1日。

216 『読売新聞』(夕刊)，2016年5月31日，『毎日新聞』(夕刊)，2016年5月31日。

先送りの方針を了承した。

　自民党の政調全体会議では，「増税延期の理由をきちんと説明できるようにしてほしい」との戸惑いの声が相次いだ。国会会期末直前に首相が党幹部に延期の意向を伝え，瞬く間に方針が決まったことに対し，「ここ数日の政策決定の在り方に違和感を覚えた。会期末ぎりぎりで重要な政策が決まることは今までなかった」との不満の声が漏れた。これに対し谷垣幹事長は，「議論せずに先に進めてはいけないと思い会合を開いた」と発言した。村上元行政担当相は，「一方的に官邸に従うならば党政調の存在意義はどうなるのか」と不満をぶちまけた。これに先立って開催された自民税調の会合では，高村副総裁が，「報道の通り。付け足すことはない」と発言したことに対し，「無責任な選択だ」との批判も出たが，覆すことはできず表立った発言を控える議員がほとんどであった。

　公明党の政調全体会議では，「3党合意の大局的な精神が軽視されはしないか」，「社会保障の財源確保に全力を挙げてほしい」等の注文が出たが，井上幹事長は，「具体的な決定は参院選後になる」とその場を引き取った。公明党にとっては最も懸念していた同日選が見送られた安堵感が広がっており，重要政策等を最終決定する中央幹事会は開かず異例のスピード決着となった。

　4野党が提出した内閣不信任案は，衆院本会議で自民，公明，野党のおおさか維新の会等の反対多数で否決された[217]。

㉝　首相，消費再増税19年10月まで2年半延期を正式表明，「新しい判断」として参院選にて問う

　6月1日，安倍首相は，第190通常国会の閉会を受けて，消費税率の引き上げを19年10月まで2年半延期する意向を正式に表明した。14年総選挙の公約違反であることを認めたうえで，参院選で国民の信を問う姿勢を示した。また，参院選を6月22日公示，7月10日投開票の日程で実施することも発表した。首相は，「これまでの約束とは異なり，公約違反ではないかという批判を真摯に受け止めている。新しい判断について国政選挙である参院選を通じて国民の判断を

217　『読売新聞』，2016年6月1日，『朝日新聞』，2016年6月1日，『毎日新聞』，2016年6月1日。

問いたい」と述べ，さらに，「消費税について信を問いたいから厳しい目標を掲げた」と説明し，勝敗ラインは改選定数の過半数に当たる61議席に引き上げることとした。参院選の争点については，「アベノミクスをもっと加速させるか，後戻りさせるかが最大の争点だ」と述べた。増税延期の理由としては，延期するケースとして挙げていた「リーマン・ショック級の事態」は発生していないとするものの，「新興国や途上国の経済が落ち込んでおり，世界経済が大きなリスクに直面している」，「G7共通の認識のもと，内需を腰折れさせかねない消費税率の引き上げは延期するべきだ」と理解を求めた。なお，プライマリーバランスを20年度に黒字化する財政健全化目標については堅持し，「保育士，介護職員の改善待遇等1億総活躍プランの関連施策を優先的に実施する」と説明した。軽減税率についてはその導入も19年10月へと先送りとした[218]。

218　『読売新聞』，2016年6月2日，『朝日新聞』，2016年6月2日，『毎日新聞』，2016年6月2日。

　6月1日の安倍首相の記者会見要旨は下記の通りである。

　「1年半前，衆院を解散するにあたって私は消費税率の10%への引き上げについて再び延期することはないとはっきりと断言した。

　世界経済はいま大きなリスクに直面している。しかし現時点でリーマン・ショック級の事態は発生していない。熊本地震を大震災級だとして延期の理由にするつもりもない。そうした政治利用は被災者の皆様に大変失礼なことだ。

　今回延期するという私の判断はこれまでの約束とは異なる新しい判断だ。新しい判断について参院選を通して国民の信を問いたい。

　増税が18年9月までの自民党総裁任期を超えるのではないかとの指摘があった。むしろ自民党の総裁任期で判断してはならないと考えた。国民生活にとって大きな影響がある経済だ。これを間違えればまた20年間続いたデフレに戻る。それを単に私の任期がこうだからこの中で納めるという判断はしなかった。経済的に正しいという時期を選んだ。総裁任期によって判断をゆがめてはならない。

　20年度の財政健全化目標も私の任期を超えている目標ではあるが，この道筋を私の任期中にしっかりとつけていく。それが私の果たしていく責任だ。

　社会保障は給付と負担のバランスを考えれば，10%への引き上げをする以上，その間引き上げた場合と同じことをすべて行うことはできない。赤字国債を財源に社会保障の充実を行うような無責任なことは行わない」（『読売新聞』，2016年6月2日）

　安倍首相が，衆院を解散せずに，参院選にて与党で改選議席の過半数という新しい目標を持ち出したのは，参院選の結果で公約違反の正当化を図るためであったともみられる。14年11月の消費増税の延期の際，消費税法関連法から景気条項を削除し，景気の良し悪しで増税の是非を判断する可能性が排除され，そこで考案されたのが国内経済と世界経済を切り分けるつじつま合わせであったとの見方もある。（『毎日新聞』，2016年6月2日，マスコミ関係者とのインタビュー）

�34　消費増税の再延期に対する財界・経済界，労働界の反応　経団連：容認，同友会，日商：批判的，連合：延期すべきでない

　消費増税の再延期に対する財界や経済界の反応は以下の通りであった。

　財界の反応は，経団連は首相判断に理解を示す一方，同友会や日商が批判的な見解を示し評価が分かれた。

　経団連の榊原会長は，「日本経済の状況等を総合的に考え，安倍首相が重い政治決断をされた。経済界としては尊重したい」と述べた。同友会の小林代表幹事は，「財政再建には成長戦略の加速のみならず，社会保障改革等が欠かせない。政府は増税再延期等に対応した財源手当等を明示し，説明責任を果たしてほしい」とコメントした。日商の三村会頭は，「残念だ，２年半後はどんな経済情勢であっても実行していただきたい」と注文し，「増税延期は短期的に消費へ良い影響を与えるが，社会保障の財源確保等日本の将来には増税が必要だ」と強調した。

　経済界からは，伊藤園の本条大介社長は，「前回かなり影響を受けたと思っているのでほっとしているというのが正直な気持ち」と述べた。セブン＆アイ・ホールディングスの井阪隆一社長は，「消費の現場を預かる立場から言えば今回の決定を歓迎したい」とコメントした。百貨店大手幹部も，「消費者の財布のひもが固い状態が続いており，再延期は妥当な判断だ」と評価した。

　一方，花王の沢田道隆社長は，自社の家庭用品の平均単価が前年を上回っていることから「デフレに逆戻りしている感じはしない。来年増税しても大きな影響はない」と述べた。また，軽減税率導入の準備を進めていたスーパー業界からは，「軽減税率自体の導入がないかもしれない。そうしたらシステム導入が無駄になる」と語る等不安の声も出た。ハンバーガー大手のロッテリアは都内数ヶ所で持ち帰りの専門店を設ける方針だったが計画を棚上げする等，企業にとっては肩透かしとなり戸惑いの声も出た[219]。

　労働界，連合の反応は以下の通りであった。

　連合は安倍首相の消費税率引き上げを再延期する表明に対し，まず２日，「安倍総理の消費税率引上げ再延期表明に対する談話」を逢見直人事務局長名で出

219　『朝日新聞』，2016年６月２日，『毎日新聞』，2016年６月２日。

し，さらに6日，「消費税率引上げ再延期に対する連合の見解」を表明した。その内容は概ね世界経済が直面するリスクを理由に消費税率引き上げを再延期するとした安倍首相の政治手法を厳しく批判し，「わが国が超少子高齢・人口減少社会に突入する中で，社会保障制度の充実・安定化を図るとともに，将来世代に負担を先送りしないためには，基本的には予定通り消費税率を引き上げるべきである。しかし，安倍総理が自らの経済失政により二度までもその延期を判断し，予定されていた社会保障の充実を大きく後退させたことは極めて遺憾であり，このような事態を招いた責任は重大である」とした。また，トリクルダウン型の発想による経済政策については，「むしろ格差拡大や消費低迷の深刻化などによる日本経済のリスク拡大をももたらしかねない」とアベノミクスの失政を再び指摘した[220]。

2日，政府は，「骨太の方針」や働き方改革等以降10年間の施策をまとめた「ニッポン一億総活躍プラン」，新しい成長戦略「日本再興戦略」を閣議決定した。増税再延期の方針表明を受けて増税を前提とした文言は削除され，政策実現の財源には税収増等のアベノミクスの成果を活用する方針が掲げられた。

自民党は消費税率を10％に引き上げて実施する予定であった社会保障の充実策について，赤字国債を代替財源にしないことを参院選の公約に明記する方針を固めた。赤字国債の発行を主張する民進党との違いを明確にし，財政健全化に取り組む姿勢をアピールするものであった[221]。

政府は消費増税で見込まれた4.4兆円の税収増のうち1.1〜3.3兆円を社会保障の充実に使う予定であったが，増税の先送りですべての政策を行うことはできなくなった。安倍首相は，「税収増という果実も使って可能な限り社会保障を充実させる。優先順位をつけながら今後の予算編成の中で最大限努力していく」と述べたうえで，秋に打ち出す大型の経済対策に待機児童の解消や介護人材の育成に向けた政策を盛り込む方針を示した[222]。

---

220 「安倍総理の消費税率引上げ再延期表明に対する談話」（https://www.jtuc-rengo.or.jp/news/article_detail.php?id=833），「消費税率引上げ再延期に対する連合の見解」（http://www.jfu.or.jp/action/pdf/jfu_seisaku2015_13a.pdf），連合幹部とのインタビュー。

221 『読売新聞』，2016年6月3日，『毎日新聞』，2016年6月3日。

222 『読売新聞』，2016年6月4日，『朝日新聞』，2016年6月4日。

4日，安倍首相は，消費増税の再延期で社会保障財源が不足することについて，「社会保障の充実のすべてを行うことはできない」と改めて明言し，財源については，「保育の受け皿50万人分等一億総活躍社会の施策はアベノミクスの果実を活用して財源を確保する」と述べた[223]。

消費増税の再延期に対し，野田前首相は，「3党合意は完全に理念も考え方も崩れ落ちてしまった」，「1年半前，明確に再び延期することはないと断言した。政治家が退路を断ち切って断言した重みを全く感じられない」と語った。

谷垣幹事長は，「私は自民党総裁として消費税を上げる決定をした本人だ。実は内心で相当複雑なものがあった」と打ち明けた。谷垣幹事長は2度，3党合意とは逆の先送り方針を党内でまとめる役割を担うこととなり，首相の再延期表明後は「挫折感がある」と語っていたともされた[224]。

5日，自民党の谷垣幹事長と公明党の山口代表は，それぞれの街頭演説で消費増税再延期の判断に理解を求めたが，当初は安倍首相に両氏ともに予定通りの増税を求めており，苦渋がにじむ演説となった。

谷垣幹事長は，「何とか予定通り進めたい思いがあったのは事実だ」と振り返りつつ，「安倍さんと相当時間をかけて話した。国際経済の変調で日本経済が大きな影響を受けることを防ごうという安倍さんの強い思いに対し，そういうお考えなら協力しますと申した」と語った。

山口代表も，「来年増税をやる予定だったが方向性が急に変わった」と「急」を強調したうえで，「引き上げは経済の足を引っ張る。我慢をしてやらないというのも世界経済に貢献する1つの道だ」と首相に理解を示し，公明党が主張する「軽減税率導入は確約されている」と説明した[225]。

財務省の布陣は，17日，事務次官が佐藤慎一氏（16年6月17日～17年7月5日）へ，主税局長が星野次彦氏（16年6月17日～）へ交代した。

㉟ 第24回参院選 自民，公明：大勝，民進：伸び悩み

第24回参院選の公示日の前日，21日，日本記者クラブにて党首討論が行われ

---

223 『毎日新聞』，2016年6月5日。
224 『朝日新聞』，2016年6月5日。
225 『朝日新聞』，2016年6月6日。

た。ここでは消費増税の再延期が社会保障の充実策に及ぼす影響を巡って議論になった。安倍首相は社会保障の充実策について，「すべてできるわけではない。このことは正直に申し上げておかなくてはならない」と述べたうえで，保育と介護の受け皿の拡大，処遇改善については優先的に行うと強調した。具体的には，保育介護に関する施策のうち，保育の受け皿50万人分の拡大（約1,000億円）は，消費税の増税分が財源であったため他の財源を充当して優先実施されるとした。

公明党はもともと社会保障の充実のため消費増税を予定通り実施すべきであると強く主張してきたため，山口代表は首相に対して，「アベノミクスの効果が及んでいない年金生活者」向けの施策として，年金受給資格期間の短縮の必要性を指摘し，増税延期を理由に，同党が重視する低所得者対策を先延ばししないよう求めた。しかし，低所得者の年金に上乗せする給付金支給（5,600億円）や年金の加入期間を10年に短縮する施策（300億円）等は，実現の見通しが不透明な状況となった。これに対し首相は，「指摘いただいた無年金問題は深刻で重大な問題だ。前向きに検討していきたい」と強調したが，実施を明言はしなかった。図らずもアベノミクスの効果が及んでいない有権者への施策が不十分なことを与党から指摘された形となっていた。

民進党の岡田代表は，「すでに約束している社会保障の充実をしっかりやるのが経済対策だ」と指摘し，充実策として低所得者の年金給付金を挙げ，「5,600億円かかるが，変な補正予算をやるよりはこういうことをやるべきだ」と訴えた。

おおさか維新の会の片山虎之助共同代表は，「税収の上振れがあるというが，下振れもある。ずっと続けられるのか」と批判した。

なお，民進党が首相よりも前に増税延期を主張し，赤字国債を発行するとした点について首相は，「赤字国債で補填するといった民進党から言われる筋合いは全くない」と反論した。ちなみに討論会にて，予定通りの消費増税を主張した政党は１つもなかった[226]。

７月２日，公示日から10日余りが経過していたが，消費増税に道筋をつけた

---

226 『毎日新聞』，2016年6月22日。

12年の3党合意に携わり，財政規律を重視することで知られる谷垣幹事長と岡田代表が批判合戦を繰り広げた。谷垣幹事長は，「私は自民党の中で一番岡田代表に関心を持ち，シンパシーを持っている」と切り出したうえで，「ところが岡田さんは共産党，あんなに政見や外交政策の違う人たちと組んだ。政権を取るのを諦めたのか」と「民共批判」を展開した。これに対し岡田代表は，「消費税の増税延期も反対だと思っていながら，たった1日で意見を曲げた。幹事長とはそんな軽いものではないはずだ。私は谷垣さんにシンパシーを感じない」と語った[227]。

10日，第24回参院選は投開票が行われた。自民，公明の与党は，安倍首相が勝敗ラインに掲げた改選定数の過半数(61)を確保し大勝した。具体的には自民は55議席，公明は14議席であった。一方野党の民進党は奮わず，民主党時代の第23回参院選の獲得議席17を上回ったものの，改選45議席を割り込み，32議席にとどまった。民進，共産等野党4党による統一候補の擁立で注目された改選定数1の一人区は，自民党が21勝11敗で勝ち越した[228]。

㊱ 第3次安倍再改造内閣発足，消費増税再延期関連法成立

8月3日，安倍首相は自民党の新役員人事と内閣改造を行い，第3次安倍再改造内閣が発足した。具体的には，党役員人事は，谷垣幹事長を交代させ二階氏に，総務会長に細田幹事長代行，政調会長に稲田氏から茂木選対委員長となった。

また，閣僚人事は，19閣僚のうち8人は留任させ，アベノミクス推進の中心となる麻生財務相，石原経済再生担当相，加藤勝信一億総活躍担当相らは留任した。なお，石破地方創生担当相は閣外に出た[229]。

24日，政府は消費税率10％への引き上げを19年10月に再延期することを閣議決定した。軽減税率の導入時期も2年半伸ばすこととした。なお，インボイスの導入も2年半先送りし，23年10月とした[230]。

---

227 『読売新聞』，2016年7月3日。
228 『読売新聞』，2016年7月11日，『朝日新聞』，2016年7月11日，『毎日新聞』，2016年7月11日。
229 『毎日新聞』，2016年8月2日，『毎日新聞』，2016年8月4日。
230 『朝日新聞』，2016年8月25日。

10月18日，消費税率10%への引き上げを17年4月から19年10月に再延期する税制改正関連法案は衆院本会議で審議入りし，11月1日に衆院を通過した。11月18日の参院本会議で自民，公明両党等の賛成多数で可決，成立した。

ここで，8％から10%への税率引き上げを17年4月から19年10月まで2年半再延期する決定までの経緯を**表4-5**にまとめるので参照されたい。

表4-5 **8％から10%への税率引き上げ延期（2回目）までの経緯**

年　月　日	内　　容
	＜第47回総選挙にて与党が圧勝し10%への引き上げが延期，その後10%引き上げ時と同時の軽減税率導入が決定したが，さらなる10%引き上げの延期の議論が始まる＞
2015年 1 月14日	15年度予算案が閣議決定，10%への引き上げが延期されたことにより約1.5兆円の増収が見込まれなくなる
1 月27日	麻生財務相：「17年4月の消費税率10%への引き上げは景気条項を付すことなく確実に実施する」と強調
2 月 5 日	自民党「財政再建に関する特命委員会」を発足
2 月12日	経済財政諮問会議が開催，安倍政権の公約である20年度にプライマリーバランス赤字解消の実現に向けて財政再建に関する議論が開始
3 月31日	15年度税制改正関連法が成立，17年4月に10%への引き上げを延期することが決まり，景気条項は削除
6 月30日	20年度までの財政健全化目標を盛り込んだ骨太の方針と経済政策の指針となる成長戦略が閣議決定，「経済再生なくして財政健全化なし」と明記
2016年 2 月26日	菅官房長官：「税率を上げて税収が上がらないようなところで消費税を引き上げることはありえない」と述べる
	衆院総務委にて民主党議員が増税延期と解散の可能性を質したが，首相は「現段階では予定通り引き上げていく。解散ということは頭の片隅にもない」と応じた
3 月 1 日	安倍首相は5月に開催される伊勢志摩サミットに向け世界経済の情勢を議論する「国際金融経済分析会合」の設置を表明
3 月 3 日	安倍首相は参院予算委にて「リーマン・ショック，大震災のような事態が発生しない限り，現段階では予定通り引き上げていく」と強調
3 月16日	国際金融経済分析会合の初会合が開催，スティグリッツ氏は今のタイミングで消費税を引き上げるのは適切でない旨を述べる
3 月18日	公明党の山口代表：増税先送り論を牽制
3 月19日	本田内閣官房参与：首相の消費増税実施の判断は伊勢志摩サミットの後になるとの考えを示す
3 月22日	自民党の谷垣幹事長：「リーマン・ショックのような緊急事態が起きていると議論している人はあまりいない。消費増税は既定方針だ」と述べる
3 月29日	浜田内閣官房参与：世界経済の先行きに不透明感が強いことを理由に挙

	げ延期が妥当との考えを強調
4月1日	安倍首相は消費増税の判断について「専門的見地からの分析も踏まえ，その時の政治判断で決定すべきだ」と述べ，経済情勢次第で再延期する可能性を示唆
4月5日	自民党総務会が開催，ベテラン議員が予定通りの増税を主張
4月6日	「アベノミクスを成功させる会」が開催，増税延期論が続出
4月12日	公明党の山口代表：増税先送り論を牽制
4月21日	自民党の宮沢税調会長：熊本地震は増税判断に影響しないとの認識を示し，予定通りの引き上げを主張
5月2日	安倍首相：国際金融経済分析会合と伊勢志摩サミットの議論を踏まえて消費再増税を判断する考えを示す
5月18日	1～3月期の国内総生産第1次速報が発表
	公明党の山口代表：この速報値は年率換算で1.7%増であり消費増税を先送りする状況ではないとの考えを示す
	安倍首相：この速報にて個人消費の回復が鈍かったと判断，消費増税の再延期の検討に入る
	自民，公明党首会談が開催　公明党の山口代表：安易に先送りを決めるべきではないとの考えを強調
	民進党の岡田代表：「もう一度消費税の引上げを先送りせざるを得ない状況だ」と明言，増税再延期の条件を明示
5月23日	自民党の二階総務会長は安倍首相と会談，10%への引き上げを2年間再延期するよう求める提言書を手渡す
5月24日	安倍首相と公明党の山口代表が会談　山口代表：10%への引き上げは予定通り実行，衆参同日選については考えていないとの首相の見解を述べる
5月25日	民進党：10%への引き上げを17年4月から19年4月まで2年間先送りする「消費税引き上げ延期法案」を衆院に提出，増税時には給付付き税額控除を導入，景気条項は盛り込まず
	自民党の二階総務会長：同日選について首相の見送り以降に理解を示す，17年4月の10%への引き上げは先送りされるとの見通しを示す
5月26日	伊勢志摩サミット開催
	安倍首相：首脳会議にて世界経済に関しエネルギーや食糧，素材等の商品価格について資料を示しながら，世界経済が直面する危機に言及，リーマン・ショック直前に似ていると分析し，増税再延期をする意向を固める
5月27日	安倍首相「消費税率引き上げの是非も含めて検討し，夏の参院選の前に明らかにしたい」と表明，リーマン・ショック前の状況と経済状況が似ているとの認識を示し，世界経済のリスクを強調
5月28日	安倍首相は麻生財務相，谷垣幹事長，菅官房長官と会談，10%への引き上げについて19年10月まで2年半延期したい考えを伝える，20年度にプライマリーバランスを黒字化する財政健全化目標の堅持を目指す
5月29日	麻生財務相：再延期する場合には衆院解散が必要との考えを示す

5月30日	安倍首相は自民党の高村副総裁，二階総務会長，稲田政調会長と個別に会談，10%への引き上げを19年10月まで再延期する方針を説明し，理解を求める　これに対し高村副総裁，稲田政調会長は慎重な姿勢を示す
	安倍首相は公明党の山口代表と会談，10%への引き上げを19年10月まで再延期する方針を説明し，理解を求める
	安倍首相は麻生財務相と会談，麻生財務相は首相の判断を受け入れる意向を伝える
	安倍首相は自民党役員会にて10%への引き上げを2年半延期する意向を明言，党内の意見集約を指示
5月31日	4野党はアベノミクスの失敗等を理由に安倍内閣不信任決議案を提出することで合意
	安倍首相：衆参同日選は見送り参院選で増税延期の判断を問う考えを示す
	公明党：首相の判断を容認する姿勢を示す
	自民，公明両党は政調全体会議をそれぞれ開催し，2年半の消費増税先送りの方針を了承
	4野党が提出した内閣不信任案は否決
6月1日	安倍首相：第190通常国会の閉会を受けて，10%への引き上げを19年10月まで2年半延期する意向を正式に表明
7月10日	第24回参院選実施，自民，公明の与党大勝
8月3日	第3次安倍再改造内閣発足
8月24日	10%への引き上げを19年10月に再延期することを閣議決定，軽減税率の導入時期も2年半延期
10月18日	10%への引き上げを再延期する税制改正関連法案が衆院本会議にて審議入り
11月1日	同法案衆院を通過
11月18日	同法参院本会議にて可決，成立

2　社　　説

(1)　軽減税率

　第1節にて詳細をみたように，「消費税率10%時に導入する」との合意を得たことを受け，15年1月から具体的な導入の時期及び内容についての議論が開始された。しかし，自民党と公明党の考え方が異なり，軽減税率制度の制度設計がなかなかまとまらない時期が続いた。このような自民党と公明党の議論が難

航する中，9月に財務省が「還付案」を「日本型軽減税率」と称し提案したが，還付案について公明党が強く反発し，自民党の中にも疑問視する意見もあったため，最終的にはこの還付案は撤回することとなった。

10月，軽減税率導入に慎重であった野田税調会長が更迭され，新税調会長に宮沢前経済産業相が就任したが，その後は自民，公明の両幹事長が中心となり軽減税率の制度設計を進めた。しかし，自民，公明両党の幹事長レベルでも，軽減税率の導入時期や対象範囲を巡ってなかなか議論がまとまらず，最終的には官邸主導で軽減税率制度の内容が決定された。

軽減税率の対象品目を巡っては，自民党が精米等最小限に絞るべきだと主張したが，公明党は広い範囲の品目を対象とするよう強く主張し，まずは生産食品までを対象にすることを自民党が受け入れ，これは総合合算制度の廃止に伴う財源4,000億円を担保とするものであった。しかし，公明党はこれに納得せず，酒と外食を除く飲食料品を対象とするよう強く主張した。この財源には，約1兆円が必要であった。最終的には，官邸主導で軽減税率の導入は10%引き上げと同時に行うこととし，軽減対象は酒と外食を除く飲食料品となったが，6,000億円の財源が不足したままで，その手当は先送りされた。

では，ここで，読売，朝日，毎日の10%段階からの軽減税率の具体的な導入時期及び内容の是非に関する社説をみてみる。

① 読　売

読売新聞は，前述したように，10%引き上げと同時の軽減税率導入を強く主張していた。軽減税率の対象品目については，例えば15年5月23日，「軽減税率対象の線引きは分かりやすく」と題し，「消費を下支えする狙いや，厳しい財政事情を勘案すれば，減収額が1,700億円と中間に位置する生鮮食品を軸に検討を進めることが，最も現実的だろう。ただ，生鮮食品の場合は，具体的な線引きが難しい。……消費者や商店が混乱しないよう，分かりやすい基準作りが求められる」と，財源を考慮すれば減収額が1,700億円と見込まれる生鮮食品を軸に，軽減対象品目の検討を進めることが現実的であると指摘したうえで，生鮮食品の場合は，具体的な線引きが難しく，消費者や商店の立場に立ってわかりやすい基準作りを求めた[231]。

9月，財務省が「還付案」を提案すると，7日，「軽減税率代替策 『めんどくさい』で済まされるか」と題し，「財務省は軽減税率の代案と位置づけるが，欠陥だらけで，代替策とはなり得ない。麻生財務相は，『(軽減税率)複数税率を入れることは面倒くさい。それを面倒くさくないようにするところが手口だ』と説明した。あまりに無責任では無いか」と，麻生財務相の発言を批判し，還付案は軽減税率の代替案となりえないとし，軽減税率を導入することが政治の責任であると主張した[232]。

8日，安倍首相の無投票での自民党総裁再選が決定されたが，その翌日9日，「安倍総裁再選 経済再生に最優先で取り組め 『無投票』が示した自民党の危機感」と題し，「17年4月に予定される10％への消費税率引き上げに伴う国民の痛税感を和らげるには，食料品などの軽減税率の導入が不可欠だ。20年度までに基礎的財政収支を黒字化する財政再建目標にも，着実に取り組みたい。税収増を安易に当てにせず，歳出の効率化を図ることが肝要である」と，財政健全化目標の実現に取り組むよう主張したうえで，経済再生を最優先の課題とし，軽減税率については，ここでも導入が不可欠であると主張した[233]。

さらに11日，財務省の示した還付案に対して，「消費税10％対策 国民への配慮を欠く財務省案 自公両党は軽減税率導入貫け」と題し，「消費増税に伴う痛税感を和らげる効果に乏しい上に，国民に無用の負担を強いる。欠陥だらけの制度を，採用するわけにはいかない」と，重ねて還付案を強く批判した。また，欧州各国でもインボイスを導入し，食料品をはじめ新聞や書籍を対象として軽減税率制度が導入されており，「今の日本で，実施できないわけがあるまい」と，対象品目の線引きの難しさやインボイス作成にかかる事務負担の重さを理由に軽減税率導入に否定的な財務省の姿勢も批判しながら，再び軽減税率導入を強く主張した[234]。

引き続き16日，「消費税負担緩和 インボイス導入から逃げるな」，26日，「与

---

231 『読売新聞』，2015年5月23日。
232 『読売新聞』，2015年9月7日。
233 『読売新聞』，2015年9月9日。
234 『読売新聞』，2015年9月11日。

党税制協議　軽減税率の制度設計を急げ」と題し、「財務省は『日本型軽減税率』と称しているが、お金を広く薄く配る給付金制度に他ならない。痛税感を和らげる効果に乏しく、国民に多大な不便を強いる。与党は、軽減税率導入に絞って具体策を詰めるべきだ」と、還付案を重ねて批判し、インボイスを導入し軽減税率の制度設計を具体的に詰めるよう要望した。また、「2017年4月の消費増税に向けて、時間を浪費すべきではない。食料品などの税率を低く抑える軽減税率に政策の選択肢を絞り、詳細な制度設計を急ぐ必要がある。……自民党が軽減税率に慎重なのは、有力支持組織である経済団体の意向に配慮しているためだ。……自民党の野田毅税制調査会長は『事業者が猛反発したら動かない』と主張する。税をめぐる利害調整や公平性確保は、政治の大切な役割であることを自覚してほしい」と、自民党の有力支持組織である経済団体の意向に配慮し自民党が軽減税率導入に慎重で、野田税調会長もこれに同調していることに対し、税を巡る利害調整や公平性確保が政治の重要な役割であることを自覚してほしいと自民党の姿勢を批判しながら、早急な軽減税率制度設計を求めた[235]。

　11月になって、軽減税率の財源確保を巡り、自民党と公明党の協議が難航する中、6日、「与党税制協議　軽減税率の財源確保は多様に」、28日、「軽減税率不正が横行しない制度設計に」と題し、「軽減税率を消費増税時の効果的な負担緩和策にするため、軽減対象品目の範囲を限定しすぎないことが重要である。それには、財源を柔軟に確保することが欠かせない」、「低所得者を中心に痛税感を和らげ、増税を受け入れてもらうには食品など生活必需品をなるべく広く対象とすることが望ましい。公明党の山口代表が、『生鮮食品だけでは足りない。大部分の国民が加工食品に頼っている』と強調したのは理解できる」と、4,000億円程度では、家計負担の緩和効果に乏しく、軽減税率の意味は薄れてしまうと主張し、加工食品までの対象品目の拡大に伴う財源については、たばこ税の増税、益税の縮小等消費税の中小事業者への特例の見直し等を提案した[236]。

235　『読売新聞』, 2015年9月16日, 『読売新聞』, 2015年9月26日。
236　『読売新聞』, 2015年11月6日, 『読売新聞』, 2015年11月28日。

第4章　8％から10％への税率引き上げ延期（2回目）　287

　12月になって官邸主導で自民，公明両党が軽減税率の制度設計で大筋合意し，16年度の与党税制改正大綱が決定される中，13日，「軽減税率　円滑導入で増税の備え万全に　安定財源確保へ検討を深めよ」，17日，「与党税制大綱　出版物の『軽減』対象も検討を」，20日，「軽減税率　3党合意にも違反していない」と題し，軽減税率導入を評価する社説を掲載した。「軽減規模は年1兆円に上る。軽減税率には，低所得者を中心に痛税感を和らげ，家計を支える効果が期待される。与党が意見対立を収め，合意に漕ぎつけたことは評価できる。……日常的に購入する食品を対象とする大筋合意を歓迎したい。……新聞と出版物に軽減税率を適用すべきである」と，1兆円を超える軽減税率の対象品目が拡大したことを評価し，新聞と出版物の適用も求めた。また，民主党が1兆円規模の軽減税率導入を批判し，枝野幹事長が総合合算制度の見送りについて3党合意に違反しているとしたことに対し，「民主党の岡田代表は，約1兆円の財源を要することについて『財政再建の旗を降ろすのか。1兆円のバラマキで参院選を乗り切ろうということだ』と決めつけた。やや性急で近視眼的な批判だ。……将来の社会保障費の増大を考慮すれば，消費税の再増税は不可避だ。これにも備える軽減税率の導入は財政再建に逆行するまい。……3党合意に基づく社会保障・税一体改革基本法は，総合合算制度や給付付き税額控除を検討するとしているだけで，3党が導入に合意したわけではない。関連法には，軽減税率の検討も盛り込まれている。批判は当たらない」と，3党合意に違反しているとの批判は当たらないとし，軽減税率の導入に否定的な民主党の姿勢を批判した[237]。

②　朝　　日

　朝日新聞は，第3章と同様，軽減税率導入に対して消極的な姿勢がみられたが，財務省が提案した還付案については前向きな姿勢であったとみることができる。

　9月，財務省が「還付案」を提案すると，11日，「消費税の還付　案の利点生

237　『読売新聞』，2015年12月13日，『読売新聞』，2015年12月17日，『読売新聞』，2015年12月20日。

かす論議を」と題し、「与党、とりわけ公明党が主張してきたのは、飲食料品などの消費税率を今の8％にとどめる形での軽減税率だ。しかし、それでは負担減の必要性が乏しい高所得者も恩恵を受け、その分社会保障に充てる財源が目減りしてしまう。どんな商品やサービスに軽減税率を適用するのか線引きも難しい」と、軽減税率の短所を挙げて、軽減税率導入に否定的な姿勢を示した。一方、財務省の還付案に課題はあるものの、「財務省案では、還付の対象を酒類以外の飲食料品に限った。1人当たりの還付額に上限を設けながら、還付の対象者から所得の多い人を外す選択肢にも触れており、軽減税率の問題点を意識した内容と言える。……還付の対象者や水準について、必要な人に必要な支援をする仕組みにできるのか。この機に改めて社会保障と税の一体改革の目的と議論の過程を思い出してほしい」と、還付案の利点を生かしながら社会保障と税の一体改革の趣旨を再考してほしいとした[238]。

　10月に入って、野田税調会長が更迭され、官邸主導で軽減税率導入へ舵が切られると、16日、「軽減税率導入　社会保障を忘れるな」、18日、「軽減税率　インボイスが不可欠だ」と題し、軽減税率を導入するならばインボイスを導入し、高齢化に伴う社会保障を支えるための消費税率の引き上げであったことを忘れないようにと以下のように主張した。「欧州の多くの国が導入している軽減税率は、わかりやすいうえ、対象品目を購入する際の負担感がやわらぐという長所がある。しかし裕福な人も恩恵を受けるうえ、対象の線引きが難しく、税収の目減り分が膨らみやすい。その危うさと日本の財政難の深刻さを考えれば、軽減税率は欧州各国のように基本税率が10％を上回るようになったときに検討することにし、当面は支援が必要な人への給付で対応するべきだ。社説ではそう主張してきた」と、軽減税率の長所と短所を挙げながら、10％までは軽減税率ではなく低所得者への給付金にて対応すべきと主張した。また、「軽減税率を導入するなら、インボイスは欠かせない。……軽減税率を主張してきた公明党は、業者の事務負担を軽くするために、既存の伝票類を生かして軽減税率の取引に印をつける『簡易型』インボイスを提唱している。が、こうした方法でしっかりチェックできるのかどうか、心もとない」と、公明党案の簡易型インボイス

238　『朝日新聞』、2015年9月11日。

に対して懸念を示し，欧州型のインボイスの導入は不可欠であるとした[239]。

　11月になって，軽減税率の財源確保を巡り，与党税制協議が難航する中，22日，「消費増税と与党協議　『再分配』を論じる時だ」と題し，重ねて軽減税率の短所である支援の必要がない高所得者も恩恵を受ける点を指摘し，また税収減の度合いと比較して低所得者を支える政策効果が大きくないことを主張しながら，「給付付き税額控除は，負担と給付を国民ごとに把握する手段が乏しいことが難点とされてきたが，来年から本格導入されるマイナンバーを使えば道が開けそうだ。ところが，与党は検討を始めるそぶりすら見せない。総合合算制度にいたっては，制度導入のために消費増税分の一部を充てることになっていたのに，軽減税率導入に伴う税収減対策として，撤回の方向で与党が合意してしまった。どんな制度が負担と給付の観点から公平なのか。根本から考える絶好の機会を，与党は自ら放棄している」と，給付付き税額控除の導入も有力な低所得者対策の1つであることを主張し，軽減税率導入のためにその減収分を補うために総合合算制度の見送りを決定したことに対し，社会保障と税の一体改革の原点である給付と負担の観点の公平性について検討することを，与党は自ら放棄していると批判した[240]。

　12月になって，自民，公明両党が軽減税率の制度設計で大筋合意し，16年度の与党税制改正大綱が決定される中，13日，「軽減税率　原点を忘れた政治決着」，16日，「軽減税率　『再分配』を考えていく」と題し，軽減税率導入に対し改めて否定的な姿勢を示した。「政策の原点を忘れ，打算と駆け引きに執着した政治決着というほかない。……軽減税率論議を主導したのは公明党だった。来夏の参院選で公明党・創価学会の支援を重視する首相官邸が，軽減税率に慎重な自民党税調を押しきる構図で減税の対象と金額がつぎつぎと積み上がっていった。深刻な財政難のなか，消費増税に伴う低所得者対策に知恵を絞るという課題を果たしたとはとても言えない」と，自民党と公明党の軽減税率制度設計の合意に対し，税収減の穴埋めに総合合算制度の見送りを決定したことを批判し，さらにそれでも足りない6,000億円の財源確保は手つかずのままであるこ

239　『朝日新聞』，2015年10月16日，『朝日新聞』，2015年10月18日。
240　『朝日新聞』，2015年11月22日。

とを政策の原点を忘れ，公明党の主張する軽減税率導入に自民党が押しきられた政治決着であったと強く批判した。また，「軽減税率問題を通じてあらためて浮かび上がったのは財政の再建と，所得や資産が少ない人への配慮，すなわち『再分配』強化の両方を同時に模索することの重要性だ。……国民が広く負担する消費税は税収が安定している一方，所得が少ない人ほど負担が重くなる『逆進性』がある。……税制で再分配を進めるには，所得税や相続税の更なる改革と強化が避けられない」と，軽減税率問題を通じて浮かび上がった様々な問題点を指摘し，税制の持つ再分配機能を進めるために，所得税や相続税の増税も視野に入れる必要性を主張した[241]。

③ 毎 日

毎日新聞は，前述したように，10％引き上げと同時の軽減税率導入を強く主張していた。引き続き早期の軽減税率導入を主張し，与党税制協議会にて軽減税率についての具体的な協議が始まると，例えば，15年2月11日，「軽減税率の協議 年内の法制化を目指せ」と題し，「消費増税は，とりわけ低所得者に大きな打撃を与える。国民生活を守るためには，負担軽減策が欠かせない。税率は2017年4月から10％への引き上げが予定されている。それに合わせて軽減税率を導入できるよう，政府・与党は年内の法制化を目指すべきだ。……政府は昨年，低所得者約2,400万人に対して1万～1万5,000円の給付金を配布したが，個人消費の底上げにはつながらなかった。やはり，恒久的な対策として軽減税率が必要なのだ。負担軽減が必要と判断した以上，増税と同時に導入するのが筋である」と，給付金ではなく，消費増税と同時の軽減税率導入を強く主張した[242]。

9月，財務省が「還付案」を提案すると，6日，「軽減税率 給付金では代替できぬ」，11日，「税負担の軽減策 還付案は直ちに撤回を」と題し，「給付金方式では，消費者の痛税感を和らげる効果は限られ，与党合意にも反する。今後も消費増税が避けられない財政事象の中で国民生活を守るためには，やはり軽

---

241 『朝日新聞』，2015年12月13日，『朝日新聞』，2015年12月16日。
242 『毎日新聞』，2015年2月11日。

減税率が欠かせない。……そうした低所得者対策に重点を置きつつ，個人消費への悪影響を抑えるためには給付金よりも，代金支払い時の税負担減を実感できる軽減税率のほうが適している」，「消費税率10％時の負担軽減策として，財務省が与党税制協議会に示したマイナンバー利用による還付案は問題だらけの内容だ。消費者に面倒とリスクを押し付け，負担軽減も不十分である。与党は原点に戻って軽減税率を真剣に検討すべきだ。……財務省の還付案は直ちに撤回し，低所得者対策であり，消費税の定着を図る対策の柱でもある軽減税率の具体化を急ぐのが本筋である」と，還付案では痛税感は緩和されず，財務省が示した1人4,000円といった還付の上限設定も負担軽減の実感は乏しく，マイナンバーカードの利用にも問題が多いことから，還付案は直ちに撤回すべきと強く批判した[243]。

10月に入って，野田税調会長が更迭され，官邸主導で軽減税率導入へ舵が切られると，15日，「軽減税率の導入　原点に戻り成案を急げ」と題し，「生活必需品の消費税率を低くする軽減税率について，安倍晋三首相が税率10％への引き上げと同時の導入を自民党税制調査会の宮沢洋一会長に指示し，議論の迷走が収拾した。政府与党は，低所得者への配慮と消費税の定着という軽減税率の原点をふまえた成案づくりを急がねばならない。……還付金案を推した野田毅・自民党税調会長を更迭したうえで，菅義偉官房長官と安倍首相が相次いで『還付金案の撤回』『軽減税率の同時導入』を明言し，ようやく本来の方向に戻ったと言える」と，宮沢新体制の下，低所得者への配慮と将来の消費税率のさらなる引き上げのための環境整備という軽減税率の原点を踏まえ，早急に成案をまとめることを要望した[244]。

さらに，与党税制協議会における軽減税率の具体案の協議が再開されると，10月29日，「消費税と軽減税率　『欧州型』で制度安定を」と題し，「軽減税率をめぐって，税収減の規模を小さくすることにこだわる自民と，痛税感を和らげる効果を重視する公明との隔たりは大きいままだ。何のための軽減税率か，あるべき消費税の姿は何かという原点を再確認しなければならない。その場合，

243　『毎日新聞』，2015年9月6日，『毎日新聞』，2015年9月11日。
244　『毎日新聞』，2015年10月15日。

さまざまな角度から参考になるのは，軽減税率が定着している欧州の先行例である。……こうした欧州の制度にならって，確認すべき軽減税率の制度の原点は『暮らしに深くかかわる品目への課税は低く抑える』という低所得者への配慮とともに，消費税を持続可能な税として定着させることにある」と，欧州の付加価値税制度にならって，インボイスを取り入れながら，食料品全般等幅広く対象品目を認め，低所得者へ配慮し，消費税を持続可能な税として定着させるために，軽減税率導入を10％引き上げ時と同時に導入すべきと改めて主張した[245]。

12月になって，自民，公明両党が軽減税率の制度設計で大筋合意し，16年度の与党税制改正大綱が決定される中，13日，「軽減税率で与党合意 『欧州型』への第一歩に」と題し，「今回の合意は，こうした『欧州型』の制度に近づける一歩になったと言える。……ところで，軽減税率の対象が決まった結果，導入しない場合と比べ，年約１兆円税収が少なくなり，埋め合わせる財源が必要になる。……財源については，消費税の使い道である年金や医療などの社会保障費の中身を聖域化せず見直すことが欠かせない。……ただし，そもそも社会保障の財源として消費税収は一部にすぎず，『消費税が減収になるならば，その分は社会保障費を削って穴埋めしなくてはならない』という論法にこだわりすぎるのはおかしい。他の税収をあてたり，社会保障以外の道を探るべきだ」と，自民，公明両党の軽減税率を巡る合意を一定程度評価し，軽減税率の制度趣旨や消費税のあるべき姿を考えた場合，生活必需品を広く対象とする欧州の例が参考になるとのこれまでの主張を繰り返し，欧州型の制度に近づいた第一歩となったとした。また，軽減税率導入のために約１兆円の減収となり，その財源が必要になったが，社会保障費の中身を聖域化せず，見直すことが欠かせないとしながらも，社会保障以外の歳出の見直しも提言し，さらに，たばこ税の増税等消費税以外の税収をあてることや，中小企業者への特例措置から生じる益税の縮小等を提案した[246]。

---

245 『毎日新聞』，2015年10月29日。
246 『毎日新聞』，2015年12月13日。

④　ま　と　め

　読売と毎日は，引き続き10％への引き上げと同時に軽減税率を導入すべきと強く主張したといえる。

　読売は，財務省が提案した還付案に対して，国民に対し無用の負担を強いる，欠陥だらけの制度として強く批判した。そして，インボイスを導入しながら，消費増税時の効果的な負担緩和策として生鮮食品のみならず加工食品まで幅広く軽減税率の対象とする制度設計を進めるよう強く求めた。軽減税率の効果としては，低所得者を中心に痛税感を和らげ，家計を支える効果が期待されるとした。1兆円の減収に伴う財源についてはたばこ税の増税等を挙げ，総合合算制度の見送りについて民主党の3党合意に違反するとの主張をこの批判は当たらないとし，軽減税率の導入に否定的な民主党を批判した。読売には民主党に対し厳しい姿勢がみられるといえる。

　毎日も読売と同様，財務省の還付案を直ちに撤回すべきと強く批判し，軽減税率導入を強く求めた。還付案を撤回すべきとした理由も，読売とほぼ同様で，低所得者対策に重点を置きつつ，個人消費への悪影響を抑えるためには，給付金よりも，代金支払い時の税負担減を実感できる軽減税率の方が適しているとし，マイナンバーカード利用による還付案は問題だらけの内容であるとした。また毎日は，「欧州型」の先行例を見倣うよう提案し，インボイス導入は不可欠で，食料品全般等，幅広く軽減税率の対象品目とし，低所得者への配慮と，消費税の定着を理由に軽減税率の導入を繰り返し主張した。軽減税率導入のための約1兆円の減収の穴埋め財源は，その分を社会保障費を削って充てるという論法にこだわりすぎるのはおかしいと主張し，たばこ税の増税，消費税の益税の縮小，そして社会保障以外の歳出の見直しをする道を提案した。

　一方朝日は，読売や毎日と違って，財務省の還付案に対して一定程度評価をした。軽減税率については，これまでも主張してきたように負担減の必要性が乏しい高所得者も恩恵を受け，その分社会保障に充てる財源が目減りしてしまう等，軽減税率の短所を指摘し，軽減税率導入に否定的な姿勢を示したうえで，マイナンバーカードを利用しながら，還付の対象者や水準について，必要な人に必要な支援をする仕組みにもっていけば還付案は低所得者対策として重要な選択肢であるとした。「再分配」の考え方をもとに，軽減税率導入では，負担と

給付の観点から公平性の確保に問題があるとし，社会保障と税の一体改革の原点に戻り，財政再建と，所得や資産が少ない人への配慮を模索することを主張したといえる。

⑵　税率引き上げ延期

　第1節で詳細を見たように，軽減税率について，17年4月の消費税率10％への引き上げと同時に導入し，酒類と外食を除く飲食料品等を軽減税率対象とすることで自民，公明両党が合意した後，17年4月に10％へ引き上げるかどうかが焦点となった。16年3月に入り，安倍首相は世界経済の情勢を議論する「国際金融経済分析会合」の表明を決定し，ここで有識者から17年4月の消費税率引き上げの是非に関する意見も聴取することになった。同会合では世界経済の情勢分析から，17年4月のタイミングで消費税率10％への引き上げを延期すべきではないかとの意見が出され，これに対し自民税調や公明党は予定通りの実施を要請した。しかし，安倍首相は，5月26，27日の伊勢志摩サミットでの議論を踏まえ，リーマン・ショックという言葉を何度も用いて世界経済のリスクを強調したうえで，消費税率の引き上げの是非を含めて検討するとした。6月1日，安倍首相は消費税率10％への引き上げについて19年10月まで2年半延期する方針を表明，また前回の延期と同様総選挙を実施するのではないかとの観測もあったが7月には総選挙は実施せず，参院選単独で行う旨の考えを示した。

　7月10日，第24回参院選の投開票が行われ，自民，公明の与党は安倍首相が勝敗ラインに掲げた改選定数の過半数を確保し，具体的には自民が55議席，公明が14議席で大勝した。

　では，ここで，読売，朝日，毎日の8％から10％への17年4月の引き上げ延期の是非に関する社説をみてみる。

①　読　　売

　読売新聞は，16年3月に入り，「国際金融経済分析会合」が開始され，安倍首相の17年4月の消費税率10％への引き上げを実施するかどうかの判断が注目され始めると，18日，「経済分析会合　消費増税再延期の地ならしか」，30日，「16年度予算成立　緩まずに経済再生に取り組め」と題し，「……『国際金融経済分

析会合』が始まった。5月の主要国首脳会議（伊勢志摩サミット）で，議長国の日本が議論を主導するのに役立てるのが狙いとされる。2017年4月に予定される消費税率10%への引き上げを再延期するための地ならしではないか，との見方も強まっている。首相は14年11月に衆院解散とともに消費増税の先送りを決めた際，有識者会合を開き，判断材料としていた。増税に慎重な学者を今回の会合に多く招いていたことがこうした観測を呼んでいる。……ただ，日本の財政は，先進国の中で最悪の状態にある」と，国際金融経済分析会合の設置を17年4月に予定されている10%への引き上げ再延期のための地ならしではないかとの見方を示しながら，この段階では再延期の是非については言及せず，日本の財政が先進国の中で最悪の状態にあること，消費税の増収分は全額社会保障費に充てることになっていることにふれていた。また，16年度予算が成立した際，景気の先行きが不透明さを増す中，経済再生への取り組みを緩めてはならないとしながら，「安倍政権内には，世界経済の動向次第では消費増税を延期すべきだとの声があるが，増税の準備は着実に進めておく必要がある」と，17年4月の10%への引き上げに向けて，その準備をする必要があると主張した[247]。

　5月の伊勢志摩サミット前では，7日，「首相欧州歴訪　経済政策の協調をどう進める」と題し「安倍首相は記者団に対し，サミットの議論などを踏まえて，2017年4月に予定通り消費税率を10%に引き上げるかどうかを判断する考えを示した。増税延期の是非については，経済動向に加え，財政再建への影響や代替財源の確保などを多角的かつ慎重に考慮する必要がある」と，安倍首相のサミットの議論等を踏まえて17年4月の10%への引き上げの判断をする考えを紹介したうえで，景気の動向のみならず，財政再建の視点も加えて慎重に判断する必要があると主張した[248]。

　6月1日，第190通常国会の閉会を受けて，安倍首相は17年4月の消費税率10%への引き上げを19年10月まで2年半延期する意向を正式に表明し，7月の参院選でこのことを国民の信を問う考えを示したが，5月31日，「消費増税延期へ　『脱デフレ』優先の説明尽くせ　同日選見送りは妥当な判断だ」，6月2日，

247　『読売新聞』，2016年3月18日，『読売新聞』，2016年3月30日。
248　『読売新聞』，2016年5月7日。

「消費増税延期　アベノミクスをどう補強する」と題し，「重大な政策変更だ。消費増税延期の理由や，修正を迫られる財政健全化への道筋などを国民に丁寧に説明し，理解を得ることが欠かせない。……ここで増税を強行すれば，消費マインドがさらに冷え込む恐れがある。脱デフレによる日本経済再生を掲げる首相が，増税延期を政治決断したのは理解できる」と，消費増税の再延期の決断を理解できるとし，景気の回復は足踏みを続けており，デフレ脱却は道半ばであるとした。

　しかし，「気がかりなのは，首相が世界経済の現状を08年のリーマン・ショック時の状況と比較して，増税先送りの必要性を論じていることだ。……リーマン・ショックを引き合いに出すことには違和感がある」と，増税再延期の理由をリーマン・ショックを引き合いに出したことに懸念を示し，増税延期の期間を 2 年半とすることについても説明を求めているものの，アベノミクスを一層強化し，成長基盤を底上げしようとする方向性を支持した。なお，増税を再延期する場合は，同日選に踏み切るべきだとの声に対しては，首相の同日選の見送りを決めた判断は妥当であるとした。

　さらに，「消費増税の 2 年半先送りを決断した以上，その間に，デフレ脱却と成長力強化を着実に実現しなくてはならない。安倍首相には，増税延期による施策への影響や代替財源の確保先を示す責務もある。……14年11月に 1 回目の延期を表明した際，再延期を明確に否定した点については，『公約違反との批判を真摯に受け止めている』と語った。アベノミクスの加速か後戻りかを最大の参議院選の争点に掲げ，民意を問う考えも示した。……脱デフレを確実に果たすため，消費増税の先送りはやむを得ない選択だ」と，14年11月の 1 回目の延期を表明した際再延期を明確に否定した点について，安倍首相自らが公約違反と表明したことを述べ，参院選の最大の争点にアベノミクスの加速の是非を掲げることを示しながら，消費増税の先送りはやむを得ないとした[249]。

　6 月後半には参院選がスタートしたが，20日，「参院選16　社会保障　『痛み』伴う改革から逃げるな　不安払拭へ責任ある政策論争を」,23日，「参院選16　参院選公示　主張の信憑性を見極めたい」と題し，「安倍内閣の下，消費税率10％

249　『読売新聞』，2016年 5 月31日，『読売新聞』，2016年 6 月 2 日。

への引き上げが2度にわたり延期された。民進党も増税延期では一致する。一体改革の枠組みが揺らいでいることは否めない。……安定した社会保障制度を次代に引き継ぐ政策を示している党を，今後の論戦の中で見極めたい」と，社会保障と税の一体改革の理念を持ち出し，安倍首相の10％への引き上げの再延期について，膨張する社会保障の財源を消費増税で確保するという一体改革の考え方が揺らいでいるとし，この10％への引き上げ再延期はやむを得ないとするものの，デフレ脱却を確実なものにしながら，安定した社会保障制度を構築することを各政党に求めたといえる。

　また，「第24回参院選が公示された。……結果的に『自民・公明対民進・共産』の構図が明確になった。……消費税率10％への引き上げ延期により，社会保障政策の財源が不足するのは確実である。……新たな財源確保策も焦点だ。首相は，『アベノミクスの果実』の税収増分を充てる考えに言及した。岡田代表は，行財政改革と赤字国債で賄うと表明している」と，ここでも消費増税の再延期により社会保障政策の財源が不足することを指摘し，新たな財源確保策として各政党の考えを紹介し，その主張の信憑性を見極めたいとした[250]。

　7月10日，第24回参院選の投開票が行われたが，10日，「参院選16　きょう投票　未来を見据えた冷静な選択を」，11日，「参院選16　参院選与党大勝　安定基盤で経済再生の貫徹を」と題し，「最大の争点は，経済政策『アベノミクス』に対する評価だ。……自民党は『成長と分配の好循環』，民進党は『分配と成長の両立』をそれぞれ掲げている。双方の主張の違いはどこにあり，政策にどう反映されるのか。じっくりと見極めて，投票したい。残念なのは，自民，公明，民進の各党などが消費税率10％への引き上げ延期では一致しながら，それに伴う社会保障の財源確保策に対する議論を避けたことだ。延期後に消費増税を確実に実現するための環境整備や，社会保障・税一体改革の今後のあり方に関する論争も深まらなかった」と，参院選の最大の争点はアベノミクスに対する評価としたが，消費増税の再延期で与野党が一致しながら，それに伴う社会保障の財源確保策に対する議論を避け，社会保障と税の一体改革の今後のあり方に対する論争が深まらなかったとし，与党と野党の政策の違いが不明確で，国民

250　『読売新聞』，2016年6月20日，『読売新聞』，2016年6月23日。

に痛みを求める政策がきちんと示されていないことに不満を示したものといえる。

　また,「道半ばにある経済政策『アベノミクス』を強化し,デフレ脱却を確実に実現してほしい。それが有権者の意思だろう。……首相は,17年4月に予定された消費税率10%への引き上げを2年半延期したうえ,アベノミクスの加速か,後戻りかを,参院選の最大の争点に掲げた。アベノミクスは円安・株高,雇用改善,賃上げなどの成果を上げた。反面,地方や中小企業への恩恵の波及は限定的にとどまるが,多くの国民は現路線の継続という現実的な選択をした」と,アベノミクスを最大の争点に掲げ,与党が大勝した選挙結果を,アベノミクスの成果を示しながら,地方や中小企業への恩恵の波及は限定的にとどまるものの,多くの国民は安倍政治の継続を選択したとした。一方,野党がアベノミクスを失敗と決めつけ,特に民進党が基本政策が大きく異なる共産党と連携したことに対し「野合」との批判があったことを紹介しながら,民進党等野党に対して否定的な姿勢がみられたといえる[251]。

② 朝　日

　朝日新聞は,16年3月に入り,「国際金融経済分析会合」が開始され,安倍首相の17年4月の消費税率10%への引き上げを実施するかの判断が注目され始めると,17日,「経済分析会合　増税先送りの布石か」と題し,「リーマン・ショック並みの経済混乱に見舞われたら,増税の延期は当然だ。海外経済に不透明感が漂うのも事実である。しかし,現状は『リーマン級』にはほど遠い。消費増税は予定通り実施するべきだ。……首相は,自らの発言に責任を持ってほしい。14年秋の記者会見で,その後の基本姿勢として『(消費増税を)再び延期しないと断言する』と語ったではないか。経済状況次第で増税延期に道を開く『景気条項』を消費増税法から削除するよう命じたのも,その決意の表れではなかったのか」と,国際金融経済分析会合の設置が増税先送りの布石ではないかとの懸念を示しながら,海外経済に不透明感が漂うのも事実であるが,「リーマン級」の経済状況には程遠いとし,消費増税は予定通り実施すべきだと主張した。ま

251　『読売新聞』,2016年7月10日,『読売新聞』,2016年7月11日。

た，「社会保障と税の一体改革」の考え方を紹介しながら，消費増税の必要性を訴え，14年11月の「再び延期はしないと断言する」と首相が語っていたことにも言及した[252]。

5月末に伊勢志摩サミットが開催され，その首脳会議で議長を務めた安倍首相が世界経済の危機を理由に消費増税の先送りを判断した際，29日，「首相と消費税　世界経済は危機前夜か」，31日，「消費増税の再延期　首相はまたも逃げるのか」，6月1日，「増税再延期　議論なき決定の異様さ」，2日，「首相の会見　納得できぬ責任転嫁」と題して，安倍首相の消費増税再延期の判断とその政治プロセスに対し，批判的な社説を続けて掲載した。

「世界経済はいま，多くの国がマイナス成長に転落したリーマン・ショックのような危機に陥りかねない状況なのか。……安倍晋三首相はそのリスクを強調し，G7による『危機対応』を強く求めた。だがその認識は誤りと言うしかない。サミットでの経済議論を大きくゆがめてしまったのではないか。……首相がサミットで首脳らに配った資料はその道具だった。……消費増税の再延期は経済政策の方向を誤ることになりかねない。しかもそれにサミットを利用したことで，日本がG7内での信認を失うことを恐れる」と，安倍首相が強調した世界経済の危機との認識を誤りであるとし，第1節にて述べたが，首相がサミットで首脳らに配布した例えば最近の原油や穀物等の商品価格がリーマン危機時と同じ55％下落したことを強調するグラフ等を取り上げ，これらの資料が世界経済の危機を証明する道具であったとしながら，消費増税の再延期は経済政策の方向を誤ることになりかねないとの懸念を示し，しかもそれにサミットを利用したことで，日本がG7内での信認を失う恐れがあるとして，この安倍首相の判断および政治手法を批判した[253]。

また，「国民に負担を求める増税を，選挙や政局から切り離しつつ，3党が責任を持って実施する。それが一体改革の意味だった。選挙に絡めて増税を2度も延期しようとする首相の判断は，一体改革の精神をないがしろにすると言われても仕方がない。……首相がいまなすべきは金融緩和や財政出動を再び『吹

252　『朝日新聞』，2016年3月17日。
253　『朝日新聞』，2016年5月29日。

かす』ことではない。アベノミクスの限界と弊害を直視し，軌道修正すること。そして一体改革という公約を守り，国民の将来不安を減らしていくことだ」と，消費増税の再延期の判断に対し，社会保障と税の一体改革の精神がないがしろにされたと言われても仕方がないとし，選挙や政局から切り離し消費増税を実施していくのが将来の社会保障に対する国民の不安を減らしていくことであり，14年秋の「（増税を）再び延期することはないと断言する」との公約を再び取り上げながら，選挙を前に，国民に痛みを求める政策から逃げることは，一国を率いる政治家としての責任から逃れることに等しいと厳しく批判した[254]。

　さらに，安倍首相の消費増税再延期を巡る政治手法に対して，「消費増税をどうするかは，将来世代を含む国民の暮らしを左右する重要なテーマだ。政府与党内の事前の検討も，国会の議論もないまま，首相の一存で押し切っていいものではない。……自民党内でも，政府内でも，ましてや国会でも，首相方針をめぐる議論をまったく経ないまま，有力閣僚や幹部を個別に呼び，同調を求めていった。……あまりにも強い首相の力と，その方針を議論なく追認するしかない与党の姿。安倍政権のいびつな権力行使の在り方が象徴的に表れたと言える」と，政府与党内，国会でも，この消費増税の再延期を巡る議論を全く経ないまま，安倍首相の一存でこの消費増税の再延期の方針が押し切られたとの見方を示し，これは，安倍政権のいびつな権力行使の在り方が象徴的に表れたといえると批判した。野党民進党に対しても，「民進党にも問いたい。5月半ばの党首討論で，岡田代表が『消費が力強さを欠くなか，先送りせざるを得ない状況だ』と述べ，増税延期論の先鞭をつけたのは民進党だった。4年前，当時の野党民主党政権が主導して自民，公明両党と合意した『税と社会保障の一体改革』を思い起こすべきだ」と，増税延期論を早々に打ち出し，社会保障と税の一体改革の精神を忘れているのではないかと懸念を示した[255]。

　そして，1日の安倍首相による消費増税の再延期の意向表明に対しては，「とても納得できる説明ではない。安倍首相の昨日の記者会見はそう評価せざるを得ない。アベノミクスは順調だ。しかし新興国の経済が陰っている。だから来

254　『朝日新聞』，2016年5月31日。
255　『朝日新聞』，2016年6月1日。

年春の10％への消費増税は延期し，この秋に大胆な経済対策をまとめる。財政再建の旗は降ろさない。発言を要約すればこうなる。……今回はリーマン・ショックとは異なることを認めたものの，海外経済の不透明感を増税延期の理由にするのは，新興国への責任転嫁に等しい。……不人気な政策の先送りを問うことで自らの公約違反にお墨付きを得ようとする。これは，国民感情を逆手に取った有権者への責任転嫁でもある」と，１日の記者会見における消費増税再延期の説明を納得できるものではなく，海外経済の不透明感を増税再延期の理由に挙げたことを新興国への責任転嫁に等しいとし，また不人気政策の先送りを問うことで公約違反にお墨付きを得ようとするやり方は国民感情を逆手に取った有権者への責任転嫁でもあると厳しく批判した[256]。

　参院選がスタートすると，４日，「参院選　税収増頼み　将来世代はどうなる」，12日，「参院選　アベノミクス　前借り経済の危うき未来」と題し，社説を掲載した。

　安倍首相のアベノミクスの果実を活用し，税収の増加分を社会保障の財源に充てる案に対して，「10％への消費増税は延期する，しかし子育て支援や介護離職ゼロへの取り組みは着実に進める。一方で，財政健全化目標は堅持する。安倍首相は強調する。この複雑な連立方程式の解をどう見いだすか。……税収はその時々の経済状況に応じて変動する。もっとも景気に左右されにくい消費税の増税を封印しただけに，不安定さは高まる。……次世代に引き渡されるのは借金の山，ということにならないように」と，消費増税をせず，景気に税収が左右されやすい所得税や法人税の増収分に頼ることは不確実性が高く，甘い見通しに基づき予算を増やせば，国債発行が膨らむ恐れも大きくなり，次世代に引き渡されるのは借金の山ということになるのではないかとの懸念を示した[257]。

　また，アベノミクスに対しては，「『アベノミクスのエンジンを最大限にふかす』と言う首相。その選択は日本の未来にとって望ましいことなのか。ひと言でいえばアベノミクスは『前借り』の経済政策だ。……『前借り』も右肩上がり

256　『朝日新聞』，2016年６月２日。
257　『朝日新聞』，2016年６月４日。

の時代なら問題にならなかった。だが人口減少社会，低成長時代となれば話は違う。前借りすれば，それだけ将来の景気はさえないものになりかねない。今必要なのはアベノミクスの加速ではなく見直しだ」と，安倍首相が参院選の争点を「アベノミクスをもっと加速するのか，後戻りするのか」と位置付けたことに対し，アベノミクスは「前借り」の経済政策としながら，人口減少社会，低成長時代では，前借りすればそれだけ将来の景気はさえないものになりかねず，必要なのはアベノミクスの加速ではなく見直しであると主張した。また，「アベノミクスが前借りで得た"時間"は本来，増税や社会保障改革を行って，持続可能な財政に立ち戻っていくために使うべきだった。政権はその時間を空費しただけでなく，一段と財政規律を緩めてしまった。その象徴が消費増税の再延期だ。……参院選で与野党がそろって消費増税の先送りや断念を主張しているのは，きわめて残念だ。とりわけ安倍政権の責任は大きい。これ以上将来世代の富を食いつぶすことは許されない」と，増税や社会保障改革を行い，持続可能な財政に立ち戻っていく必要性を主張し，消費増税の再延期の判断は一段と財政規律を緩めてしまったと，与野党ともに消費増税の先送りや断念を主張したが，とりわけ安倍政権の責任は大きいと厳しく批判した[258]。

7月10日，参院選の投開票が行われ，11日，「自公が国政選4連勝 『後出し改憲』に信はない」と題し，「歴史的な選挙となった。1956年，結党間もない自民党が掲げた憲法改正を阻むため，社会党などが築いた『3分の1の壁』，これが，60年たって参院でも崩れ去った。……首相が掲げたのは，消費税率引き上げ先送りの是非と，『アベノミクス』をさらに進めるかどうかだった。……結局，有権者には判断材料が乏しいままだった。『アベノミクスは失敗していないが，道半ばだ』という首相の説明には，首はかしげても『しばらく様子を見よう』と有権者の多くは現状維持を選んだと見ることもできよう」と，自民，公明両党が大勝し，改憲勢力が2/3を超えた参院選結果を踏まえ，参院でも改憲勢力が2/3超を獲得するか否かを注視してきた朝日新聞は，1956年以来自民党にとって社会党などが築いた「3分の1の壁」が崩れ去った歴史的な選挙であったとする一方，消費増税の先送りとアベノミクスの評価については，有権者の

---

258 『朝日新聞』，2016年6月12日。

多くは「アベノミクスは失敗していないが，道半ばだ」という安倍首相の説明には納得していないものの，「しばらくは様子を見よう」というものであったとした[259]。

③ 毎 日

　毎日新聞は，16年３月に入り，「国際金融経済分析会合」が開始され，安倍首相の17年４月の消費税率10％への引き上げを実施するかどうかが注目され始めると，３日，「消費増税と首相　政治的な思惑がのぞく」，30日，「消費増税の判断　政治の打算を離れよう」と題し，社説が掲載された。

　「来年４月の消費増税を巡って安倍晋三首相が発言を変化させている。延期の条件は従来『リーマン・ショックのような事態』だったが，『世界経済の大幅な収縮』を加えた。最近の市場混乱を踏まえ，与野党からは『条件を緩めて増税を先送りし，衆参同日選に打って出る布石ではないか』との観測が出ている。増税の可否は本来，経済状況を客観的に分析したうえで判断するのが筋だ。……政治的思惑に左右されては困る。……首相は『世界経済の大幅な収縮』を明確に定義していない。政権が景気と増税延期を裁量的に判断できる余地を広げたと言える」と，消費増税の再延期を「世界経済の大幅な収縮」という条件を追加して判断しようとしている首相の姿勢を批判し，増税の可否は経済状況を客観的に分析したうえで判断すべきであり，14年11月の「再延期はない」との公約を挙げながら，その際景気条項を削除したことを踏まえ，安倍首相の消費増税を巡る発言の変化は政治的な思惑がみられると懸念を示した[260]。

　また，「首相はアベノミクス新三本の矢として子育て支援を掲げている。人口減少を食い止めるには少子化対策が急務だ。増税を再延期すると矛盾するのではないか。……今の景気は再延期しなければならないほど深刻なのか。……それ以上に問題なのは，経済情勢の客観的な分析よりも，衆参同日選や憲法改正の環境整備をにらんだ政治的思惑が絡んで，再延期論が浮上してきている点である。……衆院解散に踏み切るようなら，政治的打算から改憲のために増税問

259　『朝日新聞』，2016年７月11日。
260　『毎日新聞』，2016年３月３日。

題を利用した，との見方が出てくるのではないか」と，消費増税の再延期に対し，再延期するほどの経済情勢ではないとしながら，少子化対策と財政再建の視点から予定通りの実施を求めた。そして，消費増税の再延期の流れを，衆参同日選とも絡め，増税延期を利用し改憲を行おうとする政治的打算から出てきているのではないかと強い懸念を示した[261]。

5月末に伊勢志摩サミットが開催され，安倍首相が世界経済の危機を理由に消費増税の先送りを判断した際，31日，「首相の増税再延期　税の論議をゆがめるな」，6月2日，「増税再延期表明　未来への責任はどこへ」，4日，「増税延期と日銀　共に『ふかす』つもりか」と題して，安倍首相の消費増税再延期の判断とその政治プロセスに対し，批判的な社説を続けて掲載した。

「税と社会保障の将来に大きな影響を与え，これまでの首相の発言ともつじつまが合わない判断だ。……首相発言の重みやこれまでの国民との約束はどうなってしまうのか。しかも，その根拠は著しく説得力を欠いている。第一の問題点は，海外の経済状況に再延期の責任を転嫁しようとしていることだ。……第二の問題点は，増税再延期がもたらす社会保障への影響だ」と，安倍首相の消費増税を2年半後に先送りする方針を強く批判し，海外の経済状況に再延期の責任を転嫁しようとしていること，増税再延期がもたらす社会保障への影響を挙げた。増税できないほど経済状況が良くないというのであれば，アベノミクスの失敗を率直に認めるべきであるとし，増税再延期により3党合意は実質的に崩壊寸前で，子育て支援等，社会保障のための財源確保がますます難しくなり，プライマリーバランスの20年度黒字化の目標の達成も一段と難しくなったと主張した[262]。

また，1日の消費増税の再延期表明に対しては，「いかにも強引な理屈だった。……首相は再延期の理由について『世界経済の新たな危機に備える』と説明し，夏の参院選で国民の審判を仰ぐと強調した。だが，聞けば聞くほどなぜ再延期なのか，疑問が募る釈明だった。……現在はリーマン級の危機ではない。アベノミクスはうまくいっている。ただ，今後，新たな危機が発生するかもし

261　『毎日新聞』，2016年3月30日。
262　『毎日新聞』，2016年5月31日。

れないため，念のため増税を再度，先送りするという乱暴な論理だ」と，14年11月に「再び延期することはない」と断言していたにもかかわらず，伊勢志摩サミットにてリーマン・ショック時との類似性を指摘する資料を配布しながら世界経済の危機を強調したことは，説得力を大きく欠くもので，乱暴な論理であったと厳しく批判した。そして，社会保障と税の一体改革の精神に基づき，借金を将来の世代につけ回ししないため，この枠組みを崩壊させてはならないと主張し，この消費増税の再延期表明は，日本の社会や経済の将来の不安を拡大させるもので，与野党とも日本の未来を見据えた税や社会保障のビジョンをしっかりと提示すべきであると主張した[263]。

　さらに，安倍政権が日銀に対し追加緩和の要求を強めてくる恐れがあることに対し，「会見では，１本目の矢である日銀の金融政策に直接言及しなかったが，『あらゆる政策を総動員』となれば，日銀の追加緩和に対しても政治からの要求が強まってくる恐れがあり，気がかりだ。アベノミクスのエンジンを当初からフル稼働で支えてきたのが，日銀の異次元緩和だった。……首相は『新しい判断』で増税を先送りした。日銀も『新しい判断』で『転換』を選択する好機だろう。……政府と一緒になって政策を『ふかす』道を選べば，日銀は中央銀行としての独立性を完全に失いかねない」と，日銀が年２％のインフレ目標設定を受け入れる代わりに，政府が財政健全化と構造改革に取り組むことを文書に盛り込んだ13年１月の「共同声明」を取り上げ，日銀が追加の量的緩和やマイナス金利政策を実施した一方，政府は財政を悪化させる消費増税延期を２度も決めたとし，再び消費増税の再延期表明を批判し，日銀に対しては安倍政権とともにアベノミクスのエンジンを最大にふかす道を選択した場合の危うさを指摘した[264]。

　参院選がスタートすると，11日，「参院選へ　安倍首相の手法　民主政治を問い直す時」，12日，「参院選へ　社会保障と増税延期　『安心』への道筋示せ」と題し，社説を掲載した。

　安倍首相の政治手法に対し，「忘れてならないのは『経済政策を前面に打ち出

263　『毎日新聞』，2016年６月２日。
264　『毎日新聞』，2016年６月４日。

して信を問う』のは，これまでも繰り返されてきた首相のパターンだということだ。首相は13年の前回参院選では政権の経済政策である『三本の矢』の成果を強調し，一昨年末の衆院選では『景気回復，この道しかない』とアピールした。選挙はともに自民党が大勝した。……『経済』は首相の持論を推し進めるための隠れ蓑になってきたように思える。……首相の最大目標が憲法改正であるのは間違いない」と，首相の最大目標が憲法改正であるとし，経済政策を前面に打ち出して信を問うやり方は13年の参院選，14年の総選挙において繰り返されてきた政治手法で，「経済」を隠れ蓑として憲法改正を目論んでいるとして，首相の政治手法に対し否定的な立場を示した[265]。

また，消費増税の再延期に対して，「医療や福祉を充実させるためには国民の負担（財源）を増やさざるを得ないが，消費増税に反対する国民感情は強い。政権にダメージを与えるために野党は負担増を批判し，与党は改革を先延ばしにする。……そうした泥仕合をやめようと，……税と社会保障の一体改革を行う『3党合意』があった。……ところが安倍首相は2度にわたって10％への引き上げを延期し，民進党など野党も消費増税に反対した。国民との間で生まれた信頼を再び政治が覆したと断じざるを得ない」と，再び3党合意の税と社会保障の一体改革の精神を取り上げ，3党合意が成立した際は消費増税に賛成する割合が半分を超えたことが何度もある世論調査結果を紹介し，安倍首相の2度にわたる10％への引き上げ延期を，国民との間で生まれた信頼を政治が覆したと断じざるを得ないと主張した。そして，与野党が将来の社会保障費の増大による財政の危機を共有し，国民が安心を実感できる実行可能な政策を正直に提示することを求めた[266]。

7月10日，参院選の投開票が行われ，自民，公明両党が大勝し，改憲勢力が2/3に達したことを受け，11日，「参院選　改憲勢力3分の2　まず自民草案の破棄を」と題し，「今回の参院選は，戦後政治史の転換点になる可能性がある。与党やおおさか維新の会など憲法改正に賛同する勢力が，非改選の分も合わせて3分の2に達したためだ。……憲法は国民全体で共有する最重要の合意

265　『毎日新聞』，2016年6月11日。
266　『毎日新聞』，2016年6月12日。

だ。したがってそのあり方を点検することに異論はない。ただし，審査会の再開にあたっては条件がある。自民党が野党時代の12年にまとめた憲法改正草案を，まず廃棄することだ」と，改憲勢力が2/3を超えたことを強調し，この参院選結果は憲法改正を最大の目標とする安倍政権に弾みをつけるものであるが，12年にまとめた自民党案は近代民主主義の流れに逆行するとし，与野党による落ち着いた議論の阻害要因となるため同案の破棄を求めた。この参院選結果により，安倍政権は強力な政治基盤を獲得したわけで，まずはこの力を消費増税の2年半先送りで崩壊寸前となった社会保障と税の一体改革の枠組みを，早急に立て直さなければならないと主張した[267]。

④　まとめ

16年3月に「国際金融経済分析会合」が開始され，安倍首相の17年4月の消費税率10％への引き上げを実施するかどうかの判断が注目され始めたが，この段階では3紙とも同会合が消費増税再延期の地ならしではないかとの見方を示しながら，財政再建の視点も加え，消費増税の再延期については否定的な考えを示していたといえる。

5月末の伊勢志摩サミット後，安倍首相が17年4月の消費税率10％への引き上げを19年10月まで2年半延期する意向を正式に表明した際は，読売は，リーマン・ショックを引き合いに出すことに違和感を示しながらも，消費増税の再延期の決断を理解できるとし，景気の回復は足踏みを続けており，デフレ脱却は道半ばであるとした。同日選の見送りを決めた安倍首相の判断に対しても妥当であるとし，2年半先送りを決断した以上，その間，デフレ脱却と成長力強化を着実に実現しなければならないとし，消費増税の先送りはやむを得ない選択であったとした。

一方朝日は，安倍首相の消費増税再延期の判断のプロセスに対し批判的な社説を掲載し，安倍首相が強調した世界経済の危機を理由とした消費増税再延期を批判した。世界経済の危機との認識についても誤りとし，サミットを利用して消費再増税再延期を決めた政治手法に対し，日本がG7内での信認を失う恐

267　『毎日新聞』，2016年7月11日。

れがあるとの懸念を示した。消費増税の先送りは将来の社会保障に対する国民の不安を増大させ，社会保障と税の一体改革の精神が忘れられているのではないかとの懸念も示した。そして，海外経済の不透明感を増税再延期の理由に挙げたことを新興国への責任転嫁に等しいとし，また，消費増税という不人気政策の先送りを問うことで国民感情を逆手にとった有権者への責任転嫁でもあると厳しく批判した。

毎日も，世界経済の危機を理由に，消費増税の先送りを判断したことに対し，その判断と政治プロセスに対し批判的な社説を掲載した。安倍首相の消費増税を2年半後に先送りする方針を強く批判し，その理由として，世界経済の危機を口実に再延期の責任を海外の経済状況に転嫁しようとしていることや，将来の社会保障への影響を挙げた。また，このような安倍首相の政治手法に対し，強引で乱暴な論理に基づくものであるとし，社会保障と税の一体改革の精神を崩壊させるのではないかとの懸念を示した。そして，増税できないほど経済状況が良くないというのであれば，安倍首相はアベノミクスの失敗を率直に認めるべきであると主張した。

参院選について，読売はアベノミクスを最大の争点に挙げ，与党が大勝した選挙結果をアベノミクスの成果を示しながら，地方や中小企業への恩恵の波及は限定的にとどまるものの，多くの国民は安倍政治の継続を選択したと主張した。野党に対しては，特に民進党が基本政策が大きく異なる共産党と連携したことに対し野合との批判があったことを紹介しながら，厳しい見方を示した。

一方朝日は，与党が大勝したことにより参院でも改憲勢力が2/3超を占めたことを歴史的な選挙であったとした。消費増税の先送りとアベノミクスの評価については，有権者の多くは安倍首相の「アベノミクスは失敗していないが，道半ばだ」という説明には納得していないものの，しばらくは静観しようというものであったとした。

毎日も，与党が大勝し改憲勢力が2/3超となったことを強調し，憲法改正を最大の目標とする安倍政権に弾みをつけるものであると警戒感を示した。消費増税の先送りについては，社会保障と税の一体改革の枠組みがこれにより崩壊寸前となったとし，早急に立て直すことを主張した。

このように，読売が財政再建の視点から消費再増税の延期について積極的に

第4章　8％から10％への税率引き上げ延期（2回目）　*309*

支持をしているとはいえないものの，デフレ脱却を最優先の課題とし，再増税の先送りに対し一定の評価を示しながら，安倍政治の継続を参院選にて多くの国民が選択したと安倍政権に好意的な姿勢がみられる一方，朝日と毎日は，社会保障と税の一体改革の精神を踏まえながら，消費再増税の2年半先送りの判断を強く批判し，参院選結果に対しても，改憲勢力が2/3を超えたことを強調しながら，安倍政治に対し国民が白紙委任したわけではないとの姿勢を示したものといえる。なお，第3章でみたように「社会保障と税の一体改革」という表現については引き続き同様の傾向がみられ，読売は「社会保障と税の一体改革」との政府の表現をそのまま用い，朝日は「社会保障と税の一体改革」と「税と社会保障の一体改革」との表現を両方，毎日は「税と社会保障の一体改革」との表現を用いていた。

3　世論調査

(1)　軽減税率

　第1節にて詳細をみたように，15年1月9日に，与党税制協議会の「消費税軽減税率制度検討委員会」の初会合が開催され，軽減税率の17年度からの導入に向け，実質的な議論が開始されたが，自民党と公明党の間で，軽減税率制度に対する考え方に相違がみられ，その審議は難航した。議論が難航する中，9月に消費税率を10％に引き上げる際の負担軽減策の財務省案，いわゆる還付案が提示された。しかし，この財務省案に公明党は大きく反対し，与党内での反発が高まるなか，官邸サイドは公明党への配慮から，この財務省案ではなく軽減税率導入に向けて動き出し，10月，安倍首相は軽減税率導入に否定的であった自民党の野田税調会長を交代させ，後任に宮沢前経済産業相を充てた。宮沢税調会長は，安倍首相の意向の下，軽減税率制度の内容をまとめようとしたが，軽減税率の対象品目とその財源を巡って，自民党と公明党が対立した。最終的には，官邸主導により，軽減税率の対象品目について，生鮮食品に加え加工食品も対象となり，その財源は1兆円規模となった。

　そこで，読売，朝日，毎日の15年9月から16年1月までの軽減税率導入に関

する世論調査についてみてみる。

① 読　　　売

　読売新聞は引き続き軽減税率導入に積極的で，第3章と同様，しばしば軽減税率導入の是非を世論調査にて尋ねた。また，政治的に注目された財務省の還付案に対しても，その是非を尋ねた。

　軽減税率導入の是非に関する質問文も同様で，「消費税率を10％に引き上げるのと同時に，生活必需品などの税率を低くする軽減税率を，導入すべきだと思いますか，そうは思いませんか。」というもので，その回答の選択肢は「導入すべきだ」，「そうは思わない」，「答えない」というものであった。

　この問いに関する世論調査結果をみると，「導入すべきだ」が15年9月，11月，12月においてそれぞれ63％，69％，55％と，5割～7割が軽減税率を導入すべきと考えている結果となったが，第3章の8％から10％への税率引き上げの1回目の延期の際の結果と比較すると，導入すべきと考える割合が減少していた[268]。

　さらに，12月の調査では，軽減税率制度の詳細について質問し，その質問内容は，「自民党と公明党が，消費税率を10％に引き上げる2017年4月からの導入を決めた，軽減税率の対象範囲についてお聞きします。酒類と外食を除く，食品全般が，軽減税率の対象となったことを，評価しますか，評価しませんか。」であった。その回答の選択肢は「評価する」，「評価しない」，「答えない」というものであった。その世論調査結果は，「評価する」が55％，「評価しない」が38％と，過半数の世論が酒類と外食を除く食品全般が軽減税率の対象となったことを評価した結果となった。また，「軽減税率の導入に伴い，1兆円規模となる財源については，2016年度末までに決めることになりました。あなたは，この財源について，今回決めるべきだったと思いますか，決める必要はなかったと思いますか。」と質問し，その回答の選択肢は「今回決めるべきだった」，「決める必要はなかった」，「答えない」というものであった。その世論調査結果は，

268　「YOMIURI ONLINE」（https://www.yomiuri.co.jp），2015年9月24日（調査日：9月19日～20日），『読売新聞』，2015年11月10日（調査日：11月6日～8日），『読売新聞』，2015年12月18日（調査日：12月17日～18日）。

「今回決めるべきだった」が42%,「決める必要はなかった」が40%と拮抗していた[269]。

財務省の還付案に対しては,15年9月に,「消費税率を10%に引き上げる際に,財務省が検討している負担緩和の案は,税率をすべて10%としたうえで,マイナンバーカードを使って,食料品などへの2%の増税分を,後から消費者に給付するものです。あなたは,この案に,賛成ですか,反対ですか。」と質問し,その回答の選択肢は「賛成」,「反対」,「答えない」というものであった。その世論調査結果は,「賛成」が15%,「反対」が75%と,還付案に反対する民意が多い結果となった。

さらに続けて,「財務省の案は,消費者が受け取る増税分の給付額に上限を設ける内容です。あなたは,上限を設けることに,賛成ですか,反対ですか。」と質問し,その結果は,「賛成」が30%,「反対」が55%というもので,給付額に上限を設ける案に反対である民意が多い結果となった[270]。

② 朝　日

朝日新聞は,引き続き軽減税率導入には否定的で,第3章と同様,軽減税率に関する世論調査は少なかったが,15年11月にて,「消費税を引き上げるときに,食料品など生活必需品の税率を低くおさえる軽減税率を導入することに賛成ですか。反対ですか。」と質問し,その回答の選択肢は「賛成」,「反対」というものであった。その結果は,「賛成」が72%,「反対」が18%であった[271]。

12月に自民党と公明党が軽減税率の対象品目について合意したことを受けて,「消費税の軽減税率について,うかがいます。自民党と公明党は,消費税率を10%に引き上げるとき,酒と外食を除く食品全般と,新聞の税率は8%のままに据え置くことで合意しました。この合意内容を評価しますか。評価しませんか。」と質問し,その回答の選択肢は「評価する」,「評価しない」というものであっ

---

269 「YOMIURI ONLINE」(https://www.yomiuri.co.jp),2015年12月18日（調査日：12月17日～18日）。

270 「YOMIURI ONLINE」(https://www.yomiuri.co.jp),2015年9月24日（調査日：9月19日～20日）。

271 『朝日新聞』,2015年11月10日（調査日：11月7日～8日）。

た。その世論調査結果は、「評価する」が39％、「評価しない」が47％であった。

さらに続けて、「与党が合意した軽減税率では、税収が1兆円減ります。これをどう補うかについて、与党は議論を来年夏の参議院選挙後に先送りしました。こうした与党の対応を評価しますか。評価しませんか。」と質問し、その回答の選択肢は「評価する」、「評価しない」というものであった。その世論調査結果は、「評価する」が15％、「評価しない」が68％というもので、評価しないとする民意が大きく上回っていた[272]。

財務省の還付案に対しては、15年9月に、「2017年4月に消費税を10％に引き上げることが予定されています。消費税を引き上げる際、食料品については、10％の消費税を支払った後、増税した2％分を、上限をつけて、返金してもらえる制度が検討されています。この制度に賛成ですか。反対ですか。」と質問し、その回答の選択肢は「賛成」、「反対」というものであった。その世論調査結果は、「賛成」が35％、「反対」が54％と、還付案に反対する民意が多い結果となったが、読売に比べると賛成の民意が多い結果となっていた。さらに、「消費税の一部を返金するため、買い物の記録をとるのに、マイナンバー制度を使うことが検討されています。消費税の返金にマイナンバー制度を使うことに、賛成ですか。反対ですか。」と質問し、その回答の選択肢は「賛成」、「反対」というものであった。その世論調査結果は、「賛成」が17％、「反対」が72％と、財務省の還付案のマイナンバー制度を使うことによる実施に対して圧倒的に反対が多い結果となった[273]。

③ 毎 日

毎日新聞は、引き続き軽減税率導入に積極的で、第3章と同様に、しばしば軽減税率導入の是非を世論調査にて尋ねた。主な軽減税率に関する世論調査についてみてみる。

15年9月では、「自民、公明両党は消費税率を10％へ引き上げる際に、生活必需品などの消費税を軽くする軽減税率の導入を目指すと昨年の衆院選で公約しました。あなたは軽減税率の導入に賛成ですか、反対ですか。」と質問し、その

---

272 『朝日新聞』、2015年12月22日（調査日：12月19日〜20日）。
273 『朝日新聞』、2015年9月15日（調査日：9月12日〜13日）。

回答の選択肢は「賛成」,「反対」であった。「賛成」は66%,「反対」は23%で,男女別では,男性がそれぞれ69%,26%,女性がそれぞれ64%,20%であった[274]。

　12月に自民党と公明党が軽減税率の対象品目について合意をしたが,その前に「安倍政権は消費税率を10%に引き上げる際,生活必需品の税率を抑える軽減税率を導入する方針です。自民党は税収を確保するために対象品目を生鮮食品に絞るべきだと主張し,公明党は加工食品も含めるよう求めています。あなたは対象品目に加工食品も含めるべきだと思いますか。」と質問し,その回答の選択肢は「含めるべきだ」,「含めなくてよい」というものであった。「含めるべきだ」は60%,「含めなくてよい」は28%で,男女別では,男性がそれぞれ60%,30%,女性がそれぞれ60%,26%であり,公明党が主張する加工食品も含めるべきだとの民意が6割程度あるという結果であった[275]。

　さらに,16年1月,「安倍政権は消費税率を10%に引き上げる際,酒類と外食を除く食料品に軽減税率を導入することを決めました。あなたは軽減税率の導入を評価しますか。」と質問し,その回答の選択肢は「評価する」,「評価しない」というものであった。「評価する」は52%,「評価しない」は40%で,男女別では,男性がそれぞれ53%,39%,女性がそれぞれ50%,40%であり,与党が合意した軽減税率の対象品目について,評価する民意が多い結果となった[276]。

　財務省の還付案に対しては,15年9月に,まずマイナンバー制度そのものについて質問し,その質問文は「国民全員に番号を割り振る『マイナンバー』の通知が10月から始まります。あなたはこのことを知っていますか。」というもので,その回答の選択肢は「知っている」,「知らない」というものであった。「知っている」は89%,「知らない」は5%で,男女別では,男性がそれぞれ92%,5%,女性がそれぞれ86%,6%であった。続けて,「財務省は,買い物の際に支払った消費税の一部がマイナンバーカードのポイントとしてたまり,あとでおカネが返ってくる『還付金制度』の導入を提案しています。あなたは買い物の際に消費税が軽くなる軽減税率と,あとで消費税の一部が返ってくる還付金

274　『毎日新聞』,2015年9月22日（調査日：9月19日〜20日）。
275　『毎日新聞』,2015年12月7日（調査日：12月5日〜6日）。
276　『毎日新聞』,2016年2月1日（調査日：1月30日〜31日）。

制度のどちらが好ましいと思いますか。」と質問し，その回答の選択肢は「軽減税率の方が好ましい」，「還付金制度の方が好ましい」というものであった。「軽減税率の方が好ましい」は79％，「還付金制度の方が好ましい」は8％で，男女別では，男性がそれぞれ79％，11％，女性がそれぞれ79％，6％となり，軽減税率の方が好ましいとする民意が圧倒的で，還付案を支持する民意は少数であった[277]。

④　まとめ

　軽減税率導入の是非に関する世論調査結果は，引き続き3紙ともに導入すべきとの考えが多数を占めていたといえる。

　15年12月に自民党と公明党が軽減税率の対象品目について合意をしたが，その合意に対する世論調査結果は3紙それぞれであった。読売は酒類と外食を除く食品全般が軽減税率の対象となったことを評価する民意が55％と過半数を占めたとし，また，軽減税率の導入に伴う1兆円規模の財源の先送りについては，12月の与党合意の際に決めるべきであったかどうかを質問し，決めるべきだったと決める必要はなかったとの民意が拮抗していた結果を示した。

　朝日は，この与党合意について評価しないが評価するを10％程度上回る結果を示し，1兆円規模の財源の先送りについては「来年夏の参議院選挙後に先送りしました」との文言を質問に加え，その結果は評価しないが大きく評価するを上回っていた。これは読売と異なる調査結果であるといえ，与党合意については読売が評価する方が上回ったのに対し，朝日は評価しない方が上回り，軽減税率のための財源の決定先送りについても，読売が先送りを評価すると評価しないが拮抗していたのに対し，朝日は評価しないが評価するを大きく上回っていた。

　毎日は，この与党合意の前に加工食品も含めるべきかどうかの質問をし，加工食品も含めるべきだとの民意が6割程度あるということを導き出し，与党合意についても評価するが過半数で，読売とほぼ同様の調査結果を示した。また，軽減税率の財源についての質問は，読売，朝日と違ってしていなかった。

277　『毎日新聞』，2015年9月22日（調査日：9月19日〜20日）。

以上の調査結果をみると，社説にて軽減税率について賛成の考え方を示していた読売と毎日は，世論調査においても，酒類と外食を除く食品全般に広げた軽減税率の対象品目についての合意を評価している民意が多いという結果となった。一方朝日は社説にて軽減税率について否定的な考え方を示していたが，世論調査において，この与党合意について尋ね，評価しない民意が多いという結果を示しており，社説と世論調査結果の関連がみられたといえる。

財務省の還付案については，軽減税率に積極的な読売と毎日は世論調査結果においても財務省案に反対の民意が圧倒的であったことを示した。毎日は，軽減税率と還付案制度のどちらが好ましいかとの質問もし，その調査結果も軽減税率の方が好ましいとする民意が圧倒的であったことを示した。一方朝日も，還付案についての質問をし，反対が賛成を上回ったという結果であったが，マイナンバー制度を使うことによる還付案の実施に対しての質問も実施し，これに反対する民意が圧倒的であったことを示した。

⑵　税率引き上げ延期

第1節にて詳細をみたように，14年12月14日，第47回総選挙が投開票され，与党が圧勝し，消費税率10%への引き上げを15年10月から17年4月へ延期するという安倍首相の判断が支持された。その後，15年3月31日，15年度税制改正関連法が成立し，消費税率10%への引き上げを1年半先送りして17年4月とすることが決まり，景気条項は削除された。

前述したように，9月に低所得者対策として財務省が還付案を提示するものの，官邸主導により還付案ではなく，軽減税率の導入が決まり，16年3月に軽減税率を含む税制改正に関する法律が成立した。

17年4月への10%引き上げ延期と軽減税率導入が正式に決まった後，官邸サイドは10%への引き上げをさらに延期する検討に入った。安倍首相は国際金融経済分析会合の設置を指示し，この場で17年4月の10%への引き上げの是非も含んだ議論がなされた。5月末に伊勢志摩サミットが開催され，安倍首相は首脳会議にてリーマン・ショックという言葉を何度も使い世界経済のリスクを強調し，このリスクを回避するためとの理由で更なる10%への引き上げ時期の再延期を決断した。6月1日，安倍首相は，第190通常国会の閉会を受けて消費税

率の引き上げを19年10月まで2年半延期する意向を正式に表明した。そしてこの再延期の判断の是非を参院選で国民の信を問う姿勢も示した。7月10日，第24回参院選が投開票され，与党は大勝し，10％への引き上げを19年10月に再延期することを閣議決定，11月の参院本会議にて再延期する税制改正に関する法律が成立した。

そこで，読売，朝日，毎日の15年1月から16年8月までに実施された消費税率の10％への引き上げ再延期の賛否を巡る世論調査等を，安倍内閣の経済政策の評価や，景気回復の実感の有無等に関する世論調査も参考にしながらみてみる。

① 読　　売

まず，消費税率引き上げの時期を19年10月までに再延期する判断が示される前までの安倍内閣の経済政策や景気回復の実感の有無についての世論調査を引き続きみてみる。

読売新聞は，8％から10％への1回目の引き上げ延期の際の世論調査に引き続き，安倍内閣の経済政策や景気回復の実感の有無について，以下のように質問した。

「安倍内閣の経済政策を，評価しますか，評価しませんか。」と質問し，回答の選択肢は「評価する」，「評価しない」，「答えない」であった。また，「安倍内閣のもとで，景気の回復を，実感していますか，実感していませんか。」と質問し，回答の選択肢は「実感している」，「実感していない」，「答えない」であった。

主な上記の結果をみると，経済政策について「評価します」が15年1月，3月，5月，7月，11月，16年2月，3月においてそれぞれ43％，47％，51％，48％，46％，39％，39％と，5割～4割程度が安倍内閣の経済政策を評価しているという結果となり，8％から10％への1回目の引き上げ延期を巡る世論調査結果と比較すると，評価するの割合はそれほど変わっていないといえる。

また，景気回復の実感の有無については「実感していない」が15年1月，3月，5月，7月，11月，16年2月，3月においてそれぞれ81％，79％，75％，75％，74％，77％，78％と，8％から10％への1回目の引き上げ延期の際の調

査と同様，8割程度が景気回復を実感していない結果となった[278]。

　この結果は，引き続き安倍内閣の経済政策については5割程度評価する民意が存在するものの，景気回復を実感していないとする民意も8割程度あり，8％から10％への1回目の引き上げ延期の際の景況感とほぼ同じで，特段景気回復の実感がないとする民意が増加したとはいえないといえる。

　次に，消費税率引き上げの時期を19年10月までに再延期する検討がされ始めたころ以降の安倍内閣の経済政策や景気回復の実感の有無，10％への引き上げ再延期の是非についての世論調査をみてみる。

　安倍内閣の経済政策への評価についての主な結果をみると，経済政策について「評価します」が16年4月，6月，8月においてそれぞれ39％，36％，43％と，引き続き4割程度が安倍内閣の経済政策を評価しているという結果であった。

　また，景気回復の実感の有無についての主な結果をみると，「実感していない」が16年4月，6月においてそれぞれ77％，74％と，引き続き8割程度が景気回復を実感していない結果となった。8月には，「安倍内閣のもとで，景気が今よりも良くなると思いますか，思いませんか。」と質問し，回答の選択肢は「思う」，「思わない」，「答えない」であった。その結果はそれぞれ，34％，54％，12％であった[279]。

　この結果は，安倍内閣の経済政策については4割程度評価する民意が存在し，若干減少傾向にあり，8月の調査では「景気が今よりも良くなると思わない」が54％，「思う」が34％で「思わない」が「思う」を20％上回り，安倍内閣の経済政策に対してあまり期待していない民意も示されたといえる。また，景気回復を実感していないとする民意は引き続き8割程度あった。

　消費税率の10％への引き上げ時期の再延期に関する質問は以下のようであっ

278　『読売新聞』，2015年1月12日（調査日：1月9日～11日），『読売新聞』，2015年3月9日（調査日：3月6日～8日），『読売新聞』，2015年5月11日（調査日：5月8日～10日），『読売新聞』，2015年7月6日（調査日：7月3日～5日），『読売新聞』，2015年11月10日（調査日：11月6日～8日），『読売新聞』，2016年2月16日（調査日：2月12日～14日），『読売新聞』，2016年3月7日（調査日：3月4日～6日）。

279　『読売新聞』，2016年4月4日（調査日：4月1日～3日），『読売新聞』，2016年6月20日（調査日：6月17日～19日），『読売新聞』，2016年8月5日（調査日：8月3日～4日）。

た。16年4月に，「消費税率は，来年4月に，8％から10％への引き上げが予定
されています。税率を，予定通り引き上げるべきだと思いますか，それとも，
引き上げは延期すべきだと思いますか。」と質問し，回答の選択肢は「予定通り
引き上げるべきだ」，「延期すべきだ」，「答えない」であった。その結果はそれ
ぞれ，29％，65％，5％であった[280]。

　6月に，「安倍首相は，来年4月に予定されていた消費税率の10％への引き上
げを，2年半，延期することを決めました。引き上げを再び延期すると決めた
ことを，評価しますか。」と質問し，回答の選択肢は「評価する」，「評価しな
い」，「答えない」であった。その結果はそれぞれ，63％，31％，6％であった。

　また，「安倍首相が，消費税率の引き上げを再び延期すると決めたことは，公
約違反だと思いますか，思いませんか。」と質問し，回答の選択肢は「思う」，
「思わない」，「答えない」であった。その結果はそれぞれ，30％，65％，6％で
あった。

　さらに，「あなたは，消費税率の引き上げを再び延期することで，社会保障政
策に支障が出ることを，懸念していますか。」と質問し，回答の選択肢は「懸念
している」，「懸念していない」，「答えない」であった。その結果はそれぞれ，
54％，36％，10％であった[281]。

　なお，15年12月に「消費税率は2017年4月に，8％から10％への引き上げが
予定されています。予定通り10％に引き上げることについて，次の3つの中か
ら，あなたの考えに最も近いものを1つ選んで下さい。」と質問し，回答の選択
肢は「予定通り2017年4月に10％に引き上げるべきだ」，「引き上げは必要だが，
時期は遅らせるべきだ」，「今の8％から引き上げるべきでない」であった。そ
の結果は，それぞれ32％，27％，39％であった[282]。

　これらの結果をみると，15年12月の調査でも，「予定通り17年4月に10％に引
き上げるべきだ」とする民意は3割程度で，「引き上げは必要だが，時期は遅ら
せるべきだ」と，「今の8％から引き上げるべきではない」を合わせると7割弱
存在し，16年4月の調査結果もほぼ同様の傾向がみられたといえる。これを反

280　『読売新聞』，2016年4月4日（調査日：4月1日～3日）。
281　『読売新聞』，2016年6月20日（調査日：6月17日～19日）。
282　『読売新聞』，2015年12月18日（調査日：12月17日～18日）。

映するように，6月の調査結果では安倍首相の10％への引き上げ再延期の決断を評価する民意が6割程度，評価しないが3割程度となっており，概ね予定通りの引き上げを実施すべきだと考える民意は3割程度，再延期すべきだと考える民意は6割程度とみられる。

再延期の決断が第47回総選挙の際の公約に違反するかどうかとの質問では，公約違反と思うが30％，思わないが65％となっており，この点でも安倍首相の再延期の判断は支持されていると思われる。

ただし，消費税率の引き上げ再延期による社会保障政策への支障については懸念している民意が過半数あり，消費増税と社会保障はリンクしていることを理解している民意が過半数あったとみることができる。

②　朝　　日

まず，消費税率引き上げの時期を19年10月までに再延期する判断が示される前までの安倍内閣の経済政策や景気回復の実感の有無についての世論調査を引き続きみてみる。

朝日新聞は，8％から10％への1回目の引き上げ延期の際の世論調査に引き続き，安倍内閣の経済政策や景気回復の実感の有無について，以下のように質問した。

13年，14年の調査では，「安倍首相の経済政策への取り組みを評価しますか。評価しませんか。」と質問していたが，15年の調査ではこの質問はみられなかった。

経済成長と関連させた質問として，15年1月，4月，7月，16年2月に，「安倍首相の経済政策で，日本経済が成長することを期待できると思いますか。期待できないと思いますか。」と質問し，回答の選択肢は「期待できる」，「期待できない」であった。その結果は，1月はそれぞれ36％，42％で，4月はそれぞれ36％，40％，7月はそれぞれ32％，34％，16年2月は32％，49％であった[283]。

---

283 『朝日新聞』，2015年1月20日（調査日：1月17日〜18日），『朝日新聞』，2015年4月21日（調査日：4月18日〜19日），『朝日新聞』，2015年7月14日（調査日：7月11日〜12日），『朝日新聞』，2016年2月16日（調査日：2月13日〜14日）。

また，安倍首相の経済政策と賃金や雇用への影響についても質問し，15年4月，16年3月に，「安倍首相の経済政策が賃金や雇用が増えることに結びついていると思いますか。そうは思いませんか。」と質問し，回答の選択肢は「賃金や雇用が増えることに結びついている」，「そうは思わない」であった。その結果は，15年4月はそれぞれ31%，50%，16年3月はそれぞれ24%，62%であった[284]。

　16年1月には，「安倍首相の経済政策のもとであなた自身の暮らし向きは良くなりましたか。悪くなりましたか。変わりませんか。」と質問し，回答の選択肢は「良くなった」，「悪くなった」，「変わらない」であった。その結果は，それぞれ5%，16%，76%であった。

　景気回復の実感についての質問もし，15年4月，7月，16年3月に，「安倍政権になってから景気が回復したという実感がありますか。ありませんか」と質問し，回答の選択肢は「実感がある」，「実感がない」であった。その結果は，15年4月はそれぞれ19%，75%，7月はそれぞれ19%，74%，16年3月はそれぞれ17%，76%であった。

　16年1月に，「この3年間の安倍首相の経済政策は，全体として成功だと思いますか。失敗だと思いますか。」と質問し，回答の選択肢は「成功だ」，「失敗だ」であった。その結果は，37%，35%であった。

　さらに，15年1月に安倍首相の経済政策と地方の景気に結び付けた質問を行った。具体的には，「この2年間で大都市の景気は良くなっていると思いますか。悪くなっていると思いますか。変わっていないと思いますか。」と質問し，回答の選択肢は「良くなっている」，「悪くなっている」，「変わっていない」であった。その結果は，それぞれ26%，12%，51%であった。

　「この2年間で地方の景気は良くなっていると思いますか。悪くなっていると思いますか。変わっていないと思いますか。」と質問し，回答の選択肢は「良くなっている」，「悪くなっている」，「変わっていない」であった。その結果は，それぞれ6%，33%，53%であった。

　「安倍首相の経済政策が地方の景気回復につながると思いますか。つながらな

284　『朝日新聞』，2015年4月21日（調査日：4月18日〜19日）。

いと思いますか。」と質問し，回答の選択肢は「つながる」，「つながらない」であった。その結果は，それぞれ25％，53％であった[285]。

　これらの結果をみると，日本経済の成長への期待，賃金や雇用の上昇，自らの暮らし向きと安倍内閣の経済政策の関連については，8％から10％への1回目の延期の調査と比較するとほぼ同様の傾向がみられ，経済政策とそれほど結びついていないと考える民意が多数あったといえる。景気回復の実感については，「実感がない」が7割強で，他紙とほぼ同じ傾向がみられ，景気回復を実感していない民意が多数あったことが示された。

　安倍内閣の3年間の経済政策について，全体として成功か失敗かを質問したが，30％後半で両者が拮抗したといえる。

　朝日の特徴は安倍首相の経済政策を大都市と地方の景気に分けて質問したところが特徴であったといえる。結果は，「地方の景気は悪くなっている」が「良くなっている」を大きく上回り，アベノミクスが地方の景気回復につながっていないとする民意が過半数あり，アベノミクスは大都市を中心に効いていることを示したものといえる。

　次に，消費税率引き上げの時期を19年10月までに再延期する検討がされ始めたころ以降の安倍内閣の経済政策や景気回復の実感の有無，10％への引き上げ再延期の是非についての世論調査をみてみる。

　安倍内閣の経済政策への評価について，4月，6月に，「安倍内閣の経済政策をどの程度評価しますか。」と質問し，回答の選択肢は「大いに評価する」，「ある程度評価する」，「あまり評価しない」，「全く評価しない」であった。その結果は，4月はそれぞれ5％，46％，35％，11％で，6月はそれぞれ5％，50％，33％，8％であった[286]。

　消費税率の10％への引き上げ時期の再延期に関する質問は以下のようであった。16年4月，5月に，「来年4月に消費税を10％に引き上げることが予定されています。消費税10％への引き上げを延期すべきだと思いますか。延期すべき

285　『朝日新聞』，2015年1月20日（調査日：1月17日〜18日）。
286　『朝日新聞』，2016年4月12日（調査日：4月9日〜10日），『朝日新聞』，2016年6月6日（調査日：6月4日〜5日）。

ではないと思いますか。」と質問し，回答の選択肢は「延期すべきだ」，「延期すべきではない」であった。その結果は4月はそれぞれ，59％，32％，5月はそれぞれ，59％，29％であった[287]。

6月，安倍首相が消費税率引き上げの再延期を表明すると，「安倍首相は来年4月に消費税を10％に引き上げるのを2年半延期すると表明しました。安倍首相のこの判断を評価しますか。」と質問し，回答の選択肢は「評価する」，「評価しない」であった。その結果はそれぞれ56％，34％であった。

また，「消費税の引き上げを延期する理由について，安倍首相は『世界経済が大きなリスクに直面している』と説明しました。安倍首相のこの説明に納得しますか。」と質問し，回答の選択肢は「納得する」，「納得しない」であった。その結果はそれぞれ28％，58％であった。

さらに，「安倍首相は1年半前に消費税の引き上げ延期を決めたとき，『再び延期することはない，断言いたします』と言っていました。安倍首相がこの約束を守らなかったことは大きな問題だと思いますか。」と質問し，回答は「大きな問題だ」，「大きな問題ではない」であった。その結果はそれぞれ37％，53％であった[288]。

朝日新聞は，8％から10％への1回目の引き上げ延期の際の世論調査に引き続き，消費税と景気及び社会保障への影響を結び付けて質問した。

5月に，「消費税を引き上げることで，景気に悪い影響が出る不安をどの程度感じますか。」と質問し，回答の選択肢は「大いに感じる」，「ある程度感じる」，「あまり感じない」，「まったく感じない」であった。その結果は，それぞれ27％，52％，15％，3％であった[289]。

4月，5月に，「消費税の引き上げを延期することで，社会保障に悪い影響が出る不安をどの程度感じますか。」と質問し，回答の選択肢は「大いに感じる」，「ある程度感じる」，「あまり感じない」，「まったく感じない」であった。その結果は，4月はそれぞれ17％，47％，25％，6％で，5月はそれぞれ18％，

---

287 『朝日新聞』，2016年4月12日（調査日：4月9日〜10日），『朝日新聞』，2016年5月24日（調査日：5月21日〜22日）。

288 『朝日新聞』，2016年6月6日（調査日：6月4日〜5日）。

289 『朝日新聞』，2016年5月24日（調査日：5月21日〜22日）。

47％，25％，5％であった[290]。

　7月，8月に，アベノミクスに関する質問をし，具体的には以下のようであった。7月に，「安倍首相の経済政策をさらに進めるべきだと思いますか。見直すべきだと思いますか。」と質問し，回答の選択肢は「さらに進めるべきだ」，「見直すべきだ」であった。その結果はそれぞれ28％，55％であった。8月に，「安倍首相の経済政策への取り組みを評価しますか。評価しませんか。」と質問し，回答の選択肢は「評価する」，「評価しない」であった。その結果はそれぞれ38％，43％であった[291]。

　これらの結果をみると，17年4月の消費税率10％への引き上げを延期すべきと考える民意は6割程度存在し，6月に安倍首相が消費税率の引き上げを19年10月まで2年半延期すると，これを評価する民意が6割程度存在し，安倍首相の引き上げ延期の理由はともあれ，延期そのものの判断を支持する民意が多数あったとみられる。しかし，朝日は安倍首相の「世界経済が大きなリスクに直面している」との理由で引き上げを延期することについて質問し，「納得しない」が「納得する」を大きく上回ったことを示した。なお，1年半前の消費税の引き上げ延期を決めた際の公約については，「大きな問題ではない」とする民意が「大きな問題だ」とする民意を大きく上回ったことを示した。

　なお，消費税を引き上げることで景気に悪い影響が出る不安については，8％から10％への1回目の引き上げ延期の際の世論調査結果と同様，「大いに感じる」と「ある程度感じる」あわせて8割程度あった。消費税の引き上げを延期することで社会保障に悪い影響が出る不安についても，引き続き「大いに感じる」と「ある程度感じる」を合わせて6割程度あった。

　これらの結果をみると，消費税を引き上げることによる景気への悪い影響も感じる民意も多数存在し，消費税の引き上げを延期することによる社会保障に悪い影響を感じる民意も多数あることを示したものといえる。

　アベノミクス全般についても朝日は質問をし，アベノミクスを見直すべきだ

290　『朝日新聞』，2016年5月24日（調査日：5月21日〜22日），『朝日新聞』，2016年6月6日（調査日：6月4日〜5日）。

291　『朝日新聞』，2016年7月4日（調査日：7月2日〜3日），『朝日新聞』，2016年8月9日（調査日：8月6日〜7日）。

との民意が5割強，経済政策への取組みの評価も評価しないが4割程度あることを示し，アベノミクスに対する否定的な民意をくみ上げたといえる。

③　毎　　日

　まず，消費税率引き上げの時期を19年10月までに再延期する判断が示される前までの安倍内閣の経済政策や景気回復の実感の有無についての世論調査を引き続きみてみる。

　毎日新聞は，8％から10％への1回目の引き上げ延期の際の世論調査に引き続き，安倍内閣の経済政策や景気回復の実感の有無について，以下のように質問した。

　毎日は，朝日と同様，安倍内閣の経済政策と地方の景気回復にも結び付けながら質問した。

　15年1月に，「安倍政権の経済政策『アベノミクス』の効果は地方に十分浸透していると思いますか。」と質問し，回答の選択肢は「浸透している」，「浸透していない」であった。その結果はそれぞれ6％，86％であった。男女別にみると，男性はそれぞれ6％，86％で，女性はそれぞれ5％，86％であった。

　さらに日本社会の格差についての質問もし，具体的には「日本社会の格差は広がっていると感じますか。」と質問し，回答の選択肢は「感じる」，「感じない」であった。その結果はそれぞれ70％，23％であった。男女別にみると，男性はそれぞれ70％，23％で，女性はそれぞれ70％，22％であった[292]。

　また3月に，「安倍晋三首相の経済政策，いわゆる『アベノミクス』によって景気が良くなったと思いますか。」と質問し，回答の選択肢は「良くなったと思う」，「良くなったと思わない」であった。その結果はそれぞれ26％，66％であった。男女別にみると，男性ではそれぞれ35％，60％で，女性ではそれぞれ18％，73％であった[293]。

　これらの結果をみると，アベノミクスによって「景気が良くなったと思わない」とする民意が6割強と，「良くなったと思う」の3割弱を大きく上回り，男

292　『毎日新聞』，2015年1月19日（調査日：1月17日〜18日）。
293　『毎日新聞』，2015年3月16日（調査日：3月14日〜15日）。

女別にみると女性の方が良くなったと思わないとする民意が男性よりも多いことが示された。地方へのアベノミクスの効果が浸透しているかについては，浸透していないとする民意が圧倒的であった。さらに，日本社会の格差についても格差が広がっているとする民意が7割程度あった。

次に，消費税率引き上げの時期を19年10月までに再延期する検討がされ始めたころ以降の安倍内閣の経済政策，10％への引き上げ再延期の是非についての世論調査をみてみる。

安倍内閣の経済政策への評価について16年4月に，「あなたは安倍政権の経済政策『アベノミクス』を評価しますか。」と質問し，回答の選択肢は「評価する」，「評価しない」であった。その結果はそれぞれ33％，54％であった。男女別にみると，男性はそれぞれ37％，53％で，女性はそれぞれ30％，55％であった。さらに同月，消費税率の17年4月からの10％への引き上げの賛否について質問し，具体的には「来年4月から消費税率が10％に引き上げられる予定です。あなたは引き上げに賛成ですか，反対ですか。」と質問し，回答の選択肢は「賛成」，「反対」であった。その結果はそれぞれ31％，59％であった。男女別にみると，男性はそれぞれ35％，58％で，女性はそれぞれ28％，61％であった[294]。

5月に，「来年4月に消費税率が10％に引き上げられる予定でしたが，安倍晋三首相は引き上げの延期を検討しています。あなたは消費税引き上げの延期に賛成ですか，反対ですか。」と質問し，回答の選択肢は「賛成」，「反対」であった。その結果はそれぞれ，66％，25％であった。男女別にみると，男性はそれぞれ65％，27％で，女性はそれぞれ67％，23％であった[295]。

6月，安倍首相が消費税率引き上げの再延期を表明すると，「安倍晋三首相は消費税率10％への引き上げを2019年10月まで2年半延期することを決めました。あなたは消費税引き上げの延期に賛成ですか，反対ですか。」と質問し，回答の選択肢は「延期に賛成」，「延期に反対」であった。その結果はそれぞれ61％，26％であった。男女別にみると，男性はそれぞれ61％，29％で，女性はそれぞれ61％，24％であった。

---

294 『毎日新聞』，2016年4月19日（調査日：4月16日～17日）。
295 『毎日新聞』，2016年5月30日（調査日：5月28日～29日）。

また，朝日と同様，再延期の理由として世界経済のリスクを挙げたことについて，「安倍首相は消費税引き上げを延期する理由を『世界経済が大きなリスクに直面している』と説明しました。あなたはこの説明に納得しますか。」と質問し，回答の選択肢は「納得する」，「納得しない」であった。その結果はそれぞれ28％，60％であった。男女別にみると，男性はそれぞれ30％，62％で，女性はそれぞれ25％，59％であった。

　さらに，社会保障への影響についても質問し，「消費税引き上げで増えた税収は年金，子育て，介護など社会保障の充実に充てられることになっています。あなたは消費税引き上げの延期によって，社会保障の充実は難しくなったと思いますか。」と質問し，回答の選択肢は「難しくなったと思う」，「難しくなったとは思わない」であった。その結果はそれぞれ53％，35％であった。男女別にみると，男性はそれぞれ53％，37％で，女性はそれぞれ52％，33％であった。

　アベノミクスに関する質問もし，具体的には，「あなたは安倍政権の経済政策『アベノミクス』について，さらに進めるべきだと思いますか，それとも見直すべきだと思いますか。」と質問し，回答の選択肢は「さらに進めるべきだ」，「見直すべきだ」であった。その結果はそれぞれ23％，61％であった。男女別にみると，男性はそれぞれ32％，58％で，女性はそれぞれ16％，64％であった[296]。

　これらの結果をみると，アベノミクスに対する評価は「評価しない」が「評価する」を上回り，その後のアベノミクスに対する評価についても「見直すべきだ」が「さらに進めるべきだ」を大きく上回り，否定的な民意が多数あることを示したといえる。

　安倍首相の消費税率引き上げの再延期の判断については，賛成が反対を大きく上回り，その判断を指示する民意が多数あったことを示したといえる。しかし，朝日と同様，引き上げ延期の理由に世界経済のリスクを挙げたことに対しては，「納得しない」が「納得する」を大きく上回った。消費税率引き上げ再延期の社会保障への影響は，年金，子育て，介護などの充実が難しくなったとする民意が過半数を占めた。

296　『毎日新聞』，2016年6月20日（調査日：6月18日〜19日）。

④　ま　と　め

　3紙ともに，大きく安倍内閣の経済政策に関するもの，6月の安倍首相による17年4月から19年10月への10％引き上げ再延期の判断について世論調査を実施していた。

　安倍内閣の経済政策については，アベノミクスへの評価，景気回復の実感，経済成長への期待，賃金や雇用への影響，暮らし向きなどについて様々な角度から各紙が質問していた。安倍内閣の経済政策に対する民意は概ね以下のようであったといえる。なお毎日は，質問文に「アベノミクス」の文言を入れて質問していた。読売は，安倍首相が消費税率引き上げの再延期を検討したころには，「評価する」，「評価しない」がともに4割程度となった。朝日は，3年間の安倍首相の経済政策について全体としての成功か失敗かを尋ね，ともに3割強であったが，消費増税再延期の表明後はアベノミクスを見直すべきの民意が過半数を占めたことを示した。毎日も，朝日と同様アベノミクスをさらに進めるべきか見直すべきかを質問し，「見直すべきだ」が6割程度あり，朝日以上にアベノミクスに対する厳しい民意を示したといえる。

　3紙の調査結果をみると，概ね5％から8％へ，8％から10％への1回目の引き上げ延期，8％から10％への2回目の引き上げ延期と，アベノミクスに対する評価は減少傾向にあり，読売よりも朝日と毎日の調査結果の方が評価しないがより多く出たといえる。

　アベノミクスによる景気回復への効果については，読売は8割程度実感していないとする民意を示した。朝日も，読売とほぼ同様の結果であった。毎日は，「アベノミクスによって景気が良くなったと思いますか」と質問したが，「良くなったと思わない」が6割強存在した。

　朝日は，安倍首相の経済政策について経済成長への期待，賃金や雇用への影響についても質問し，経済成長については「期待できない」が「期待できる」を上回っていることを示した。賃金や雇用への影響についても，アベノミクスが効いていると思わない民意が5割〜6割程度あったことを示した。

　朝日と毎日は，アベノミクスの地方への浸透度についても質問し，朝日は「アベノミクスにより地方の景気が悪くなっている」が3割程度，「変わっていない」が5割程度，毎日は「浸透していない」が8割強と，アベノミクスの地方

経済への効果がさほどないとする民意を示し，毎日の調査結果は朝日に比べてこの傾向がより強く出たといえる。

次に，安倍首相の消費税率引き上げ再延期の判断については，3紙ともに同様の傾向がみられたといえる。つまり，読売，朝日はこの安倍首相の判断を評価するか否かについて質問し，評価するが6割程度，毎日は延期に賛成か反対かと質問し，賛成が6割程度あったことを示した。

ただし，朝日と毎日はこの安倍首相が再延期の判断の理由として世界経済のリスクを挙げたことについて質問し，「納得しない」がともに6割程度であったことを示した。

増税再延期の社会保障に対する影響については3紙ともに質問していた。この結果は，3紙ともに同様の傾向がみられたといえる。つまり，読売は社会保障政策に支障が出ることへの懸念について質問し，「懸念する」が5割程度，朝日は社会保障に悪い影響が出る不安の程度について質問し，「大いに感じる」と「ある程度感じる」で合わせて6割程度，毎日は社会保障の充実が難しくなったと思うか否かを質問し，「難しくなったと思う」が5割程度であった。

3紙の調査結果を分析，検討したが，3紙ともにアベノミクスへの評価は減少傾向にあり，景気回復が実感していない民意に対し，安倍首相の消費増税再延期の判断は概ね評価する傾向にあったといえる。アベノミクスへの評価は毎日，朝日，読売の順により厳しい結果を示したとみることができる。

 選挙（第24回参院通常選挙）

(1) 内閣支持率，政党支持率，投票予定政党，争点等

本項では，第24回参院通常選挙までの15年1月から16年7月にかけて実施された読売，朝日，毎日による世論調査を基に，内閣支持率，政党支持率，投票政党，争点等についてみてみる。

① 読 売

内閣支持率についてみてみる。15年3月，6月，9月，12月，16年2月，4

月，6月，7月における内閣支持率は，それぞれ「支持する」が55％，53％，41％，49％，52％，50％，49％，53％，「支持しない」が35％，36％，51％，39％，25％，38％，38％，34％であった[297]。

政党支持率についてみてみる。15年3月，6月，9月，12月，16年2月，4月，6月，7月における政党支持率は以下のようであった。自民党はそれぞれ40％，38％，33％，37％，42％，37％，35％，41％，民主党・民進党[298]はそれぞれ9％，7％，11％，9％，7％，6％，9％，10％，維新[299]はそれぞれ3％，4％，3％，0％，1％，2％，2％，5％，公明党はそれぞれ5％，3％，3％，5％，3％，3％，4％，4％，共産党はそれぞれ4％，4％，4％，4％，3％，4％，3％，4％，「支持政党なし」はそれぞれ37％，42％，42％，39％，40％，43％，40％，31％であった[300]。

投票予定政党（比例区）についてみてみる。第24回参院選前の16年2月，4月，6月における投票予定政党は以下のようであった。自民党はそれぞれ40％，39％，35％，民主党・民進党はそれぞれ12％，11％，12％，維新はそれぞれ5％，5％，7％，公明党はそれぞれ4％，5％，7％，共産党はそれぞれ4％，6％，4％，「決めていない」はそれぞれ23％，23％，26％であった[301]。

---

297 『読売新聞』，2015年3月9日（調査日：3月6日〜8日），『読売新聞』，2015年6月8日（調査日：6月5日〜7日），『読売新聞』，2015年9月24日（調査日：9月19日〜20日），『読売新聞』，2015年12月19日（調査日：12月17日〜18日），『読売新聞』，2016年2月16日（調査日：2月12日〜14日），『読売新聞』，2016年4月4日（調査日：4月1日〜3日），『読売新聞』，2016年6月20日（調査日：6月17日〜19日），『読売新聞』，2016年7月13日（調査日：7月11日〜12日）。

298 民主党は，維新の党と合流し16年3月27日民進党を結成した。よって15年1月から16年2月までの調査では民主党，16年3月以降では民進党となっている。

299 維新の党は多くが民主党と合流し民進党の結成に加わり，維新の党は16年3月27日に解党された。民進党に加わらない議員は15年11月2日，おおさか維新の会を結成した。よって，15年1月から11月までの調査では維新の党，15年12月以降ではおおさか維新の会となっている。なお，おおさか維新の会に行かなかった議員は維新の党に残った。

300 『読売新聞』，2015年3月9日（調査日：3月6日〜8日），『読売新聞』，2015年6月8日（調査日：6月5日〜7日），『読売新聞』，2015年9月24日（調査日：9月19日〜20日），『読売新聞』，2015年12月19日（調査日：12月17日〜18日），『読売新聞』，2016年2月16日（調査日：2月12日〜14日），『読売新聞』，2016年4月4日（調査日：4月1日〜3日），『読売新聞』，2016年6月20日（調査日：6月17日〜19日），『読売新聞』，2016年7月13日（調査日：7月11日〜12日）。

301 『読売新聞』，2016年2月16日（調査日：2月12日〜14日），『読売新聞』，2016年4月4日（調査日：4月1日〜3日），『読売新聞』，2016年6月20日（調査日：6月17日〜19日）。

争点についてみてみる。16年5月に「参議院選挙で，投票する候補者や政党を決めるとき，もっとも重視したい政策や争点を，次の6つの中から，1つ選んで下さい。」と質問し，回答の選択肢は「景気や雇用」，「年金など社会保障」，「子育て支援」等であった。その結果はそれぞれ30%，32%，13%であった[302]。

さらに6月に，「参議院選挙で，最も重視したい政策や争点を，次の6つの中から，1つ選んでください。」と質問し，回答の選択肢は「景気や雇用」，「年金など社会保障」，「子育て支援」等であった。その結果はそれぞれ25%，38%，15%であった[303]。

これらの結果をみると，内閣支持率については，13年8月から14年12月までの結果と比較するとほぼ同様で，支持するが50%程度，支持しないが30%弱であった。なお，15年9月に支持するが41%，支持しないが51%と大きく支持率が減少しているが，これは安全保障関連法案が7月に「強行採決」され，9月に成立したことによる世論の反発が要因と考えられる。その後，支持率は持ち直した。

政党支持率については，自民党は引き続きほぼ4割程度であった。なお，引き続き内閣支持率の上昇，減少にともない自民党の支持率も上昇，減少する傾向もみられた。一方民主・民進党は，16年3月に民主党は民進党になったが，13年8月から14年12月における調査と比較すると，若干上昇傾向がみられ，10%弱であった。

投票予定政党については，比例区において自民党は30%後半，民主党が10%弱であった。

争点については，安倍首相が消費税率の8%から10%への引き上げ時期を19年10月に再延期することを表明し，このことも含めて信を問うとし参院選が実施されたが，重視したい政策や争点としてそもそも「消費増税再延期」の選択肢がなく，「景気や雇用」や「年金など社会保障」がそれぞれ3割程度であった。

---

302 『読売新聞』，2016年5月16日（調査日：5月13日～15日）。
303 『読売新聞』，2016年6月20日（調査日：6月17日～20日）。

また，16年3月，4月，5月，6月に「参議院選挙の結果，自民党と公明党の与党が，参議院で過半数の議席を維持する方がよいと思いますか，そうは思いませんか。」と質問し，回答の選択肢は「維持する方がよい」，「そうは思わない」，「答えない」であった。その結果は「維持する方がよい」がそれぞれ43%，48%，49%，49%で，「そうは思わない」がそれぞれ45%，41%，39%，36%，「答えない」がそれぞれ12%，11%，12%，15%であった[304]。

また，参院選後の7月に，「参議院選挙で，自民党と公明党の与党は目標としていた改選議席の過半数を獲得しました。あなたは，この結果をよかったと思いますか，よくなかったと思いますか。」と質問し，「よかった」，「よくなかった」，「答えない」であった。その結果はそれぞれ54%，35%，11%であった。

さらに，「参議院選挙で選挙協力を行った民進党や共産党などの野党4党は，今後，4党による政権を目指すのがよいと思いますか，思いませんか。」と質問し，回答の選択肢は「思う」，「思わない」，「答えない」であった。その結果はそれぞれ35%，51%，14%であった。

また，「選挙の結果，憲法改正に前向きな勢力が，参議院でも3分の2を超えたことを，よかったと思いますか，よくなかったと思いますか。」と質問し，回答の選択肢は「よかった」，「よくなかった」，「答えない」であった。その結果はそれぞれ48%，41%，11%であった[305]。

これらの結果をみると，自民党と公明党の与党が参議院で過半数の議席を維持する方がよいと考える民意が5割程度あり，「よくなかった」を上回っていた。参議院でも憲法改正に前向きな勢力が2/3を超えたことについては，「よかった」が「よくなかった」を若干上回った。民進党や共産党などの野党4党による政権については否定的な民意が過半数あったことが示された。

② 朝　日

内閣支持率についてみてみる。15年3月，6月，9月，12月，16年2月，4

---

304 『読売新聞』，2016年3月7日（調査日：3月4日～6日），『読売新聞』，2016年4月4日（調査日：4月1日～3日），『読売新聞』，2016年5月16日（調査日：5月13日～15日），『読売新聞』，2016年6月20日（調査日：6月17日～19日）。

305 『読売新聞』，2016年7月13日（調査日：7月11日～12日）。

月，6月，7月における内閣支持率は，それぞれ「支持する」が46％，39％，35％，38％，40％，45％，45％，45％，「支持しない」が33％，37％，45％，40％，38％，34％，34％，35％であった[306]。

政党支持率についてみてみる。15年3月，6月，9月，12月，16年2月，4月，6月，7月における政党支持率は以下のようであった。自民党はそれぞれ38％，36％，33％，33％，34％，38％，38％，38％，民主党・民進党はそれぞれ8％，7％，10％，8％，8％，8％，8％，11％，維新[307]はそれぞれ2％，2％，2％，2％，3％，2％，1％，3％，公明党はそれぞれ3％，3％，3％，3％，3％，3％，4％，4％，共産党はそれぞれ3％，3％，4％，3％，3％，3％，3％，5％，支持政党なしはそれぞれ37％，41％，37％，42％，39％，34％，33％，17％であった[308]。

投票予定政党（比例区）についてみてみる。第24回参院選前の16年2月，4月，6月における投票予定政党は以下のようであった。自民党はそれぞれ37％，40％，39％，民主党・民進党はそれぞれ16％，15％，12％，維新[309]はそれぞれ8％，6％，6％，公明党はそれぞれ5％，4％，7％，共産党はそれぞれ7％，5％，7％，「答えない」はそれぞれ24％，26％，25％であった[310]。

争点についてみてみる。16年6月に「こんどの参議院選挙で投票先を決めるとき，重視する政策は何ですか（選択肢から2つまで選ぶ）。」と質問し，回答の

---

306 『朝日新聞』，2015年3月17日（調査日：3月14日〜15日），『朝日新聞』，2015年6月23日（調査日：6月20日〜21日），『朝日新聞』，2015年9月21日（調査日：9月19日〜20日），『朝日新聞』，2015年12月22日（調査日：12月19日〜20日），『朝日新聞』，2016年2月16日（調査日：2月13日〜14日），『朝日新聞』，2016年4月12日（調査日：4月9日〜10日），『朝日新聞』，2016年6月6日（調査日：6月4日〜5日），『朝日新聞』，2016年7月14日（調査日：7月11日〜12日）。

307 15年12月，16年2月の調査では，おおさか維新の会と維新の党の合計の支持率を記した。

308 『朝日新聞』，2015年3月17日（調査日：3月14日〜15日），『朝日新聞』，2015年6月23日（調査日：6月20日〜21日），『朝日新聞』，2015年9月21日（調査日：9月19日〜20日），『朝日新聞』，2015年12月22日（調査日：12月19日〜20日），『朝日新聞』，2016年2月16日（調査日：2月13日〜14日），『朝日新聞』，2016年4月12日（調査日：4月9日〜10日），『朝日新聞』，2016年6月6日（調査日：6月4日〜5日），『朝日新聞』，2016年7月14日（調査日：7月11日〜12日）。

309 16年2月は維新の党とおおさか維新の会の合計値を記した。

310 『朝日新聞』，2016年2月16日（調査日：2月13日〜14日），『朝日新聞』，2016年4月12日（調査日：4月9日〜10日），『朝日新聞』，2016年6月6日（調査日：6月4日〜5日）。

選択肢は「景気雇用対策」,「消費税の引き上げ延期」,「医療・年金などの社会保障」,「子育て支援」等であった。その結果はそれぞれ45%,23%,53%,33%であった[311]。

これらの結果をみると,内閣支持率についてはこれまでとほぼ同様で,読売に比べ10%弱低く出る傾向にあったが,この間の支持率の変動はほぼ読売と同様であったといえる。おおむね,支持するが45%程度,支持しないが40%弱であった。15年6月,9月に,支持率が39%,35%と減少したが,これは読売のところでもみたように安全保障関連法の成立に関する世論の反発が要因と考えられる。

政党支持率については,自民党は引き続きほぼ3割後半であった。なお,読売と同様,内閣支持率は自民党支持率に影響を与えていたといえる。一方民主・民進党は,読売と同様若干上昇傾向がみられ,10%程度であった。

投票予定政党については,比例区において自民党は30%後半,民進党が10%半ばであった。

争点については,朝日は投票先を決めるとき重視する政策として回答の選択肢に「消費税の引き上げ延期」を入れて質問し,2つまで選ぶという方法をとったが,その結果は20%程度で,「景気雇用対策」や「社会保障」に比べるとさほど多くなく,主要な争点とはならなかったとみられる。

また,16年4月に,「民主党と維新の党などが合流し,民進党ができました。民進党に期待しますか。期待しませんか。」と質問し,回答の選択肢は「期待する」,「期待しない」であった。その結果はそれぞれ32%,58%であった[312]。

7月に,参院選挙後「今回の選挙で選ばれた121議席のうち,自民党と公明党の与党が,過半数を大きく上回る議席を得たのは,安倍首相の政策が評価されたからだと思いますか。野党に魅力がなかったからだと思いますか。」と質問し,回答の選択肢は「安倍首相の政策が評価されたから」,「野党に魅力がなかったから」であった。その結果はそれぞれ,15%,71%であった[313]。

---

311 『朝日新聞』,2016年6月6日（調査日：6月4日〜5日）。
312 『朝日新聞』,2016年4月12日（調査日：4月9日〜10日）。
313 『朝日新聞』,2016年7月14日（調査日：7月11日〜12日）。

朝日は野党を取り上げて質問することが多い傾向がみられ，これらの結果を
みると，民進党に対する期待の有無を質問し，期待しないが期待するを上回っ
たことが示されたこととも関連があるとみられるが，この参院選で与党が圧勝
した理由について安倍首相の政策が評価されたからか，野党に魅力がなかった
からかとの質問をし，野党に魅力がなかったからとする民意が，安倍首相の政
策が評価されたからとする民意を大きく上回ったことを示した。朝日は，この
参院選における与党の圧勝は，魅力がある野党が存在せず消極的に自民党を選
択した結果であったということを示したといえる。

③　毎　　日

　内閣支持率についてみてみる。15年３月，７月，９月，12月，16年３月，４
月，６月，７月における内閣支持率は，それぞれ「支持する」が44％，42％，
35％，42％，42％，44％，42％，44％，「支持しない」が34％，43％，50％，
37％，38％，38％，39％，35％，「関心がない」が19％，13％，12％，18％，
18％，15％，17％，17％であった[314]。

　政党支持率についてみてみる。15年３月，７月，９月，12月，16年３月，４
月，６月，７月における政党支持率は以下のようであった。自民党はそれぞれ
31％，31％，27％，29％，31％，33％，31％，32％，民主党・民進党はそれぞ
れ９％，７％，12％，７％，７％，８％，10％，９％，維新[315]はそれぞれ
５％，５％，３％，７％，５％，２％，３％，６％，公明党はそれぞれ４％，
４％，４％，３％，４％，５％，４％，５％，共産党はそれぞれ５％，４％，
５％，３％，５％，４％，５％，６％，「支持政党はない」はそれぞれ35％，
37％，38％，37％，37％，34％，34％，29％であった[316]。

314　『毎日新聞』，2015年３月16日（調査日：３月14日〜15日），『毎日新聞』，2015年７月６日
　　（調査日：７月４日〜５日），『毎日新聞』，2015年９月21日（調査日：９月19日〜20日），『毎
　　日新聞』，2015年12月７日（調査日：12月５日〜６日），『毎日新聞』，2016年３月７日（調査
　　日：３月５日〜６日），『毎日新聞』，2016年４月19日（調査日：４月16日〜17日），『毎日新
　　聞』，2016年６月20日（調査日：６月18日〜19日），『毎日新聞』，2016年７月18日（調査日：
　　７月16日〜17日）。

315　15年12月，16年３月の調査では，おおさか維新の会と維新の党の合計の支持率を記した。

316　『毎日新聞』，2015年３月16日（調査日：３月14日〜15日），『毎日新聞』，2015年７月６日
　　（調査日：７月４日〜５日），『毎日新聞』，2015年９月21日（調査日：９月19日〜20日），『毎

投票予定政党（比例区）についてみてみる。第24回参院選前の16年3月，4月，6月における投票予定政党は以下のようであった。自民党はそれぞれ33％，33％，30％，民主党・民進党[317]はそれぞれ14％，13％，14％，維新はそれぞれ5％，4％，5％，公明党はそれぞれ4％，6％，5％，共産党はそれぞれ7％，6％，6％[318]。

争点についてみてみる。16年5月，6月に「あなたは今回の参院選で，次の9つの争点のうちどれを最も重視しますか。」と質問し，回答の選択肢は「アベノミクス」，「消費増税」，「年金・医療」，「子育て支援」等であった。その結果は5月ではそれぞれ12％，9％，25％，10％，6月ではそれぞれ9％，7％，24％，13％であった[319]。

これらの結果をみると，内閣支持率についてはこれまでとほぼ同様で，読売に比べ10％程度低く出る傾向があった。この間の支持率の変動もほぼ読売，朝日と同様であったといえる。概ね，「支持する」が40％前半，「支持しない」が30％後半であった。15年9月に支持率が35％と減少したが，これは読売，朝日と同様，安全保障関連法の成立に関する世論の反発が要因と考えられる。

政党支持率については，自民党は引き続きほぼ30％前半であった。なお，読売，朝日と同様，内閣支持率は自民党支持率に影響を与えていたといえる。一方民主・民進党は，読売，朝日と同様若干上昇傾向がみられ，10％弱であった。

投票予定政党については，比例区において自民党は30％前半，民進党が10％半ばであった。

争点については，毎日は9つの争点を示し，この中で最も重視するものを質問し，その選択肢の中に「消費増税」を提示したが，その結果は5月では9％，

日新聞』，2015年12月7日（調査日：12月5日～6日），『毎日新聞』，2016年3月7日（調査日：3月5日～6日），『毎日新聞』，2016年4月19日（調査日：4月16日～17日），『毎日新聞』，2016年6月20日（調査日：6月18日～19日），『毎日新聞』，2016年7月18日（調査日：7月16日～17日）。

317　16年3月5日～6日の調査では，正式に新党が結成されていないため選択肢は「民主党と維新の党が合流する新党」となっている。

318　『毎日新聞』，2016年3月7日（調査日：3月5日～6日），『毎日新聞』，2016年4月19日（調査日：4月16日～17日），『毎日新聞』，2016年6月20日（調査日：6月18日～19日）。

319　『毎日新聞』，2016年5月30日（調査日：5月28日～29日），『毎日新聞』，2016年6月20日（調査日：6月18日～19日）。

6月では7％とさほど多くなく，朝日と同様主要な争点とはならなかったことを示したとみられる。

また，16年4月，5月に，「憲法改正にはまず衆院と参院でそれぞれ『3分の2以上』の議員の賛成が必要です。あなたは参院選で，憲法改正に賛成する勢力が参院の3分の2を占めることを期待しますか。」と質問し，回答の選択肢は「期待する」，「期待しない」であった。その結果は4月ではそれぞれ34％，47％で，5月ではそれぞれ40％，48％であった[320]。

7月，選挙後，「参院選で自民党など憲法改正に賛成する勢力が3分の2を超える議席を獲得しました。あなたは参院選で改憲勢力の議席数を意識しましたか」と質問し，回答の選択肢は「意識した」，「意識しなかった」であった。その結果はそれぞれ51％，38％であった。

また，「あなたは参院選で，民進党や共産党などの野党が選挙協力したことを評価しますか。」と質問し，回答の選択肢は「評価する」，「評価しない」であった。その結果はそれぞれ42％，41％であった[321]。

毎日は，この参院選で改憲勢力が2/3以上を占めることに対する期待の有無を質問し，「期待しない」が「期待する」を上回る結果を示した。また，選挙後の調査で，この参院選において改憲勢力の議席数を意識したか否かを質問していたが，投票時点において議席数を意識していたか否かとの文言は入っておらず，結果をみての議席数を意識したか否かを質問しているようにみられるが，意識したが意識しなかったを10％程度上回った結果を示した。

また，朝日と同様，野党についても質問し，民進党や共産党などの野党が選挙協力したことへの評価を尋ねたが，評価すると評価しないが拮抗していたことが示された。

④　ま　と　め

内閣支持率については，第2章，第3章の結果と同様，読売が朝日，毎日に

320　『毎日新聞』，2016年4月19日（調査日：4月16日～17日），『毎日新聞』，2016年5月30日（調査日：5月28日～29日）。

321　『毎日新聞』，2016年7月18日（調査日：7月16日～17日）。

比べて10％弱高く出ているものの，本章における支持率はほぼ横ばいで，読売が50％程度，朝日，毎日は40％程度であった。この間の細かい変動は3紙ともに同様の傾向がみられた。

政党支持率についても，引き続き自民党は読売が40％程度，朝日と毎日が30％台を上下していた。民主党・民進党は3紙ともに，若干上昇傾向がみられ，10％程度であった。

投票予定政党については，自民党は読売と朝日が30％後半，毎日は30％前半であった。民主党・民進党は読売が10％前半，朝日，毎日は10％半ばであった。

争点については，安倍首相が10％への引き上げ再延期を表明しこれも含めて参院選にて信を問うとしたが，読売は争点に関する調査で消費増税再延期に関する選択肢は設定せず，朝日と毎日は消費増税再延期を選択肢として設定したものの，それほど重視する政策として考える民意は多くはなく，主要な争点にはならなかったとみられる。

上記以外の質問では，読売がこの参院選で自民党と公明党の与党が過半数の議席を維持する方がよいかどうかを質問し，よいと考える民意が5割程度あることを示した。また，改憲勢力が参議院でも2/3を超えたことをよかったと思うか否かを質問し，「よかった」が「よくなかった」を若干上回ったことを示した。野党に対しては，民進党や共産党などの野党4党が今後政権を目指すのがよいか否かを訪ね，否定的な民意が過半数あったことを示した。

これに対し朝日は，この参院選で与党が過半数を大きく上回ったことに対する要因を，安倍首相の政策が評価されたからか，野党に魅力がなかったからかを質問し，野党に魅力がなかったからが大きく安倍首相の政策が評価されたからを上回ったことを示した。民進党に対する期待の有無についても質問し，期待しないが6割程度あったことも示した。読売とは違って朝日は，与党の圧勝が積極的に支持する民意ではなく，野党に魅力がなく政権担当能力がみられないという消極的な支持が要因であったことを示したとみることができる。

毎日は，この参院選で改憲勢力が参院の2/3を占めることに対する期待の有無を質問し，期待しないが期待するを上回る結果を示し，2/3を超える勢力を獲得することに否定的な民意をすくい上げようとしていたとみることができる。民進党や共産党などの野党が選挙協力したことについては評価すると評価しな

いが拮抗しており，評価が分かれていることを示したとみられる。

⑵ 選挙公約，選挙結果

本項では，第24回参院通常選挙の際の選挙公約，その選挙結果についてみてみる。

① 選挙公約

A．自民党

自民党は，「参議院選挙公約2016」を公表し，キャッチフレーズは「この道を。力強く，前へ。」であった。具体的には，まず安倍自民党総裁の「政権奪還から3年半，経済最優先で取り組んできました。中小企業の倒産は，政権交代前から3割減少し，25年ぶりの少なさ。雇用は110万人増えました。全国津々浦々，誰にでも1つ以上の仕事がある。史上初めて，有効求人倍率が，47すべての都道府県で1倍を超えました。今世紀最高水準の賃上げが，一昨年，昨年に続き，今年の春も，3年連続で実現。パートの皆さんの賃金も過去最高です。まだ道半ばではありますが，アベノミクスは，確実に『結果』を生み出しています。しかし，今，世界経済がリスクに直面しています。悠久の歴史を紡いできた伊勢志摩の地で，このリスクに共に立ち向かう意志を，G7のリーダーたちと共有しました。日本もあらゆる政策を総動員する。消費税率引き上げを2年半延期します。総合的かつ大胆な経済対策を講じ，アベノミクスのエンジンを最大限に吹かすことで，デフレからの脱出速度を更に上げていきます。この道しかありません。」とのメッセージを掲載した。

次に，様々な政策について政権公約を掲載した。経済政策については，アベノミクスの成果をアピールし，「『経済の好循環』を，さらに加速。」とのキャッチフレーズの下に，「一億総活躍社会」の実現に絡めて，「『一億総活躍社会』を実現するためには，回り始めた経済の好循環をさらに加速させ，『経済のパイ』を拡大することが不可欠です。あらゆる政策を総動員して，戦後最大のGDP600兆円経済を目指します。しっかりと内需を支える大胆な経済対策を実行します。」とし，さらに，「G7伊勢志摩経済イニシアティブに基づき，機動的な財政政策を進めるとともに，成長に資する構造改革を加速し，経済再生に万全を期

します。今秋にも，速やかに経済対策を断行し，切れ目のない対応を取ります。」
とした。

消費税率の引き上げ再延期については「わが国のデフレ脱却をより確実なものとするため，アベノミクスのエンジンをもう一度力強く回し，消費税率10%への引き上げは，2019年10月に行います。」とした。

財政再建については，「経済成長が財政健全化を促し，財政健全化の進展が経済の一段の成長に寄与するという好循環を加速し，財政再建と経済成長の両立を図ります。」とした。

社会保障については，「赤字国債に頼ることなく，安定財源を確保して，可能な限り社会保障の充実を行います。」とした[322]。

B．民進党

民進党は，参院選公約について従来の「マニフェスト（政権公約）」の表現を使わず，「重点政策・国民との約束」との表題にて公表し，キャッチフレーズは「人から始まる経済再生」であった。また，「民進党政策集2016」等を作成した。具体的にはまず，「分岐点に立つ日本。暮らしと平和の危機。2016年夏，国民（あなた）の力を，私たちに。」とのタイトルにて，岡田民進党代表の「戦後70年，私たちは今，時代の大きな分岐点に立っています。急激な人口減少，膨大な財政赤字，経済の長期停滞。こうした根本的な問題が解決されないまま，多くの子どもや若者が，その可能性を発揮できずに，未来の希望を失っています。……参議院選挙で，私たちは，特に2つのことを訴えたいと思います。第1に，経済と暮らしです。アベノミクスから3年半が経過してなお，国民の8割が景気回復を実感していません。賃金も消費も低迷し，消費税引き上げを延期せざるを得ない状況です。今こそ，分配と成長を両立させる経済政策へと転換するときなのです。……第2に，憲法と平和です。……日本国憲法の平和主義の根幹，つまり，海外の紛争に武力をもって関与しないという『国のかたち』を壊すことは，絶対に認められません。」とのメッセージを掲載した。

---

[322] 『参議院選挙公約2016 自民党』（https://jimin.jp-east-2.os.cloud.nifty.com/pdf/manifest/2016sanin2016-06-22.pdf）参照。

「民進党政策集2016」にて，経済政策，財政再建については，「デフレ脱却・安定的な経済成長を実現するためには，成長戦略の着実な実施，財政健全化への道筋の明確化などが重要です。財政運営戦略（10年），中期フレーム（3年）に基づく予算編成の実施，国の財務情報開示の法定化，歳入庁設置の検討など歳出・歳入構造改革のための体制の強化などを柱とする『財政健全化推進法』を制定します。2020年度基礎的財政収支（PB）黒字化，2021年度以降長期債務残高対 GDP 比逓減目標に向け，『行政改革や社会保障の効率化などの歳出改革』『成長戦略』『歳入改革』の3本柱の改革を進めます。」とした。

また，社会保障については，「社会保障の充実・安定化を図り，将来世代に借金を押しつけないため，10％への消費税引き上げを含めた『社会保障と税の一体改革』を推進することの重要性・必要性は変わりありません。」とした。

消費税率引き上げの再延期については，16年6月1日付で岡田代表が「代表談話」として，「本日，安倍総理大臣が二度目の消費税の引き上げ延期を表明した。明らかに公約違反であり，安倍総理は本日の会見で辞任を表明すべきであった。再延期の理由には『世界経済は危機に直面している』『その認識をG7首脳が共有している』そして『アベノミクスは成功している』という，3つのごまかしがある。国政の重要課題についてこのようなごまかしを重ねることは一国の総理として恥ずべきことであり，国際社会の嘲笑を買っている。消費税を引き上げる環境を作りあげられなかった最大の原因がアベノミクスの失敗であることを素直に認め，国民に謝罪しなければならない。また，総理は2019年10月まで再引き上げを延期するとしたが，これは自らの任期中には再引き上げの判断をしないとの表明であり，同時に国内外に約束してきた財政健全化目標を放棄するものである。……民進党は成熟社会に相応しい『成長と分配の両立』の経済政策を国民に丁寧に説明し，その実現に全力を挙げていく。これにより，安心の国民生活と安定した成長，そして消費税引き上げが可能となる経済状況を作り出していく。」とのメッセージを出した。

また，「民進党政策集2016」にて，「アベノミクスは失敗し，本来やるべき消費税引き上げを実行できる状況にはありません。ふつうの人の暮らしを立て直すため，以下の4点を前提として，引き上げを2019年4月まで2年延期します。①年金・医療・介護の充実と子育て支援は，消費税引き上げを待たずに予定通

り来年4月から実施します。②税金のムダづかいをなくすなどの行政改革と身を切る改革を徹底します。③2020年度基礎的財政収支の黒字化目標は守り，次世代にツケをまわしません。④高所得者優遇の軽減税率は中止し，消費増税分を中低所得者に払い戻す給付付き税額控除を実施します。」とした[323]。

C．おおさか維新の会

おおさか維新の会は，「2016参院選マニフェスト」を公表し，キャッチフレーズは「古い政治を壊す。新しい政治を創る。」であった。「身を切る改革，維新だからできる」を掲げ，議会改革，公務員制度改革，行政改革，次世代への投資を実施する姿勢をアピールした。また，松井おおさか維新の会代表の「旧態依然とした政治。増え続ける国民の税負担。この国の政治は，戦後の古い体質のままあり続けています。真の改革を進めなければ，この国に未来はありません。……消費税増税を先送りした今だからこそ，身を切る改革によって財源を生み出す必要があるのです。……強い未来をつくるために，子どもたちが安心して教育を受けられる国へ。高齢者が生き生きと暮らせる国へ。納税者が納得のいく改革を，前へ。この国には，維新がある。」とのメッセージを掲載した。

経済政策については，「『既得権と戦う成長戦略』を維新の手で！」とのタイトルにて，「規制で守られた補助金漬けの古い業界や団体が，新規参入や競争を阻み，税金を吸い上げて，国民の活力を奪っている」とし，「競争政策を強化し，医療，農業，観光といった産業を振興」，「労働時間規制を見直し，多様な働き方を導入」等とした。

消費税率の引き上げ再延期については，「景気の現状に鑑み，来年4月の消費税増税は凍結」とした。さらに，低所得者対策として，「消費税の軽減税率や一律の給付金ではなく，『給付付き税額控除』を実現。必要な人に，必要な額の生活支援を行う。」とした。

財政再建については，「『財政責任法』の制定。国の債務残高逓減等，財政運

---

323 『重点政策・国民との約束』(https://www.minshin.or.jp/article/109344)，『民進党政策集2016』(https://www.minshin.or.jp/election2016/policies)，『【代表談話】消費税引き上げ再延期について』(https://www.minshin.or.jp/article/109220) 参照。

営の基本方針を定める。経済成長/歳出削減/歳入改革のバランスの取れた基礎的財政収支（プライマリーバランス）赤字ゼロへの工程表をつくる。」とした[324]。

Ｄ．公明党

公明党は，「Manifesto2016│参院選重点政策」を公表し，キャッチフレーズは「希望が，ゆきわたる国へ」であった。具体的には，「いま日本に必要なことは，景気に力強さを与え，その実感を『家計』へ届けること。日本全体の成長力を底上げしていく大胆な政策展開や，安定した外交力が求められています。……暮らしの現場にあって，働き方の仕組みを変え，保育や介護に安心できる福祉人材の確保などを推し進め，人口減少・少子高齢化という日本の構造的な問題に立ち向かわなければなりません。……参院選の重点政策では，公明党が存在する安定政権で引き続き，国民の暮らしを守り，希望ある日本の未来を拓いていくことをお約束いたします。」とのメッセージを掲載した。なお，公明党の代表は山口那津男氏である。

経済政策については，「景気に力強さを。実感を『地方』『中小企業』『家計』へ。」のタイトルにて，「中長期的に，実質GDP成長率２％程度，名目GDP成長率３％程度を上回る経済成長の実現を目指します。『成長と分配』の好循環の実現に向けて，特に，停滞する消費マインドを転換するため，プレミアム付商品券・旅行券等の発行，全国規模のセールスイベントの実施などについて検討し，経済対策を実行します」とした。

消費税率の引き上げ延期については，「国際経済の状況を踏まえ，また，デフレ脱却をはじめ，経済の好循環を確かなものとするため，消費税10％への引き上げは延期し，2019年10月から実施します。消費税率10％に引き上げと同時に，飲食料品等にかかる『軽減税率』制度を円滑に実施します」とした。

財政再建については，「財政健全化目標は堅持します」とした。

社会保障については，「安心できる社会保障実現へ」とのタイトルにて，保育や介護従事者の賃金引き上げ等処遇改善，キャリアアップ支援，無年金者対策

---

324 『おおさか維新の会2016参院選マニフェスト』（https://o-ishin.jp/election/sangiin2016/pdf/manifest_detail.pdf）参照。

の推進，低所得者の年金受給者への支援強化等を公約した[325]。

E．共産党

　共産党は，「2016参院選選挙政策」を公表し，キャッチフレーズは「力あわせ，未来をひらく」とし，当参院選より共産党単独で安倍政権に対峙する選挙戦から野党共闘で安倍政権に対峙する選挙戦への変更がみられた。具体的には，「野党共闘の勝利と日本共産党の躍進で，安倍政権を倒し，新しい政治をつくろう」との見出しで，「『安倍暴走政治』の全体に，ノーの審判をくだし，チェンジの意思を示していく選挙にしていこうではありませんか。……いま，日本の政治は，独裁と戦争への逆流か，立憲・民主・平和の新しい政治かという歴史的な分かれ道に立っています。……この選挙を，『安倍暴走政治』の全体－安保法制＝戦争法と憲法改定，『アベノミクス』と消費税大増税，TPP協定，原発問題，沖縄基地問題などに，ノーの審判をくだし，チェンジの意思を示していく選挙にしていこうではありませんか。日本共産党は，参院選で2つの目標に挑戦します。第一は，野党と市民の共闘を成功させることです。……第二は，日本共産党の躍進を必ずかちとることです。」とのメッセージを掲載した。なお，共産党の委員長は志位和夫氏である。

　消費税については，アベノミクスの批判に絡めて，「アベノミクスと消費税大増税により，日本経済は深刻な状態が続いています。安倍首相は，『景気がどうなろうと増税する』と言っていた消費税を，再び，今度は2年半延期せざるを得ませんでした。もはや，消費税にたよっていたら社会保障の充実も財政再建の展望も開けないことが，はっきりしました。消費税を増税すれば，必ず『増税不況』が繰り返されます。消費税創設以来28年間で，その税収は327兆円にものぼりますが，ほぼ同じ時期に法人3税は270兆円，所得税・住民税も261兆円も減ってしまいました。……『社会保障財源といえば消費税』『財政健全化といえば消費税』という消費税頼みのやり方では，この失敗を繰り返すだけです。日本共産党は，消費税10％増税は『先送り』実施ではなく，きっぱり断念する

---

325 『Manifesto2016｜参院選重点政策』（https://www.komei.or.jp/policy/policy/pdf/manifesto2016.pdf）参照。

ことを求めます。社会保障の拡充や財政危機打開に必要な財源は，『消費税にた
よらない別の道』で確保します。」とし，第47回総選挙の際にも主張していた
が，富裕層や大企業への優遇を改め，「能力に応じた負担」の減速による税制改
革と，大企業の内部留保の活用による増税を提案した[326]。

② 選挙結果

16年7月10日に実施された第24回参院選の選挙結果についてみてみる。まず，
投票率についてみてみると，選挙区では54.70%，比例代表区では54.69%であっ
た。前回の第23回参院選では選挙区の投票率は52.61%であり，これと比較する
と若干高いものの，低い投票率であったといえる。

次に，獲得議席についてみてみる。詳細を**表4-6**に示すので参照された
い[327]。

表4-6 第24回参院選挙獲得議席，比例代表区得票数等

	獲得議席			比例区得票数	非改選	改選+非改選	公示前議席
	選挙区	比例代表区	合計				
自民党	36	19	55	20,114,788	65	120	115
民進党	21	11	32	11,750,965	17	49	62
公明党	7	7	14	7,572,960	11	25	20
共産党	1	5	6	6,016,195	8	14	11
おおさか維新の会	3	4	7	5,153,584	5	12	7
こころ	0	0	0	734,024	3	3	3
社民党	0	1	1	1,536,238	1	2	3
生活の党	0	1	1	1,067,300	1	2	3
改革	0	0	0	580,653	0	0	2
諸派	0	0	0		3	3	4
無所属	5	0	5		7	12	11
	73	48	121		121	242	241

326 『2016参院選選挙政策　日本共産党』（http://www.jcp.or.jp/web_download/2016-sanin-seisaku-zen-s.pdf）参照。

改選された主要政党の獲得議席についてみてみる。与党である自民党は55議席（選挙区36，比例代表区19），公明党は14議席（選挙区7，比例代表区7）であった。非改選と合わせると自民党は120議席，公明党は25議席と，合計145議席となり，圧勝した。一方野党は，民進党が32議席（選挙区21，比例代表区11）と公示前の議席を減少させ，非改選と合わせて49議席となった。おおさか維新の会は7議席（選挙区3，比例代表区4）を獲得し，非改選と合わせると12議席となり，増加した。共産党は6議席（選挙区1，比例代表区5）を獲得し，非改選と合わせて14議席となった。

比例区得票数についてみると，前回の第47回総選挙では自民党が17,658,916，民主党は9,775,991であり，自民党は20,114,788と250万票余り増加し，民主党から民進党になったが，民主党の前回総選挙と比較すると11,750,965と200万票余り増加した。

また，参院選の結果に大きく影響を与える一人区では，32選挙区ある中で自民党は21勝11敗で，前回の第23回参院選では29勝2敗で圧勝したが，当参院選では野党が共闘したケースが多く野党系もかなり善戦した[328]。

ここで，読売，朝日，毎日各紙の当参院選結果に対するそれぞれ政治部長，ゼネラルエディター，主筆のコメントについて簡単にみてみる。

読売は，「腰据えて政策を」とのタイトルにて，「安倍自民党は，2012年12月の衆院選から国政選4連勝となった。……だが，国民の間に熱気や高揚感はない。静かな勝利だ。それだけ国民にとって，『強い安倍政権』が日常の光景になりつつある。内外にあふれる難題が，一朝一夕に解決しないことは，国民も理解している。前世代を将来への不安が覆っている。……熱気のなさは低い投票率が物語っている。国民や与野党には『選挙疲れ』もあったのではないか。……首相には，長期的視野で腰を据えて政策に取り組んでもらいたい。……野党はふがいなかった。民進党は民主党時代から自民党に対して連戦連敗だ。……基本政策が大きく異なる共産党との共闘は有権者にそうした不審を一層強めさせ

---

327 「総務省 選挙・政治資金」（http://www.soumu.go.jp/senkyo/senkyo_s/data/sangiin 24/index.html）参照。

328 『読売新聞』（夕刊），2016年7月11日参照。

たのではないか。」とコメントした。

　朝日は，「憲法論議　有権者を忘れるな」とのタイトルにて，「またしても政権の圧勝だった。安倍晋三首相は，これで衆参４回の国政選挙を制し，かつてない１強体制を築くことになる。そして戦後政治と，その支柱となってきた憲法が大きな曲がり角を迎えつつある。改憲を掲げる首相の下で，これに賛同する勢力が衆参両院で発議に必要な３分の２をほぼ占めた。……選挙中はアベノミクスへの期待感や増税先送りの安心感で支持を集め，選挙後は特定秘密保護法や安全保障法という憲法の根幹にかかわる政策を強引に進める。そんな手法を繰り返してきたからだ。しかし首相は，かたくなに憲法を語ることを避けた。……議員の頭数がそろったからといって，改憲手続きが一気に進むわけではない。」とコメントした。

　毎日は，「馬車よ　ゆっくり走れ」とのタイトルにて，「日本という名の一台の馬車が坂道を走っている。御者は国民，馬は政治家。積み荷は自由や平等など憲法の基本理念である。御者と馬が呼吸を合わせなければ，馬車は方向を間違い荷崩れを起こすかもしれない。私たちは今，そんな歴史の分水嶺にいる。だからこそ冷静に考えたい。改憲を発議できる３分の２は本来一人ひとりの国会議員の熟慮と決断を積み上げた，重い数字である。数を振りかざさぬ謙抑さを議論の前提とすべきだろう。……安倍政権の３年半。馬車は坂道を急ぎすぎた。格差や不平等を減らし，安心できる未来への道筋をどう作るか。そうした切実な課題への答えは，改憲なのか，否か。じっくり考え，進みたい。」とコメントした[329]。

③　ま　と　め

　選挙公約についてみてみる。第24回参院選は安倍首相が消費税率引き上げの再延期を表明し実施されたものであったが，前回の総選挙と同様，与野党問わず消費税率引き上げを再延期すべきとしたため，争点にはならなかったとみることができる。

329　『読売新聞』，2016年７月11日，『朝日新聞』，2016年７月11日，『毎日新聞』，2016年７月11日。

安倍首相は，世界経済のリスクを理由に，消費税率引き上げを2年半延期する表明をしたが，民進党の岡田代表は「世界経済は危機に直面している」，「その認識をG7首脳が共有している」，「アベノミクスは成功している」という3つのごまかしを指摘し，アベノミクスの失敗が消費税率引き上げの再延期につながったと安倍首相の経済政策を強く批判した。

公明党は与党の立場から国際経済の状況を踏まえ，消費税率引き上げの再延期の判断を支持し，飲食料品等に対する軽減税率制度の導入を強く主張した。

おおさか維新の会は消費税率の引き上げ再延期について，景気の現状に鑑み，17年4月の消費増税は凍結とし，低所得者対策として，民進党と同様軽減税率ではなく給付付き税額控除を主張した。

共産党は前述したように当参院選より野党共闘を重視する姿勢で選挙戦に臨んだ。消費税については従来通り消費税率引き上げ中止を訴え，富裕層や大企業への増税を主張した。

投票率についてみると，第23回参院選や第47回総選挙と比べると若干上昇したものの，55％弱という低投票率であった。獲得議席は自民党は選挙後に追加公認等をし，参議院で過半数の議席を占め，与党で公明党と合わせ140議席，さらに改憲勢力を加えると憲法改正を発議するのに必要な2/3の議席を獲得した。

このような選挙結果に対する読売，朝日，毎日各紙のコメントは，第23回差認戦，第47回総選挙と同様相違がみられた。

読売は，低投票率であったことを指摘しながら，「静かな勝利」との表現を用い，「強い安倍政権」が日常の光景になりつつあるとしたものの，安倍政権に対し，長期的視野で腰を据えて政策に取り組むことを要望した。朝日，毎日と違って，改憲を発議できる2/3を参院でも与党を中心とした勢力が獲得したことに対して言及がなかった。野党に対する批判は引き続き行っており，民進党が基本政策の大きく異なる共産党と共闘したことを否定的にとらえていた。

朝日と毎日は，改憲を発議できる2/3を参院でも与党を中心とした勢力が占めたことを大きく取り上げた。朝日は，戦後政治と，その支柱となってきた憲法が大きな曲がり角を迎え，重大な局面に入ったとし，首相がかたくなに憲法を語ることを避けたことを指摘し，議員の頭数がそろったからといって改憲

手続きが一気に進むわけではないとした。毎日も，2/3の数字は非常に重い数字で，数を振りかざさぬ謙抑さを議論の前提とすべきとし，改憲へ前向きな安倍政権を牽制する姿勢を示したものといえる。

第 5 章

結論及び含意

 政府・与党の動向

　安倍内閣における政府・与党の動向について官邸，与党税調，財務省を中心にこれらの関係性にも着目しながらみてみる。自民党政権下の税制に関する政策決定はこれまで税制に通じた自民税調，特にインナーの考えが重視され，財務省と連携しながらインナーが税制改革の内容を固めこれを自民税調に諮り党の決定として政府に上げていく形をとっていたものといえる。自民，公明の連立政権下でも自民税調と公明税調の与党税制協議会にて税制改正案を決定し，これを政府に上げていく形である。

　しかし，本書の分析対象である安倍内閣における消費税率5％から8％への引き上げ，8％から10％への2回の引き上げ延期に関する政治過程においては，官邸と与党税調との関係はこれまでのものとは異なるものであったといえる。

　軽減税率を巡る政策決定過程では，従来からそうであったように自民税調と財務省は密に連携し，一貫して軽減税率導入には消極的であったといえる[1]。軽減税率導入に積極的であったのは公明党で，同党は2回目の延期を決定する前の財務省による還付案についても強く反発し，財務省案が撤回された大きな要因の1つに公明党の反対が挙げられる。そして，この公明党の考えを後押ししたのが官邸であったとみることができる。特にそのキーパーソンは菅官房長官であったとみられる。菅官房長官ら官邸は連立パートナーである公明党との国

---

[1] 10％引き上げと同時の軽減税率導入が決定された後は，財務省は軽減税率導入を肯定的にとらえ，積極的にその導入の準備を進めているといえる。

政選挙における選挙協力等を重要視し，10％への引き上げ延期（1回目）表明前の軽減税率に関する決定は，安倍首相と山口代表の党首会談にて10％への引き上げを15年10月から17年4月へ延期し，その10％への引き上げと同時に軽減税率導入を目指す方針で合意がなされ，これを受けて安倍首相が野田税調会長と会談し，この方針が了承された経緯があった。

　また，10％への引き上げ延期（2回目）表明前の軽減税率導入を巡る動きの中で，軽減税率導入に消極的だった財務省と自民税調が野田税調会長，佐藤主税局長らの主導で作成した還付案（「日本型軽減税率」と称す）が官邸の意向で撤回され，なかなか前向きに軽減税率導入を検討しなかった野田税調会長を宮沢氏に交代させたことは，官邸主導で公明党との関係を重視し推し進めた結果であったとみられる側面もあったといえる。

　具体的な軽減税率の対象項目が財源問題と絡めながら決定していく過程では，自民税調と公明党の政治折衝に官邸も大きく加わり，整理すると以下のようであったといえる。宮沢氏が自民税調会長に就任した後，その議論が活発化した。自民税調は，軽減税率の財源について総合合算制度の見送りに伴う4,000億円を提示したが，公明党は酒類を除く飲食料品を軽減税率対象にすることを主張し，その財源は1兆円規模であった。軽減税率の財源が4,000億円から1兆円に拡大していく過程はまさに自民税調と公明党，そして官邸の間の政治折衝の結果であった。4,000億円を主張した自民税調は，その政治折衝の中で最初は生鮮食品から入り，加工食品は後にするという2段階論を主張した。しかしこの2段階論は公明党が強く反対した。官邸もこの公明党の意向を踏まえ，最終的に公明党の主張通り加工食品も含め酒類を除く飲食料品が対象となり，1兆円規模という財源が軽減税率導入のために必要となった。

　軽減税率導入に消極的であった財務省は，低所得者対策の代替案として還付案を提示したものの，官邸，公明党の強い意向で結果的に軽減税率導入を呑まざるを得なかったが，経過措置として「区分記載請求書等保存方式」が，将来的に「適格請求書等保存方式」というインボイス導入が軽減税率導入に合わせて決定されたことで，財務省も軽減税率導入を受け入れた側面もあったとみられる。

　税率引き上げそのものを巡る政策決定過程も，これまでのように自民税調と

財務省が連携しながら決定が行われたものとは様相が異なっていたといえる。安倍内閣における引き上げを巡る政治過程の特徴の１つに，内閣府あるいは内閣官房が実施した有識者からのヒアリングがあげられる。具体的には，５％から８％への引き上げの際は「今後の経済財政動向等についての集中点検会合」（内閣府），８％から10％への引き上げ延期（１回目）の際は「今後の経済財政動向等についての点検会合」（内閣府），８％から10％への引き上げ延期（２回目）の際は「国際金融経済分析会合」（首相官邸・内閣官房）が実施された[2]。なお，軽減税率導入に関するヒアリングは，安倍内閣において与党税制調査会の軽減維率制度調査委員会にて実施された。

　安倍内閣では引き上げの是非についても与党税制調査会，財務省と連携し，その判断を踏まえるというよりも，官邸が直接判断する形をとったものとみることができる。公明党との連携についてみてみると，軽減税率の場合と違って，引き上げの是非については，10％への引き上げと同時に軽減税率を導入することを前提に，官邸が引き上げ延期を決定し，これを公明党に呑んでもらう形であったといえ，特に２回目の延期の際はこの傾向が強くみられたといえる。

　なお，前述したように，内閣府や内閣官房が実施した有識者からのヒアリング結果を重視する姿勢は見られたものの，必ずしもその有識者のヒアリング結果を踏まえたわけでもなかった。つまり，有識者の意見の中で引き上げるべきか，引き上げ延期をするべきかのいずれが多数かで延期の有無を決めたわけでもなく，有識者のヒアリングの最中，まだすべてのヒアリングが終了していない状況で，安倍首相が引き上げ延期を決定した場面もあった。

　引き上げをすべきか，引き上げを延期すべきかの判断は，官邸が中心となり内閣官房参与，世界の著名な経済学者等の意見も取り入れながらトップダウンの形でなされていったものとみられる[3]。

2　５％から８％の際の集中点検会合：
　http://www5.cao.go.jp/keizai-shimon/kaigi/special/tenken/index.html
　８％から10％延期１回目の際の点検会合：
　http://www5.cao.go.jp/keizai-shimon/kaigi/special/tenken2014/index.html
　８％から10％延期２回目の際の国際金融経済分析会合：
　https://www.kantei.go.jp/jp/singi/kokusaikinyu/
　を参照。

政府税調の動向について簡単にみてみる。第2次安倍内閣が誕生し，13年に有識者のみで構成する組織として4年ぶりに政府税調が復活した。ここでは，中長期的な税制の在り方が議論された。しかし，前述したように，税率の引き上げ延期，軽減税率導入等の決定は官邸主導で行われたわけで，かつての自民党政権下における政府税調と自民税調がそれぞれの立場から税制に関する政策決定に関与し，もちろんその場合自民税調が主導したわけだが，安倍内閣においては，その決定に政府税調が強く影響を及ぼしたとはいえなかったといえる。各年度の税制改正大綱においても中長期的な視点を示す文言はあまり見られず，政府の決定に基づき消費税率の5％から8％への引き上げ，8％から10％への引き上げ延期，再延期に関する措置が記載されていたといえる[4]。

第2次安倍内閣が誕生し自民党が政権に復帰した際，経済財政諮問会議の復活も象徴的なことであった。経済財政諮問会議における毎年6月に公表される「骨太の方針」では，経済成長と財政再建の両立が記載されていたが，この「骨太の方針」は官邸の意向が反映されるものであった[5]。

2 野党の動向

野党は第47回総選挙，第24回参院選のいずれにおいても，安倍首相の経済政策「アベノミクス」の失敗を強く主張し，大企業のみ景気が良くなりそれが中小企業には及ばず，また都市部にのみ恩恵が及び地方に及んでいないとし安倍政権の経済運営を厳しく批判したが，そのため消費税を引き上げる状況に日本経済はなっておらず，結果的に安倍内閣と同様，消費税率引き上げの延期を公約として選挙を戦うことになった。

よって，消費税率の引き上げを巡る政治過程では，2回の国政選挙を経て，衆院では2/3を与党が占め，参院でも与党が過半数を占めることでいわゆる

3　内閣官房参与や著名な経済学者はデフレ脱却を最優先とし，アベノミクスと相まって成長戦略を重視する考え方を官邸に示したものといえる。

4　政府税調は内閣府設置法の政令「内閣府本府組織令」第31条にて規定されている審議会である。

5　経済財政諮問会議とは，内閣府設置法第18条にて，内閣総理大臣又は内閣官房長官をその長とし規定されている組織である。

「ねじれ現象」が解消されたため，衆参ねじれ現象が続いた頃の自民党政権や民主党政権の場合と異なり，野党が存在感を出すことはなかなか難しい状況であったとみられる。

軽減税率導入については民主党が否定的で，給付付き税額控除を公約に掲げたが，与党の圧勝により低所得者対策についても軽減税率採用が決定し，民主党等野党の存在感はあまりみられなかった。

ここで12年 6 月に野田内閣においてなされた民自公の「3 党合意」についてみる。無所属の会の野田前首相は，18年 2 月28日の財務金融委員会にてこの「3党合意」について，「3 党合意の精神」という言葉を用い，安倍内閣では，「社会保障の充実，安定と財政健全化を同時に達成することを目的とし，この大きなテーマについて与野党が責任を持ち合う」という精神は「もはや風前のともしびから，ともしびが消えるような状況になっていると大変残念に思っています」と発言した[6]。

「3 党合意」のキーパーソンであった谷垣前総裁が勇退し，民主党（民進党）をはじめとして野党も消費税率の引き上げには反対で，「3 党合意の精神」が崩れかけていることは，安倍首相の消費税を選挙の争点にする政治手法により，野党の動きに少なからず影響を与えたものとみられる。

③ 利益集団の動向

利益集団，経済団体として財界 3 団体(経団連，同友会，日商)，労働組合として連合の動向についてみてみる。

軽減税率に対し，態度が明確であったのは日商で，一貫して反対を表明した。これは，複数税率を導入することによりインボイスの導入が必要となり，納税事務負担の増加が見込まれるためで，単一税率を強く主張した。

---

6 第196回国会 財務金融委員会 第 5 号（2018年 2 月28日）
http://www.shugiin.go.jp/internet/itdb_kaigiroku.nsf/html/kaigiroku/00951962
0180228005.htm
野田佳彦・元首相「消費税 これまで・これから」(1)日本記者クラブ，2018年11月 7 日，
(https://www.youtube.com/watch?v=Tznio1qMQSA)

同友会も税制のあるべき姿から軽減税率には否定的であった。

一方，経団連は財務省から還付案が示されたときは賛成の姿勢を示したが，政府が軽減税率の導入を決めるとそれを容認する立場をとった。

連合は，その支持政党である民主党，民進党の考えと同様，低所得者対策は必要であるが，軽減税率には否定的で，給付付き税額控除の導入を主張した[7]。

税率引き上げについてみてみる。経団連は，5％から8％の引き上げの際，景気対策を十分に行うことを前提に引き上げを容認した。同友会，日商もほぼ同様の立場であったといえる。

8％から10％引き上げ延期（1回目）の際，経団連は，当初は景気対策を十分に行うことを前提に引き上げに賛成であったが，政府が引き上げ延期を決定すると，「この決断は重い」とし容認する立場をとった。ただし財政健全化の道筋の提示を求めた。

日商も，ほぼ経団連と同様，「財政健全化の遅滞，日本国債の信認低下等のリスク」を指摘し，引き上げ延期を容認するものの財政再建に「万全の対策を講じてほしい」とした。

同友会も，経団連や日商と同様，引き上げ延期の決定を容認するが，財政再建の重要性も指摘した。

連合は，古賀会長名で「消費税率の引き上げによる消費の抑制や内需縮小への懸念があることは事実だが，急激な少子高齢化・人口減少社会に突入しているわが国においては，社会保障と税の一体改革は待ったなし。財政健全化のためにも消費税により負担を分かち合うことが必要」との声明を出し，引き上げ延期の決定はやむを得ないものの社会保障・税一体改革を着実に実行するため，消費税率引き上げは急務であるとの立場であった[8]。

8％から10％引き上げ延期（2回目）の際は，経団連の榊原会長は，「日本経

7　「当面する税制改正に対する連合の考え方」，2012年10月25日
　　http://www.cao.go.jp/zei-cho/history/2009-2012/gijiroku/zeicho/2012/__icsFiles/afieldfile/2012/10/24/24zen3kai12.pdf
　　「2018年度税制改正関連法案の成立についての談話」，2018年3月29日
　　https://www.jtuc-rengo.or.jp/news/article_detail.php?id=965
8　「消費税率8％から10％への引き上げにかかる論点について」，2014年11月4日
　　http://www5.cao.go.jp/keizai-shimon/kaigi/special/tenken2014/01/shiryo05.pdf

済の状況等を総合的に考え，安倍首相が重い政治決断をされた。経済界としては尊重したい」とし，再び政府の決定を容認する姿勢を示した。

一方，同友会と日商は，財政健全化の視点と社会保障の財源問題から10％への引き上げ再延期については否定的な姿勢を示した。

連合は，社会保障・税一体改革の実現のため，10％への引き上げ再延期については否定的で，「基本的には2017年4月に消費税率を引上げる必要があると考える（引上げを延期すべきではない）」とした。また16年6月1日の安倍首相の引き上げ再延期の表明について，「自らの経済失政により二度までもその延期を判断し，予定されていた社会保障の充実を大きく後退させたことは極めて遺憾であり，このような事態を招いた責任は重大である」と厳しく批判した。なお，民進党が提出した「消費税引上げ延期法案」については「苦渋の決断であった」とした[9]。

以上，税率引き上げに関する利益集団の動向をみると，経団連は安倍政権との関係を良好に保つため安倍政権の決定を容認する姿勢を常にとっていたといえる。日商は中小企業団体への配慮から軽減税率の導入には一貫して反対の姿勢を示し，引き上げ再延期に対しても否定的な立場をとり，経団連とは違った対応をしたとみることができる。同友会は社会保障・税一体改革の理念に基づき安倍政権の決定に対し常にこれを容認するという立場ではない場合もあった。

連合はその支持政党である民主党，民進党と歩調を合わせるように，社会保障・税一体改革の理念に立ち消費税率引き上げの再延期には反対し，低所得者対策としては給付付き税額控除の導入を求めたが，アベノミクスの失政を指摘し引き上げ再延期を提示した民進党には苦渋の決断としてこれを支持する姿勢を示したといえる。

  4　社説，世論調査の各紙の動向

社説について，税率引き上げ（延期），軽減税率，そして安倍政権に対する姿

---

9 「消費税率引上げ再延期に対する連合の見解」，2016年6月6日
 http://www.jfu.or.jp/action/pdf/jfu_seisaku2015_13a.pdf

勢をみてみる。

　5％から8％への引き上げの際，読売は増税による景気の腰折れを懸念し財政再建と景気回復の両立を求めてはいるものの，14年4月からの増税を先送りすべきと主張した。一方朝日と毎日は，社会保障・税一体改革の理念を重視し，財政再建の重要性を主張，予定通り14年4月からの増税を求めた。

　軽減税率については，読売と毎日が積極的な姿勢を見せたのに対し，朝日は消極的で社説においてほとんど言及がなかった。

　安倍政権に対する姿勢については，読売が好意的でねじれが解消された意義は大きいと主張したのに対し，朝日と毎日は与党大勝による強気の政権運営に警鈴を鳴らし，安倍政権に対し警戒感を示したといえる。

　8％から10％への引き上げ延期（1回目）の際も，読売は景気回復を最優先課題とし，延期の判断を評価した。一方朝日と毎日は，社会保障・税一体改革の理念を重視し，財政再建や社会保障に悪い影響が出ないよう予定通り15年10月の消費税率引き上げを主張した。

　軽減税率については，引き続き読売と毎日はその導入を強く主張した。読売は増税による消費者心理の冷え込みを防ぎ景気対策として，かつ痛税感の緩和の観点から軽減税率導入を訴えた。毎日は将来にわたって安定した社会保障費の確保のため更なる税率引き上げを想定し，この観点から軽減税率導入を強調した。これに対し朝日は，引き続き軽減税率導入に消極的で10％段階での導入を見送るよう主張した。

　安倍政権に対する姿勢については，読売は14年12月の総選挙の実施に対し理解を示し，与党圧勝という総選挙結果に対してもアベノミクスを支持する民意が明確に示されたとし，引き続き安倍政権に対して好意的な姿勢を示したといえる。これに対し朝日と毎日は，同総選挙に対し大義がない解散であると批判，与党圧勝の結果に対しても戦後最低レベルの投票率を指摘し安倍政治全般が信任されたわけではないと否定的な姿勢を見せたといえる。

　8％から10％への引き上げ延期（2回目）の際も，読売はデフレ脱却は道半ばであるとし，消費増税の再延期の決断をやむを得ない選択であったとした。一方朝日と毎日は，1回目の延期と同様，社会保障・税一体改革の理念の下先送りすべきではなかったとし，また世界経済の危機を理由に引き上げを再延期し

た安倍首相の政治プロセスを強く批判した。

　軽減税率については，読売と毎日は引き続きその導入を強く主張した。財務省が提案した還付案に対しては，両紙とも批判した。軽減税率導入の理由は，1回目の延期の際と同様であった。一方朝日は，財務省の還付案に対して一定程度評価をし，軽減税率導入には負担と給付の観点から公平性の確保に問題があるとし否定的であった。

　安倍政権に対する姿勢については，読売は16年7月に実施された参院選に対し，与党が大勝した選挙結果をアベノミクスの成果であるとしながら，安倍政治の継続を選択したと主張した。一方朝日と毎日は，与党が大勝したことにより参院でも改憲勢力が2/3超を占めたことを取り上げ，憲法改正を目指す安倍政権に弾みをつけるものであると警戒感を示した。

　以上のように，3紙の税率引き上げ（延期），軽減税率，そして安倍政権に対する姿勢についてみてみると，5％から8％への引き上げ時，8％から10％への引き上げ延期（1回目），及び引き上げ延期（2回目）にわたり一貫して同様の立場をとったとみることができる。つまり，読売は景気回復を最優先課題とし，アベノミクスは一定の評価を得ており，安倍政治の継続を望む民意が多数とし，安倍政権に対して好意的な姿勢をとったといえる。これに対し朝日と毎日は，社会保障と税の一体改革の理念を重視し，財政再建と社会保障に悪い影響を与えないよう消費税率の予定通りの引き上げを主張した。アベノミクスに対しては，10％への引き上げができない経済状況を指摘し否定的な姿勢を示し，安倍政権に対して一貫して否定的な姿勢を保ち，衆参ともに2/3超の改憲勢力を得たことに対し警戒感を示していたといえる。

　世論調査についてみてみる。まず消費税に関連する世論調査について軽減税率と税率引き上げについて検討する。

　軽減税率について読売と毎日は，社説の分析でみたように，その導入に非常に積極的であったが，世論調査においてもその立場がみられたといえる。両紙は5％から8％への引き上げ時，8％から10％への引き上げ延期（1回目）及び引き上げ延期（2回目）の際，しばしば軽減税率導入に対する賛否を尋ねた。その結果は両紙ともに消費税率の引き上げに伴う軽減税率の導入を支持する民意が6割台から7割台と高い割合を示した。15年10月に酒類と外食を除く食品全

般が軽減税率の対象となったことを評価するか否かを問うと，「評価する」は5割台から6割台で，「評価しない」を大きく上回った。財務省の還付案については両紙ともに世論調査を実施したが，反対の民意が圧倒的であった。

これに対し朝日は，社説の分析でみたように，その導入に否定的であったが，世論調査においてもその立場がみられたといえる。朝日も軽減税率導入の是非に関する世論調査を行ったが，読売や毎日と比較するとその実施はかなり少なかったといえる。財務省の還付案については読売や毎日と同様反対が賛成を上回った結果を示したが，この還付案を実施する際，マイナンバー制度を利用することに対して反対する民意が圧倒的であったことを示し，還付案（給付付き税額控除）そのものが否定されたわけではないという民意を導き出そうとしたとみることもできる。

税率引き上げそのものについてみてみる。5％から8％への引き上げの際は読売は消極的な立場を社説で示していたが，世論調査においても選択肢として「引き上げは必要だが，時期や引き上げ幅は柔軟に考えるべきだ」を設け，将来の引き上げは必要だが景気回復等の状況を見て引き上げの是非を検討すべきとの民意を示し，社説の傾向にリンクした選択肢を設けているとみることもできる。

毎日は8％への引き上げを予定通り実施すべきと社説で主張していたが，読売の結果が「時期や引き上げ幅は柔軟に考えるべきだ」の民意が過半数あったことを示したのに対し，毎日は選択肢として，「引き上げるべきだが，時期は先送りすべきだ」を設け，「先送りすべきだ」が30％台あったことを示し，読売よりも先送りの民意の割合がかなり少なく，毎日においても社説の立場とリンクするような結果がみられたといえる。

朝日は前述したように社説においては予定通りの引き上げを主張したが，14年4月の8％への引き上げと15年10月の10％への引き上げの賛否をセットで質問し，反対が賛成を上回る結果となった。

8％から10％引き上げ延期（1回目）の際は3紙ともに15年10月の10％への引き上げの賛否について質問し，その結果は反対が賛成を大きく上回り，反対がほぼ7割近く存在した。安倍首相の10％への引き上げ延期の判断については，読売と毎日は評価する民意が6割程度，一方朝日は評価するが若干評価しない

第 5 章　結論及び含意　359

を上回った結果となった。

　この引き上げ延期の社会保障に対する影響については朝日が質問しており，「消費税を引き上げないことで社会保障に悪い影響が出る不安をどの程度感じますか」と質問し，「大いに感じる」と「ある程度感じる」合わせて 6 割程度あったことを示し，朝日は消費税の引上げと社会保障と税の一体改革の考え方を重視している側面が質問設計よりみられたといえる。

　8 ％から10％引き上げ延期（2 回目）の際は安倍首相の再延期の判断について 3 紙ともに質問し，その結果は 3 紙ともに評価するが 6 割程度であった。ただし朝日と毎日は世界経済のリスクを判断の理由に挙げたことについても質問し，納得しないが 6 割程度あったことを示した。ここでも，朝日と毎日は17年 4 月に10％へ引き上げるべきと社説にて主張していたが，引き上げ延期を評価する判断が 6 割程度いるもののその安倍首相の判断の理由として世界経済のリスクを挙げたことに対し「納得しない」が 6 割程度あったことを示しながらこの安倍首相の判断を無条件で評価しているわけではないことを示していたといえる。

　また増税再延期の社会保障に対する影響についても 3 紙ともに質問し，この調査結果は 3 紙ともに同様の傾向がみられ，社会保障政策に支障が出ることへの懸念が 5 割〜 6 割程度あったことが示された。

　上記の検討から，社説の立場と世論調査の質問内容がリンクしている傾向が一定程度みられたといえる。つまり，マス・メディア，特に新聞は自社の立場を社説を通じて示すことが 1 つの方法であるが，この社説の立場と絡めた世論調査を実施し，社説の立場の民意をくみ取る傾向がみられたといえる。

　一方政府や与党はマス・メディアによる世論調査結果を踏まえて政策決定をする，あるいは世論調査をうまく活用して政策決定をする傾向がみられたといえる。消費税率引き上げに対する民意は，5 ％から 8 ％への引き上げ，8 ％から10％への引き上げ延期，再延期と一貫して否定的な民意が過半数を示しており，政府はこの世論調査結果をみながら，そして活用しながら 8 ％から10％への引き上げを延期する判断を行った要因の 1 つであったと考えられる。軽減税率の導入も世論調査においてその導入に前向きな民意が 7 割程度存在し，政府の決定に影響を与えたものとみられる。

5　選挙の影響

　第23回参院選，第47回総選挙，第24回参院選に関連する内閣支持率，政党支持率等，これらの選挙結果についてまとめながら消費税率引き上げに関する政治過程における選挙の影響についてみてみる。

　安倍内閣は消費税率引き上げの判断をこれら3つの国政選挙と絡めながら決定してきた経緯がみられる。第23回参院選は，その直後に安倍内閣は消費税率の14年4月からの5％から8％への引き上げを決定した。同参院選では，消費税率の5％から8％への引き上げは直接的には争点にはならなかったとみられる。同参院選までの世論調査をみると内閣支持率は読売が朝日や毎日に比較して10％高めに出ていたが，減少傾向にあったものの60％程度の支持率がみられた。政党支持率は，3紙ともに自民党が4割程度，民主党が5～10％程度であった。ねじれ国会の是非についても3紙ともにねじれの解消に肯定的な民意が示された。

　同参院選の選挙結果は与党の圧勝で，その後の安倍内閣の政治基盤を最初に築いた選挙であったとみられたが，同参院選の選挙公約において自民党も消費増税に関する直接的な公約は掲げておらず，この選挙結果が5％から8％への引き上げ決定に影響を与えたとはいいにくい。

　第47回総選挙は安倍首相が消費税率引き上げの延期を争点に実施されたもので，安倍内閣は消費税率引き上げの延期を最終的に国民に問い，その政策決定を行ったとみることができる。同総選挙が実施された14年12月までの世論調査をみると，内閣支持率についてはこれまでと同様読売は朝日や毎日に比べて10％程度高めに出ているが，第23回参院選までの支持率と比べて3紙ともに減少傾向にあり，同総選挙前の支持率は読売が50％程度，朝日，毎日は40％程度であった。政党支持率については，第23回参院選までと同様の傾向を示していた。ちなみに，10％への引き上げ延期を表明した直後の世論調査では，内閣支持率がその前と比べて上昇したわけではなく，引き上げ延期が直接的に内閣支持率に影響を与えたとはいえないと考えられる。

　前述したように同総選挙は消費税率引き上げの延期を争点に実施されたもの

であったが，与野党問わず引き上げの延期を選挙公約として掲げたため争点にはならなかったとみられる。これは各紙が行った世論調査でも明らかになった。

また，朝日と毎日は安倍政権に否定的な立場を取っているとみられたこともあり，それぞれ同総選挙で与党，野党いずれが議席を増やす方がよいと思うか，自民党と公明党の与党が過半数を確保し，政権を維持した方がよいか否かを質問した。なお，朝日の結果は，野党が議席を増やす方が与党よりも良いと思う民意がかなり多数あることが示された一方，毎日の結果は与党が過半数をとって政権を維持した方がよいと思う民意が5割程度あり，質問の仕方によりくみ上げる民意が異なる場合もみられた。

同総選挙が消費税率引き上げ延期に関する政治過程に与えた影響について検討してみると，投票率が52.66%と戦後最低であり，この点を朝日，毎日が批判したが，与党の圧勝という選挙結果は消費税率引き上げ延期の安倍首相の判断を信認するもので少なからず影響を与えたものと考えられる。第23回参院選に引き続き同総選挙でも与党が圧勝したが，朝日や毎日は総選挙で圧勝しても安倍政権に白紙委任したことにはならないと主張した。与党の圧勝により第23回参院選直後に比べてさらに安倍政権の基盤が強化されたとみることができる。なお，前述したように，マス・メディアによる消費税率引き上げの賛否に関する世論調査で15年10月からの10%への引き上げに否定的な民意が多数あることを踏まえ，政府が解散総選挙に打って出た側面もあったとみられる。

第24回参院選は安倍首相が世界経済のリスクを理由に17年4月の10%への引き上げを19年10月に再延期するとの表明後に実施されたものであった。同参院選が実施された16年7月までの世論調査をみると，内閣支持率についてはほぼ横ばいで読売が50%程度，朝日，毎日は40%程度であった。政党支持率についても，引き続き自民党は読売が40%程度，毎日と朝日が30%台であった。ちなみに，10%への引き上げ再延期を表明した直後の世論調査では，内閣支持率がその前と比べて上昇したわけではなく，1回目の延期と同様，引き上げ再延期が直接的に内閣支持率に影響を与えたとはいえないといえる。

同参院選においても安倍首相は10%への引き上げ再延期について信を問うとしたが，与野党ともに消費増税の再延期を公約としたため主要な争点にはならなかったといえる。同参院選の選挙結果は引き続き与党が圧勝で参院でも改憲

勢力が2/3の議席を獲得した。同参院選においても，安倍内閣は消費税率の10％への引き上げに対する否定的な民意が多数あることを踏まえ，実施前に引き上げ再延期を表明した。朝日や毎日は，消費税率の引き上げ再延期を表明しこれにより安倍政権に対する支持を増加させ改憲を発議できる2/3を獲得しようと試みた側面もあったと，安倍政権を牽制する姿勢を示した。読売は「静かな勝利」との表現を用い，長期的視野で政策に取り組むことを安倍政権に要望した。同参院選でも安倍政権が勝利をしたことはさらに政権基盤を強固にしたといえる。

6 ま と め

　第2次安倍内閣の前までの消費税を巡る政治過程と比較すると，官邸と自民税調，官邸と財務省の関係に変化がみられたといえる。具体的には，自民党竹下内閣において消費税を導入した際，自民，社会，さきがけの連立村山，橋本内閣において消費税率を3％から5％へ引き上げた際，民主党，国民新党の連立野田内閣において消費税率を5％から8％，10％への引き上げを決定した際，いずれも官邸，与党税調，財務省とが一体となって政策決定を推し進めた経緯があった[10]。

　しかし，本書の分析対象である第2次安倍内閣以降における消費税率の5％から8％への引き上げ，8％から10％への2回の引き上げ延期においては，必ずしも官邸，与党税調，財務省が一体となって，これらの政策決定を行ったとはいえない側面もあったといえる。

　軽減税率導入に関する政治過程では，公明党の主張を受け入れる形で官邸主導で軽減税率導入を進めたのに対し，自民税調と財務省はこれに一貫して否定的であった。最終的に官邸と公明党が，自民税調や財務省に少なからず反対意見があったにもかかわらず軽減税率導入を決定した側面が強くみられた。軽減税率導入に否定的であった野田氏の15年10月の自民税調会長更迭も，官邸と自

10　これらの政治過程の詳細は岩﨑健久『消費税の政治力学』，中央経済社，2013年にて分析，検討したので参照されたい。

民税調の関係がこれまでとは違って，自民税調の決定を踏まえるのではなく，官邸主導で決定していくスタイルがみられた場面であったといえる。もちろん，自民党，自民税調の中でも多元的で，軽減税率に対して否定的な意見ばかりということではなかったといえる[11]。

　5％から8％への引き上げの政治過程においては，自民税調，財務省は予定通りの引き上げを求め，官邸も予定通りの引き上げを決定したが，官邸は経済へのダメージを懸念し8％への引き上げに慎重で，安倍首相の経済ブレーン等も含めた集中点検会合を開催し，消費増税に備えた5兆円規模の経済対策を指示，復興特別法人税1年前倒し廃止等法人税の減税を念頭に，自民税調や財務省の意向を踏まえるというよりは官邸自らが8％への引き上げの判断をした側面があったといえる。

　8％から10％への引き上げ延期の政治過程においても，1回目の延期では，自民税調，財務省の予定通りの引き上げの要請を拒み，15年10月から17年4月への引き上げ延期を表明し，その直後に解散総選挙を行い，自民党が圧勝し，17年4月への延期が決定された経緯があった。官邸は，5％から8％への引き上げ後の景気の回復が予想よりも遅いと判断し，このような経済状況の中，財務省との関係があまり良いものとはいえなくなった側面もみられた。なお，この決定に対しては，与党内では景気回復がそれほど進まず，やむを得ないとの見方があったといえる[12]。

　2回目の延期では，16年の伊勢志摩サミットにて，新興国経済の不振により世界経済が「リーマン・ショック以来の落ち込みを見せている」と各国首脳に安倍首相が説明し，その説明資料は第4章にて述べたように側近の今井秘書官ら経済産業省主導で作成され，直前まで財務省はその内容を知らされることはなく，ここでも官邸が財務省の意向を踏まえることなく17年4月から19年10月

11　与党議員とのインタビュー。

12　財務省は，15年10月に予定通り10％への引き上げを確実にしようと経済界や有識者に総力で説いて回り，省を挙げた「ローラー作戦」を実施したが，第3章でも記載したように，14年4～6月期及び7～9月期の実質国内総生産が想定外のマイナスとなり，安倍首相の財務省に対する信頼が薄らぎ，これが引き上げ延期の決断につながったともみられる。（『読売新聞』，2018年10月16日参照，与党議員，マスコミ関係者とのインタビュー。）

への再延期が決定された経緯があった。また，与党内でも予定通りの10%への引き上げを主張する議論が少なからずあり，官邸による高度な政治判断であったといえる[13]。

自民税調と財務省の関係は，これまでと同様密に連携し，例えば15年9月に財務省が提示した「還付案」の作成は，軽減税率の導入に否定的であった自民税調と財務省，第4章で述べたように特に野田氏，佐藤主税局長らにより行われた経緯がみられる場面もあり，全体的には軽減税率の導入にはさほど前向きではなく，税率の引き上げも予定通り実施することを目指したといえる。

野党の動向はこれまで見てきたように，今回の消費税の政治過程ではあまり影響を行使できる状況ではなく，衆参ねじれ現象が解消されたため，与党が決定したことに野党が影響を与えることは難しい状況であったといえる。

また「3党合意の精神」が崩れ，野党のほとんどが消費税率の引き上げに反対の立場をとり，結果的に安倍内閣の引き上げ延期の立場と同様になったことも野党の影響があまりみられなかった要因といえる。

利益集団の動向は，消費税が最初に導入された時，あるいはその直後に反対運動を展開したのとは違って，3%から5%への引き上げの際と同様，5%から8%への引き上げ，10%への引き上げ延期の決定に対して，経済団体や労働団体が政府の決定に対して強く反対運動をすることはなく，基本的には，社会保障と税の一体改革の考え方に基づき引き上げには容認する姿勢を示した。経団連は政府との関係を重んじて政府の決定に同調する姿勢を示し，同友会は理論的にあるべき姿を求め，日商は中小企業団体の考え方を重んじて軽減税率の導入には反対した。連合は支持政党の民主党や民進党の考えを支持した[14]。

---

13 『読売新聞』，2018年10月16日参照，与党議員，マスコミ関係者とのインタビュー。
　　また，高齢化が進む中で安定した財源の確保が必要不可欠で，この消費税引き上げ延期の判断も含めて将来の消費税率の引き上げに対する与党内の考え方をみると，消費税の引き上げが不可欠であると考える議員が多いものの，公然と引き上げを主張する議員があまりいない状況であったとみられる側面もあったといえる。(野田毅・自民党税調最高顧問「消費税　これまで・これから」(3)日本記者クラブ，2018年11月19日，野田氏と記者との質疑応答(https://www.youtube.com/watch?v=IT7HiJ0xKaM)，マスコミ関係者とのインタビュー参照。)

14 竹下内閣における消費税導入から野田内閣における消費税の引き上げ決定までの利益集団の動向の詳細は岩﨑健久『消費税の政治力学』，中央経済社，2013年にて分析，検討したので参照されたい。

マス・メディアと政府との関係についてみてみる。

軽減税率については，読売と毎日がその導入に積極的な立場をとった。これは，社説の論調にてみてとることができたが，世論調査においても軽減税率導入の是非に関する質問をたびたび行い，飲食料品等の生活必需品に対する軽減税率の導入を支持する民意が6割台から7割台と高い割合が示された。軽減税率の導入は公明党の強い主張もあってなされたといえるが，読売と毎日が積極的な立場を示し，両紙が行った世論調査結果が軽減税率を支持する民意が多数存在したことを示すことにより，政府の軽減税率導入の決定に影響を与えたものとみることができる。

なお，朝日は軽減税率導入には否定的であり，読売，毎日と朝日では立場が異なっていた。

このように，軽減税率導入を巡り，マス・メディアの社説と世論調査結果が政府の決定に一定程度影響を与え，政府はマス・メディアの特に読売，毎日の社説の主張や，各紙が行った世論調査結果を踏まえる形，あるいは活用する形で導入を決断した側面もあったとみられる。

ちなみに，2度目の延期の際に浮上した財務省の還付案に対しては，読売と毎日は社説にてはっきりと反対する立場を示し，両紙の還付案に対する世論調査結果も反対が賛成を上回った結果を示し，政府の還付案を採用しない決定に対し一定程度の影響を与えたものとみることもでき，一方官邸サイドとしては公明党の主張する軽減税率導入を決定するため，還付案に否定的なマス・メディアの立場や世論調査結果をうまく活用した側面もあったとみられる。

5%から8%への税率引き上げ，8%から10%への引き上げ延期についてみてみる。5%から8%への税率引き上げ決定に際しては，読売が社説にて景気回復を優先させるべきで14年4月からの8%への引き上げに消極的な立場をとる一方，朝日と毎日は社会保障と税の一体改革を支持する見地から引き上げに前向きな立場をとった。世論調査においては，読売が引き上げるべきだが時期を柔軟に検討すべきとの民意を引き出したのに対し，朝日や毎日は反対の方が賛成を上回るものの，安倍首相が8%への引き上げを決定すると，引き上げないことによる社会保障への悪影響を考慮して引き上げることに賛成である民意が増加し反対と賛成が拮抗するというものであった。安倍首相の5%から8%

への引き上げの決定に対するマス・メディアの影響について検討すると，朝日と毎日が引き上げに前向き，読売も景気回復を優先させ14年4月の引き上げを先送りすべきとの見解を示したものの，軽減税率導入等景気対策を徹底することにより容認する立場を示し，また，各紙の世論調査においても引き上げそのものに対する反対の民意がそれほど多くない状況を示し，一定程度の影響を与えたものとみることができる。この場合も軽減税率と同様，政府サイドも各紙の社説の論調や引き上げに賛成と反対の民意が拮抗している状況をみながら決定した側面がみられるといえる。

8％から10％への引き上げ延期（1回目）の決定に際しては，読売が社説にてその決定を評価する立場を示したが，朝日と毎日は社会保障・税一体改革の理念から延期の判断に否定的な姿勢を示した。世論調査結果では，3紙ともに15年10月の10％への引き上げについては否定的な民意が多数あり，7割近くあった。このような社説，世論調査結果をみてみると，安倍首相の8％から10％への引き上げ延期の決定に一定程度影響を与えていたとみることができる。また，政府サイドも世論調査結果で反対の民意が7割近く存在したことをうまく利用した側面もあったものといえる。

8％から10％への引き上げ延期（2回目）の決定に際しては，社説をみると，読売はやむを得ない選択であったとし，朝日と毎日は世界経済の危機を理由に引き上げを再延期したことを強く批判し，安倍政権に対するスタンスに相違がみられるものの概ね2回目の延期に対しては3紙ともに否定的な傾向がみられた。一方世論調査結果をみると，3紙ともに安倍首相の再延期の判断について評価するが6割程度あった。よってこのような世論調査結果が安倍首相の再延期の判断に少なからず影響を与えたものとみることもできる。この場合も1回目の延期と同様，政府サイドもこのような民意をうまく利用し再延期の判断に踏み切ったともいえる。

以上，軽減税率，税率引き上げに関する政策決定におけるマス・メディアとの関係についてみてきたが，社説では3紙がそれぞれの考えを主張し，社説も一定程度影響を与える可能性もみてとれたが，世論調査結果が政府の政策決定に少なからず影響を与えたものとみることができる。政府サイドもマス・メディアが行う世論調査結果を注視し，その民意に対して敏感に反応する傾向がみら

れるとともに，政府が推し進めようとする政策にこの世論調査結果をうまく活用する側面もしばしばみられたといえる。

選挙の影響についてみてみる。安倍政権は消費税率引き上げの判断を国政選挙と絡めながら決定してきた経緯がみられた。これは，前述したマス・メディアが行う世論調査結果とも連動している側面があったとみられるが，5％から8％への引き上げの判断は第23回参院選後に行われたが，8％から10％への延期の判断は第47回総選挙，第24回参院選ともに選挙前に行い，安倍内閣はこれを国民に問う形で選挙を実施した。第23回参院選では引き上げ表明前に実施されたこともあり消費税率引き上げの是非が主な争点とはならなかった。これに対し，第47回総選挙及び第24回参院選では安倍首相自らが引き上げ延期の表明を行い選挙が実施されたが，それだけ消費税率引き上げ問題は国民全体の支持を得る必要性を安倍内閣は感じていたといえる。いったん法律で決めたことを首相の判断で変更することは容易なことではなく，選挙の力を借りて引き上げ延期を実行する形を選択したとみられる。

第47回総選挙及び第24回参院選では消費税率引き上げ延期の是非を問う形で選挙が実施されたが，実際には与野党ともに引き上げ延期を掲げて選挙戦が行われたため，争点とはならなかったといえる。安倍首相は景気回復を優先させ消費税の税率引き上げによる景気の減速を警戒し引き上げ延期の判断をしたが，野党はアベノミクスの失敗を理由に消費税率を引き上げる経済状況にはなっていないとし，引き上げを延期すべきであると主張した。

竹下内閣における消費税導入の是非，野田内閣における消費税率引き上げの是非を巡っての国政選挙は，与党，野党，利益集団，世論等に反対する勢力が少なからずあり，世論調査結果も反対の民意が多数を占め，選挙で与党が敗北し政権基盤が脆弱となり，衆参ねじれ現象や政権交代が行われてきた[15]。

安倍内閣は国政選挙をうまく使うことにより，事前の世論調査結果も踏まえ，消費税率引き上げの延期を決定していった過程がみられた。なお，2回目の延

---

15 竹下内閣における消費税導入から野田内閣における消費増税の政治過程における国政選挙との関係については，岩﨑健久『消費税の政治力学』，中央経済社，2013年にて分析，検討したので参照されたい。

期の決定は，安倍首相周辺を巡る森友学園や加計学園に関するスキャンダルが浮上する前で，マス・メディアの政府に対する影響を行使するとみられるスキャンダル報道が行われていない政治状況下のものであった。

　以上の考察を踏まえ本書の問題意識である消費税の増税を延期する政治過程の特徴を整理すると，竹下内閣から野田内閣までの消費税の導入，増税の政治過程と異なり以下のようであったといえる。安倍首相は「はじめに」でも述べたが消費税の政治過程に携わった竹下首相，橋本首相，野田首相等と違って財務大臣を経験していないこともあり，15年6月にまとめた経済財政諮問会議における骨太の方針を決定した際も，安倍首相は，「経済再生なくして財政健全化はない。これが安倍内閣の基本哲学だ」と語ったように，経済成長と財政再建は両輪であるとはいえ，経済成長をより重視し，アベノミクスを成功させることを最優先としたといえる。このような政治姿勢があり，また消費増税に反対する民意が多数あることを踏まえ，総選挙や参院選を巧みに利用し，消費増税の延期を選挙公約に掲げ，国政選挙に勝利することにより，政権基盤をより強固なものとしていったとみられる。

　前述したように，いったん法律で決まった引き上げの時期を変更することは一般的には容易なことではないが，安倍首相の経済成長を優先する政治姿勢と，国政選挙にて増税延期に関して信を問い，これに勝利することにより官邸の力をより増大させた結果，与党税調や財務省が予定通りの増税を強く要請したものの，2回の増税延期が実現したものと考えられる。

　また，5％から8％へ引き上げた際，官邸はアベノミクスの失速を懸念したが，その懸念は払拭できず，官邸と財務省の関係が微妙に変化し，これが8％から10％への引き上げ延期に強くつながったものとみられる。

　軽減税率導入に関しては，公明党との連立，国政選挙における選挙協力を重視した官邸は，自民税調や財務省がその導入に否定的であったにもかかわらず，特に読売と毎日が社説で軽減税率導入を主張し，さらに世論調査では軽減税率導入に賛成する民意が7割近くあったことを背景に，公明党に配慮する形で積極的にその導入に携わったといえる。なお，軽減税率導入に消極的であった財務省としても，これがインボイス導入につながり，より適正な税務行政が行えるようになるという側面もあったとみることもできる。

軽減税率導入を最初に決定し，その後増税延期を決定する流れは，1回目，2回目の延期の政治過程でみられ，予定通りの10％への引き上げを考えていた公明党も官邸の意向を受け入れた経緯があったといえる。特に，2回目の延期の政治過程では，安倍首相が1回目の延期の際に「再び増税を延期することはない」と明言，景気条項を削除し，公明党は予定通りの増税を主張したが，10％への引き上げと同時に軽減税率の導入が決定され，前述したように，国政選挙に勝利し，官邸の影響力が増大していくなかで，高度な政治判断ということで消費増税の再延期の方針を受け入れたものとみることができる。

以上，安倍内閣における消費増税の政治過程についてその詳細を分析，検討してきたが，これをモデル化して図5−1に示すので参照されたい。衆参ねじれ現象が解消された後は，政策決定の主なプレーヤーは官邸，与党税調，財務省

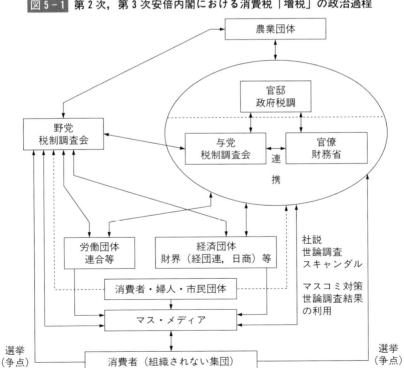

図5−1　第2次，第3次安倍内閣における消費税「増税」の政治過程

であるが，安倍首相が国政選挙で勝利することにより官邸の力は徐々に高まり，官邸主導で政府与党の政策決定が行われていったとみることができる。

野党は国会論戦で政治過程に参画することになるが，野党の頼りにする民意も消費税率引き上げには消極的で，安倍首相が消費税率引き上げ延期を掲げて選挙を実施したことによりその民意を野党に引き付けることはあまりできずその影響力を発揮することができづらい状況であったといえる。

利益集団も財界等の保守的利益集団は政権の基盤が強まるとともに政権の方針に反対することはほとんどできる状況にはなく，野党の支持団体である労働組合，特に連合も社会保障・税一体改革の成立は民主党政権であったことから消費税率引き上げには賛成で，しかしアベノミクスの失敗を訴えた野党を支持する立場から延期もやむを得ないとし，利益集団全体でみても安倍政権の決定に対し反対の立場を貫くことは非常に難しい状況であったといえる。

マス・メディアは今回の分析対象を新聞社の読売，朝日，毎日の3紙にしたが，各紙の主張には相違がみられ，各紙が社説や世論調査を通じて政府の政策決定に一定の影響を与えたといえる。一方政府サイドは，直接的にマスコミ対策を行ったというより，マス・メディアの社説の主張や世論調査結果をうまく利用した側面があったといえ，増税延期の政治過程ではこの側面が，マス・メディアから政府サイドへの影響より強くみられたと考えられる。

今回は，森友問題，加計問題といったスキャンダルが大きく報道される前の政治過程を分析対象としたため，マス・メディアから政府サイドへの，政府サイドにとっての負の影響が顕著にみられなかったといえる。

なお，マス・メディアの動向として，テレビ，インターネット等の報道についての分析も今後の課題としたい。

また，消費税は国民全体が支払う税であり，原則あらゆる物品およびサービスに課される税であるため常に国民の関心事で，この民意が直接的に政府の政策決定に影響を与えるものが選挙であるといえる。安倍内閣は世論調査結果等を踏まえ，選挙を通じて消費税問題に関して信を問い，これを巧みに使う側面がみられたことも，安倍内閣における消費税増税の政治過程の特徴であったとみることができる。

2回目の延長があった後，森友問題，加計問題といったスキャンダルが大き

く報道され，17年10月22日に再び安倍首相は消費税問題を持ち出し，消費税の使途の変更を争点に第48回総選挙が実施された。本書では2回目の延期決定後の政治過程は分析対象としていないため，その後の政治過程については別の機会に譲ることとしたい。

 参考文献

伊藤裕香子『消費税日記 〜検証 増税786日の攻防』，プレジデント社，2013年。
岩﨑健久「税制改革における政府と利益集団」『筑波法政』第18号（その2），1995年，183-204頁。
岩﨑健久「税制の政治」『レヴァイアサン・18』，1996年，160-170頁。
岩﨑健久「大型間接税に対する社会の反応」『地方自治研究』第12巻第1号，1997年，38-44頁。
岩﨑健久『税制新論』，木鐸社，1998年。
岩﨑健久『財政新論』，木鐸社，2000年。
岩﨑健久『租税法』，税務経理協会，2011年。
岩﨑健久「消費税と政治」『租税研究』(2013.3)，2013年，135-165頁。
岩﨑健久『消費税の政治力学』，中央経済社，2013年。
内田健三・金指正雄・福岡政行『税制改革をめぐる政治力学』，中央公論社，1988年。
小倉武一『三間人税政問答』，農文協，1988年。
加藤淳子『税制改革と官僚制』，東京大学出版会，1997年。
加藤寛・横山彰『税制と税政』，読売新聞社，1994年。
蒲島郁夫「マス・メディアと政治―もう一つの多元主義」『中央公論』2月号，1986年，110-130頁。
蒲島郁夫『政治参加』，東京大学出版会，1988年。
蒲島郁夫「マス・メディアと政治」『レヴァイアサン・7』，1990年，7-29頁。
蒲島郁夫『政権交代と有権者の態度変容』，木鐸社，1998年。
蒲島郁夫『戦後政治の軌跡』，岩波書店，2004年。
蒲島郁夫・竹下俊郎・芹川洋一『メディアと政治』，有斐閣アルマ，2007年。
蒲島郁夫・竹中佳彦『イデオロギー』，東京大学出版会，2012年。
金子宏『租税法〔第15版〕』，弘文堂，2010年。
木代泰之『自民党税制調査会』，東洋経済新報社，1985年。
木下和夫『税制調査会』，税務経理協会，1992年。
佐藤誠三朗・松崎哲久『自民党政権』，中央公論社，1986年。
清水真人『消費税 政と官との「十年戦争」』，新潮文庫，2015年。
新藤宗幸『財政破綻と税制改革』，岩波書店，1989年。
高橋洋一『財務省の逆襲―誰のための消費税増税だったのか』，東洋経済新報社，2013年。
竹下登・平野貞夫監修『消費税制度の成立の沿革』，ぎょうせい，1993年。
辻中豊『利益集団』，東京大学出版会，1988年。
日本公認会計士協会租税調査会「我が国の消費税の現状と今後の方向性について（中間報告）」『租税調査会研究報告』第24号，2012年。
野口悠紀雄『税制改革のビジョン』，日本経済新聞社，1994年。
八田達夫『直接税改革』，日本経済新聞社，1988年。
早房長治・並河信乃『「霞が関」がはばむ日本の改革』，ダイヤモンド社，1993年。
福田幸弘『税とデモクラシー』，東洋経済新報社，1984年。

毎日新聞政治部編『政治家とカネ』，毎日新聞社，1990年。

真渕勝『大蔵省統制の政治経済学』，中央公論社，1994年。

水野勝『主税局長の千三百日・税制抜本改革への歩み』，大蔵財務協会税のしるべ総局，1993年。

水野勝『来しかた　行くすえ』，ぎょうせい，1993年。

水野勝『租税法』，有斐閣，1993年。

宮智宗七『消費税を検証する』，中央経済社，1988年。

村松岐夫・伊藤光利・辻中豊『戦後日本の圧力団体』，東洋経済新報社，1986年。

村松岐夫・伊藤光利・辻中豊『日本の政治』，有斐閣，1992年。

村松岐夫・真渕勝「税制改革の政治」『レヴァイアサン』臨時増刊，1994年，178-199頁。

山下元利『いま税制改革をしなければ日本は生き残れない』，かんき出版，1987年。

山本正平『欧州税制問題研修報告書』，全国法人会総連合，1974年。

山本正平『英国およびベルギー政府の付加価値税施行解説書』，全国法人会総連合，1974年。

索　引
（事項）

欧　文

Manifesto 生活者起点　民主党（2013年）……………………………68

Manifesto2013 ｜ 参院選重点政策（公明党）……………………………70

manifesto2014 ｜ 衆院選重点政策（公明党）……………………………171

Manifesto2016 ｜ 参院選重点政策（公明党）……………………………342

あ　行

新しい判断 ……………………………274

アベノミクス ………32,47,147,160,308

アベノミクスを成功させる会 ………110

アレシナの黄金律 ……………………170

伊勢志摩サミット ……………259,266

インボイス
　………82,88,139,191,199,293,350

か　行

改憲勢力 ………………………308,337

加工食品 …………213,217,219,221

還付案 …………179,183,284,293,350

企業短期経済観測調査（日銀短観）…30

給付付き税額控除 ……170,182,233,265

区分記載請求書等保存方式 …………213

景気回復………………………47,356

景気回復の実感………………59,159,327

景気条項………………………31,121,241

軽減税率……15,40,77,138,171,293,356

軽減税率対象品目
　………………92,178,208,213,222,284

軽減税率法 ……………………………234

経済政策………………………59,159,327

国内総生産改定値……………………30

国内総生産速報値 ……112,119,122,261

さ　行

財政健全化策 …………………240,244

財政再建………………………47,356

参院選公約（日本維新の会，2013年）
　……………………………………69

参議院選挙公約2013（自民党）………67

参議院選挙公約2016（自民党）………338

参議院選挙政策2013（共産党）………70

3党合意………………2,19,147,227,353

三本の矢………………………15,168,240

自公軽減税率合意（2013年1月）…16

自公両党の合意文書（2013年12月）…85

社会保障・税一体改革関連法 …………3

社会保障・税一体改革大綱 …………2

社会保障と税の一体改革
　………47,95,147,211,251,308,357

衆院解散 ……113,118,122,125,160,271

15年度与党税制改正大綱………………93

衆参同日選 …………………………266

衆参ねじれ ………………23,44,47,67

13年度与党税制改正大綱………………15

重点政策・国民との約束（民進党，2016年）……………………………339

重点政策集2014（自民党）……………168

14年度与党税制改正大綱………………85

16年度与党税制改正大綱………………227

消費税引き上げ延期法案（民主党）…265

消費増税延期関連法 …………………128

消費増税再延期関連法 ……………280
新三本の矢 ………………………196,303
生鮮食品 ……………213,217,219
政党支持率……………………67,167,337
世界経済の収縮 ………………247,259
世界経済のリスク ………………269
総合合算制度 ……………206,284,350
総選挙政策（共産党，2014年)………172
争点………………………67,167,337

た 行

段階的引き上げ論…………………60
近いうち解散 ……………………3
中期財政計画（2013年）……………25
適格請求書等保存方式 …………216,350
投票率……………72,173,344,356,361

な 行

内閣支持率…………………67,167,336
2016参院選選挙政策（共産党)………343

2016参院選マニフェスト（おおさか維
新の会)………………………341
日本型軽減税率 ………………284,350

は 行

復興特別法人税……………………33
負の所得税 ……………………171
プライマリーバランス…19,231,244,269
法人実効税率 ……………………246
骨太の方針………19,102,244,262,277

ま 行

マイナンバーカード ……………181,293
マニフェスト（維新の党，2014年)…170
身を切る改革 ……………………170
民主党の政権公約マニフェスト（2014
年)………………………………169

ら 行

リーマン・ショック ………246,267,268

索　引
（人名・政党名・機関名・団体名）

あ 行

麻生太郎 ……………9,30,95,115,270
安倍晋三 ……3,30,80,106,122,269,272
甘利明………………………………9,30
石破茂 ……………………………9,105
維新の党 ………………161,170,329
稲田朋美 ……………………104,258
井上義久 ……………………9,219
伊吹文明………………………11,186
インナー（自民税調）………………11
インナー（与党税調）………………185
江田憲司 ……………………124,170
枝野幸男 ……………………108,227
おおさか維新の会 …………329,341
太田昭宏 ……………………………9
大田弘子 ……………………………97
岡田克也 ……………182,249,261
岡村正 ………………………………4
小沢一郎 ……………………………2

か 行

海江田万里…………21,108,123
香川俊介 ……………………104,115
北側一雄…………………………9,78
木下康司………………………9,24
共産党………………………70,172,343
黒田東彦………………………………18
軽減税率制度調査委員会（2013年）
　……………………………………16,77
経済財政諮問会議………………12,352
経済団体連合会
　………4,81,89,111,193,201,276,354

経済同友会………………4,89,276,354
神津里季生 ……………………………125
高村正彦……………………………10
公明党………………………70,171,342
国際金融経済分析会合（2016年）
　……………………………248,307,351
小林喜光 ……………………………276
今後の経済財政動向等についての集中
　点検会合（2013年）…………26,351
今後の経済財政動向等についての点検
　会合（2014年）………………112,351

さ 行

財政制度等審議会 ………101,243,262
斉藤鉄夫 ……………………………9
榊原定征 ……………111,124,276
佐藤慎一 ……………104,184,278
志位和夫 ……………………71,124
次世代の党 ……………………161
自民党税制調査会（自民税調）………10
自由民主党（自民党）………67,168,338
消費税軽減税率制度検討委員会（2015
　年）………………………………177
白川方明……………………………12
菅義偉…9,32,107,198,212,263,269,349
政府税制調査会（政府税調）…20,352

た 行

第3次安倍改造内閣 ………………196
第3次安倍内閣 ……………………128
第2次安倍改造内閣 ………………104
第2次安倍内閣 ……………………9
田中一穂 ……………………9,115,184

谷垣禎一 …………104, 211, 219, 252, 272

な 行

中里実…………………………………20
二階俊博 ……………104, 218, 264, 280
日本労働組合総連合会……………89, 276
日本維新の会…………………………69, 161
日本商工会議所
　………4, 81, 89, 192, 201, 276, 354
額賀福志郎…………………………………10
野田毅……………………9, 79, 184, 197
野田佳彦 ………………………………1, 353

は 行

橋下徹………………………………22, 170
長谷川閑史 …………………………………4
浜田宏一………………22, 32, 98, 253
星野次彦 ………………………………278
細田博之 ………………………………280

細野豪志…………………………………23
本田悦朗………………………26, 32, 96, 249

ま 行

町村信孝…………………………………10, 114
真砂靖 ……………………………………9
三村明夫 …………………………227, 276
宮沢洋一………………11, 197, 211, 258
民主党……………………………68, 169, 329
民進党 ………………249, 265, 329, 339
茂木敏充 ………………………………280

や 行

山口那津男 ………9, 79, 80, 107, 251, 272
山中貞則…………………………………11
山本幸三 ………………………………109
結いの党 ………………………………161
米倉弘昌 …………………………………4

≪著者紹介≫

岩﨑　健久（いわさき　たけひさ）

帝京大学教授　博士（法学），公認会計士・税理士
早稲田大学理工学部応用化学科卒業，筑波大学大学院修士課程経営・政策科学研究科修了
（経済学修士），筑波大学大学院博士課程社会科学研究科法学専攻修了（博士（法学））。太
田昭和監査法人（現新日本有限責任監査法人）にて，監査・会計業務に従事した後，帝京
大学に勤務，専任講師，助教授を経て現職。コーネル大学，East Asia Programにて客員
研究員（2007年8月から2009年7月まで）。
日本公認会計士協会租税業務協議会・租税相談専門委員会委員長，同協会租税調査会副委
員長，同協会租税政策検討専門部会専門委員を歴任。

【主要著書】
『税制新論』（木鐸社，1998年），『財政新論』（木鐸社，2000年），『現代会計・財政講義』（中
央経済社，2001年），『税法講義』（税務経理協会，2004年），『財務会計概説』（税務経理協
会，2005年），『租税法』（税務経理協会，2011年），『消費税の政治力学』（中央経済社，2013
年）（以上，単著），佐々木毅編『政治改革1800日の真実』（講談社，1999年，共著），『レク
チャー財務諸表論』（中央経済社，2017年，共著）のほか多数。

消費税「増税」の政治過程

2019年8月10日　第1版第1刷発行

著　者　岩　﨑　健　久
発行者　山　本　　　継
発行所　㈱中央経済社
発売元　㈱中央経済グループ
　　　　パブリッシング

〒101-0051　東京都千代田区神田神保町1-31-2
電話　03（3293）3371（編集代表）
　　　03（3293）3381（営業代表）
http://www.chuokeizai.co.jp/
印刷／昭和情報プロセス㈱
製本／誠　製　本　㈱

© 2019
Printed in Japan

＊頁の「欠落」や「順序違い」などがありましたらお取り替えいた
　しますので発売元までご送付ください。（送料小社負担）
ISBN978-4-502-30871-0　C3034

JCOPY〈出版者著作権管理機構委託出版物〉本書を無断で複写複製（コピー）することは，
著作権法上の例外を除き，禁じられています。本書をコピーされる場合は事前に出版者
著作権管理機構（JCOPY）の許諾を受けてください。
　　JCOPY〈http://www.jcopy.or.jp　eメール：info@jcopy.or.jp〉

● 実務・受験に愛用されている読みやすく正確な内容のロングセラー！

定評ある税の法規・通達集 シリーズ

所 得 税 法 規 集
日本税理士会連合会
中 央 経 済 社 編

❶所得税法 ❷同施行令・同施行規則・同関係告示 ❸租税特別措置法（抄） ❹同施行令・同施行規則・同関係告示（抄） ❺震災特例法・同施行令・同施行規則（抄） ❻復興財源確保法（抄） ❼復興特別所得税に関する政令・同省令 ❽災害減免法・同施行令（抄） ❾国外送金等調書提出法・同施行令・同施行規則・同関係告示

所 得 税 取 扱 通 達 集
日本税理士会連合会
中 央 経 済 社 編

❶所得税取扱通達（基本通達／個別通達） ❷租税特別措置法関係通達 ❸国外送金等調書提出法関係通達 ❹災害減免法関係通達 ❺震災特例法関係通達 ❻索引

法 人 税 法 規 集
日本税理士会連合会
中 央 経 済 社 編

❶法人税法 ❷同施行令・同施行規則・法人税申告書一覧表 ❸減価償却耐用年数省令 ❹法人税法関係告示 ❺地方法人税法・同施行令・同施行規則 ❻租税特別措置法（抄） ❼同施行令・同施行規則・同関係告示（抄） ❽震災特例法・同施行令・同施行規則（抄） ❾復興財源確保法（抄） ❿復興特別法人税に関する政令・同省令 ⓫租特透明化法・同施行令・同施行規則

法 人 税 取 扱 通 達 集
日本税理士会連合会
中 央 経 済 社 編

❶法人税取扱通達（基本通達／個別通達） ❷租税特別措置法関係通達（法人税編） ❸連結納税基本通達 ❹租税特別措置法関係通達（連結納税編） ❺減価償却耐用年数省令 ❻機械装置の細目と個別年数 ❼耐用年数の適用等に関する取扱通達 ❽震災特例法関係通達 ❾復興特別法人税関係通達 ❿索引

相 続 税 法 規 通 達 集
日本税理士会連合会
中 央 経 済 社 編

❶相続税法 ❷同施行令・同施行規則・同関係告示 ❸土地評価審議会令・同省令 ❹相続税法基本通達 ❺財産評価基本通達 ❻相続税法関係個別通達 ❼租税特別措置法（抄） ❽同施行令・同施行規則・同関係告示 ❾租税特別措置法（相続税法の特例）関係通達 ❿震災特例法・同施行令・同施行規則（抄）・同関係告示 ⓫震災特例法関係通達 ⓬災害減免法・同施行令（抄） ⓭国外送金等調書提出法・同施行令・同施行規則・同関係通達 ⓮民法（抄）

国 税 通 則 ・ 徴 収 法 規 集
日本税理士会連合会
中 央 経 済 社 編

❶国税通則法 ❷同施行令・同施行規則・同関係告示 ❸同関係通達 ❹租税特別措置法・同施行令・同施行規則（抄） ❺国税徴収法 ❻同施行令・同施行規則 ❼滞調法・同施行令・同施行規則 ❽税理士法・同施行令・同施行規則・同関係告示 ❾電子帳簿保存法・同施行令・同施行規則・同関係告示・同関係通達 ❿行政手続オンライン化法・同国税関係法令に関する省令・同関係告示 ⓫行政手続法 ⓬行政不服審査法 ⓭行政事件訴訟法（抄） ⓮組織的犯罪処罰法（抄） ⓯没収保全と滞納処分との調整令 ⓰犯罪収益規則（抄） ⓱麻薬特例法

消 費 税 法 規 通 達 集
日本税理士会連合会
中 央 経 済 社 編

❶消費税法 ❷同別表第三等に関する法令 ❸同施行令・同施行規則・同関係告示 ❹消費税法基本通達 ❺消費税申告書様式等 ❻消費税等関係取扱通達等 ❼租税特別措置法（抄） ❽同施行令・同施行規則・同関係通達 ❾消費税転嫁対策法・同ガイドライン ❿震災特例法・同施行令・同関係告示 ⓫震災特例法関係通達 ⓬税制改正法等 ⓭地方税法（抄） ⓮同施行令・同施行規則（抄） ⓯所得税・法人税政省令（抄） ⓰輸徴法令（抄） ⓱関税法令（抄） ⓲関税定率法令（抄）

登録免許税・印紙税法規集
日本税理士会連合会
中 央 経 済 社 編

❶登録免許税法 ❷同施行令・同施行規則 ❸租税特別措置法・同施行令・同施行規則（抄） ❹震災特例法・同施行令・同施行規則（抄） ❺印紙税法・同施行令・同施行規則 ❻租税特別措置法・同施行令・同施行規則（抄） ❼印紙税法基本通達 ❽震災特例法・同施行令・同施行規則（抄） ❾印紙税額一覧表 ❿震災特例法・同施行令・同施行規則 ⓫震災特例法関係通達等

中央経済社